武汉地方法治发展史

秦汉至隋唐卷

主编／胡绪鹍　副主编／李卫东　周　玉

张　功／著

人民出版社

>> 序（一）<<

胡绪鹍

八年书长卷，卷卷苦心成。由人民出版社出版的《武汉地方法治发展史》系列著作终于面世了。据悉，在我国地方法治史研究中，尤其作为大城市法治专史系列研究，此乃开先河之举。作为《武汉地方法治发展史》的编著者，我们在忐忑之余，亦甚感欣慰。

《武汉地方法治发展史》由武汉市法学会、江汉大学主持编撰，旨在通过对武汉地区 3500 多年法律制度和法律实施的回顾研究，从中梳理出历史长河中武汉法治萌芽、生长、发展的脉络与规律，借鉴历史，服务现实，开启未来，助推新时代武汉法治城市建设。

《武汉地方法治发展史》丛书，由通史和专业史两大系列组成，共 12 卷。其中，通史系列从商代盘龙城时代至 2018 年，分 6 卷；公安、检察等专业史系列从 1840 年鸦片战争或 1861 年汉口开埠至 2018 年，分 6 卷。丛书内容丰富，史料翔实，不少是新发掘的鲜见资料，向世人展示了一幅波澜壮阔、跌宕起伏的武汉地方法治发展历史画卷。

一

编纂《武汉地方法治发展史》动议于 2014 年初，由武汉市法学会集思广益酝酿提出。推动开展这项研究，源于中央全面依法治国战略的实施和武汉一流法治城市建设的理论与实践探索，源于武汉在我国法律制度建设和法律治理中的重要历史地位，也凝聚和显示了武汉地区法学法律工作者的历史使命和责任担当。

武汉历史悠久，是国家历史文化名城，楚文化的重要发祥地，城市文明可追溯到 3500 年前的盘龙城。明末清初，汉口以商业大镇卓立华中，成为"楚中第一繁盛处"。武汉也是中国近代工业的发祥地之一和辛亥革命首义之城。新中国成立后，特别是改革开放使这座文明古城焕发新的活力。武汉不断丰富发展的历史文明，本身蕴含着博大精深的法治思想、法治实践、法治文化。改革开放以来，武汉经济社会快速发展，建设国家中心城市和现代化国际性超大城市，离不开法治的保障和促进，也同样需要与其地位相适应的良法善治环境。

武汉法治建设生生不息的生动实践，为开展"武汉地方法治发展史"研究奠定了坚实基础。武汉作为中国古代法律制度发展比较完善、现代法治建设较早发生和发展的地区，自商朝盘龙城时代开始就有地方法律运行体制和法律实践活动；1861 年汉口开埠，更使武汉成为近代中国地方法制较为完备的城市之一。晚清张之洞督鄂开启封建法律制度改革。亚洲第一部民主共和性质的宪法性文件《鄂州约法》在武汉诞生。大革命时期武汉是中国共产党早期开展司法实践的地方。抗战时期武汉一度成为战时立法中心。新中国成立，特别是改革开放以来，武汉较早提出依法治市战略。近年来，全市认真贯彻落实中央全面依法治国一系列决策部署，深入贯彻习近平法治思想，坚持依法治市、依法执政、依法行政共同推进，法治城市、法治政府、法治社会一体建设，取得显著成就。历史和现实的地方法治建设实践，成为我们开展"武汉地方法治发展史"研究的"富矿"和用之不竭的鲜活资源。

区域法治是国家法治的地方化和具体化，区域法治文化对加强和推动区域法治建设具有特殊功能和作用。多年来，许多专家学者对武汉历史上产生的法律制度、法律实践进行研究，取得丰硕成果，但至今尚无较为系统完整的武汉地方法治史方面的专门著述。组织力量全面系统地开展武汉地方法治发展史研究，已成为摆在武汉法学法律工作者面前的一项紧迫任务。

作为我国法学研究重镇的武汉，法学法律资源丰厚，为武汉地方法治发展史研究提供了重要智力支撑。武汉地区高校有数十个法学院（系），拥有一批全国知名的法律史学专家学者，研究实力雄厚。除此之外，我们还创造条件，通过多种途径和方式，邀聚了一批国内相关方面的专家学者，他们都给予武汉地方法治发展史编撰以极大关注和鼎力支持。前些年，中共武汉市委政法委主持编撰了《武汉政法志》，也积累了宝贵的史志编撰经验，凝聚了一批骨干力量。这些都为开展武汉地方法治发展史研究奠定了坚实基础。

二

《武汉地方法治发展史》从创意到出版，历时八载。面对这项具有开创性的法治文化研究工程，我们始终怀有审慎敬畏之心，仅酝酿时间就达两年。

现在回过头来看，磨刀不误砍柴工，长时间的酝酿对丰富和完善顶层设计非常必要。它确立了研究中的若干关键问题，使整个研究工作始终在正确轨道上运行。

酝酿主要在三个问题上展开：

第一，关于立题

立题，是法治史编撰最先绕不开的话题。围绕武汉法制史或武汉法治史，我们先后在武汉、北京、杭州等地，分别邀请数十位法律、法学、政治、地方志、党史、历史等学科的专家学者，组织了十多场咨询论证会。与此同时，我们还采取登门求教等方式，博采众长。2015年初，我们获悉中国社会科学院法学研究所的知名法制史专家杨一凡先生正在武汉大学讲学，编委会一行数人专程前往拜访。杨一凡先生不吝赐教，如醍醐灌顶，在最关键之时给我们以指导与支持。

2016年1月，正值北京隆冬时节，寒风凛冽，而中国社会科学院法学研究所的百年红楼里却温暖如春，群贤毕至。来自北京大学、清华大学、中国人民大学、中国政法大学等北京地区诸多法学法律界的专家学者，在法学所主持下，正在为"武汉地方法治发展史"课题研究把脉问诊。同年3月，春暖花开，在杭州师范大学鼎力支持下，我们邀请以沪杭为主的华东地区法学界、史学界知名专家学者进行咨询论证。通过咨询、研讨、专访等多种形式征求意见，最终形成的共识是：开展地方法治史研究，正当其时，且具有多重积极意义，是一项极具开创性的工作。与此同时，专家学者们也提出了许多宝贵的意见和建议。

我们认真梳理、消化，逐一研究专家学者们的意见，最终将课题名称确定为"武汉地方法治发展史"。在国家及地方漫长的法律制度及法律治理变迁中，始终蕴含着法治元素的痕迹和朴素的法治思想、法治方式以及形态各异的法律治理实践。而且这些实践伴随着社会发展从低级到高级不断推进，需要用马克思主义辩证和发展的观点进行梳理，为当今武汉法治建设提供借鉴。

第二，关于时间跨度和区域空间

关于武汉地方法治发展史涉及的时间跨度，开始有三种意见：第一种是立足中华人民共和国成立以来的研究。第二种是从1840年鸦片战争或1861年汉口开埠开始，研究近代以来包括中华人民共和国成立以来的武汉法治进程。第三种是上溯到3500年前武汉建城时，以此为起点延伸到中华人民共和国成立以来的武汉法治建设研究。

我们认为，这些意见都有其合理性。经过专家论证和编委会反复研究，确定研究的时间跨度从3500年前商朝盘龙城亦即武汉城市之根萌发时开始至2018年，研究重点放在中华人民共和国成立以来武汉法治建设的历史。

关于区域空间。在史学研究中必须明确历史上武汉的地域范围。现今武汉管辖的地域范围，历史上不是统一的行政区划，曾分属不同地方行政管辖，且经历无数次调整变更。对历史上武汉区域空间的界定，应以当前武汉所辖区域为基础，上溯到这些区域各个历史时期的行政管辖沿革。也就是说，"武汉地方法治发展史"的研究区域，不囿于当今武汉行政区域的硬性边界，而是以武汉为中心，以此为基点伸缩。先秦时期，则应把武汉放在楚国的大区域里来研究。

第三，关于课题研究必须把握的几个关系

通过反复斟酌，结合专家学者的建议和在编撰中可能遇到的实际问题，我们明确提出应注重把握以下几个关系：

在总体设计中，把握好法制与法治的关系。突出法治主线，以研究法律制度为基础，重点研究法律的执行和实施，把法治元素视为一个长期的不断发展的过程，力求反映出武汉各个历史时期不同类型法治元素呈现的实际状况和历史特征，在时间纵向维度上把握从散见的法治元素到当前全面依法治市的发展脉络。用发展的眼光，贯通、连接武汉各个历史时期的法律制度和法律施治，探寻法治元素生长的轨迹。关于这个问题，李卫东教授在本书"序（二）"中有较为详细的阐述。

在研究内容上，注重把握好国家法律治理整体与武汉地方局部的关系。即以国家、省（郡、州）法律法规制定、实施为背景，重点研究国家、省（郡、州）制定的法律法规在武汉的施行，以及武汉自身的地方立法实践活动。

在研究方式方法上，注重把握好统一规范与开放创新的关系。在统一大纲的基础上，不搞规定模板，鼓励各课题组根据不断挖掘搜集的资料开展创新研究，取得最新成果。各课题组成员采取开放式组合，不以地域设限，还可由课题组委托第三方编撰。

在此基础上，2014年12月，武汉市法学会、江汉大学联合向武汉市依法治市（普法）领导小组正式提出关于开展该项研究的报告。12月22日，市依法治市（普法）领导小组批复同意课题立项。随后，武汉市社会科学工作领导小组将"武汉地方法治发展史"列为2016年社科基金第一批重点课题，最终成果为《武汉地方法治发展史》。

《武汉地方法治发展史》课题从初始酝酿到立项实施，凝聚了社会各方面的悉心呵护和倾力关爱。尤其是武汉市委市政府及市委政法委时任主要领导同志阮成发、唐良智、万勇、胡曙光、曹裕江等，分别对此项工作作出批示，认为做好武汉法治史研究，对于促进依法治市、建设法治城市意义重大，要求全市各有关方面大力支持。

三

《武汉地方法治发展史》编撰的关键环节是课题研究团队和项目主持人（主笔）选择。为此，我们颇费了一番功夫。在信息化和大数据时代，行之有效的传统课题研究方式需要传承，适应新形势的编撰组织形式更要创新。目的是千方百计确保史书编撰质量。

我们最先实施的重大措施是课题面向国内外公开招标，择优组建研究团队。2016年4月27日，经过认真研究和准备，我们通过《光明日报》《长江日报》，分重点课题、一般课题，同时向国内外发布招标公告。公开招标得到国内高校和科研机构的积极响应。我们本着公平、公正、公开的原则，最终确定由中南财经政法大学、华中师范大学、湖北经济学院、江汉大学、武汉市委党校等5个研究团队，分别承担先秦、秦至唐、宋元明清、晚清、民国、中华人民共和国6个历史分期的法治发展史研究课题；另外确定12项专题研究课题由其他高校和研究机构的学者分别承担；同时，根据一些专家和法律实务部门同志关于扩展法治史研究范围，推动专业部门加强自身专史研究的建议，新增武汉公安史、武汉检察史、武汉法院史、武汉司法行政史、武汉仲裁史、武汉律师史等专业史课题。各有关部门高度重视，精选本系统研究骨干或聘请专家学者，提供良好工作环境，精心组织编撰。

《武汉地方法治发展史》编撰真正动笔，是在 2016 年的下半年，而专业史部分则稍晚一些。从各课题组和作者的撰写过程看，编撰总体上科学严谨，打磨凝心聚力，各课题组精诚合作，资源共享，克难攻坚。在充分搜集、占有资料的基础上，精心编制大纲，专家和业内权威人士反复论证大纲；力求在整体结构、章节内在逻辑、历史发展脉络、重大事实等方面有完整而科学的再现。编撰中去伪存真，以史料、史实说话，力求还原当时真实景况。在形成初稿后，各课题组反复校核史料，邀请专家学者和业内权威人士，广泛征求意见，不断修改完善。如武汉市委党校课题组承担的新中国武汉地方法治发展史卷，曾先后自下而上，由内及外，邀请多批专家学者从大纲至各章节，逐项修改，两年内提出修改意见数百条，课题组按照修改意见不断补充资料，充实完善，前后进行 20 余次大的修改。先秦至清朝部分根据专家学者意见先后做了 10 余次包括结构、内容方面的修改。武汉公安史卷在搜集数百万字史料的基础上反复研究，推敲取舍，先后数易其稿。从编委会掌握的情况看，丛书每一卷大的修改都在数次以上。一些承担课题的同志深有感触地说，这次法治史研究最大的收获就是丰富了研究资源，拓宽了研究视野，创新了研究方法，提升了研究能力。

编撰质量的基础是课题团队和撰稿人素养。法治史编撰全程借智借脑，自始至终邀请国内众多法学法律专家学者作为学术智力支撑，通过其对课题跟进贴身把脉指导，成为我们为编撰质量把关的关键一招。2018 年 12 月 22—23 日，武汉市法学会、江汉大学、武汉市委党校联合再度赴京，在中央党校政法部、中国社会科学院法学研究所分别召开部分研究成果评审会，对不同历史时期的部分样稿进行逐一评审。来自中央党校政法部，中国社科院法学研究所、近代史研究所，北京大学法学院，清华大学法学院，中国政法大学等各方面的专家学者，对研究的初步成果给予积极评价，对进一步深化课题研究提出具体意见建议。这次成果评审会起到了把脉问诊、指点迷津的"体检"作用。

为了统一《武汉地方法治发展史》书稿编写要求和技术规范，编委会提出了编撰各时段必须具备的内容框架和遵循的技术标准。在各卷完成初稿、审稿期间，我们及时将《人民出版社学术著作出版规范》送发各课题组，明确要求各课题组依照遵循。

《武汉地方法治发展史》的编撰是一项系统工程，所涉历史时空跨度大，文史资料卷帙浩繁，参与团队和课题承担人员众多，因此做好组织协调服务工作至关重要。从制定每年编撰计划，明确阶段重点，适时组织工作推进，到成立编务组、学术组，不断加强工作调度和学术指导。围绕编撰总体目标，重点把握三个环节：一是大纲编写，做好顶层设计。二是全程跟踪，贴近服务。三是重点督导，分类推进。对重点课题直接上门听取研究情况，与执笔人面对面磋商，根据不同进度情况，分门别类提出具体推进意见和建议。

我们对书稿在报送出版社前的审读、修改、送审等制定了严格具体的规范程序。在各课题组对研究成果开展自下而上、自上而下的自审自评基础上，编委会学术组、编务组对初稿的政治性、重要史实、历史沿革、总体框架及基本体例等八个方面进行初审把关，分别提出意见，归纳整理后反馈给课题组进行修改。重点历史分期的研究课题，由编委会与课题单位共同邀请专家学者和法律实务工作者共同修改。书稿基本成型后，进入终审程序，由课题组及所在单位、专家评审委员会、编委会审核通过，方能进入报送出版程序。

四

法治是人类文明的重要成果之一。学习借鉴古今中外优秀法治文明成果，不断丰富和发展符合中国实际、具有中国特色，体现社会发展规律的社会主义法治文化，助力法治武汉建设，乃我们编撰《武汉地方法治发展史》之初心和追求。

编撰初始，大家都知道这是件难事，但知其难，却不知其这般难。难在何处？

2020年，是《武汉地方法治发展史》的收官之年。正值集中攻关的关键时刻，武汉遭遇突如其来的新冠肺炎病毒的肆虐和戕害。在党中央的坚强领导下，武汉与全国人民一道，用众志成城、坚韧不拔书写了令世人瞩目的抗疫史诗。《武汉地方法治发展史》的编著者，协力同心、共克时艰、笔耕不辍，确保了法治史编撰工作逆境前行。

编撰地方法治发展史无先例可寻，一切均需拓荒探路，从零做起。编撰体例一段时间确定不了，只得打破现有编史体例，综合运用不同史书体例编撰。史料搜集和梳理运用难度更大：一方面，清以前有关武汉地区的史料，尤其是法制（治）方面的史料匮乏，成为研究瓶颈；另一方面，晚清以来的史料浩如烟海，如何梳理又成为困扰编撰的突出问题。课题研究团队分布四面八方，隶属不同地区、单位和部门，统一编写体例、进度，邀请专家学者审核修改、规范文稿等，组织协调难度不小。面对这样一个浩大的系统工程，只有持续用心用情用力，知难而纪，克难而书，始得推进。

纪史的最低要求是还原本真。鉴于各历史分期史料占有不尽相同，我们坚持实事求是，章、节、目不搞统一模板，力求客观记录不同历史时期的法律制定、法律治理活动及发展过程。编撰工作坚持以可靠史料作支撑，经得起历史检验。为了还原历史，许多课题组在查阅大量档案资料、相关研究学术成果的同时，还进行实地调研、走访；还有的课题组对同一事件多个版本进行细致比对，去粗取精，去伪存真；一些参与修改、统稿的专家学者对有的史实、观点反复核实、论证，作出最后结论。先秦课题组还十分注重吸收运用最新考古成果。正是坚持立足客观史实和严谨的编撰学风，《武汉地方法治发展史》各卷基本反映了武汉法治发展各个历史时期的客观面目。

编撰的过程，也是我们对地方法治发展史不断深化认识的全新过程。由此追本溯源，"研究我国古代法制传统和成败得失，挖掘和传承中华法律文化精华，汲取营养、择善而用。"[①] 也是我们编撰《武汉地方法治发展史》的初衷。

人民群众是法治最广泛、最深厚的基础。民惟法本，是我们编撰法治史感悟至深之处。我国的法律民本思想源远流长，从"民惟邦本"的价值基点，到"抑强助弱"的公平精神，崇尚"以和为贵"，主张重民、利民、裕民、养民、惠民。马克思指出，不是人为法律而存在，而是法律为人而存

---

① 中共中央文献研究室编：《习近平关于全面依法治国论述摘编》，中央文献出版社 2015 年版，第 32 页。

在。① 在全面依法治国的伟大实践中，法律不是统治和奴役民众的工具。坚持人民主体地位，真正体现"以人民为中心"；坚持法治为了人民、依靠人民、造福人民、保护人民。这些都应当作为衡量法治成败得失的根本标准。

法治兴则城市兴。法治是城市规划、建设、管理的重要标志，也是城市治理的理想境界。我国历史上普遍重视城市法律的制定和施行，除在综合性法典中专列有关城市管理的篇章，还颁行有专门或主要运用于城市管理的单行法规。尽管历史演进和城市兴衰历经不同时代，甚至于战乱和灾害，但如果没有这些法律规范，很难想象城市能够长期有序承续。当今我国城市已进入新的发展时期，现代化城市治理的理念和方式较之先人和历史早已有天壤、本质之别，法治已成为城市的核心竞争力之一。历史和现实表明，当代城市尤其是如武汉这样超大城市的高质量可持续发展，需要不断与时俱进完善城市法律制度并保持稳定性，贯彻依法治城，运用法治手段营造良好城市环境，使法治成为城市发展的重要保障，在法治轨道上推进城市治理体系和治理能力现代化。

"天下之事，不难于立法，而难于法之必行。"② 我们从武汉地方法治发展史中深刻感悟到，良法善治的辩证统一，方能激发社会活力，促进社会进步。晚清重臣张之洞在汉创设的城市公共建设制度、官办企业制度、教育与文化法律等一系列制度，成为当时全国制度的典范。其身体力行极力推进"善治"，践行这些"良法"，使武汉成为我国近代工业和近代教育的发祥地之一。《武汉地方法治发展史》记载了武汉治理百年城市痼疾"麻木"③ 的范例：2003 年，武汉市委、市政府秉持"依法行政、有情操作"的理念治理城市管理顽疾，受到市民拥护支持，成功解决了城市治理的老大难问题，被誉为全国依法治城的典型。当然，不同历史时代"良法善治"的内涵本质和表现形式不尽相同。建设现代化法治城市，不仅应注重制定体现广大人民意志、符合本地实际和时代要求、可以"护航""导航"的良法，更应防止"立法如林、执法如零"和简单粗暴执法。建立高素质的司法执法队伍，

---

① 马克思：《黑格尔法哲学批判》，载《马克思恩格斯全集》第 1 卷，人民出版社 1956 年版，第 281 页。

② 张居正：《请稽查章奏随事考成以修实政疏》，载《张文忠公全集》（上），中华书局 1935 年版，第 40 页。

③ 武汉人俗称的"麻木"指的是人力三轮车、正三轮摩托车和残疾人专用车（代步车改为营运）。

把保障人民利益放在首位，运用法治思维和法治方式深化改革、推动发展、化解矛盾、维护稳定、防范风险。

中华文化历史悠久，中华法治文明博大精深。从某种意义上讲，《武汉地方法治发展史》作为一个缩影和窗口，"挖掘民为邦本、礼法并用、以和为贵、明德慎罚、执法如山等中华传统法律文化精华，根据时代精神加以转化，加强研究阐发、公共普及、传承运用，使中华优秀传统法律文化焕发出新的生命力。"① 还有全人类优秀的法治文明成果，都需择善而为，弘扬光大。法治发展的历史进程，也是伴随人类社会从无至有、从不自觉到自觉、从低级到高级，不断深化认知和实践的渐进过程；法治社会是人们对法治理想的一种向往和追求，这个过程远未完结；不同历史时期，不同经济基础，不同社会制度，会呈现不同的法律体系和施治方式；法治发展史反映的时代性、不平衡性和多样性特征，也是人类社会发展客观规律的必然反映。武汉地方法治发展史是中华法治文明的一部分。我们尝试立足历史长河中武汉区域这个点，与读者共同领略中华法治文明的无限风光，追逐古往今来人们为着法治中国、法治社会、法治城市不懈奋斗的足迹。

---

① 《关于加强社会主义法治文化建设的意见》，人民出版社 2021 年版，第 9—10 页。

>> 序（二） <<

李卫东

从考古发现看，早在史前时代，中国已产生一大批具备城市形制的聚落，如石峁、城头山、良渚古城等。早期城市的出现，不仅标志着社会财富和权力向中心聚落集中，同时说明当时的社会已具备较强的动员能力，意味着建立在城市这种聚落上的规则和秩序出现，"城市法"开始萌芽。进入文明社会后，历代君主纷纷修筑城池维护自己的统治，即所谓"筑城以卫君，造郭以守民"①。城市建设和管理的法律和规范更加完备，《周礼》中的《考工记》和《司市》对此都有十分详尽的记载。中国古代大部分城市是在政府主导下，自上而下建立和发展起来的，城市的法律也以政府管制和治理为主要出发点，通过城市规划与营造立法、市政管理立法、城市治安管理与防灾立法、城市商业与经济管理立法、城市人口与社会管理立法等，构成一套具有中国特色的"城市法"体系。

一

研究城市地方立法及法律治理，自然不能回避"城市法制"与"城市法治"这两个概念。对于"法制"，我国社会主义法制开创者董必武曾下了一个十分简洁明了的定义，他说："我们望文生义，国家的法律和制度，就是法制。"② 从这个意义上讲，法制（Legal System）特指法律制度，是与经济制度、政治制度等相对应的概念。"法制"内涵丰富，它不仅包括国家法律及

---

① 张觉校注：《吴越春秋》卷二，载《吴王寿梦传第二》，岳麓书社 2006 年版，第 16 页。
② 董必武：《论社会主义民主和法制》，人民出版社 1979 年版，第 153 页。

其相关机构，而且还包括完整的法律运行和法律监督等程序、活动及过程等。广义的"法制"还有很多扩张性解释，包括更多内容，比如把非正式的法律制度如政策、指令、习惯等也纳入"法制"之中。城市作为国家和区域的统治中心，是各类法律制度、规则和习惯产生、推行和实施的地方。城市自身的管理也依靠大量的法律和其他规则进行，没有这些规则和制度，城市无法正常运行。可以说"法制"是城市的重要组成部分，没有"法制"就没有城市。"法治"是相对于"人治"的一个概念，又称法律之治，涉及城市治理和社会生活的方方面面，大到城市治理结构、政府行为，小到邻里关系、个人言行，均需在法律思维的指引和法律规范的约束下，在法律的框架内运行。

首先，相对于法制，"法治"是一个动态过程和发展的概念，有其阶段性和时代性，需用历史发展的眼光看待。"法治"这一概念早在春秋战国时期已经在我国产生，如《商君书·任法》中有"任法而治国"，《管子·明法》中有"以法治国"等。这里的"法治"（The Rule by Law），是与"礼治"相对应的概念，即用"法"这种新的规则体系代替过去以"礼"为中心的规则体系。是与"刑不可知，则威不可测""议事以制，不为刑辟"的奴隶主贵族专制，儒家思想崇尚的圣人和贤人之治，以及建立在宗法等级秩序上的"礼治"等相区别的一种新的国家和社会治理的观念和方法。秦行商鞅之法，将法家思想作为治国之策，此后经历汉唐一系列改造融合之后，最终确立了礼法并重的国家治理格局。至近代，西法东渐，此时的"法治"同民主与科学等观念一起，成为民主革命者反抗专制主义的思想武器。但自清末法律改革，到辛亥革命，再到民国创立及此后几个阶段，完全意义上的资产阶级民主"法治"始终没有在中国建立起来。新中国成立，特别是改革开放以后，中国特色社会主义法治建设得到空前重视，全面依法治国成为坚持和发展中国特色社会主义的基本方略。中国特色社会主义法治有着明确的内在性。习近平同志指出："走什么样的法治道路、建设什么样的法治体系，是由一个国家的基本国情决定的。……全面推进依法治国，必须从我国实际出发，同推进国家治理体系和治理能力现代化相适应，既不能罔顾国情、超越阶段，也不能因循守旧、墨守成规。"① 显然，当今我们追求的

---

① 中共中央文献研究室编：《习近平关于全面依法治国论述摘编》，中央文献出版社 2015 年版，第 31 页。

"法治"在内涵和外延上与中国历史其他阶段所追求的"法治"，以及西方的"法治"都是不同的。对于"法治"这一观念在中国历史上的发展和演进，李贵连在《法治是什么——从贵族法治到民主法治》中指出，中国经历了"由贵族法治转为君主法治/帝制法治/专制法治/官僚法治，再转为民主法治"的发展阶段，目前我们正在建设社会主义法治国家。①

其次，与法制一样，"法治"既不是某种特定的政治和社会制度的专用概念，也没有固定的模式，应根据其核心价值来理解和把握。法治很难有个统一的衡量标准，城市法治更没有模板可以复制。如果简单地用西方那些建立在自己城市发展基础上的"法治"理论来观照中国城市发展中的法律现象，只会有两种结果。要么无法对中国城市史上的法律现象进行正确的解读和说明，并对中国城市历史上存在的法律治理和法制运行得出否定的结论。要么附会西方法治理论和标准，无视中国城市发展的独特性，选择或裁减史料，穿凿附会，发潜阐幽，脱离时空地"发现"或"构建"出不符合实际的中国城市法治发展的历史进程和模式。只有不拘泥于西方城市法治理论，研究者才能立足中国文化与价值观念的自身特质，构建与描绘出中国古代城市"法治"的内容。

再者，"法治"是规则之治、制度之治和程序之治，中国历史上的"法治"虽从属于专制之治，但同时也是对"人治"和"专制之治"的约束和限制，具有相对进步性。诚然，中国古代的"法治"主要体现当权者的权力，而不是普通民众的权利，法律的权威不是来自于所有人对法律的信仰，而是来自民众对权力的敬畏。虽然如此，我们依然不能否认它的存在价值。因为在特定的历史条件下，这种规则之治强调法律、法规的权威作用，在一定程度上是对人治的约束，比随意性的专制要好。中国古代城市作为区域性政治中心，管理者为君主委派的地方官员。大量历史研究成果表明，他们对城市的管理不是随意的，必须遵守相应的法规，依法行事，并随时受到监察机构和官员的监督、约束。这种"法治"所蕴含的对权力的约束和监督，以及官员在治理地方中所遵循的"先教后刑""教法兼行""正身守法""明正赏罚""扶弱抑强""慎杀恤刑"和重视民事调解与预防犯罪等思想，

---

① 参见李贵连：《法治是什么——从贵族法治到民主法治》，广西师范大学出版社 2013 年版，第 9 页。

与当今法治思想有共同之处。

综上，"法治"是一个动态发展的概念，主要针对"人治"而言，城市法制与城市法治这两个概念并不矛盾和相互排斥，二者既有区别又有联系，不能用先后、优劣来区分二者。"法制"与"法治"，二者的研究对象不同，内涵与外延也有差异。如果说前者主要表现在制度层面，那么后者则更多地表现在价值层面，更强调法律对城市市民各种权利的保护，以及将城市管理机构的权力运行纳入法治轨道中，受到权力的制衡、权利的约束和程序的限制。如果说，城市法制主要是指城市产生和运行的基本法律和制度，那么城市法治则更强调城市依法治理的理念，法律和制度的运行方式、程序和过程，以及在这一过程中公共权力受到的规范和制约、市民权利得到充分保障等。良好的法律制度和理念是城市法治实施的基础和前提，城市法治建设必须要有完备的城市法制，所以城市法治必然包含大量城市法制内容，其内涵更丰富一些。

二

根据城市法制和城市法治的区别与联系，城市法制史主要研究与城市形成和发展相关的法律制度，城市内部的管理法规、管理制度，以及相关组织机构的发生、发展和演变规律等。城市法治史则主要研究法律在城市形成和发展中的作用和地位，城市治理的理念和方式，城市市民的法律意识，市民的权利保障等。如果说，城市法制史比较侧重于静态的法律制度，那么城市法治史则更强调城市动态的运行模式，以及各种权力的行使方式和程序。一方面，城市"法治"的重要基础是城市法制，因此城市法治史研究不能离开城市法制史的研究。另一方面，历史上城市的"法治"也是广义城市法制史研究的内容，在此意义上，对城市"法治"的研究又是城市法制史的重要工作，二者具有同一性。

作为一个复杂的巨系统，城市内部事务繁多，社会分工细密，社会各阶层和各种社会组织关系极为复杂。处理、协调这些复杂的关系和事务，除了依靠基本的法律和规范以外，还要有良好的城市管理体制和机制，综合运用包括民间习惯、行业规范，甚至社会舆论等在内的各种力量，保证城市社会的稳定和谐、城市机体的有序运行。这些问题往往超过了"法制"所能涵盖的内容，研究城市法治史能更全面地反映城市治理的基本情况。"法治"的类型及发展水平的高低，更能体现城市发展的阶段特征，是我们判断一个城市发展阶段和发展水平的一个重要考量点。

就中国历史上城市起源和发展的特点，以及中国传统城乡关系而言，古代中国在管理体制是"城乡一体"。如果这个"一体"是通过国家统一"法制"来确定的，那么单从"法制"的视角研究城市，不利于我们对城市治理的独特性进行研究。"法制"虽然也有地方性，但与"法治"相比，法制还是偏向于强调一致性，强调国家或地方规范的统一实施。但事实上，城市一定不同于乡村。此外，中国历代城市众多，因为地域文化传统的不同，城市功能的不同，以及发展水平与规模的不同，城市面貌多种多样。比如，历史上地处江南的商业中心扬州与远在塞外的军事重镇代州，虽然都是名城，因其所在区域和城市功能的不同，在城市管理体制和城市治理方式上显然不一样。就算是同在一个地域，因为城市功能的不同，城市的治理方式和结构也可能完全不同。如历史上的武昌和汉口，虽隔江相望，但二者是完全不同的两个城市，城市管理体制和方式各有特色。武昌的城市管理更多体现了王朝政权自上而下的管理体制，城市功能分区明确，政治和军事色彩明显，传统教化和国家法律规范在城市社会中占主导作用。而汉口的城市管理，主要是依靠商业力量自发产生的，自治性的商业组织如"会馆""公所"在城市发展与城市社会管理中发挥了重要作用，传统教化的影响较小，受国家法律法规的约束也没有武昌明显。在汉口，协调人与人的关系，处理各种矛盾和纠纷的方式与规则，更多来自民间习惯、商事规则和行会帮规等。那么，研究城市治理过程中特殊的规则，以及这些规则如何发挥作用，更需要我们用"城市法治"这样的概念揭示中国城市自身的运行规律。

鉴于我们将"法治"视为一个动态的概念，加之发展的眼光与视角，因此相对于城市"法制史"，城市"法治发展史"更能全面反映城市治理特色和时代特征。突破"法制"的藩篱，以"法治发展"的视角研究城市，更能全面揭示城市治理和发展的历史。

<h2 style="text-align:center">三</h2>

历史经验表明，城市化过程往往与法治化同步，法治不仅是城市社会治

理的最好方式，同时也是城市现代化发展水平的重要参照。在全面依法治国的今天，总结和梳理我国城市发展历史上"法治"建设的成败得失，对于我们总结历史经验，更好地开展法治城市建设有着积极的意义。

首先，认识"法治"在中国城市发展与治理中的功能和作用，有助于从历史的维度连接传统法律观念与现代法治精神。"对古代法治文明在批判性继承的基础上进行创造性转化、创造性发展，是法治发展的普遍规律之一。"① 研究一个城市的法治发展状况和历史脉络，不仅能帮助我们更好地认识这座城市的治理方式和精神特质，而且能深刻认识城市法治生长的条件和发展路径。中国是一个后发现代化国家，按照现代法治的一般原则和标准，中国传统城市法治发展的程度总体不高，在过去绝大多数时期内只有部分法治或法治的萌芽，或仅仅在某些领域具备一些法治的色彩。尽管如此，我们依然不能否认在中国城市发展历程中，相关法律、制度以及法的观念对于城市发展的积极意义。比如自《周礼》开始确立的各种城市规划和营建法律规范，形成了中国独特的城市建设格局和空间形制，促进不同社会阶层和职业的城市居民在城市内和谐共生。这些规范所包含的天人合一、公平公正等思想恰恰是当代城市法治建设的重要精神和文化资源。

其次，可以关照当代城市法治建设。历史学家克罗齐曾说："一切历史都是当代史（Contemporary history）"。这句话表明，我们对任何历史问题的研究，都离不开对现实的关怀。当今我国已经进入新一轮城市化时代，人口、产业，以及其他各种要素和资源都迅速向城市聚集，城市也因此成为各类社会矛盾的集聚区和焦点，进而变成国家治理的重心和难点。最好的治理模式是法治，城市治理现代化离不开法治的力量和法治的保障。为此，各级政府纷纷制定法治城市建设方案并付诸实施。在理论界，一大批学者也对法治城市建设的理论、路径和指标体系等开展研究。每座城市都有自己的文化和历史，有法律运行的实践经验和市民对于依法治理的共同认识。"任何一种法治都诞生于地方，每个城市的法治起源都具有或然性。"② 如果脱离这些谈城市法治，这个"法治"也只能存在于理论之中，停留在规划之上。研究历史上的城市"法治发展"，就是为了汲取历史文化资源，促进当代城

---

① 张文显：《习近平法治思想的理论体系》，《法制与社会发展》2021年第1期。
② 李乾：《中国城市法治发展可比性研究》，华南理工大学博士学位论文，2016年。

市法治建设。

再者，揭示国家法治与地方法治之间的互动关系。中国是一个传统的大一统国家，中央政府对地方拥有绝对的权力和权威，地方完全听令于中央政府，并在上级组织领导下统一执行中央政府的政策和法令。一方面，法治的统一性是必要的，法治不统一，主权也随之分裂。另一方面，我们也要认识到在幅员辽阔的中国，各地社会经济发展程度不同、民俗风情不一致，在落实国家法治方面必然会有差异，简单地用国家法治的统一性来否定地方法治的重要性显然是不对的。同时法治不是纸面上的纯粹理性设计，具有很强的实践性，是源自基层实践的体系构建，具有经验主义的特性。国家法治的具体内容既来自地方实践的需要，又需要通过地方法治的实践去落实。国家在法治建设过程中遇到的问题，也需要用地方法治所形成的经验去解答。因此，地方法治的发展不仅是国家法治重要组成部分，更是推动国家法治进步的基础和源泉。

城市作为新思想、先进生产力最集中的区域，不仅是现代法律意识和法治思想最早萌芽的地方，同时还是现代法治最先开始实践的场所。城市也是地方法治问题最集中的地方，与国家整体法治建设关系最密切。作为法治建设创新之地，城市在国家法治建设中具有引领作用。在共同的法治建设总目标追求下，不同城市的法治建设实际上是一种竞合关系，并进而形成特色不同的城市法治。这些丰富多彩的城市法治建设是国家总体法治建设源源不绝的地方资源。开展城市法治史研究，把国家法治建设过程中各城市"地方性知识"和"地方性经验"加以总结，构建地方性知识与全国性知识的转化关系与交流模式，有助于我们充分理解国家法治深层次动因和基础。

>> 序（三）<<

杨一凡

多年来，学界对中国传统法律制度和法律思想的研究取得了重大进展，研究领域不断拓宽，研究水平不断提升，在许多方面取得可喜的学术突破。这些对于我们全面了解古代法制面貌、法治发展、吸收传统法律文化精华具有重要意义。

当然，若要更为科学地阐述中国古代法律发展的历史，还有许多新领域和重大课题需要继续探索。比如，绝大多数法律文献尚未整理和研究；历代以各种法律形式表述的行政、经济、军政、民事、文化教育等诸方面的制度，有待深入和系统的探讨；对古代地方立法形式及立法成果的探索，也才刚刚开始。重新认识和全面、客观地阐述中国法律史，是当代学者肩负的重大历史责任，需要学界同人不懈努力，为实现这一学术目标做出贡献。

一

在中国古代法律体系中，既有朝廷颁布的法律，也有地方官府颁布的大量地方法律和政令法令。朝廷立法与地方立法并存，共同组成一个完整的法律体系。地方立法是国家法律体系的有机组成部分，内涵丰富，且具有不同地域的特色。地方法规、政令等是为实施朝廷法律而制定的，发挥着补充和辅助国家法律实施的功能。只有把朝廷立法与地方立法结合起来研究，才能揭示中国古代法律体系的全貌，并对当今法治建设提供参考与借鉴。到目前为止，这方面的研究还极其薄弱，需要予以特别关注。

从城市发展的角度看，武汉地区的城市形成于东汉末年以后，城市发展也经历了从"双城对峙"到"三镇鼎立"，再到"三镇合一"的历史过程。

尽管历史上的夏口、武昌、汉口等都是有影响的城市，但武汉真正具有现代城市的功能和特质，是在 1861 年汉口开埠以后。《武汉地方法治发展史》以"武汉"为研究空间，是用现代的思维回望古代，但视角是"发展"的。这种写法，有两层观照：

一是古代国家法律与地方立法之间的关系问题，涉及国家与地方法律制度的互动。国家与社会的二元研究，一直是法律史、社会史以及经济史的研究热点，这种分野，重在考察国家秩序与基层秩序的传递与相互影响。

二是传统农业社会的法律体系向现代商品社会法律体系的转变问题，涉及近现代法律的转型。中国古代法律，特别是吏政、礼制、刑事、民事类法律，受儒家纲常礼教影响颇深，贵贱有等，尊卑有序，伦理色彩浓厚。现代法律以"权利"为本位，宪法、民法、刑法等法律以"人"为中心。古代农业社会流动性低，呈现"熟人社会"的形态，现代商品社会交易频繁，"陌生人社会"是主要表现。

这两个方面，都需要我们将其置于中国历史发展长河中观察和剖析。

另外，对于"法治"一词的使用，不能简单地理解为"ruleof law"。如果用此英文单词对照古人论述的法家"法治"、贵族"法治"，内涵大相径庭。"法治"是治理国家的一种方式，也存在一个发展过程，古代的可以认为是"古典法治"，现代的则是"民主法治"，二者的性质、内容、功能既有质的区别，又有一定的传承关系。基于上述认识，《武汉地方法治发展史》的定名，采用了"法治"一词，意在用发展的眼光看待法治的历史进程。

二

地方立法在中国古代出现较早，也经历了漫长的发展过程。《睡虎地秦墓竹简》中的《语书》，即是南郡太守腾给县道啬夫的文书，说明在战国时期就存在地方长官发布政令的做法。汉代时，条教、书、记是地方法令、政令的重要载体。唐、宋、元时期，各级地方官府和长官以条教、条约、约束及榜文、告示等形式，发布了大量的地方性法规法令和政令。这在《武汉地方法治发展史》中也能得到印证。因时间久远，地方法律文书大多失传，今人只能看到较少的文字记录。

明代以后，地方立法出现了繁荣的景象，法律的形式更加多样化，数量也远远超过前代。除各级地方长官发布了大量的政令，以及制定地方法规外，朝廷派出巡察各地的官员针对地方时弊，以条约、告示、檄文、禁令等形式，颁布了不少地方性法规。

清代地方立法较明代又有新的进展。"条约"是清代前期地方立法的重要形式，"章程""省例"是清代中后期地方立法的重要载体。清朝地方立法内容广泛，几乎涉及行政、经济和社会生活管理的各个方面。"省例"的撰辑、刊印，标志着中国古代地方法制建设进入了比较成熟的阶段。

地方立法的高潮出现在清末。面对西方列强的入侵、社会动荡和国家政局的变化，各地方出于救亡图存，维护基层政权和社会治安的需要，积极推进法制变革，制定了一系列专门性的单行地方法规。在《武汉地方法治发展史》中，可以看到张之洞督鄂时期的系列主张，也可以看到城市在现代转型中的种种变化。

中国古代的地方立法，是伴随着社会的进步和立法变革的进程不断发展完善的。不同历史时期，地方立法的内容和编撰水平差异甚大。现存的古代地方法律文献汗牛充栋，这些文献记载了大量的地方治理特别是乡治的法律措施和成功经验，闪烁着古人的智慧光芒。要客观地揭示古代不同历史时期地方立法的本相，借鉴其精华古为今用，必须重视地方法律文献的整理和研究。撰写地方法律史，无论是对于开拓法史研究，还是挖掘中华法文化的优良传统，都有积极的推动作用。

研究地方立法以及法治的发展，有助于深入了解影响地方法律制度的诸种因素，以及它们之间的互动关系，也有助于改变在地方法律史尤其是民事管理法律制度研究的落后状态，正确地解释民事法律制度、民刑关系研究中存在的争议问题。最重要的是，把古代朝廷立法与地方立法结合研究，有助于对地方执法中存在的各种社会问题进行理论分析和解释。

三

以往的地方法律研究，多利用文书、州县档案，解释的范围重在"乡村社会"，对于作为"城"或者"市"所属区域的地方法律关注不够。无论是传统意义上的"城""市"，还是近代形成的城市，城市内部社会构成、社会组织和社会管理均与乡村地区。不是简单地人口从乡村转移到城市，而是形成新的生活方式、组织方式和管理方式，故城市治理方面的地方立法，面临许多新的问题，包括市场经济、财政税收、教育、环境、治安、用水、消防、公共交通、社会保障诸多的公共事务。武汉作为中国历史上知名的区域性城市，以及近现代中国最有影响力的城市之一，可以作为一个范例，展示城市地方法律的制定与运行，以及传统法律体系向现代法律体系的转变。在《武汉地方法治发展史》中，可以看到早期地方城市中法律，以及汉口开埠以来的城市变化，武昌首义以后地方政治与法治的各种交融，民国时期的市政建设，以及新中国的革新转变等。

城市治理法规的出现，是一种新的"人"的社会关系的建立，是从法律上评价和看待"人"的存在，而不是通过其他认识，比如常有的是血缘或宗教，这是近代社会或现代文明的象征。在熟人社会，缺乏经济对价交换的广泛，人们固定在特定地域，相互熟悉。只有在社会交换活动超出地域范围时，面对不特定的交换者，才能构成对"人"的概念的一般性的评价，这种评价是对对方交易资格与履行资格的考察，也包括对财产权的承认，对交易者地位平等的看待。

乡村的熟人社会，"人"的评价相对减弱，对于交易资格、履行资格、财产权的考虑相对不明显。"陌生人"的城市，对于交易资格、履行资格、财产权的评价更为强烈，契约、法律则作为一种显现规则呈现出来。另外，城市的兴起和功能的转变，以及对公共事务的需求，又要求大量的"个人"通过契约组成团体，实现公共服务，政府也作为后盾进行补充，法律的市民化才更为成熟。

城市法律史的研究，是今后法律史研究的一个崭新而又不可缺少的领域。加强这一领域的研究，将会继续为传统法律向现代法律转型研究输送营养，落脚点也在探索中国传统法律文化、文明规则的现代继承与融合。

四

在中国这样有几千年人治传统的国度里，从人治走向法治，任重道远。在《武汉地方法治发展史》里，也看到"法治"在地方的步履蹒跚。依法治国，是人类文明发展的必然趋势，也是社会主义市场经济和民主政治的基本要求。国家的长治久安和兴旺发达，主要依靠法治。为此，我们要坚守"全面依法治国"的理念，按照"宪法至上"的原则，实现依法执行和依宪执政；不断完善宪法实施和监督制度，彰显法的权威和生命力；保障公民的权利，以"权利"为本位，彻底清除以"管控人民"为执法出发点的"工具主义"法律观；坚守"以法控权"，让公务活动切实服务于实现公民的实质权利；做到"司法公正"，进而对社会公正具有重要的引领作用；强调"良法善治"，要求法律成为一个符合社会正义观的内部有序、自治的体系；立法必须切合国情实际，既要吸收和借鉴发达国家的成功经验，也要重视吸收中国传统法文化的积极成分。

《武汉地方法治发展史》作为研究地方法律史的系列丛书，是中国传统法文化研究的一项重要成果。它由武汉市法学会、江汉大学主持编撰，历时八年，旨在通过对武汉地区3500多年法律制度和法律实施进行回顾研究，从中梳理出悠久历史中的地方法治发展的脉络与规律。

武汉这座城市，位于长江与汉水交汇处，在九省通衢的地理位置上，近代以来极其重要，可谓人杰地灵。今天，武汉是我国法学研究的重地，法学资源丰厚，培养了大批的法学以及法律人才。撰写、出版《武汉地方法治发展史》，是武汉法律人为当代中国法学事业和法治建设作出的又一新的贡献。

在本丛书写作过程中，课题组从选题、招标、广泛听取专家建议、编写写作大纲，到组织高校教师以及专业的人员进行写作、审稿、修改、校对，做了大量的工作，完成此鸿篇巨作，实属不易。由于部分史料搜集困难等原因，该成果也存在一些不足，各历史时期的研究深度也不均衡，有待进一步提高和完善。然而，该丛书作为一部以城市法治发展为主要论述对象的法律史著作，具有开创意义，应予以肯定和支持。

是为序。

目 录

>>导言：古代中国地方"法治"的内容、原则及特征<<

《武汉地方法治发展史》古代史部分主要考察秦朝至清朝（前278—1840年）2100余年武汉地区的法治状况，分秦汉至隋唐卷和宋元明清卷两部分展开。在本部分的写作中，"武汉"主要作为一个空间概念出现，即以现在的武汉市辖区域为本卷研究的基本空间范围。不同时期中央政权在武汉地区设置的郡县行政机构名称不同，辖区也盈缩不定，只要是管辖武汉地区的地方政权的法治活动都将纳入本卷考察范围。

本部分"法治"特指各时代地方政府依法对地方社会的管理活动，包括行政、经济、社会、地方治安、司法运行各层面。"法治"的依据是法律，核心是各时代管辖武汉的中央政权颁布的法律以及与之相关的制度。地方政府是国家法律推行于地方的主体力量，政区设置、地方官员的选拔、考核、监督以及犯罪行为的惩治，是为了保证地方官员忠实执行国家法律，防止其利用手中掌控的公权力谋取私利，这些都是治官、治吏的重要内容；地方政府依法对土地的管理，劝课农桑、招抚流民、兴修水利、救助灾民构成地方农业法治；田租赋税征收、徭役征发、商税征收与专卖商品管理构成地方经济法治的内容。地方政府依托户籍登记将社会成员纳入行政网络之中，实现对人口流动和地方治安的管控，是地方治安法治的核心内容。西汉开始，法律规定了地方政府教化民众的责任，通过官学教育，在培养人才的同时，将政权提倡的价值观、伦理规范灌输到民间社会。地方政府依法处理纠纷、惩治犯罪的司法实践，是落实法律作为强制性规范的具体活动形式，承担着矫正社会行为、修复社会秩序的功能，是地方法治的核心内容。

一、中国古代社会的"法治"

学术界将"人治"与"法治"作为对立范畴理解，是从狭义角度来理解"法治"的结果，特指西方法治传统中"法律至上"的现代法治模式。但从秦至清朝的社会治理实践来看，在大一统的中央集权国家体制中，地方社会治理依赖各级官僚队伍完成，官僚作为具备特定知识和技能的群体，通过为政府贡献自己的治理活动，获取相应的经济、政治和社会利益。政权通过制度化的官吏选拔、考核、升迁和俸禄制度，使投身于社会治理的官僚个人活动的选择具备可期待性和稳定性。从秦至清，历代政府都有系统、严密的官吏法，对官吏选拔、考核、升迁、俸禄、政治权利进行严格的规范；都有土地、田租、赋税征收制度与征收规则，以此规范政府的赋役征收活动；都有罪名、罪状、刑罚的规定，要求地方官员依法定罪、量刑；都有对货币、度量衡、专卖制度、商税征收的规定，以此规范政府的商税征收行为。体系化的法律规范为社会治理、百姓活动提供了稳定的行为规范，也使社会成员的活动具备了可期待性，两者共同构成社会秩序稳定的基本骨架。这是判断中国古代社会存在"法治"的基本依据。

秦朝至清朝的中央集权制王朝具备至高无上的权力，这一权力通过郡县制下官僚机构的层层分配，转化为社会治理主体的各级地方政权的权威和强制力，形成地方政府的公权力。而历代政府颁布法律，对地方政府官员社会治理活动进行规制，目的在于避免公权力寻租导致的以权谋私，以致伤害社会成员对政权的合法性信仰，影响政权存在的社会基础，这一理念体现在"德主刑辅""儒表法里""明主治吏不治民"等法治指导思想之中。古代社会是通过法律分配各级政权的社会治理权力，规范官员行使权力的活动，控制各级官员以权谋私，这是"法治"存在于中国古代社会的制度依据。古代社会各级官吏治理地方社会的活动不乏"人治"的成分，但地方官员发挥自身能动性做出的"人治"行为，要么有清晰的法律依据，要么最后得到朝廷的认可，转化为"法治"行为，否则，就成为犯罪，要受到严格处罚。

中国从秦到清是在高度集权的中央政府主导下构建社会秩序的，借用韦伯的概念："国家就是一个在某固定疆域内在事实上肯定了自身对武力之正当使用的垄断权利的人类共同体。就现在来说，特别的乃是，只有在国家所允许的范围内，其他一切团体和个人才有使用武力的权利。因此，国家乃是使用武力的'权利'的唯一来源。因此，我们可以如此界定政治：政治追求权力的分享，追求对权力的分配有所影响——不论是在国家之间或是在同一个国家内各团体之间。"① 国家作为独占并分配支配权力的一种政治团体，其存在的基础是正当性，即被统治者内心的服从态度和对支配者的信念。因为具有了正当性，从而使国家以武力为手段建立起对社会成员的人支配人的关系，被支配者必须服从支配者声称的权威。支配是某些具体命令得到既定人员群体的服从概率，支配可以建立在不同的顺从动机之上，从单纯的习惯直到最纯粹的利益计算。但真正意义上的支配一定包含着最低限度的自愿顺从，被支配者在顺从中获得利益，并由此产生服从意愿。"服从"意味着命令被遵守的同时，还意味着命令被视为一种"妥当的"规范而予以接受。命令之被服从或者是双方"所见略同"，或者是某种神圣的"启示"，或者是理性的"说服"，或者是上述三种的混合。

秦至清代政权对社会的"支配"以公权力的正当性为基础，而"秦律""汉律""晋律""唐律"直至"清律"等法律确定的秩序为公权力的正当性提供了支撑。"当某人在要求发布特定命令所需的权威时，决定性的乃是他在实际上所得到的（具有重要社会意义的）服从。虽然如此，事实上的命令权力经常还会要求有'法律'所规范的'秩序'。"② 由"法律"所规范的秩序作支撑，权威的支配才有可能具备经常性与社会性，从而与偶然的、由于利益关系而形成的"支配"区别开来。秦至清的政权支配的正当性与"法律秩序"本身的正当性之间具有同一性。政权对社会的治理活动是依据"法律秩序"来维持和保证的，这是中国古代社会存在"法治"的法理依据。

"法治"的存在有深刻的人性基础。经济学有"经济人"的假设，即存在资源稀缺性的环境中，个体行为的选择遵循个人"利益最大化"的原则，每个个体遵循同样的行为选择机制，行为的冲突和矛盾就必然存在，相互博弈的结果，是大家遵循同样的"规则"，实现个人利益的相对"最大化"。这种人的个体性与社会性矛盾的存在，决定了需要强制性的社会规则来调整、维持社会秩序的存在，这是中国古代社会存在"法治"的人性基础。

社会由个体构成，社会秩序的形成是个体性与社会性的统一与冲突的结果。只有社会在秩序化环境中，个体的需求才有实现的可能，社会的存在才

---

① 《韦伯作品集·学术与政治》，钱永祥等译，广西师范大学出版社2004年版，第197页。

② 《韦伯作品集·支配社会学》，康乐、简惠美译，广西师范大学出版社2004年版，第11页。

有可能。中国传统哲学中有"人性善""人性恶""人性亦善亦恶"的不同论断，这些善恶结论是一种价值判断的结果，是立足于社会秩序要求对个体行为作出的判断，是从社会对行为一致性的要求和秩序需要的个体行为模式出发作出的判断。因此，中国古代哲学中的人性的善恶是从社会性来考量人的自然本性，扎根于人的个体性和社会性的矛盾与冲突，不论是"人性善""人性恶"还是"人性亦善亦恶"，都是"法治"具有必要性和可能性的伦理基础："人性恶"，则需要"法治"以矫治使之向善；"人性善"，也需要通过"法治"使其善端不被掩盖；"人性亦善亦恶"，同样需要"法治"惩恶扬善。这是中国古代社会存在"法治"的人性依据。

"法治"是理性建构的结果。国家、法律的出现根植于人类社会结构的演变，恩格斯在《家庭、私有制和国家起源》中说："在社会发展某个很早的阶段，产生了这样的一种需要：把每天重复着的生产、分配和交换产品的行为用一个共同规则概括起来，设法使个人服从生产和交换的一般条件。这个规则首先表现为习惯，后来便成了法律。随着法律的产生，就必然产生出以维护法律为职责的机关——公共权力，即国家。在社会进一步发展的进程中，法律便发展成或多或少广泛的立法。"① 秦汉以来的古代社会，各政权都致力于法律的颁布、地方政权机构的调整、官吏选拔与考核的完善。秦朝的"以法为教""以吏为师"，西汉初期的"黄老之治"，西汉后期形成的"汉家制度""德主刑辅"，都是统治集团自动调整社会治理原则的结果。

中国法学家较早使用"法治"这一概念的是梁启超，他在1922年出版的《先秦政治思想史》中，称儒家为"人治主义""德治主义""礼治主义"；称法家为"物治主义""法治主义""术治主义"及"势治主义"。梁启超认为法家承认法律为绝对的神圣，不许政府部门行动超越法律范围之外，这一点与西方的法治精神吻合，相当于亚里士多德的"普遍的服从"，因而称之为"法治"。② 梁启超将法家理论称为"法治"，与他的以西方法理观照中国法律史的逻辑路径有关，以"自由—秩序"这一对核心范畴的博弈来界定法治的核心，西方法治传统基本精神在于"法律至上"或在法律框架内解决问题，从亚里士多德以"制定良好的法律"和"公民普遍服

---

① 《马克思恩格斯文集》第3卷，人民出版社2009年版，第322页。
② 梁启超：《先秦政治思想史》，东方出版社1996年版，第187—188页。

从"界定法治，到近代古典自然法学派的"法治"学说，再到西方"法治"实践，西方"法治"的基本含义体现为以三权分立、多党制、公民投票为核心的制度、地方自治、市场经济等等，更准确的定义应该是"宪政"，将韩非的法家学说与西方"法治（宪政）"等同，并不准确。

秦汉以后的传统社会管理具备明显的"法治"色彩。一是社会秩序的基本骨架是通过法律确定的。秦国自商鞅变法开始，通过颁布法令，确立了乡里制度、郡县制度，将社会成员纳入政权的管理网络之中；通过土地管理法规，确立了土地授受以及农业生产管理制度；通过赋役法规，确定了赋税征收与商业管理制度；通过户籍管理法规，确立了户籍登记、什五连坐等制度。以上述制度为基础建构的社会秩序，涵盖社会生活、生产的各个方面，社会秩序的整体面貌发生了根本变化，形成了以编户齐民为基础的社会管理体制，并为此后的政权所继承。二是社会管理活动是依法展开的。秦汉及其以后的政权，通过法律规定了各级政权的设置规模、承担职责、相互关系；系统的官吏选拔、任免、考核法规；通过法律规定了官员的职责、履职要求和相关的俸禄待遇。三是政权政令的发布、贯彻执行都有严密的法律规定。秦汉及其以后的政权，依靠官文书开展对社会的治理，各类官文书的制定、下发、落实有严密的法律规定，举凡官文书的内容、颁布程序、传递时间、传递过程管理、落实效果的考核，都有严密的法律规定。四是对违反各类管理规定的违法犯罪行为都有严密的法律规范，依法惩治各类犯罪，以保证政权治理社会的效果。秦汉以后的传统社会治理，政权通过颁布法律规范社会秩序，依据法律设立各级政权，通过落实法律管理地方社会，并依法惩治违反法律规范的各类犯罪，具备了"法治"即以法治理地方社会的基本特征。

基于以上理解，中国传统社会存在"法治"当无疑问，这也是开展"武汉地方法治发展史"（秦汉至明清）研究的理论基础。

二、历史上"武汉地方法治"的基本内容

中国古代社会的"武汉地方法治"包括两个层面的内容：一是"中央法的实施"，指秦、两汉、孙吴、两晋、南朝、隋、唐、五代、宋、元、明、清政权制定的法律在武汉地区的实施情况，即抽象的国家法作为地方政府治理社会的依据，在地方法治中变为"具体"的社会治理的历史进程；二是武汉地方法治实践中形成的"地方性知识"，主要是指地方政府在落实国家法律过程中的创新和贡献。

中国传统社会将法律视为主权者的命令，《韩非子·难三》说："法者，编著之图籍，设之于官府，而布之于百姓者也。"历史发展也证明了韩非对法的界定，即将法律视为由官方制定的与道德、历史没有丝毫关系的一整套规则，强调法律是一个自足的规则体系，强调法律的合法性、合理性、有效性、体系性都来自法律自身。秦律、汉律、曹魏新律、晋律、隋律、唐律以及此后的各朝法律都是"主权者的命令"，由政权颁布且公布于天下的行为规则，是地方政府治理社会的基本依据。传统法律存在"礼法合一"的现象，即礼制、习惯在规范社会成员行为中发挥着重要作用，承担着"法"的功能。从"历史—社会"这一维度来看，地方法治实践中的法是一种客观存在，一种带有社会性的规则体系，各个时期的法是以一定的"结构"呈现出来的，是政权为社会成员提供行为一致性和社会秩序而确立下来的一系列观念、规范、制度、程序，呈现出一种复杂的"结构"，各个部分之间互相影响、互相制约，共同构成地方法治的依据。地方政权治理社会的过程，表现为法律适用和落实的过程，国家法律为地方政权提供了作为社会治理主体的合法性依据。地方政府依据国家法律、制度，在地方社会建立稳定的秩序，预防或者限制危害、破坏社会秩序的各种行为，确保地方社会生产、经营和社会活动的有序进行。"社会秩序要靠一整套普遍性的法律规则来建立，而法律规则又需要整个社会系统地、正式地使用其力量加以维持"①。这种"力量"就是政权的力量，或者公权力的力量，秩序的本质是国家治理活动与地方社会具体环境相互作用的产物。政权依据法律的治理活动表现为抽象的法律、制度与具体的地方社会结构之间协调、融合的过程，地方秩序的形成与维护，是二者之间互相沟通、互相协调的结果，因此，区域社会秩序呈现出某种"地方性知识"的特征。这是国家法律落实于武汉地方社会治理与武汉地方法治的"地方性知识"之间的逻辑关系，不同时代的法律在武汉地方法治中的具体形态不同，与之对应的"地方性知识"自然也不同。

对秦至清这一长时段中武汉地区法治变迁路径和具体机制的刻画、挖掘与总结，可从以下途径入手：一是武汉地方行政机构设置的变迁，包括秦至

---

① ［英］彼得·斯坦、约翰·香德：《西方社会的法律价值》，王献平译，中国法制出版社2004年版，第45页。

清朝历代政权在武汉地区设置的行政机构和乡里机构的变化过程，以及官吏选拔、考核、监督机制的变化。二是历代地方政府依法管理地方经济的过程，以及法律制度的变化，使不同时代的经济管理法治呈现出不同的色彩。三是地方政府依法塑造、维持社会秩序的活动，包括社会意识管控活动、户籍管理、婚姻家庭管理、地方治安管控等内容。四是地方政府适用法律惩治犯罪的活动。时代不同，法治主体（地方政府）的设置、法治依据（法律）不同，地方法治面临的问题也有差异，解决问题的措施、效果都呈现出各自不同的形态，武汉地方法治的变迁路径就体现在这一变化过程之中。

依据史料记录，尽可能描述各时期武汉法治的结构、内容、特征，勾勒武汉地方法治发展的阶段性特点和长时段变迁脉络，是本研究的基本目标。在史料选择上，尽量选用各时期针对武汉地区的记载，对于全国性的法律、诏令、制度，直接推定为反映武汉地方法治的材料；所有管辖武汉地区的州、郡的全局性的政令、制度和行政行为，也直接推定为对武汉地区法治发生效力，作为反映武汉地区法治的证据；对于各时代的国家法律、制度，只进行概括描述，作为研究武汉法治的背景来介绍。

三、地方法治的基本原则

法治原则，即地方政府推行国家法律，治理地方社会应该遵守的基本准则，它确定了地方治理追求的目标，提供了地方政府处理政权利益、地方利益关系的准则，是对地方官员治理行为的基本要求。法治实践中的"地方性知识"就是在遵循政权法治原则的基础上形成的。秦至清的2100余年中，每一朝代的武汉地方政府依据中央颁布的法律治理地方社会，产生了不同的法治效果，对之进行概括评估，也是观察地方法治变迁的重要线索。

（一）地方法治的基本原则

秦灭楚，建立南郡，秦政权以"以法为教""以吏为师"为原则的法治模式被推行到武汉地区。一方面，强大秦朝的快速灭亡，引发了汉初的"过秦"思潮，在此基础上，西汉政权选择了"黄老之学"为治国指导思想，与此对应，在地方治理上奉行"清静无为"，社会经济得以逐步恢复；另一方面，诸侯王势力的多次叛乱和地方豪强势力的离心倾向，也是"清静无为"治理地方带来的必然后果。汉武帝接受董仲舒"罢黜百家，独尊儒术"的建议，开始以儒学为治国指导思想，形成"霸王道杂之""儒表法里"的汉家制度，发展地方经济，教化地方社会，依法严惩涉贿犯罪，维护地方秩序的稳定，保证赋税徭役的征收，以实现长治久安的法治目标。这一国家治理模式被长期沿用，构成中国古代社会国家治理的基本模式，地方法治原则基于这一模式而形成。

1. "皇权"利益至上

在中国传统政治语境中，"国家"等同于"中央政权"，"中央政权"又被浓缩为"皇权"，"皇权"利益至上即维护中央政权的存在、稳定是地方政府治理社会必须服从的最高目标。西汉初期，曾经发生过多次诸侯王叛乱，汉政权面对叛乱，都是采取最严厉的手段，刘邦多次亲自率军出征平定叛乱；汉景帝则派遣得力将领，集中全力平定叛乱。此外，陆续通过"众建诸侯""酎金律""左官律"等立法，消除地方诸侯的分裂势力。汉武帝后期，各地陆续发生刑徒叛乱、盗贼叛乱，面对这些危害国家利益的行为，朝廷制定了一系列法规，派出使者，督促对地方叛乱的镇压。面对地方的豪强势力，汉政权的镇压也是不遗余力，汉武帝在颁布《六条诏书》，派遣刺史监督地方官员、镇压豪强的同时，任用酷吏，快速镇压地方豪强势力。面对地方官的渎职犯罪，汉律也作出了极为严厉的惩治规定。这一切归结为一点，就是维护中央政权在全国范围内的有效统治，即"皇权"利益至上。西汉以后，"皇权"利益至上成为中央集权制政权对地方法治的基本要求。严格执行国家法律，维持地方秩序，保证地方经济、社会的稳定，征收租税、严惩盗匪、镇压地方叛乱，则是这一原则的具体化。

作为公权力机构的政权必须为社会提供秩序，控制社会矛盾，保证社会的正常运行，这是政权存在的合法性所在，也是公权力机构所追求的根本目标；但政权总是由人来构成，从皇帝以下各级官员的利益诉求也渗透入公权力的运行之中，转化为政权自身（皇权、官员自身利益）的利益诉求。公权力追求的目标与政权自身的利益诉求之间并非高度契合，而是存在偏离、冲突、对立。在传统社会，"皇权"利益至上的法治原则要求地方官员"忠君"，无条件服从中央政府命令，西汉初期的"过秦思潮"在分析、总结强秦二世而亡的历史教训的基础上，统治阶层隐约触摸到了公权力机构存在的合法性所在：用"清静无为""休养生息"来调整公权力追求的强大与社会经济发展之间的关系；认识到由强大的武力、庞大的官僚机构、严刑酷法和渗透到基层的社会管控力量构筑的强大的公权力，带给社会的是政权的横征暴敛和政府对民间社会无休止的财政吸纳；政权与民间社会利益诉求彻底对立，强秦二世而亡就是这种对立的直接结果。“过秦思潮”的政治遗产经过汉武帝、董仲舒的论证与调整，形成了“德主刑辅”“儒表法里”的法治理论，与之对应的是朝廷对“循吏”群吏的大力褒扬，“皇权”利益至上（忠君）获得了全新的诠释：“忠君”即效忠朝廷，即践行“君君臣臣”，在执行法律、政令的基础上管好自己治下的百姓，使辖区社会稳定、经济发展、百姓安居乐业，以此实现官员自身的政治抱负，获得相应的经济利益和社会地位。汉武帝开创的“汉家制度”被长期延续，与之对应的“皇权”利益至上原则也为历代地方法治所遵循。

清人袁守定《图民录》卷一“为民即是效忠”条说：“效忠乃臣子常分，非必左右明廷，始可披胸见款。藐兹小臣，君门万里，虽素孕血诚，倾沥无所。只竭力为民，即是效忠也。”“竭力为民”即是“效忠朝廷”契合了安苍生才能稳天下的政绩诉求；“媚于庶人”条说：“人皆知天子当媚，不知庶人亦当媚也。不知媚庶人即所以媚天子也。盖能尽媚民之道则民悦，民悦则久安长治。所效于天子者多矣。人臣输忠，孰大于是。”这是宋元明清时期大量《官箴书》中表达出的基本共识，是一种全新的认识，既来自长期的官文化积累，也来自严格的官吏考核制度，更来自官场凶险的深刻体悟。将“竭力为民”作为“忠君”的注解，其前提依然是忠于国家，忠于职守，并没有为地方而对抗朝廷的价值追求。“竭力为民”具体表现为勤于职事、救民水火、平息诉讼各个层面。

2. 厉行教化

孔子、孟子提倡社会治理中以富民为先，教化为主。战国末年的荀子对教化与刑罚在社会治理中的作用有过系统的论证。秦政权强调“以法为教，以吏为师”，伦理教化被忽略。西汉初期，贾谊在总结强秦二世而亡的基础上，强调以儒家学说教化百姓，“或称春秋，而为之耸善而抑恶，以革劝其心。教之《礼》，使知上下之则宜。或称《诗》，而为之广道显德，以驯明其志。教之《乐》，以疏其秽，而填其浮气。教之语，使明于上世而知先王之务明德于民也。教之故志，使知废兴者，而戒惧焉”①。“礼”即等级、礼仪，以《周礼》为依据；“诗”即《诗经》。贾谊主张通过礼乐教化，使社会成员接受、践行的忠、信、礼、义、孝、慈等伦理观念。为汉政权的

---

① （汉）贾谊：《新书校注》，阎振益、钟夏校注，中华书局 2000 年版，第 172 页。

"教化"作了系统论证的则是董仲舒，他说：

> 王者欲有所为，宜求其端于天。天道大者，在于阴阳。阳为德，阴为刑。天使阳常居大夏，而以生育长养为事；阴常居大冬，而积于空虚不用之处，以此见天之任德不任刑也。阳出布施于上而主岁功，阴入伏藏于下而时出佐阳。阳不得阴之助，亦不能独成岁功。王者承天意以从事，故务德教而省刑罚。刑罚不可任以治世，犹阴之不可任以成岁也。……是故古之王者，莫不以教化为大务，立大学以教于国，设庠序以化于邑。教化已明，习俗已成，天下尝无一人之狱矣。①

董仲舒借助于流行的"阴阳五行"理论，论证了教化与刑罚惩治在社会管理和地方秩序塑造中的不同价值，强调以教化为主、刑罚惩治为辅。董仲舒的建议得到汉武帝的认同，元朔元年（前 128 年）的诏书第一次规定了"教化"作为地方行政的基本原则。"公卿大夫，所使总方略，壹统类，广教化，美风俗也。"② 诏书明确了国家以教化为塑造地方秩序、推行法治的基础性措施；要求地方官吏必须努力践行"人伦纲纪"，尊崇"乡党之训"，致力于教化地方；面向全国以"举孝""察廉"为科目的察举选官制度，使践行儒家伦理与政治地位提升建立了直接关系。教化民众作为地方政府推行法治的主要手段，开始落实到各级官吏的职责之中。汉元帝的诏书说："宣明教化，以亲万姓，则六合之内和亲，庶几乎无忧矣。"③ 再次强调教化在地方社会秩序维护中的重要作用。唐宋以后，地方官学、民间书院成为推行教化的主要场所，地方政府在保证官学办学经费、生员选拔的基础上，更是通过讲学、参加学校祭祀仪式，投身于地方教化之中。教化地方成为制度化规定，是地方政府推行法治的基本原则之一。宋代以后，随着文化教育规模的扩大和社会意识的复杂化，政权对地方社会教化的内容、形式、对象的规范趋于严格。明清时期，更加强了对邪教的惩治，教化转化成对地方社会意识的管控。政权合法性是地方法治得以推行的社会心理基础，教化以及社会意识管控关乎政权合法性的

---

① 《汉书》卷 22《礼乐志》，中华书局 1962 年版，第 1031 页。
② 《汉书》卷 6《武帝纪》，中华书局 1962 年版，第 166 页。
③ 《汉书》卷 9《元帝纪》，中华书局 1962 年版，第 279 页。

塑造，是地方法治的原则之一。

3. 依法履行职责

秦至清朝，各时期的政权都颁布了系统的法律，用来规制各级官吏的行为，依法履行职责，是地方治理必须遵守的原则之一。汉文帝二年的诏书说："法者，治之正也，所以禁暴而率善人也。"① "治之正"即官员履行职责的标准或准绳，也就是说，地方官员必须以法律为标准，履行职责，禁止以权谋私，因私废公。汉景帝诏书说：

> 法令度量，所以禁暴止邪也。狱，人之大命，死者不可复生。吏或不奉法令，以货赂为市，朋党比周，以苛为察，以刻为明，令亡罪者失职，朕甚怜之。有罪者不伏罪，奸法为暴，甚亡谓也。诸狱疑，若虽文致于法而于人心不厌者，辄谳之。②

对地方政府来说，审理刑事案件是最重要的执法活动，严格遵守法律规定，依法定罪量刑是对基层政府司法活动的原则性规定，一旦遇到疑难案件，不论是事实认定还是法律适用，只要存疑，就必须上报，即"奏谳"，以集思广益，准确适用法律。

唐宋以后，地方政府的司法管辖权受到严格控制，徒刑、流刑、死刑收归朝廷，加上复杂的别勘制度和复审制度，地方官员依法履行职责这一原则更加具体化。汉武帝开始的刺史监郡、督邮制度，开启了对地方官员执法的严格监督，经过唐、宋、元、明各朝的完善，清代对地方官依法执政活动的监管更加系统、严密。依法履行职责的核心是忠实执行上级命令，这是官僚体制最核心的要求，也是保证官僚机器正常发挥作用的基础。所有官员都必须忠实执行皇帝的诏令，"不奉诏，当以不敬论"③。"不敬"是重罪之一，"不奉诏"即不执行皇帝诏令，要以重罪论处。"奉诏"要求"君臣同心"，这是最为核心的指标，在整个官僚队伍中，君与臣各自有其利益诉求，执行命令、法规的出发点和最终目的也不同，其中包含着要求各级官员从国家整体利益出发，立足于维护社会秩序、保持政权长治久安这一总体目标履行职

---

① 《史记》卷10《文帝纪》，中华书局1959年版，第418页。
② 《汉书》卷5《景帝纪》，中华书局1962年版，第148页。
③ 《汉书》卷6《武帝纪》，中华书局1962年版，第167页。

责，反对只在形式上遵循诏令，而不顾实际效果的行为。汉律有"矫制"的规定，即假冒上级命令行事，对"矫制"行为的处理，分为"矫制害"和"矫制不害"两类，只要实际效果符合政权的根本利益，"矫制"行为是许可的，反之，"矫制"要受到严惩，这也是官员忠实执行上级命令和维护政权根本利益之间发生冲突时的取舍标准。此后的历朝法律，对要求地方官员忠实执行朝廷命令都有严格规定。

4. 保障地方社会经济的稳定与发展

一是"劝课农桑"。在传统社会，农业是社会经济的基础，秦至清朝的历代法律都规定了地方政府"劝农力田""招抚流民""兴修水利"的责任，使"劝课农桑"成为地方政府的重要职责，也是地方法治的基本原则之一。两汉入选"循吏"的基本标准是"劝课农桑"，致力于推动辖区经济的发展。《晋书·职官志》说："郡国及县，农月皆随所领户多少为差，散吏为劝农。"① "散吏"即县政府官吏分散入乡劝农。太平兴国七年（982年）诏：

> 凡谷、麦、麻、豆、桑、枣、果实、蔬菜之类，但堪济人，可以转教众多者，令农师与本乡里正、村耆相度，具述土地所宜，及某家见有种子，某户见有阙丁，某人见有剩牛，然后分给旷土，召集余夫，明立要契，举借粮种，及时种莳。俟收成，依契约分，无致争讼。官司每岁较量所课种植功绩，如农师有不能勤力者，代之，惰农务为饮博者，里胥与农师谨察教诲之。不率教者，州县依法科罚。②

农业正常进行，才会有足够的收获，百姓衣食才有保障，因此"劝农"成为安定地方社会的基础性措施，各时期政权要求地方官员力行劝农的诏书、命令史不绝书。

二是打击"盗贼""湖盗"，为辖区商品贸易发展提供安全保障。东汉末年以后，武汉地区的战略枢纽地位凸显出来，各类人口开始集聚，依托长江水道的物资运输开始增多。与此同时，以抢劫水上运输物资为目标的

---

① 《晋书》卷24《职官志》，中华书局1997年版，第746页。
② （清）徐松：《宋会要辑稿》，刘琳、刁忠民、舒大刚、尹波等校点，上海古籍出版社2014年版，第5946页。

"盗贼""湖盗"活动也随之增加，为确保武汉地区商业的发展，南朝以后的历朝武汉地方政府都致力于"盗贼""湖盗"的打击与控制。打击"盗贼""湖盗"是由地方政府动用驻地水军来完成的，而一般情况下的"盗贼""湖盗"防控是由地方治安管理机构来完成。打击"盗贼""湖盗"以维护商业环境的安全，是武汉地方法治推行过程中必须履行的职责，也是发展地方经济这一法治原则的题中应有之义。

三是堤垸等水利设施的修建、维护。两江交汇和沉积平原这一特殊的地理环境，筑堤束水成为武汉地区经济、社会发展的基础性公共工程，尤其是宋元明清时期，这一特征尤其明显。组织人力、物力，修筑江堤、垸田既是宋元明清时期武汉地方政府推动地方经济发展的重要职责，也是地方法治必须遵守的原则之一。

"皇权"利益至上、推行地方教化、依法履行职责、推动地方经济发展构成古代社会地方法治的基本原则，引导、规范着武汉地方法治的运行。

（二）地方法治效果的概括评估

法治效果就是地方政府依据国家法律、地方立法以及民间社会习惯对地方进行管理和治理的实际效果，核心指标是地方社会秩序的稳定程度。具体表现为地方经济发展水平、赋税征收数额、地方社会治安、吏治清廉程度和司法活动产生的社会效果。受史料的限制，我们无法根据具体数据指标对地方法治效果作出评价，但可以从宏观上作出概括。

古代中国地方政府"法治"的核心是依法对地方社会进行治理和管控，目标是维护地方秩序的稳定，从而保证国家对社会的有效管理。导致一个政权崩溃的原因虽然十分复杂，但对地方社会失去有效控制，最终出现对立的新政权取代旧政权则是共同现象。地方对立政权的出现，总体而言是地方法治彻底失败的结果，因为维护社会秩序稳定的最低限度是在地方不能出现与现政权对立的政权组织，即使出现，也必须严密控制、加以消灭。依据这一认识，可以对秦以来直至清朝的武汉地方法治效果作出宏观描述。

以武汉及其周边地区为例，秦朝末年爆发的反秦义军，虽然遍布各地，但在南郡地区却未曾出现大规模的反秦军事集团，因此可以判断秦在南郡地区（包括武汉地区）的法治推行效果是比较理想的。西汉末年，爆发的大规模反政府武装中，绿林军是从江汉平原发起，核心区域是现在的京山县，一度蔓延到现在的安陆、孝感、黄陂地区，可以看作西汉政权在武汉及其周边地区法治失败的标志。东汉末年爆发的黄巾起义主要在中原地区，武汉在荆州牧刘表的控制下社会安定，荆州成为北方流民的聚居地之一，以此作为标准，东汉政权在武汉地区的法治推行效果是较好的。

三国两晋南北朝时期，因为武汉地区特殊的战略地位，各政权对该地区的控制和治理一直十分重视，东晋初年发生的王敦之乱（322—324年），王敦以武昌地区为根据地控制东晋政权，随着王敦的死去，叛乱被平息。东晋、南朝时期，武汉地区处于南北对峙的前沿地区，地方社会治理的展开依赖于军事力量对该地区的有效控制，东晋、南朝各政权一直保持了对这一战略要地的有效占领，为抗击北方政权和控制江汉平原发挥了极为重要的作用，这一时期的法治效果也是比较理想的。

隋至唐代中期，武汉地区作为长江中游主要城市的地位逐渐彰显出来，安史之乱后出现了藩镇割据，河北地区、淮南地区被割据势力所控制，而武昌军节度使辖区一直忠于朝廷，并一度成为江南财赋运往关中的中转站，在唐朝中央政权的维系与运转方面发挥着举足轻重的作用。这一时期涌现了牛僧孺、元稹、杜牧这些"竭力为民"的地方官员，推动了武汉地区社会经济的发展。唐朝末年发生的大规模农民起义，也不是首先发生在武汉地区，武汉地区更不是起义军的根据地，虽然控制权几次易手，但最后依然由唐政权控制该地区，直到唐朝灭亡。从这一结果来看，唐政权在武汉地区的法治效果相比于河北地区、淮南地区更为理想。

北宋时期，武汉地区成为长江中游的中心城市，人口增加，商业繁荣，社会秩序稳定。两宋之际，武汉地区成为抗击金兵南下的前沿阵地，与襄阳、江陵一起，构成南宋政权对抗北方政权南下的战略防御区，南宋政权设立的"湖广总领所"更是全国四大总领所中最为重要的一个，地方政权对武汉地区的有效治理，保证了南宋政权西北防线的稳固，为解决军粮供应问题，作为军屯出现的垸田，改变了江汉平原（包括武汉地区）的农业耕作方式，提升了农业生产水平。宋代武汉地方法治效果相比于邻近的洞庭湖平原要好很多，虽然这一地区出现过大规模的"湖盗"，但并未酿成钟相、杨幺起义那样的大规模的反政府武装。

元朝政权灭亡于元末农民起义，而起义军最主要的领袖之一徐寿辉就起兵于武汉地区，并建立了天完政权；后来的陈友谅也以武汉地区为根据地，东出鄱阳湖与朱元璋争霸。从这一点来看，元朝武汉地区的法律管控和社会治理效果是全国最差的地区之一。

明政权灭亡于大规模的农民起义，起义军发源地在黄河中上游地区的陕北、河南地区，起义军数次占领武昌，随即被官军夺回，地方政权在武汉地区的法治效果要好于黄河中上游地区。康熙二十九年（1690年），武昌城发生兵变，虽然一度控制省城，但在地方官军的全力清剿下，很快被镇压，武昌、汉阳、黄州很快被政府重新控制。乾隆末年到嘉庆初年发生的白莲教起义，核心区域在湖北的襄阳一带，起义未曾发展到武汉地区，这得力于武汉地方政府对辖区的有效治理。结合武汉地区盗匪猖獗的记载，清朝前期武汉地方法治的效果不尽如人意，这也为理解辛亥首义发生于武昌提供了有用的线索。

以上只是一个粗线条的概括。专制集权政权下的地方法治，取决于地方官员的整体治理水平。郡县体制下，地方官员的选拔、考核、监督来自上级政府，上级政府对武汉地方官的评价直接决定着官员的仕途升迁，从而影响着他们的经济利益和政治地位，这一体制无法保证选派到武汉地区的地方官都有较好的治理能力和"竭力为民"的职业追求。同时，对地方官而言，俸禄多寡、官位升降来自上级的评价，应对上级政府的考核、获取好的评价从而提升自己的政治地位和经济利益才是地方官的追求目标，官员自身利益诉求和地方社会治理效果之间不存在直接关系，只在上级政府评价地方官时作为依据出现，在文书政治的时代，其中诸多环节可以改变真实的法治效果与对法治主体评价之间的关系。这是专制集权国家体制下地方法治效果评价中存在的制度性矛盾，也是影响地方法治效果的结构性原因。所以，地方法治的效果又与主政一方的地方主官的能力、品格有直接关系。

秦至清，武汉地区从一个县级政权所在地，发展成为汇聚了两湖总督、湖北巡抚、武昌知府和四个县级政权治所的政治中心，政区划分与行政机构设置的变化，体现了武汉地区政治地位的上升。政治地位的上升以武汉地区经济发展总量、人口总量、交通枢纽地位在长江中游地区的比重的上升为基础，而这从一个侧面反映了武汉地区两千多年来地方政府在该地区的法治效果。武汉地区能够发展成为长江中游的政治、经济、文化重镇，各时期地方政府在该地区依法管理地方社会的活动（法治）是无法抹去的重要原因之一。

从江汉平原区域政治经济中心的转移来看，楚国的都城在现在的湖北江陵，秦的南郡治所也在江陵，武汉地区只设置沙羡县作为地方管理机构。汉代，荆州（江陵）依然是州级政权的治所，武汉地区设置江夏郡，属于荆州下属的郡级政权。三国两晋南北朝时期，因为南北政权的对峙，武汉地区的军事战略价值凸显出来，成为各政权重点经营的战略要地。唐宋时期，武汉地区逐渐上升为与襄阳、荆州并重的江汉平原的第三大政治、经济中心。元明清时期，随着湖广行省的设置，武汉地区成为行省治所，开始超越襄阳、江陵，成为江汉平原的政治、经济、文化核心，其作为长江中游商业核心区域，辐射范围遍及汉江、湘江、赣江流域。

武汉地区在全国和江汉平原政治、经济地位的上升，与自然环境、商路交通、经济中心南移等客观因素有关，也与武汉地区长期以来地方法治效果优于周边区域有关。这是对两千多年武汉地方法治效果的总体概括，各时期武汉地方法治的描述、分析是对这一结论的细化与具体化。

四、历史上"武汉地方法治"的基本特征

秦至清的2100多年中，历代政权在武汉地区设立基层政权，建立官僚机构，设置乡里制度，作为推行地方法治的主体。历代政权先后颁布各自的法律，作为地方社会治理的依据，地方政权依据朝廷法律，完成治理地方的职责，管理农业、手工业、商业、灾害救助，催征赋税徭役，征收商税，维持地方社会经济的正常发展。历代政府依据法律，编制户籍，规制社会成员的婚姻、继承行为，维持正常的家庭关系，保证了武汉地方社会秩序的稳定。历代政府设置治安机构，抓捕、惩治盗匪，维护地方治安稳定；地方政府的司法机构适用法律，解决纠纷，审理犯罪，维护法律的强制性和政权对地方社会的稳定管控。秦至唐五代，地方政权以政府官员为主体，推行地方教化，形塑社会意识，培养民间社会对政权的合法性信仰；宋元明清时期，综合性的社会意识管控成为地方法治的重要内容，宗教管理、邪教管控成为地方政权的法治内容之一。地方政权设置、乡里制度、管理选拔制度、法律制度以及具体法治内容的变化已在正文中作了描述，国家法的落实、武汉法治发展中的"地方性知识"也在正文中有所涉及，武汉地方法治发展的基本脉络则通过每章结语作出比较总结。

中国古代的地方法治发生在中央政权管辖的所有地区，同一政权之下各地的地方法治遵循同一套法律，以同样的政治制度和经济制度为基础展开，从这一层面来看，武汉地方法治与其他地区的法治之间有其共性特征。但武

汉地区独特的地理位置、社会结构，又使武汉地方法治有其独特之处，对地方社会发展的推动作用也与其他地区存在程度差异。

（一）地方法治的阶段性特征

中国古代社会的发展在唐宋之际出现了明显的新特征，中国古代社会的历史也由此分为前期和后期，对应的地方法治也表现出不同的面貌，呈现出前后不同的阶段性特征。

公元前 278 年，武汉地区纳入秦统治。秦设南郡管理原楚国地区，秦律和秦的社会治理模式推行到该地区。直到秦亡的 50 多年里，武汉地方法治的基本特征表现为秦的法治模式对楚国原有法治模式的取代与兼容。西汉初期延续了秦南郡的设置，汉武帝时期设江夏郡，武汉地区成为江夏郡郡级政权的治所，在国家政治格局中的地位有所上升。秦汉朝廷所关注的是武汉地区的逃亡犯罪和盗犯罪的镇压与管控，避免因为区域社会治安失控影响国家政权的稳定。

孙吴、东晋、南朝的宋、齐、梁、陈都是立国江南的政权，与北方政权长期对峙，武汉地区处于南北政权对峙的最前沿地区，这一特殊的战略地位，使孙吴、东晋、南朝（宋、齐、梁、陈）政权在该地筑城、驻军、派遣亲信管理，用以对抗北方政权的南下。东晋、南朝各政权又存在荆州与扬州之争，扬州集团是中央政权的支撑力量，荆州军事集团则不断威胁中央政权。武汉地区（鄂州、郢州）的地方政权被赋予监督、控制荆州军事集团的任务。抗击北方政权南下、监控荆州军事势力东出的制度安排，使该地区军事要塞与战略据点的特征被凸显出来，武汉地区商业贸易的发展、人口集聚、政治地位上升都与该地军事重镇、战略据点的地位密切相关。

隋唐政权实现了大一统，武汉地区作为对抗北方政权南下的战略枢纽地位随之消失，长江中游交通枢纽和贸易中心的地位使鄂州成为州级政权所在地。安史之乱后，鄂州成为东南地区财赋沿长江、汉江顺利运达长安的交通战略枢纽，在国家政治格局中的地位再次上升，这也是经济中心南移带来的巨大影响。

学术界一般认为，唐宋之际，中国经济重心南移基本完成。这一过程从东汉末年开始，经过永嘉之乱，至安史之乱告一段落。安史之乱后，藩镇割据使唐政权基本失去对黄河下游地区和淮河流域的控制，但座落在长安的唐政权依靠东南财赋得以继续支撑百余年，长江中下游地区压倒北方的经济总量优势由此彰显出来。五代时期，十国中的九个政权立足于长江以南地区，能够支撑地方政权与北方对抗，长江流域的经济、文化实力超越北方已成定局。宋元明清时期，经济、文化重心彻底定位于长江中下游地区。武汉地区地处长江中游，以其特殊的地理位置、发达的水陆交通、悠久的发展历史，终于在宋代以后，进入政权的经济、文化重心区域，武汉地区法律制度的实施与通过法律对社会的管控与治理开始更多、更直接地影响国家法律制度及其实施的整体走向，甚至政权的存亡，武汉地方法治的价值和影响空前提高。宋元之际，湖广总领所、荆湖北路、湖广行省行政机构的设置显示了武汉地区在国家政治格局中地位的上升。

宋元明清时期，在大一统的政权之下，武汉地区的军事要塞和战略枢纽的价值趋于淡化，经济发达区、商业枢纽、税收重镇、交通枢纽的地位逐渐凸显出来，招抚流亡、发展农业、保护商贸、落实盐茶专卖、及时救助灾害、保障地方治安等成为武汉地方政府肩负的使命，也是武汉地方法治的核心内容，武汉地区的社会、经济、文化面貌由此呈现出与唐五代以前不同的全新内容。

宋元明清时期的地方法治与秦汉至隋唐时期相比，表现出诸多不同之处。

一是地方政府结构与权限的变化。秦汉至隋唐时期，武汉地区存在过南郡、江夏郡、郢州、鄂州等州郡政府和相应的县、乡、里政权。作为推行地方法治的最高政权机关，这些州郡政权的主官（郡守、州牧、刺史、节度使）拥有一人决断政事的权力，对辖区的军事管控、赋役征收、社会治安管理都拥有很大的自主权，即"一方诸侯"。地方政权的集权模式，同时是滋生地方割据势力，对抗中央政府的制度基础。宋代以后，地方政权开始了"分权"模式，地方府州政权中不再设置一人决定一切的主官，"分权制衡"的结果，虽然降低了地方政权的行政效率，但也消除了地方政权对抗中央政府的制度隐患。宋元明清时期武汉地区的路府政权在分权制衡原则之下，不复存在单一的、具有绝对权力的主官，而是形成路级三司分权、府级知府与通判互相制衡的分权模式；元明清时期，湖广行省机关作为地方最高行政机构，内部结构复杂，行省的军事、财政、属官任免、官吏考核、犯罪惩治等职权，在行省各部门与中央政府之间形成错综复杂的关系，互相制衡、监督，前期"一方诸侯"主政的局面不复存在，地方政权割据对抗中央的情形也未曾出现。

二是有关"经济法"的内容和实施重点发生了变化。秦汉至隋唐时期，政府掌握着较大数量的土地，与此对应，秦汉时期存在着政府主导的"授田宅"制度，东晋、南朝时期存在着"占田制"，隋唐时期则存在着"均田制"。上述制度融户籍登记、土地占有、赋税征收为一体，构成地方政府"经济法治"的核心内容，是地方法治秩序建构与稳定的基础和前提。宋代以后，土地私有化程度提高，国家掌握的土地数量减少，地方政权也不再对国有土地进行分配，此即"田制不立"。《宋史·食货志上》（二）之"赋税"条说："宋克平诸国，每以恤民为先务。累朝相承，凡无名苛细之敛，常加划革。尺缣斗粟，未闻有所增益。一遇水旱徭役，则蠲除倚格，殆无虚岁。倚格者，后或凶歉，亦辄蠲之。而又田制不立，圳亩转易，丁口隐漏，兼并冒伪，未尝考按，故赋入之利视前代为薄。"所谓"田制不立"是指随着国家直接掌控的耕地数量的减少，政府不再推行"受田宅"一类的土地收授管理，也不再清查土地，而是直接通过户等划分，确定两税数额。赋役征收在依据户籍登记的同时，由土地授受转向户等财产的衡量，这一转化在赋税征收方式上由夏秋两税演化至清代的"摊丁入亩"。这是地方法治中经济管理内容的变化。

三是户籍管理法规的内容和实施对象发生了变化。秦汉至隋唐时期，户籍登记不仅是确定百姓居住地和籍贯，将百姓纳入行政管理网络的基本手段，更与土地授受、乡里秩序编制、赋税徭役征收密切联系，是地方社会治安管控的基本依据。户籍制度与乡里制度、通行管理制度一起，将百姓牢固控制在行政网络之中。没有取得"传""过所"等通行凭证的行为视为"逃亡"，构成犯罪，百姓只能居住在固定的"乡""里"之中，接受严格的管控。宋代以后，户籍登记与土地授受脱钩，"坊墙"倒塌之后，百姓的居住、生产经营获得了更大的自由，不用再受"晨钟暮鼓"的作息时间限制，百姓可以选择居住、自由通行、自由作息，从事各类生产经营活动。户籍制度的目标集中在人口统计、赋役管理之上，明代的"一条鞭法"、清代的"摊丁入亩"都使户籍制度与赋役征收之间的连带关系一步步削弱；百姓在居住、迁移、生产经营方面的自由度一步步加强。这种制度变化对武汉地区经济发展和社会管理的影响是复杂多样的，但有利于人口、物资的流动，有利于武昌、汉口等市民城市的形成与发展却是可以肯定的。

　　四是地方政府对工商业的法律规制和管理重点发生了变化。秦汉至隋唐政权，延续传统的"本末"之辨，以农业为"本业"，商业、手工业为"末业"，以"重本抑末"为基本国策。宋代开始，"本末"之辨发生了质的变化。美国学者费正清、赖肖尔指出，唐末五代直至两宋时期，"是中国经济的大发展，特别是商业方面的发展，或许可以恰当地称之为中国的'商业革命'。这一迅速的发展使中国的经济发展水平显然高于以前，并产生出直至 19 世纪在许多方面保持不变的经济和社会模式"①。"商业革命"的发生，有着深刻的制度背景，朝廷推行的食盐、茶叶专卖制度，切实保障了国家、商人、消费者各自的利益，成为商人势力崛起的基础。而商人法律地位的提高则是商业地位提高的体现。秦汉至隋唐，商人地位一直较低，在穿衣、乘车、骑马等方面受到限制。后唐明宗天成二年（927 年）诏书说："起今后三京及州使职员名目，是押衙兵马使，骑马得有暖坐。诸都军将衙官使下系名粮者，只得衣紫皂，庶人商旅，只著白衣，此后不得参杂。"② 直到五代时期，官员、官员下属、商人的衣服有着颜色区别，以此标志不同的社会地位，但商人不再与庶人相区别。到了宋代，法律不再对商人服饰作区别性规定，太平兴国七年（982 年）规定："今后富商大贾乘马，漆素鞍者勿禁……工商、庶人家乘檐子，或用四人、八人，请禁断，听乘车……端拱二年，诏县镇场务诸色公人并庶人、商贾、伎术、不系官伶人等，只许服皂、白衣，铁、角带，不得服紫。"③ 上述规定取消了对商人乘车、骑马的限制，商人服饰也与庶人无异，而与官员有别，对商人的歧视性规定由此取消。随后，"取士不问家世，婚姻不问阀阅"成为常态，商人通过科举做官亦无限制；利用雄厚资产纳钱得官也被官方认可，官员经商与商人为官都成为常态。苏洵《嘉祐集》卷五说："先王不欲人之擅天下之利也，故仕则不商，商则有罚；不仕而商，商则有征。是民之商不免征，而吏之商又加以罚。今也，吏之商既幸而不罚，又从而不征，资之以县官公籴之法，负之以县官之徒，载之以县官之舟，关防不讥，津梁不呵。然则为吏而商，诚可乐也。"④

---

　　① ［美］费正清、赖肖尔：《中国：传统与变革》，陈仲丹等译，江苏人民出版社 1992 年版，第 134 页。
　　② 《旧五代史》卷 14《唐纪·明宗纪四》，中华书局 1985 年版，第 519 页。
　　③ 《宋史》卷 153《舆服志五》，中华书局 1985 年版，第 3573 页。
　　④ （宋）苏洵：《嘉祐集笺注》，曾枣庄、金成礼笺注，上海古籍出版社 1993 年版，第 116 页。

商业、商人法律地位的上升和官商身份的混同，对于武汉地区而言有着非比寻常的意义：法律制度对商业、商人的肯定，为武汉地区得天独厚的商业条件发挥自身作用提供了制度保障，武汉地区商业城市的特性逐步凸显出来，商业法治在武汉地方法治中的重要性逐步加强。

五是政府官员的法律素养发生了明显变化。唐代，在进士及第之后，吏部有"身言书判"的考核，其中的"判"就是模拟撰写判词，算是对官员法律素养的要求。宋代在延续了这一规定的基础上，对官员的法律素养有了全新的考核规定。据《宋会要辑稿·选举十三》"试法"：太宗雍熙三年（986年）九月十八日诏书说："夫刑法者，理国之准绳，御世之衔勒。重轻无失，则四时之风雨弗迷；出入有差，则兆人之手足何措。念食禄居官之士，皆亲民决狱之人。苟金科有昧于详明，则丹笔若为于裁处。用表哀矜之意，宜行激劝之文。应朝臣、京官及幕职、州县官等，今后并须习读法书，庶资从政之方，以副恤刑之意。其知州、通判及幕职、州县官等，秩满至京，当令于法书内试问，如全不知者，量加殿罚。"习读法律的对象涵盖所有官员；任职地方的官员在任满回京时要对其法律素养进行考核，并做出奖惩；目标在于"恤刑"，准确适用法律定罪量刑。景祐四年（1037年）六月十二日规定："今后应试法，选人明法出身，即试律义六道，以通疏议两道者为合格；别科出身即依旧考试外，仍并试断大案二道、中小案一道，如中小案通考，大案内得一道粗者，即为中格。"宋代科举在进士科之外，还有"明法"等名目，前后变化较大，统称"诸科"。应试"明法"而做官者，要加考"律义六道"，非明法科出身者，要"试断"大案二道、中小案一道，并规定了各自的合格标准。要求官员读律、试判的规定在两宋时期有过多次变动，但制度并未废除，而且一直被执行，在保证地方官员的法律素养方面起了重要作用。元代官员来源复杂，故而官吏法律素养的考核不如宋代，但明清政权对官员法律素养的要求与宋代基本相同。

上述变化，使宋元明清时期的社会、经济、政治、法律都呈现出不同的特征，在此背景下的武汉地方法治和武汉地方历史也演绎了全新的面貌，铸就了武汉地方法治演化中最为重要的一环。

（二）以城市为中心的地方法治

秦汉以来的武汉地区，在空间呈现为城市与乡村两类空间。秦、西汉时期未见清晰的筑城记载，东汉末年，黄祖在汉阳筑城屯兵，孙权筑武昌城

（现武汉市武昌区）；三国时期，夏口、武昌隔江对峙，屯集重兵，城市规模随即扩大。武昌城"旧在黄鹄山，孙吴赤乌中筑，谓之夏口。堑山堑江，周二三里。对岸为沔津，故以夏口名。宋、齐、梁、陈皆因之。刘宋更名郢城，历代因之。明洪武四年，周德兴增拓修筑，周二十里有奇，计三千九十八丈。东南高二丈一尺，西北高三丈九尺。池周三千三百四十三丈，深一丈九尺，阔二丈六尺。为门九"①。明初周德兴增拓武昌府城，将城区扩大到黄鹄山（今蛇山）南，该山始包入城内，府城周长 20 多里，辟有 9 个城门，东有大东门，东南有新南门，南有保安门、望泽门，西南有竹簰门，西有平湖门，西北有汉阳门，北有草埠门，东北有小东门。明嘉靖十四年（1535 年），都御史顾璘重修武昌城时，改大东门为宾阳门，新南门为中和门，望泽门为望山门，竹簰门为文昌门，草埠门为武胜门，小东门为忠孝门。清康熙二十四年（1685 年），再次维修武昌城，但变化不大。周德兴扩建之前的武昌城，因为"武昌府地当江汉，三国时用武之地，上下流各控厄数千里，环山而城，天堑为固，东北为夏口城，梁为曹公城，宋为万人敌城，依岗负险，形势最雄。"② 武汉地区是朱元璋最先占领的地区之一，原有的长江下游加上江汉平原，成为朱元璋夺取全国的后方基地，朱元璋深知江汉平原的富庶和战略地位的重要，这大概也是周德兴在天下刚刚稳定、财力贫乏之时大规模扩建武昌城的原因。

与武昌城相比，汉阳府城要小得多。西晋初年，改石阳县为曲陵县，徙治所于郤月城，距今治十里许，泰始六年（470 年）曲陵县并入安陆，郤月城废。唐武德四年（621 年），置汉阳郡，治所在现在的汉阳，枕鲁山而城之，在汉水之阴故而称为汉阳。唐代修筑汉阳城有八门，周长一千七十二丈，宋宣和三年四月，水涨城圮。南宋咸淳十年（1274 年）筑汉阳军城，元末复圮。洪武初年再次修筑汉阳城，"周七百五十六丈，为门三"③，三个门分别为东门朝宗门、南门南纪门、西门凤山门。汉阳城东南二面临大江，西阻湖，北枕大别山，汉水绕其后，天然规制，以江为池，无壕，清代因

---

① 武汉地方志办公室编：《清康熙湖广武昌府志校注》（上、下册），武汉出版社 2011 年版，第 79—80 页。

② 武汉地方志办公室编：《清康熙湖广武昌府志校注》（上、下册），武汉出版社 2011 年版，第 80 页。

③ 乾隆《汉阳府志》，湖北人民出版社 2014 年版，第 40 页。

之。明代嘉靖、隆庆时期，"汉阳南纪门外原有南坛，自江岸至城计五百余丈，江中有大洲，上多芦荻，内有大江套，客舟蚁集，两岸贸易者相聚为市，民乐其利，城亦赖以巩固"①。等到清乾隆时期，南纪门外江水已经逼近城根，乾隆九年（1744年），经朝廷批准，地方官员主持对汉阳城做了修整。汉阳城因为三面环水，修筑江岸是维护汉阳城的关键。乾隆七年（1742年）大水，江水泛涨入城，自朝宗门至府署止，深五寸至一尺不等。各乡多被水患，经知县刘嗣孔勘报，实被灾五分详情，汉阳城的存废取决于堤岸修筑的成功与否。

黄陂县城在明代开始修筑完整，"城旧土城半卫县治。……万历癸酉（1573年）诏天下概城郡县。巡抚赵公赟檄郡司理程公正谊先后经始，复调州同陈公汶督筑陂城，三月功竣，民不称厉。计城周九百八十三丈有奇。高一丈八尺，横一丈二尺。设六门，门各有楼。东曰昭明，南曰景福，小南曰康阜，大西曰豫泰，小西曰丰享，北门因风射县学……后于城之巽隅复开一门曰文昌门。乃共六门云"②。实际上黄陂地区筑城开始于东汉末年，"石阳城，在县北十五里，吴征江夏，围石阳，不克而还。刘表为荆州刺史，以此地当江汉之口，惧吴侵秩，使黄祖于此筑城，因名黄城镇。见《玉海》。今名西城子"③。鉴于黄陂县重要的军事地位，南朝政权不断在该地区修筑城堡，作为屯军之所，北周时期设立黄陂县，按照建制，也应该有县城存在。

城市之外，则是市镇和乡村，此外还有众多的码头（或渡口）。多样化的聚居形态，影响到社会治理方式的选择、治理机构的设置和治理活动的开展。这是武汉地方法治运行的空间特征，也是不同于其他区域法治的地方之一。

社会治理的主体是地方政府，政府机构和官吏聚集于城市之中，社会治理呈现出由城市指向乡村的基本格局。武汉地区的政府力量就聚集在武昌城、汉阳城、黄陂县城，在如此狭窄的区域，集中了省、府、道、县各级政权机关，影响到武汉地方法治面貌。

1. 城市是法治资源的集聚地

秦代，武汉地区设沙羡县；西汉，从南郡分出江夏郡（治所在今武汉

---

① 乾隆《汉阳府志》，湖北人民出版社2014年版，第42页。
② 《黄陂县志：清康熙、道光、同治本合集》（校注本），武汉出版社2015年版，第43页。
③ 《黄陂县志：清康熙、道光、同治本合集》（校注本），武汉出版社2015年版，第437页。

市新洲区）；东汉末年，孙权、刘表在武汉地区的军事对峙以及此后围绕夏口展开的军事争夺，使武汉地区的军事战略地位和政治影响力空前提升。此后的武汉地区开始聚集州、郡、县等行政机构和相应的驻军。明清时期，武昌府城是湖广总督、湖北巡抚、武昌府知府、江夏县衙门的所在地。这些衙门主要有总督部院、巡抚都察院、北察院、布政使司、按察使司、分守道、粮储道、驿监道、督学道、都指挥使司，以上属于湖广总督和湖北巡抚衙门及其下属机构；武昌府、清军厅、粮捕厅、经历司、知事卫、照磨所、司狱司、阴阳学、医学、僧纲司、道纪司、料钞厂、宝源局、养济院、迎恩馆、贡院、公衙门、教场、小教场、仓廒、军民永利仓，以上属于武昌府衙门及其下属机构。江夏县衙门设有大堂、后堂、大门、仪门、东西二库、六房吏舍、内衙、迎宾馆、狱舍、县丞署、主簿署、典史署、鲇鱼口镇巡检司、浒黄州巡检司、金口镇巡检司、夏口水驿、金口水驿、将台马驿、东湖马驿、山陂马驿、仓廒府司。汉阳城内政府机关包括汉阳府衙门和汉阳县衙门的全套官员，与武昌府基本一致。黄陂县设有全套县级政权。

秦汉废分封，行郡县，流官取代分封贵族。官员任职，家属、随从一并居住于官衙之内，如明清基层官员带有长随（家人或家丁），协助处理政务，如司阍、签押（稿案）、用印、跟班、管厨、司仓、办差等等，人数从数十人至上百人不等。此外还有幕友，也聚集于城市之中。各地州县依据事务繁简需要，设置的书吏数额从几人到十几人甚至几十人不等，定额书吏要上报吏部备案，称为经制吏。光绪《大清会典事例》记载，全国有经制吏14369人，平均每县11.4人。① 实际上，在经制吏以外，各州县都有数目不等的非经制吏存在，名目有"贴写""帮差""挂名书吏"等。乾隆时期的洪亮吉估计，各类书吏大县在千人左右，中等县有七八百人，小县有一二百人。清后期的游百川则认为"大邑每至二三千人，次者六七百人，至少亦不下三四百人"②。明清时期的武昌府属于"要、冲、繁、难"之府，汉阳府属于"要、冲、疲、难"之府；江夏县属于"要、冲、繁、难"之县，汉阳县属于"繁、疲、难、倚"之县。③ 武昌府、汉阳府、江夏县、汉阳县

① 《大清会典事例》卷148—151《吏部》，中华书局1991年版，第879—923页。
② 游百川：《请惩治贪残吏胥疏》；盛康辑《皇朝经世文续编》《近代中国史料丛刊》第84辑，台湾文海出版社1972年版，第2944页。
③ 《清史稿》卷67《地理志十四》，中华书局1998年版，第2171—2172页。

等政权机构中的胥吏当不会少。

以政府机构为核心的地方治理力量中，还包括驻防官兵。秦汉以后的郡县政权都配备有数量不等的军队，用以维持地方稳定。明清时期，武昌城是湖广总督、湖北巡抚、武昌知府衙门所在地，统辖驻防官兵最多。明朝驻扎武昌城的官兵有巡抚湖广兼赞理军务都御史一员，清军副使一员，屯田副使一员，分巡武昌兼兵备佥事一员，镇守湖广挂平蛮将军印总兵官一员，武昌卫指挥使、指挥同知、指挥佥事、镇抚左右中前后千户所千户、百户，武昌左卫指挥使、指挥同知、指挥佥事、镇抚左右中前后千户所千户、百户。明朝制度："大率五千六百人为卫，千一百二十人为千户所，百十有二人为百户所。"① 武昌城驻扎有武昌卫、武昌左卫，兵员在万人以上，镇抚湖广地区。清朝武昌城驻扎有督标中军副总兵一员，游击二员，守备三员，千总六员，把总十二员，马步战守兵二千名，属湖广总督辖下军队。抚标游击二员，守备二员，千总四员，把总八员，马步战守兵一千五百名，属于湖北巡抚辖下官兵。武昌城守参将一员，中军守备一员，千总二员、把总四员、马步战守兵一千名，分防武昌、江夏等县并上下水塘三十六处。②

汉阳府，"明洪武元年，置武昌卫指挥使、指挥同知、指挥佥事、镇抚左、右、中、前、后千户所千户、百户，兵五千六百六十二名，左卫员弁亦如之，惟增兵目九百六十二名。正统中，析武昌卫右千户所在南纪门内……国朝顺治二年，设参将一员，经治兵六百名。十一年，经略洪题裁参将，止设守备一员、把总一员，经制兵四百名……雍正十年，改设城守营，都司佥书一员、把总一员、马步战守兵丁二百八十一名，驻扎本城，并分防阳、川两邑水陆二十八塘汛，船三只。乾隆三年，总督宗室德以汉口水陆通衢，汛广兵单，不足以资防御，奏请以武昌水师一营，额设守备一员，千总一员，把总二员，经制兵二百八十一名，改驻汉口镇，升改汉阳营都司为游击郎，以水师守备为汉阳营中军，仍管理水师船只事务"③。从明朝到清朝，武昌城、汉阳城驻军数量逐渐减少。

黄陂县在雍正七年（1729年）由黄州府改属汉阳府，"额设千总一员，

① 《明史》卷90《兵志二》，中华书局1972年版，第2193页。
② 武汉地方志办公室编：《清康熙湖广武昌府志校注》（上、下册），武汉出版社2011年版，第278页。
③ 乾隆《汉阳府志》，湖北人民出版社2014年版，第212页。

雍正八年，复设外委把总一员，驻防滠口镇。俱系黄州协调拨。陆塘九处，每塘官兵五名。存城官兵四十名，共官兵八十名。水塘二处，晋家墩、五通口各官兵五名。系黄冈县驻防阳逻水汛把总管理"①。以上是武汉地区明清时期正常情况下的驻军情况。

湖广总督、湖北巡抚、武昌知府、汉阳知府所辖官兵聚集在隔江相对的两个城市之中，这是其他任何地方都难以看到的，这种管理机构在空间上的重叠，带来社会治理主体数量上的激增以及治理能力上的拓展。政府机构、军队集中于城市，对城市地区的社会治理带来重大影响，使城市内外成为社会治理的重点，与此同时，依据发达的交通网络实现对乡村社会的地方治理。

2. 城市是地方治理的重心

城市因各种要素的聚集和地理空间的限制，不适宜从事农业生产，非农业人口占据主体，由此带来户籍编制与人口管理的变化。因为各种要素的聚集，滋生出新的社会问题，导致城市社会治理的政策、方式都与乡村社会治理不同。

明清以前，对武汉地区城市人口与乡村人口的比例我们无法作出清晰判断，但对清朝城市人口与乡村人口的比例却有据可查。清朝江夏县编户六十二里，坊乡辖里二十，四乡辖里四十二。在城曰坊，近城曰厢，乡都曰里。清朝江夏县居民总共被编为六十二里，其中四乡辖四十二里、坊乡辖二十里。② 按照一里百户的标准衡量，武昌城内外居民占全县居民的三分之一强。要是考虑到省城，各类衙门人员、驻军、军户等，武昌城内人口数量肯定不止全县三分之一。汉阳县坊厢编制相对简单，只有八个，分布于汉阳城和汉口镇，③ 汉阳县乡里村镇共十九处。④ 武昌、汉阳城中，矗立有旌表人物的"坊"，即牌坊；作为行政区划单位之"坊"等与图、里相同，也是人口编制单位。明清时期，以武昌城、汉阳城为依托，活动着大量的非农业人口，影响到地方法治的方方面面。

---

① 乾隆《汉阳府志》，湖北人民出版社 2014 年版，第 217 页。
② 同治《江夏县志》卷二《建置》，江苏古籍出版社 2001 年版，第 10 页。
③ 《汉阳府志（清乾隆十二年）》，湖北人民出版社 2013 年版，第 42 页。
④ 细目见《汉阳府志（清乾隆十二年）》卷 12《形势志》汉阳县"乡里村镇"条，湖北人民出版社 2013 年版，第 156 页。

城中居民大多属于"市民"，不置办土地，也不从事农业生产，只承担丁役而已。坊厢作为一种基层社会组织和空间单位，其中的"坊民"主要承担丁税和"柜银"。这是与乡村里甲承担田赋力役不同的地方。坊厢作为地方基层组织，与分散在农村的里甲相比，更容易接受县级政府的直接管理。县级行政机构中并没有专门针对城市坊厢进行管理的机构或者专职人员，也就是说在行政管理手段上坊厢与乡村里甲是一样的。

秦汉时期地方设置亭，作为专门的治安机构，隋唐时期的镇及其所辖弓兵成为地方治安的主体力量，宋朝以后，地方设巡检司管理治安。古代中国的治安机构虽然遍布城乡，但基层治安的重点一直在城市。乡村民户居住分散，乡里、保甲编制无法按制度要求完成，但城内坊厢户因为居住集中，乡里、保甲编制相对完整，可以更好地发挥基层政权的社会治安功能。《江夏县志》详细记载了武昌城的夜禁情况。① 此外乞丐流动的走向也主要是城镇，乞丐管理规定主要在城市中落实。乞丐聚集之处，必定是人口密集的城市和集镇，管理乞丐也就主要是城市管理的内容。

市场和关税管理是地方法治的重要内容。"汉镇士民不事田业，惟贸易是事，商船四集，货物纷华，风景颇称繁庶。无奈郡邑供应取诸本镇者十九。"② 市民是门摊税等商税的主要承担者。江夏县除了武昌城周围的市场体系以外，江夏县西南六十里处的金口镇"商贾辐辏，人烟鳞集，为上游重镇"。与金口镇相似的还有"金沙洲"，金沙洲在城外西南，头沈（枕）江口，与白沙洲对，河水自中出江。"明时百货云集，商舟辏泊，兵燹后渐移汉口，国朝乾隆前估（贾）船犹盛，设油盐二埠，漕船回空亦泊此……（嘉庆时期）水口渐淤，遂移泊厉坛角，军船改泊汉阳晴川阁下。"③ 商税征收作为武汉地方法治的重要内容，主要是在城市与市镇完成的。

3. 地方法治运行表现为城市对乡村的辐射

由于政府机关和军政人员聚集于城市，武汉地方法治表现为城市对乡村的辐射，各种政策、指令由城市发布，再落实到乡村，法治行为的影响也呈现出由城市到乡村的传递。

第一，地方治理网络以城镇为中心。

---

① 同治《江夏县志》卷五《刑法》，江苏古籍出版社 2001 年版，第 64 页。
② 《康熙汉阳府志》，湖北人民出版社 2014 年版，第 115 页。
③ 同治《江夏县志》卷二《建置》，江苏古籍出版社 2001 年版，第 136 页。

秦汉至明清政权在各地设有驿站，用以接待过往官员和行人、传递官文书。以驿路为通道、驿站为枢纽，形成遍及全国的交通、信息传递网络。驿路网络以各级政权治所所在的城市为中心，辐射到整个辖区并纳入国家驿路系统，形成辐射全国的交通、信息传递网。以清朝为例，清朝沿袭明朝制度，在地方设立驿站、急递铺等机构，形成驿路和信息传播网络。汉阳县的急递铺共十处，[①] 江夏县设有六处驿站。[②] 江夏县设有塘兵二百四十五名，分处十七塘，负责省城与外界的塘报传递。塘分水、陆两种，其中水塘十一、陆塘六，各塘之间相隔十里至二十里，由塘兵快速传递信息。[③] 武汉地区的驿站、急递铺、塘报设置，构成快捷迅速的信息流通网络，在这一网络中，各种信息实现快速流动，信息汇集与发出服务于处于网络中心的武昌城、汉阳城的各级政府机关，依据这一网络，武汉地方政府开展着城市对乡村的各种管理活动。

第二，由城市而乡村的地方社会观念塑造。

历代地方教育的主体是府州县学，城市中的官学负有为地方培养人才、教化地方的责任。官学通过对生员的教化，使其成为接受政权意识形态的合格人才，再由他们将教化结果传递到各地，影响到乡村社会。无论是旌表乡贤、孝子、节妇还是忠义，都是由城市中的政府发出指令，将政府提倡和需要的价值观、行为模式刻写、记载于物化的载体之上，以此达到改变地方社会观念和行为模式、塑造地方社会意识的目的。城市（政府）是这一过程的起点和输出地，而乡村社会则是终点和接受地；城市输出观念，乡村接受观念。

第三，民事纠纷和刑事案件的裁决是在城市完成的。

历代民事纠纷和刑事案件的初审都由县级司法机构完成，这也是地方司法机关维护与修复社会秩序的重要环节。清律规定：

> 各省户、婚、田土及笞、杖轻罪，由州县完结，例称自理。词讼每月设立循环簿，申送督、抚、司、道查考。巡道巡历所至，提簿查核，如有未完，勒限催审。徒以上解府、道、臬司审转，徒罪由督抚汇案咨

---

① 光绪《汉阳县识》卷二《营建略》，江苏古籍出版社 2001 年版，第 388 页。
② 同治《江夏县志》卷二《疆土》，江苏古籍出版社 2001 年版，第 277 页。
③ 同治《江夏县志》卷五《兵备》，江苏古籍出版社 2001 年版，第 593—594 页。

结。有关人命及流以上，专咨由部会题。死罪系谋反、大逆、恶逆、不道、劫狱、反狱、戕官，并洋盗、会匪、强盗、拒杀官差，罪干凌迟、斩、枭者，专摺具奏，交部速议。①

按照上述审级规定，县级、府、按察使与布政使、督抚构成地方四级审判机构，审理、判决各类民事、刑事案件。所有民事案件全部在上述司法机关完成审理，除了涉及人命或者重大刑事案件要上报刑部或皇帝外，其他刑事案件也在地方审理结案。那些发生在乡村的案件，作出裁决却是在城市，这是武汉地方法治在空间上的又一特征。

以城市为中心的地方法治并非武汉地区独有的特征，而是古代社会地方法治的共同现象；在中国古代，州郡县（或省府县）并存于一个城市，城市规模和法治元素聚集达到一定程度的地区也不少；但武汉地区的不同之处在于武昌府和汉阳府隔江存在，两者相距不足十公里，加上商业中心、交通枢纽等元素的叠加，造就了武汉地方法治在空间上的独特之处。

（三）单一的"地方教化"到综合的"社会意识管控"

先秦儒家的政治学说中就有系统的"教化"观，通过向民间社会灌输儒家伦理，养成符合要求的"君臣""父子"关系和礼义廉耻等伦理价值观，培养民间社会对政权治理社会的认同、服从等社会意识，形成政权治理社会的合法性依据。

秦政权受商鞅变法成功的影响，推行"以吏为师""以法为教"。南郡守腾颁布《语书》，强调以政府力量改易风俗、清除"淫佚"恶俗，全力以赴以"秦俗"取代原有的地方社会意识。秦始皇三十三年（前214年）更是下令："史官非秦记皆烧之。非博士官所职，天下敢有藏《诗》《书》百家语者，悉诣守、尉杂烧之。有敢偶语《诗》《书》者弃市。以古非今者族。吏见知不举者与同罪。令下三十日不烧，黥为城旦。所不去者，医药卜筮种树之书。若有欲学法令者，以吏为师。"② 对李斯建议秦始皇焚书一事，明代思想家李贽在《史纲评要》卷四《后秦纪》中说："大是英雄之言，然下手太毒矣。当战国横议之后，势必至此。自是儒生千古一

---

① 《清史稿》卷144《刑法志三》，中华书局1998年版，第4206页。
② 《史记》卷6《秦始皇本纪》，中华书局1959年版，第255页。

劫，埋怨不得李丞相、秦始皇也。"朱彝尊在《曝书亭集》卷五十九《秦始皇论》中说：

> 于其际也，当周之衰，圣王不作，处士横议，孟氏以为邪说诬民，近于禽兽。更数十年历秦，必有甚于孟氏所见者。又从子之徒，素以摈秦为快，不曰嫚秦，则曰防秦；不曰虎狼秦，则曰无道秦，所以诟詈之者，靡不至。六国既灭，秦方以为伤心之怨，隐忍未发，而诸儒复以事不师古，交訕其非，祸机一动……特以为《诗》《书》不燔，则百家有所附会，而儒生之纷论不止，势使法不能出于一。其恝然焚之不顾者，惧黔首之议其法也。彼始皇之初心，岂若是其忍哉！盖其所重者法，激而治之，甘为众恶之所归而不悔也。

在古代思想家看来，秦政权灭六国之后，以法治手段禁绝对政权不利的言论、观念、思想，传布官方提倡的意识形态这一做法本身是有其合理性的，也是历代政权为了自身存在的合法性必须开展的工作，秦始皇焚书饱受诟病，只是其手段过于毒辣而已。

西汉武帝以后，"教化"作为社会意识管控方式被官方所认可，地方政府致力于教化百姓，也成为地方法治的内容之一。官方太学之外，民间儒学教育在东汉时期开始在各地出现。儒学教育通过传授《诗》《书》《礼》《易》《春秋》等儒家经典而开展。民间儒学传播有其师承，而且多集中在儒学大师家乡，并非制度性安排。地方政府的教化主要通过官员行为的表率作用展开，此即循吏的所为；地方政府通过各类纠纷的解决、犯罪的判决，将法律规范传播到社会意识之中，达到规制社会意识的目标，这是秦至唐五代的基本情况。

造纸技术的成熟为书籍的制作提供了轻便廉价的材料，而雕版印刷技术的成熟，则使书籍制作的成本急剧下降，使书籍大规模复制印刷成为可能。宋朝开始，以书籍为载体的文化传播取代了此前的儒学大师口耳相传的传播模式，批量、标准化印制的书籍成为影响社会意识的最主要因素。科举制度的成熟，使民间社会对读书的需求大规模增加，而读书人群体数量之庞大与科举成功的读书人数量之微小，使大量读书人沉淀在基层社会，难以登上庙堂，将其学问"货与帝王家"，这部分读书人成为宋元明清时期民间私塾、地方官学、书院的基本教学力量，成为民间传播官方意识形态的主要力量之一。

宋元明清时期，地方政府对社会意识的管控不再局限于政府"教化"一途，而是多渠道管控社会意识。一是借助公权力掌控的资源，向地方各级官学颁发指定的书籍，为生员提供官方认可的阅读对象，从社会意识形成来源上实施管控。二是以科举选官为龙头，将社会成员的读书兴趣集中到儒学、理学、诏令等文献的学习上，使地方书院、私塾教育主动向官学教育看齐，将政权认定的知识、观念传播给社会，这是从传播途径上对社会意识的管控。三是通过"教谕"的宣讲，影响地方社会意识，这在明清时期表现最为典型。四是通过官方祭祀、旌表等形式，以物化形式塑造社会意识。这一做法在古代社会长期存在，但宋元明清开始，祭祀、旌表的密度、对象均发生了变化："厉坛""城隍""文庙"的祭祀在地方社会趋于普遍，为科举成功的乡贤建坊表彰开始普遍，对"节烈""孝子"的旌表密度大为增加，以此作为社会意识管控渠道的制度追求越发明显。五是对宗教的管控成为社会意识管控的渠道之一。唐五代之前，统治者因为政治、经济原因导致的"灭佛"事件多次发生，但缺少出于社会意识管控的制度性宗教管控措施。宋元明清时期，政府对宗教典籍的内容、寺观数量、僧尼道士的资格和数量、僧道活动方式都作了制度性规范，力图将宗教对社会意识的影响限定在可控的范围之内，对"邪教"的管控则不遗余力。

就武汉地区来说，唐五代之前，武汉地区经济、文化不在最发达地区之列，地方社会教化的影响也有限。宋元明清时期，武汉地区的人口、经济、文化发展逐渐跃升到长江中游地区的前列，多渠道的地方社会意识管控效果在政权社会意识管控中的地位逐渐提升，影响越来越大。

以上描述的是中国古代社会意识管控的整体脉络，但武汉地区有其独有的经济结构、风俗习惯、地域文化、宗教传统——由此形成独特的地域性社会意识，本卷相应章节描述的武汉地方政府的社会意识管控也就因此具有了"地方性知识"的特征。

（四）修堤与治水是武汉地方法治的核心任务

政权作为一种公权力，其统治发挥效力的基础是社会成员对其统治的"同意"，即"经过同意的统治"才具有合法性。而政权的统治要取得社会成员的"同意"，就必须履行公权力承担的"政治责任"。地方政府政治责任的承担及其实际效果是塑造政权"合法性"的基础。"中国古代君主政治的权力属于典型的传统型。就是说，国家最高权力来自于先王传统，权力合法性凭借其血缘和其他先天性条件来兑现。"① 这里揭示了传统社会政权合法性来源的一个方面，但对地方权而言，合法性更多来源于"事功"，即政权的存在对地方社会发展而言的必要性，换句话说，政权存在为地方社会解决了哪些问题、效果如何，这些问题对于维持地方社会秩序的稳定和发展起了什么作用等问题的追问，是社会成员对政治系统满足社会要求的工具性思考，由此形成对政权的合法性思考，最后使人们产生和坚持现存政治制度是社会的最适宜之制度的信仰，即合法性信仰。

武汉地区政府应该承担的政治责任中，最重要的是堤坝的修筑与维护，这在唐宋以后显得尤为迫切。堤防所在州县印官负有修筑、维护堤防安全的责任，一旦出现堤防冲决，就要受到处罚。进入明清时期，武汉地区聚集的人口越来越多，乾隆后期，人口达 200 万人以上，如此众多的人口，必须有坚固的堤坝来防治长江洪水，使武汉地方免于成为泽国的危险，保障社会成员的生命、财产安全和生产、生活秩序的稳定；武汉地区一遇汛期，江水漫溢，居民出行和交通受阻，修筑堤坝才能保证民众出行与交通的畅通。这是地处两江交汇之处的武汉地方政府必须承担和完成的政治责任，也为地方法治的推行获得合法性基础。江堤修筑涉及范围广，投入的人力、物力数量庞大，必须要由地方政府加以指挥和规划，这是江堤修筑成为地方法治核心内容的客观原因。

宋元明清时期，地方政府均在江夏县不断修筑江堤。宋代修筑的有：花堤在平湖门内，宋正和年间水溢坏城，知府陈邦光、知县李基筑之；万金堤在花堤之外，陆游《入蜀记》所载"大堤口"即万金堤；郭公堤在宁心湖，自长街东至新开路二里，都统制郭果筑。江岸在城外长十余里，以石为之，明正德迄万历间岸石崩塌，汉阳、平湖二门，禹龙港、董家坡而上垫溺不可支，郡守韩修之，其后复圮，郡守张请于御史大修之，费五千金……铸四铁牛以镇焉。明代熊廷弼主持修筑的江堤，"自龙床矶以下计二千二百零一丈

---

① 刘泽华主编：《中国政治思想史（秦汉魏晋南北朝卷）》，浙江人民出版社 1996 年版，第 201 页。

至石咀以下计三千三百五十一丈……雍正五年水决，六年奉旨发帑修筑，自县南金沙洲起至龙床矶止。路堤在县东南自张公渡起计二百一十三丈，折而东者五十九丈，自石子岭以下共二千四百九十二丈亦熊廷弼筑"①。明清时期的武汉地方政府修筑的防止长江洪水危害的长堤，该堤贯穿江夏、咸宁、嘉鱼、蒲圻四县，由四县共同承担修筑任务，其中江夏修筑2/5，其他三县各修1/5。光绪《江夏县志》卷二记载了长堤的修筑过程："长堤自赤矶山起至嘉鱼艾家墩止，系江、咸、嘉、蒲四邑公筑。长五千丈，每年派修，计工而五分之，咸、嘉、蒲各筑其一，江夏筑其二，江邑每岁修堤二千丈为例，按堤自嘉鱼马鞍山至簰洲艾家墩八十余里，宋正和以来唐均、陈景、成宣诸公所筑，其堤虽为嘉、蒲、咸、夏四邑保障而嘉之受利更大，明正德间尝合四邑民力修筑，而嗣后岁修工费嘉鱼每独任之，名为老堤。其自艾家墩至赤矶山四十余里，名为新堤，即四邑公筑之长堤也。万历四十二年大司马熊公廷弼暨嘉鱼光禄李公请诸当事所筑，每岁派修，嘉、蒲、咸、夏四邑公任，但天崇以来，各邑俱有公费雇夫修筑，不派里民，其自赤矶山至嘉鱼下田寺常为江民任工而领其工费，其后加派里民，竟相沿不改，不分老堤、新堤一概分派江民分修，至五千五百四十九丈。此受累之由也，历年呈控，经武昌知府杨懋绍调集四邑绅民会议，江夏境内之堤，自陶家马头起至赤矶山止，今修至嘉邑之下田寺，则越界二十里，请檄行嘉、咸、蒲三县均派承当，其议为嘉令李鼎徵所阻。余自康熙五十七年莅江夏任，相度形势，见江流湍急，溃则四邑均受其冲，堤固未可废，而旧堤自滚打洲以西凡三里尽淤泥，筑则崩塌随之。即议改筑，由赤矶山而南至雨灌山折而西斜抵陶家码头，地高土实，经始于五十九年秋至六十年冬工讫。"② 这里记载的是康熙之前的长堤修筑情况。

长堤是江夏县与嘉鱼县会同咸宁、蒲圻（今赤壁）共同修筑的长达二百余里的江堤，江夏县负责修筑嘉鱼县下田寺至赤矶山一段，五千五百四十余丈。雍正六年、七年（1728年、1729年），政府两次拨款加固长堤，江夏县江堤从赤矶山延伸至金口，长堤在江夏县的部分又称"金口长堤"或"部堤"，清朝武汉地方政府根据江流地势，因地制宜修成汉江堤。"江水在

① 同治《江夏县志》卷二《堤防》，江苏古籍出版社2001年版，第149页。
② 同治《江夏县志》卷二《堤防》，江苏古籍出版社2001年版，第151页。

旧堤之北，港水在新堤之南，不独周遭四十里不受水患，而堤亦得保固，可省民力。但此四十里内唯有李老湖在旧堤之外，其马船港、乌州湖、白杨港及泗州湖茶湖四五月间雨水盈积，苦无所泄。特于范家港建一小闸，以时启闭、出纳皆由长港。盖江邑之有堤工二十二里，每岁堤长四十名，用夫二万，每夫七工，统计夫工十四万。兴工之日，携粮露处，辛苦可悯。所费又至不赀。今新堤既成，地势高阜，土性坚固，每岁增修用夫不过十之一二，一两年后旧堤可废，且新堤内外高则麦，地汙则草场。今若依傍堤形加以子堤，各成坵亩，自为沟洫，以通水路，旱涝无虞，则自赤矶以抵陶家码头俱成膏腴之产。"[①] 旧堤之外，再筑新堤，之间设闸口排泄洪水，解决了江夏县夏秋季节江水漫溢导致农田被淹的问题，设若没有地方政府的组织、勘察、监督与维护，如此巨大的工程是不可能完成的。对武汉地方政府而言，此类公共工程完成得越好，就会有更多的民众聚集于此，地方繁盛，赋役充盈就有可能实现，而这恰是地方法治所追求的终极目标。

武昌府辖区内长江蒲圻至江夏段的江堤修筑，并非某一县能够独立完成，而是需要武昌府从中组织、协调；跨域四县的江堤是一个整体，任何一段被毁，都会引发江水漫溢，滨江四县全部受害，这也是四县必须联合修筑长堤的根源所在；长堤工程浩大，勘察、设计、规划、组织、筹措资金、监督工程、维修保护均非民间社会所能完成，这是典型的公共工程，是地方政府必须承担的政治责任。这一政治责任承担到位，则滨江四县民众安居乐业，生产生活有序发展，地方法治才有对象，公权力才具备了统治地方的权利；若不能承担，则民众四散逃亡，或起而为寇、为贼、为盗，地方社会秩序荡然无存，地方法治也就失去了依托，公权力统治社会的权利无法被社会成员认可，政权合法性丧失殆尽。

长堤的关键在嘉鱼县和江夏境内。嘉鱼县境内的江堤始建于宋代，称"新堤"，万历《湖广总志》卷32"水利·武昌府·嘉鱼县"条："新堤在县北，地势卑下，其承上流若建瓴，不数年，溢为渚泽。春水泛涨，与蒲圻、咸宁、江夏三邑均罹水患。宋政和间，知县唐均始集四邑之民筑之。靖康兵兴，堤坏。至乾道初，知县陈景去旧堤三百步，因两山距杨家潭上横亘为堤，是名新堤。"《（嘉靖）湖广图经志书》卷二《武昌府·山

---

① 同治《江夏县志》卷二《堤防》，江苏古籍出版社2001年版，第153页。

川·嘉鱼县》："长堤"条记载，元朝皇庆元年（1312年）嘉鱼知县成宣筑长堤，"一名成公堤，上自马鞍山，下至三角铺，捍护嘉鱼、蒲圻、咸宁、江夏四县近湖滨江田地，民受其惠"。明代以来，长堤屡遭江水啮噬，弘治五年（1492年）嘉鱼知县姜薄曾主持加固，"其脚阔二丈，其高一丈余，堤左栽柳，五尺一间，约有万株"。正德年间，长堤日久损毁，严重危及滨江地区的农业生产，"但遇川广二江水涨，近湖田地即被淹没，下受其灾"。正德十三年（1518年）都御史吴廷举上书朝廷，请求修复长堤，未获批准。[①]"嘉鱼长堤，自鱼山水驿起，至簰洲下夹口止，延亘一百二十余里。"[②]长堤一溃，四县滨江田土受江水污涨之害，朝廷发帑修筑是费小而利巨。明万历之后，如《江夏县志》所言，由江夏、蒲圻、咸宁、嘉鱼四县共同负责修筑。康熙时期经过地方政府的努力，长堤得以修复，四县田庐受到障护。

江夏县境内的长堤和万金堤是卫护江夏滨江田土、庐舍的重要保障，江夏县在明成化三年至九年（1467—1473年）修筑了沿堤岸，"自行竹簰门至马坊门五六里间，日就崩陷，前此距江尚二里余，居民万家，至是仅三四步或六七步，溺二十余家，所存惟二街耳。成化丁亥，巡抚右副都御使罗公虑水将覆地也，偕巡按监察御史王公玺、左方伯王公锐、宪使项公璁、连帅汪公泽、郡守章公纶闻于朝议修砌。诏允之。都台乃檄郡县，采木于山，炼灰于冶，货铁于市，给官帑买石条，役夫三分以官，七分以民。和二千九百人，水陆负运，假客舟顺载，岁以季秋兴事……请行雇役之法，每一夫纳白金一两，释之别征良匠……凡历六年，余庆其地。起竹簰门至马坊闸，凡长八百六十七丈，高二丈六尺……自是江民沸腾，军民愿家于其地，商贾愿藏于其市，行旅愿出于其涂，无复遗憾矣"[③]。这次江岸修筑历时六年，组织者为湖北巡抚衙门、武昌知府衙门，资金来源为官府划拨与民间筹措，为了保证修筑质量，采用了"雇役之法"，是一次政府履行其政治责任、解决公共工程的典型案例。

---

① 《（嘉靖）湖广图经志书》卷二《武昌府·山川·嘉鱼县》"长堤"条，书目文献出版社1991年版，第121页。

② 《（嘉靖）湖广图经志书》卷二《武昌府·文》"长堤奏略"，书目文献出版社1991年版，第246页。

③ 《（嘉靖）湖广图经志书》卷一《本司》，书目文献出版社1991年版，第97页。

　　长堤在清康熙六十年（1721 年）完工后，又被称为"花堤"，① 一直得到地方政府的维修与保护。"乾隆四十七年重订修长堤例"说：

　　　　金口长堤自赤矶山起，沿江而上，绵亘百十里，创自前明经略熊廷弼，所以防江、咸、嘉、蒲四县之水者也。各县分修有界，江夏应修赤矶山至陶家码头二十里，计长三千七百丈，照田派夫，每于孟冬兴筑，仲春告竣。官为督理，乃积久弊生，加以雨雪风霜，民不堪苦。乾隆二年春，有杨天德等请照河南武陟之例，易夫派费，费自佃完，官征官修，始仅征银六百两，以后有加无已，至二十一年，又派田主为堤长，每岁佥点殷实之家十人，虽征费已加至二千余两之多，而岁无不赔累之。堤长趋利避害，各弊蔓兹，贫富交困，莫可名言。四十七年，绅士段追文、吴尔蒸、程连槐等始援本县荞麦湾之例，呈请上宪，准其按田派捐，得银一万二千两，申解藩库发商一二生息，每年可获利银一千七百二十八两。听地方官详请委员，估工赴司领利修筑。自此，田主免充堤长，佃民免完堤费，案定如山，碑勒县前，一劳永逸，弊窦悉塞矣。②

　　至此，长堤的修筑与维护事宜以立法形式固定下来。自明末以来，官督民修的修堤模式在运行过程中逐渐变得弊端丛生，乾隆后期开始按照长堤保护的田土面积征收堤费，再由总督衙门贷给商家作资本，收取一分利息作为修堤基金，再雇人修堤。长堤维修模式虽然不断变化，但政府主导下开展的公共工程这一性质却未曾改变，地方政府自觉将这一任务看作自己应该担负而且必须担负的职责，恰是政府政治责任承担的体现。

　　汉阳县在长江以北，影响地方经济的主要是汉水，而解决的办法则是修堤垸。汉阳县"依堤垸为命也，固已。然有堤垸之利，亦有堤垸之害……今汉水自襄、郧而下，分为数道……而皆合于汉之正流……自潜邑三江口闭、郧茅草岭溃，而怀襄之虚在在见告。举向之所谓牛堤口、城隍口、系马

------

① 《康熙湖广武昌府志校注》卷三《水利志·江夏县》"花堤"条，武汉出版社 2011 年版，第 246 页。
② 同治《江夏县志》卷二《疆土》，江苏古籍出版社 2001 年版，第 155 页。

口等分道出入诸水之处，悉行淤塞。上无所泄，下无所归。水势横溢四溃，而桑田沧海之变，遂不可问矣。于是高者修堤，低者亦修堤，堤防既多，水道益窄。以堤岸丈余之尘土，当千余里吞天浴日之洪涛，欲其不崩溃而浸没也，盖已难矣"①。江汉平原自明代中后期以来大规模的持续开发，人口增长，垸田修筑增多，导致泄洪区域减少，洪水为害的几率加大，影响最大的是汉阳府。但这只是就总体趋势而言，在各自的范围内，由地方政府综合规划，指导民众修筑、维护堤垸，依然是汉阳地方政府需要完成的政治任务。如汉阳县有"免溺堤"，"在县北二里。明正德初，知县蔡钦筑……顺治十三年，郡守丘俊孙修。康熙七年，郡守陈公重修"②。历代重修此堤，正是因为此堤关乎汉阳县地方的民生。设若没有地方政府的主持，堤坝修筑工程是无法完成的。

（五）管控盗匪与流民是武汉地方法治必须解决的难题

武汉地区的盗匪猖獗开始于南朝，陶侃任职武昌时曾致力于盗贼的防控。唐代，杜牧任黄州知府时期，江贼再次猖獗，盗匪利用渔民的身份，成群结队驾船活动于江面、湖面，遇到过路客商，就实施抢劫，客商被杀后抛尸江中，所载货物洗劫一空。遇到江边市镇，则会上岸抢劫，许多繁华市镇因此受到毁灭性打击。盗匪活动范围广，以武昌、汉阳为中心，东至江西九江，西至湖北江陵，南至洞庭湖，其间数不清的江河湖汊，都是盗匪的窝藏之地。杜牧之前，曾有地方政府派驻军沿江剿匪，但收效不大，大军过后，盗匪继续活动。

盗匪在元代史料中记载不多，但元朝末年的反元武装却是以盗匪为基础力量而形成的。《明史·陈友谅传》载，徐寿辉与邹普胜起兵后，攻城略地，所向披靡，称皇帝，建天完政权，连陷湖广、江西诸郡县。陈友谅杀徐寿辉后，很快发展成为以武汉地区为中心的强大军事集团，并建立了自己的政权。徐寿辉、陈友谅集团之所以战力强大，与其军中吸收了一直活动于沿江一带的大量湖盗有关。《明史·陈友谅传》载："熊天瑞者，本荆州乐工，从徐寿辉抄略江、湘间。"在起兵反元之前，熊天瑞、徐寿辉都有过做湖盗劫取财物的经历。《明史·徐中行传》载，徐中行"行湖广佥事，掩捕湖盗

---

① 《康熙汉阳府志》，湖北人民出版社 2014 年版，第 286 页。
② 《康熙汉阳府志》，湖北人民出版社 2014 年版，第 281 页。

柯彩凤，得其积贮，活饥民万余"。一个湖盗积贮的粮食就可以"活饥民万余"，可见湖盗作案时间之长，劫掠财物数额之大。《明史·洪钟列传》载，正德五年（1510年）"春，湖广岁饥盗起……沔阳贼杨清、丘仁等借称天王、将军，出没洞庭间"。"岁饥"是"盗起"的原因，饥民为了求生，不得已而沦为盗匪。盗匪一旦形成集团，就会危及政权的存在，因而是明清地方政府极力防控的犯罪行为。

清朝武汉地区盗匪的活动更加频繁，康熙二十九年（1690年），夏逢龙率领被裁撤的标兵，旬日之间占领武昌城、汉阳城，围攻黄州府，参加兵变的还有各地盗匪，他们乘兵乱之际，抢掠地方，这在光绪《江夏县志》记载的"孝子"行为中有多处记载。

中国古代，一旦遇到天灾人祸，诸如水灾、旱灾、敌国攻击、内部叛乱，相关地区的百姓只能流亡他乡，成为流民，而武汉地区则是流民容易到达的地区。一是因为水陆交通便利；二是作为地方中心城市，求生相对容易；三是武汉地区在长江中游驻军最多，抵抗武装攻击的能力强。东汉末年中原大乱加上自然灾害，流民沿汉江进入江汉平原，聚集在荆州地区，形成影响东汉后期政局的一股势力，其中武汉地区也是北方移民流入地。东晋、南朝时期，流民进入江汉平原的数量增多，在武汉地区周边曾多次发生流民暴动，流民进入城市或依托武汉地区的城市求生的情况时有发生。唐朝安史之乱，北方陷入战乱，流民再次进入江汉平原（含武汉地区）。

唐朝以前的流民对武汉地区社会治安的影响有限。但到宋朝以后，尤其是明清时期，妥善安置流民，防止流民暴乱成为地方政府的重要责任。正统八年（1443年）十一月，朝廷要求"湖广、河南三司官常巡视其地，但有啸聚，或为不法者，即收治之，重则奏请，轻者械归本乡"①。要求地方官巡察辖区流民，严防其啸聚为乱。正统十年（1445年）八月，陕西关中大旱，陕西地方官上奏说："人民饥窘，携妻挈子，出湖广、河南各处趁食，动以万计。若不安抚，虑恐啸聚为非。乞敕……巡按湖广监察御史择委三司官，亲诣所属，督同府州县官从实取勘，善加抚绥赈恤，秋成之后劝谕复业，各具姓名户口贯址，造册缴报。奏至，上命（地方督抚）设法处治，

---

① 《明英宗实录》卷110，台湾"中央研究院"历史语言研究所1962年版，第2223页。

务令人不失所，事有成效。果有奸民惑诱为非，即将为首者擒获究问，奏闻处治。"① 陕西流民进入湖广，主要分布在汉江中下游地区，流民脱离了户籍所在地里甲和基层政权的管束，容易"结党为非"，危害地方秩序，朝廷命令湖广地方政权严密管束，就是考虑到这一点。这次陕西流民数量较大，正统十年十月，河南巡抚于谦上奏："臣奉敕行移河南、湖广……将山东、山西、陕西等处逃民七万余户，居相近者另立乡都，星散者于原乡都内安插，就于其类推选老实者立为里老管束。无田者量拨荒闲田并河水退滩田，令其垦种。其贫难乏食者，量为赈济。"② 七万余户流民分布在河南、湖广行省，政府通过安抚、编制落籍、严密监管，防止"啸聚为非""相聚为盗"。清朝，类似流民安置、监管的事例更加多见。

大量外地流民进入，改变了武汉地区社会风俗，同时改变着地方法治的推行方式。《康熙汉阳府志》说到汉口风俗：

> 汉镇士民不事田业，惟贸易是视，商船四集，货物纷华，风景颇称繁庶。无奈郡邑供应，取诸本镇者十九。小民小有盖藏，捡括一空。不宁惟是，本镇门摊之役，原为排门夫作苦而以此苏之者也。然其初上户，不过以钱计。既乃中户，亦钱矣，近又渐增而两矣。有力者各图优免，一切编排惟在贫民……征之而无以应，惟听捶楚而已……今保长所职，大凡官府兵马经临，其屏帐几塌、盘盂盆桶……夫草之类，临期责办。一有不给，捶楚随之，其役亦云苦矣。然有那移侵没之弊，有卖富差贫之弊，有假公济私之弊，有隐匿商税之弊，有保藏奸尻之弊。至民间鼠牙雀角。投缳溺水，彼证此质，张狐载鬼，其神通更有出人意表者。一年役满，复行金报，愚者贿之以求脱，黠者买之以居奇。改头换面，从前恶迹一笔勾销矣。此弊乡村犹少，而汉口为最甚……役虽贱而流祸无穷。③

流民进入汉口，无法从事农业生产，只能依靠市场求生，地方治理随即

---

① 《明英宗实录》卷132，台湾"中央研究院"历史语言研究所1962年版，第2630页。
② 《明英宗实录》卷134，台湾"中央研究院"历史语言研究所1962年版，第2675页。
③ 《康熙汉阳府志》，湖北人民出版社2014年版，第115页。

由针对农民征收租赋转化为征收门摊税，这一过程中滋生的腐败与社会问题也与农村迥异。不仅汉口如此，武昌、汉阳也有此类问题。此类问题也不是从清朝才出现，在明万历年间针对税监陈奉的民变事件中已经初现端倪。

秦汉以后的乡里制度中，就有监督、告发盗贼、逃人的功能，宋代以后的里甲、保甲制度更是以乡里治安管理为主要目标。清朝法律规定"州县城乡十户立一牌长，十牌立一甲长，十甲立一保长。户给印牌，书其姓名丁口。出则注所往，入则稽所来。其寺观亦一律颁给，以稽僧道之出入。其客店令各立一簿，书寓客姓名行李，以便稽察"①。防止盗匪混迹市井，隐匿城中为非作歹，是保甲制度的基本功能。

元明清时期，乞丐作为流民的一类进入城市求生成为常态，乞丐管理成为城市治安的重要内容。此外，游方打卦，卖唱卖艺等流动人口也受到严格管理；迎神赛会夜间唱戏都成为禁止对象。对流动人口如此严密的管理，与清朝严防民间结社有关，为防止流动人口与盗匪勾结，或盗匪以乞丐之名行盗匪之实，或为盗匪眼线、耳目，至于禁止民间集会目的也在于此。

流民与盗匪之间关系密切，流民无法生存，转而为盗匪，流民是盗匪"渊薮"，这是地方政府的深刻认识，故而尽量安抚流民，或遣回原籍，或妥为安置，使之生存下去，从根源上控制盗匪，这是武汉地方法治的经验之一。

（六）武汉法治对商业的保障催生了城市的崛起

社会的存在和发展总是依托于一定的地理环境。武汉地区地处"大江以南，荆、楚当其上游，鱼粟之利，遍于天下，而谷土泥途，甚于《禹贡》。其地跨有江、汉，武昌为都会。郧、襄上通秦、梁、德、黄，下临吴、越，襟捍巴、蜀，屏捍云、贵、郴、桂，通五岭，入八闽。其民寡于积聚，多行贾四方。四方之贾，亦云集焉"②。这一特殊的地理位置，成为武汉地区城市崛起的客观基础。

春秋战国时期，楚国定都郢（今湖北江陵），武汉地区有封君，即"鄂君"，传世文献记载的鄂君子皙（名启，字子皙）曾执掌楚国大权。《说苑》卷11《善说》载："鄂君子皙，亲楚王母弟也，官为令尹，爵为执圭。"③

---

① 《清史稿》卷120《食货志一》，中华书局1998年版，第3480页。
② （明）张翰：《松窗梦语》卷4《商贾纪》，中华书局1985年版，第83页。
③ （汉）刘向撰，赵善诒疏证：《说苑疏证》，华东师范大学出版社1985年版，第311页。

鄂君子皙经营着庞大的贸易船队，楚国大夫庄辛说："鄂君方汎舟于新波之上，乘青翰之舟，张翠羽之盖，会鼓钟之音，越人拥楫而歌曰，今夕何夕兮，搴州水流，今日何日，得与王子同舟，山有木兮木有枝，心悦君兮君不知，于是鄂君揄袂而拥之，举绣被而覆之。"① 鄂君的商贸船队到达长江下游的越国地区，深受越人崇敬。鄂君的沿江贸易船队经营情况在《鄂君启节》中也有所反映。1957 年在安徽寿县城南邱家花园出土的《鄂君启节》分车节和舟节，节上镌刻铭文，规定了车队和船队通行的范围。《鄂君启节》中的"鄂"地望在邻近武汉市的鄂州，在孙权所筑之"武昌城"附近。船队的贸易范围涉及长江及其支流汉水、湘江以及淮水、邗沟，通行水路超过一万华里，涉及税关 20 余处，国都、城邑 11 处。② 《鄂君启节》的铭文显示鄂君封地已是贯通长江，连接汉水、淮河、湘江流域的转运港口。

秦并楚地设立南郡，西汉分割南郡东部设江夏郡，汉武帝曾封其长女以鄂县为采邑，称为鄂邑长公主。③ "鄂君""鄂邑"的存在和《鄂君启节》的铭文说明，在先秦、秦汉时期，武汉地区已经是长江中游贸易发达的港口地区，此地封君可以从转运贸易中获得丰厚收入，只有君主最亲近的人才能获封此地。秦、西汉、新莽政权定都关中，政权安危的关键在于对关东的控制，长江流域因为经济、人口诸多因素影响，在国家政治格局中的地位低于关中、关东地区。江夏郡自然也无法在国家政治格局中产生重要影响。据《汉书·地理志上》和《后汉书·郡国志四》记载，两汉江夏郡治所在西陵县（今湖北武汉新洲区西）。④ 武汉地区的核心区域（武昌、汉阳）依然是县级政权的所在地（沙羡县）。

东汉末年的战乱和三国鼎立格局的形成，夏口成为兵家必争之地，孙吴先后与刘表、刘备在荆州地区展开争夺，出于战略利益的考量，刘表部将黄祖将江夏郡的郡治移至夏口（今武汉黄陂区），武汉地区第一次成为郡级政

---

① （唐）欧阳询：《艺文类聚》卷 71《舟车部》，汪绍楹校，上海古籍出版社 1982 年版，第 1231 页。

② 黄盛璋：《再论鄂君启节交通路线复原与地理问题》，《安徽史学》1988 年第 2 期。

③ 《汉书·昭帝纪》载，昭帝即位，"帝姊鄂邑公主益汤沐邑，为长公主"。应劭注："鄂，县名，属江夏。公主所食曰邑。"

④ 王先谦依据《水经注》的相关记载，认为西汉时期江夏郡治可能在安陆县（今湖北云梦县），东汉时期才移至西陵。见王先谦：《汉书补注》卷 28《地理志上》，中华书局 1983 年版，第 710 页。

权的所在地。孙吴政权曾两次迁都武昌（今鄂州市），设立武昌军镇，镇守武汉地区。东晋时期，设立武昌军镇以扼守江夏。南朝时期，设立郢州（治今武汉武昌）。隋唐时期，鄂州（治今武汉武昌区）成为长江中游的重镇，一度设立鄂岳观察使和武昌军节度使治理地方。两宋时期，鄂州成为荆湖北路的治所。明清时期，武昌城成为湖广行省的治所。

武汉地区行政机构设置级别的不断提升，根本原因在于长江中游的江汉平原地区在整个国家政治、经济格局中地位的提高，由此引发武汉地区战略地位的不断攀升。行政机构的设置级别的提升，意味着这一地区有更多的安全保障，城墙可以保护城内居民免受盗贼和流寇的侵袭，驻军可以为居民提供更多的武装保护，这一点吸引着周边人口聚集于此。区域行政重心的地位，意味该地区聚集着更多的军队、官员，以及军队、官员的家属和为之服务的其他人口，意味着需要消耗更多的物资，而武汉地区特殊的地理位置和发达的水陆交通网络，为物资的进入提供了方便，商业贸易就像人体的血管一样，四面八方的物资、财赋、人口被吸引到武汉地区，支撑起一座庞大的城市群（武昌城、汉阳城、汉口镇），要做到这一点，必须有对应的商业贸易作支撑，这在宋元明清时期地方救灾物资的获取、驻军粮饷的筹措等方面显得尤为突出。

从秦到清的两千多年间，武汉地区从只有一个县级政权（沙羡县）发展成为长江中游最大的商贸中心，华中地区政治中心（湖广总督治所）、文化中心，在这一变迁过程中，以武汉地区为中心的商业的顺利发展和商业规模的不断扩大，物流覆盖面的不断扩张，构成城市崛起的动力源，而武汉地方法治为商业贸易发展提供的制度保障（市场维持、牙行管理、对盗匪的惩治、对商人的保护），使这一动力源经久不衰，持续发挥效力。

城市的形成是一个复杂的过程，美国学者对中国传统社会晚期的城市有过精彩的研究，施坚雅说：

从三个意义上说，可以把经济方面的重要职能视为基本的职能。第一，在物资和服务交流中，在货币和信贷流通中，在为生计和其他经济利益的人员流动中，市镇和商业城市都是它们的中心节点。这就是说，各级贸易中心必然是庙宇、书院和慈善机构的所在地，也是行使政治、管理，甚至军事控制权的非官僚机构总部的所在地。从这个意义上说，商业中心吸引了其他类型的重要职能，因此，宗教教区、书院招收学生的地区范围和超政治结构的管辖范围，在地方一级上都有与作为贸易中心的经济腹地相重合，并反映其节点结构的倾向。第二，由于提取经济盈余无处不是使政治结构得以运转的关键，政治结构为了控制和调节交换手段，间接地控制和调节生产，开发特定地方体系的资源，而把精力集中在商业中心上，效率也最高。因此，秘密社团和其他超政治结构的总部通常都位于市镇和商业城市，其部分原因是，在政治竞争的目标中，对市场和其他关键性经济机构的控制权最为突出。同样，帝国行政在定期的调整和改组方面，就有一个带规律性的特点，那就是将新近崛起的贸易中心合并成为治所。第三，在形成中国的各城市体系方面，贸易似乎大大胜过行政活动，大大胜过沟通城镇的任何其他形式。这一部分是因为官僚地方行政相当不力，更因为对成本距离一贯敏感的商业，比行政更受地理的实际钳制。因此，在形成城市体系的方面，地理钳制和贸易方式两个因素趋于互相补充。[1]

促使城市形成的这三个条件其实并不难理解，区域交通中心是基础，依托交通枢纽形成贸易中心，继而出现较大规模的人口的聚居，社会管理机构随之出现，为了防御的需要，城墙等防御设施修建起来，城市形成了。而地方政府规模的大小和级别的高低，则取决于政府所处的地理位置、管辖的人口规模和行政管理所覆盖范围的大小，"治所的正规行政属性，大部分是由它在相关经济中心地区区域体系中所处的地位发展出来的"[2]。即区域经济实力决定该地区的城市大小和该城市在国家行政层级中的地位，如果区域人口足够多，经济发达，政府从区域商业贸易中获取的税收足够丰厚，与此对应，该区域也是重要的行政中心，并形成与行政中心地位对应的城市。而以城市为依托的行政中心的地位随着辖区人口数量、赋税征收总量的变化，其行政级别也会随之发生变化，中央政府会调整其行政级别，或上升或下降。

江汉平原的行政中心从早期的江陵转移至荆州，明清时期则转移至武汉地区。"在中华帝国晚期，地方行政的设计不仅是为了助长社会等级，增加

---

① ［美］施坚雅主编：《中华帝国晚期的城市》，叶光庭等译，中华书局2000年版，第328页。

② ［美］施坚雅主编：《中华帝国晚期的城市》，叶光庭等译，中华书局2000年版，第302页。

百姓的福利，更重要的是为了确保税收的正常来源，使帝国各地免受内忧外患，避免可能威胁帝国统治的地方势力的集中或巩固"①。这样的规律性分析基本与武汉地区成为地方中心城市的发展路径一致。城市的基本要素是非农业人口的聚集，而非农业人口中包括政府官员及其家属、驻军以及服务于上述人口的非农业人口和非农产业，"城市是各类要素的中心地与汇聚地，城市的本质在于集中，人口的集中、权力的集中、经济要素的集中、文化要素的集中以及各种发展要素的集中，从而推动城市的发展"②。武昌城、汉阳城、汉口镇经历了由无到有、由小变大、由边缘到中心的变迁过程，在这一变迁过程中，地理环境、水陆交通等自然环境在两千多年的时间里处于稳定状态，并未发生剧烈变化，而历代政府在武汉地区的法治活动为人们提供了求生与发展的制度环境，社会成员依托自然、利用自然环境，在地方法治提供的制度框架下，开展农业生产和商业贸易，而正是相对周边地区而言良好的法治环境，才能吸引人们来到武汉地区。

　　两千年武汉地方法治运行的结果，最终催生了一座长江中游的中心城市。与一度作为帝国都城的咸阳、长安、洛阳、开封、杭州、北京相较，武汉地区更多的是自然发展（没有政府强制性移民，也没有作为都城带来的大量行政人员和军队以及筑城、修建衙署等活动），但却呈现出后发先至的快速发展趋势，地方法治在其中作出了应有的贡献。

---

① ［美］施坚雅主编：《中华帝国晚期的城市》，叶光庭等译，中华书局 2000 年版，第363 页。

② 何一民：《中国城市史》，武汉大学出版社 2012 年版，第 4 页。

>> 第一章　秦代武汉地区秦楚法律制度的冲突与交融 <<

　　秦昭王二十九年（前278年）白起攻楚，"取郢为南郡"，江汉平原纳入秦国领土，成为秦之南郡。公元前207年，刘邦攻入咸阳，秦朝灭亡，西汉初期沿用了南郡的政区设置，武汉地区归长沙国管辖。关于秦南郡辖区，《水经·江水注》说："秦兼天下，置立南郡，自巫东上，皆其域也。"大概与现在的江汉平原相当。谭其骧主编的《中国历史地图集》第二册中，秦南郡辖县有巫县、改县、鄢县、都县、竟陵、安陆、江陵、沙羡等八县，郡治在江陵。学术界依据秦简记载，确认的秦南郡属县有江陵、安陆、当阳、沙羡、郢县、鄢县、销县、枝江、夷道、左云梦、右云梦、临沮、夷陵、州陵、竟陵、诺县、伊庐、改县等。①

　　秦南郡辖县中的"沙羡"。《荀子·强国篇》载："今秦南乃有沙羡与俱，是乃江南也。"王先谦注曰："沙羡城在今武昌府，江夏县西南。"《水经·沔水注》载："沔水，又南至江夏沙羡县北，南入于江。""沔水"即汉水，明确沙羡在汉水注入长江的地方。《汉书·地理志》中沙羡为江夏郡属县，一般认为其治所在今武汉市江夏区金口。《龙岗秦简》有"九月丙申，沙羡丞甲，史丙免辟死为庶人，令"的记载，是秦设沙羡县的证明。秦代，现武汉地区属南郡沙羡县管辖。

　　秦自商鞅变法起，就厉行法治，颁布内容繁复的秦律。秦律作为建构社会秩序的骨架，为社会生产、分配、交换提供规则，确保社会运行的稳定有序。商鞅变法时：

---

　　① 后晓荣：《秦南郡置县考》，载《西部考古》第四辑，三秦出版社2009年版。

令民为什伍，而相牧司连坐。不告奸者腰斩，告奸者与斩敌首同赏，匿奸者与降敌同罚……有军功者，各以率受上爵；为私斗者，各以轻重被刑大小。僇力本业，耕织致粟帛多者复其身。事末利及怠而贫者，举以为收孥。宗室非有军功论，不得为属籍。明尊卑爵秩等级，各以差次名田宅，臣妾衣服以家次。有功者显荣，无功者虽富无所芬华。①

以什五连坐制度、军功爵制、告奸制度等法律制度为骨架，以复杂系统的律令制度为依托，形成了秦政权"以法为教"的社会治理模式。

秦国从商鞅变法开始，到秦始皇统一六国前夕，形成了复杂的律令体系。但秦律的律文在传世文献中的记载却十分稀少，直到《睡虎地秦墓竹简》的出土，才使秦律的面貌得以显露出来。1975 年在湖北省云梦县发现的睡虎地十一号秦墓共出土简册十种，包括《编年纪》《语书》《秦律十八种》《效律》《秦律杂抄》《法律答问》《封诊式》《为吏之道》及《日书》甲乙。《编年纪》简文所记的"喜"为墓主人，十种简册均为墓主人的随葬品，当为喜生前之物。从简文可知，喜生于秦昭王四十五年（前 262 年），《编年纪》止于秦始皇三十年（前 217 年），喜历任安陆□史、安陆令史、鄢令史、治狱鄢等职，是一位在南郡下属的安陆县、鄢县等县级政府机关掌文案和狱讼的下级官吏。《睡虎地秦墓竹简·内史杂》规定："县各告都官在其县者，写其官之用律。"秦国要求地方政府抄写与之关系密切的法律，作为地方法治的依据。近年来公布的"里耶秦简""岳麓秦简"包含有大量的司法、行政文书，验证了秦律在社会治理中的适用。《商君书·定分》记载，法令制定完成后，要抄写分发到各地，"诸官吏及民有问法令之所谓也于主法令之吏，皆各以其故所欲问之法令明告之，各为尺六寸之符，明书年、月、日、时，所问法令之名以告吏民。主法令之吏不告及之罪而法令之所谓也，皆以吏民所问法令之罪各罪主法令之吏，即以左券予吏之问法令者，主法令之吏，谨藏其右券，木柙以室藏之，封以法令之长印"。② 说明各地方政权都保存有国家法律，同时，各地主管司法的官员也会结合本地司法实践，抄录与辖区司法实践相关的法律解释，作为案件审理的依据。依据

---

① 《史记》卷 68《商君列传》，中华书局 1959 年版，第 2230 页。
② 蒋礼鸿：《商君书锥指》卷 5《定分》，中华书局 1986 年版，第 141 页。

上述制度判断，《睡虎地秦墓竹简》中有关"律"的部分是墓主人抄录的秦律，《法律答问》属于地方司法官员摘抄的与地方司法实践有关的司法解释。《封诊式》则可以推定为墓主人司法活动中撰写的法律文书。墓主人长期工作的安陆县、鄢县与沙羡（武汉地区）同为南郡属县，两地相距不远，所以，利用《睡虎地秦墓竹简》，结合其他秦简材料和文献史料，分析秦代武汉地区的法治状况是可行的。

《商君书·弱民》篇说：

> 楚国之民，齐疾而均，速若飘风。宛钜铁釶，利若蜂虿；胁蛟犀兕，坚若金石。江、汉以为池，汝、颍以为限，隐以邓林，缘以方城。秦师至，鄢、郢举，若振槁。唐蔑死于垂沙，庄蹻发于内，楚分为五。地非不大也，民非不众也，甲兵财用非不多也，战不胜，守不固，此无法之所生也。释权衡而操轻重者。

在秦国人看来，楚国之所以迅被击破，原因在于"无法"，即没有像秦国一样厉行法治。基于这一认识，秦人在占领南郡地区之后，开始以秦国法治模式取代楚国模式，两种法治模式之间的对峙、碰撞，直至融合，成为秦朝武汉地方法治的基本特色。

第一节　地方政权与官吏法

秦自商鞅变法开始，废分封，行郡县，以军功选官，形成了与"世卿世禄"体制完全不同的职业官僚队伍。《韩非子·难一》说："臣尽死力以与君市，君垂爵禄以与臣市，君臣之际，非父子之亲也，计数之所出也。"从本质上来说，各级政府官员通过履行自己的职责，获取经济收入和政治地位，这是君臣之间"市"的本质所在，也是官员最基础的职业定位。官员的经济收入主要是俸禄，而俸禄又与官阶高低密切相关；国家通过上计考核，对地方官员的履职情况进行评估，以结果优劣作为升迁和奖惩依据；落实政府法令，执行上级指令，完成行政任务，维持地方秩序稳定成为各级官员必须履行的行政责任，也是他们从国家获取报酬必须承担的义务。战国时期，各国普遍推行了文武分职择优选官。秦律对官吏的选拔、考核都有严格规定。以相关法律为依据，官吏的选拔、任用、考核与管理构成地方行政法治的基本内容。

一、南郡地方政权与武汉空间的联系

秦攻占楚的江汉平原后，在该地设立南郡，在武汉地区设置沙羡县，管理地方社会。秦国的郡级政权中，设有郡守、郡尉、监御史。《汉书·百官公卿表》载："郡守，秦官，掌治其郡，秩二千石。"郡守是郡级政权机构中级别最高的官员。从出土秦简来看，郡丞的主要职责是处理郡内的司法事宜，包括审理重大案件。郡尉的职责是协助郡守掌管郡内地方武装。郡还设有司空一职，负责郡内的工程建设和刑徒管理。此外，郡级政权还有一百多名属吏，负责各种行政事务的处理。

《睡虎地秦墓竹简》之《语书》的发布者南郡守腾，是秦朝在该地区的最高军政长官，主持南郡地区的治理。《史记》中没有南郡守腾传，但据《史记·秦始皇本纪》载，秦始皇十六年（前231年），"发卒受地韩南阳假守腾"；秦始皇十七年（前230年），"内史腾攻韩，得韩王安，尽纳其地，以其地为郡，命曰颍川"。《六国年表》载："内史胜〔腾〕击，得韩王。"学术界一般认为南阳假守腾、内史腾和南郡守腾应是一人，若不是一人，司马迁也会作出区别。腾曾任内史之职，秦始皇十六年灭韩之前领兵接收南阳，并兼任南阳郡守。次年，奉命率兵灭韩，俘韩王安，不久即奉调任南郡郡守。郡守主持一郡军政事务，这从《睡虎地秦墓竹简》之《语书》和《为吏之道》中可以得到验证。

《汉书·百官公卿表》说："县令长，皆秦官，掌治其县。万户以上为令，秩千石至六百石；减万户为长，秩五百石至三百石。"县令长是县级法治主体的总负责人，主持县政府的活动。县有县尉，主管一县武装，负责征兵、训练射手和骑士、指挥构筑防御工事。县有县丞，从出土的秦简中的《爱书》来看，县丞负责签署来往公文、参与查封物品的封存、对案件告发人和证人的询问、参加现场勘验等司法事宜，在县级法治实践中，县丞地位尤其重要。县司空，《秦律杂抄》载："军人买（卖）禀禀所及过县，赀戍二岁；同车食、敦（屯）长、仆射弗告，戍一岁；县司空、司空佐史、士吏将者弗得，赀一甲；邦司空一盾。军人禀所、所过县百姓买其禀，赀二甲，入粟公；吏部弗得，及令、丞赀各一甲。"① 这是一条涉及军粮管理的

---

① 《睡虎地秦墓竹简》，文物出版社1990年版，第82页。

法律，不但军队中的屯长、仆射要及时告发盗卖军粮的行为，县司空、司空佐史、土吏等一起负责监督军队过境时盗卖军粮的行为，一旦监督不严，发生盗卖军粮的行为，县司空及其属官都要受到处罚，买入军粮的辖区百姓也要受到处罚，军粮充公。县司马，长官又称"司马啬夫"，属吏有司马令史等，负责军马管理。秦简《效律》中有"库、田、亭啬夫"的记载，库啬夫主管仓库，田啬夫专门管理农业，亭啬夫负责管理一县治安机构"亭"。以上是秦朝县级政权的主要机构。

秦朝县下设乡里，《汉书·百官公卿表》说："大率十里一亭，亭有长。十亭一乡，乡有三老、有秩、啬夫、游徼。三老掌教化。啬夫职听讼，收赋税。游徼徼循禁贼盗。县大率方百里，其民稠则减，稀则旷，乡、亭亦如之，皆秦制也。"[①] "三老"负责乡里教化，秦代基层官员称"啬夫"者较多，其中主管基层刑事案件的也成为"有秩""啬夫"，"游徼"职责为"禁盗贼"，是负责地方治安管理的官员。地方设有亭，由亭长负责，下属有亭卒、求盗等，刘邦就曾做过泗水亭长，专门负责辖区社会治安。

二、地方官吏法

秦朝在南郡地区设置的郡县机构，是依法管理地方社会的主体力量。郡县政府官员的上下级之间等级分明，分工明确，职责清晰。地方官员作为地方社会管理的主要力量，需要具备一定的专业素质和政治操守，为此必须通过严格的选拔程序选取官员。地方官员掌控着大小不同的公权力，这既是他们履行地方管理职责的需要，又必须防止他们以权谋私、渎职怠政，严密监督官吏的上计制度由此而生。地方政权的总体目标是治理地方，通过法律制度，对相关官员的职责、履职要求作出尽量详尽的规范，使之能够依规定完成相应职责，保证整个政权机构完成治理地方的总体目标；地方社会管理需要与各级官吏临机而动，处理各类具体问题，因此，各类法律对官员的履职要求只能是原则性的，此即地方法治的原则。在"明主治吏不治民"的总体原则之下，秦政权对官吏选拔、官员职责、官吏考核、履职行为应该遵循的基本原则都有清晰规范，构成地方官吏法的内容。

（一）官吏选任

秦律对地方官的任职资格有相应的规定。秦墓竹简《除吏律》规定：

---

① 《汉书》卷19《百官公卿表》，中华书局1962年版，第743页。

"任法（废）官者为吏，赀二甲……除士吏、发弩啬夫不如律，及发弩射不中，尉赀二甲。发弩啬夫射不中，赀二甲，免，啬夫任之。驾驺除四岁，不能驾御，赀教者一盾；免，赏（偿）四岁繇（徭）戍。"① "不如律"说明秦律在任用官吏方面有专门的法律规定，选拔官吏必须依据法律要求进行，否则就是"不如律"，要受到程度不同的处罚。上述律文体现了选拔官吏的两个基本原则：一是不能任用已受撤职永不叙用处分的人为官；二是要"因能授官"，即个人能力、才识符合履行职务的要求。《内史杂》规定："除佐必当壮以上，毋除士五（伍）新傅。"② "壮"一般认为是男性年龄三十岁以上，这是对官吏选拔的年龄限制。官员必须精通法律令，秦墓竹简《语书》说"凡良吏明法律令"，而"恶吏不明法律令"。"明法律令"是成为合格官员的必需条件。

秦律对官吏任用程序也有严格规定。一是要经过现任官员的保举。《史记·范雎列传》载："秦之法，任人而所任不善者，各以其罪罪之。"如果被保举的人犯罪，保举人要一样受罚，这在秦简之中可以看到。《法律答问》载："任人为丞，丞已免，后为令，今初任者有罪，令当免不免？不当免。"③ "任"即保举。官员保举他人为"丞"，后被免职，此后再犯罪，保举者不用负连带责任。在秦律规定中，保举者只对被保举人担任举荐职务期间的犯罪负责，若保举的官职被免后再犯罪，则不用负责。郡县机构中，主官由朝廷任命，而属官则由主官负责选任，《内史杂》载："官啬夫免，□□□□□□其官亟置啬夫。过二月弗置啬夫，令、丞为不从令。"④ 超过期限不补充缺员，郡县长官要受到处罚。《置吏律》规定："县、都官、十二郡免除吏及佐、群官属，以十二月朔日免除，尽三月而止之。其有死亡及故有夬（缺）者，为补之，毋须时。除吏、尉，已除之，乃令视事及遣之，所不当除而敢先见事，及相听以遣之，以律论之。啬夫之送，见它官者，不得除其故官佐、吏以之新官。"⑤ "群官属"即各官府的属员。郡、县属官的选任是在每年的十二月至次年三月之间。意外死亡或因故出缺则不受

① 《睡虎地秦墓竹简》，文物出版社1990年版，第79页。
② 《睡虎地秦墓竹简》，文物出版社1990年版，第62页。
③ 《睡虎地秦墓竹简》，文物出版社1990年版，第127页。
④ 《睡虎地秦墓竹简》，文物出版社1990年版，第62页。
⑤ 《睡虎地秦墓竹简》，文物出版社1990年版，第56页。

时间限制，随时补充。被选任为官，需要得到正式的任命（令）后方能履职，否则要追究责任，若派遣没有经过正式程序任命的官员行使职责，或私相授受官职者，依律严惩。

秦的基层官吏又称法吏，名称体现出秦律对官员的要求。《商君书·定分》载："为法令，置官吏，朴足以知法令之谓者，以为天下正"。这些"为法令"所置之"官吏"即法吏，专门培养法吏的机构为"学室"。《史记·秦始皇本纪》载："今天下已定，法令出一，百姓当家则力农工，士则学习法令辟禁。今诸生不师今而学古，以非当世，惑乱黔首。丞相臣斯昧死言：古者天下散乱，莫之能一，是以诸侯并作，语皆道古以害今，饰虚言以乱实，人善其所私学，以非上之所建立。今皇帝并有天下，别黑白而定一尊。私学而相与非法教，人闻令下，则各以其学议之，入则心非，出则巷议，夸主以为名，异取以为高，率群下以造谤。如此弗禁，则主势降乎上，党与成乎下。禁之便。……若欲有学法令，以吏为师。"焚书是一时行动，"欲学法令，以吏为师"即禁私学，是商鞅变法以来形成的传统，只不过在统一六国后推行到全国而已。良好的法律素养和守法习惯是法吏的基本要求。

任何时代，官吏选拔都是确保官僚机构功能正常发挥的基础性制度，秦律对任官资格和任官程序的规定，从制度上确保选拔出的官员能够胜任职责，保证地方法治的顺利实现。尤其是保举制度和连坐制度，可以有效限制任人唯亲和天下公器私相授受这一专制体制下官吏选拔的痼疾。

（二）官员出行与官文书管理

秦政权修筑了完善的驿道，设置驿站，方便地方官员借助驿传系统出行以处理行政事务。秦墓竹简《传食律》，官大夫（六级爵）到大夫（五级爵）为一等，食品供应有米、酱菜、羹汤、韭菜，随从人员和仆人也提供相应的伙食；不更（四级爵）到谋人（三级爵）提供的伙食标准更高，宫廷派出的宦官也享受这一级别的伙食；上造（二级爵）以下直到普通小吏，提供米、菜羹和食盐，属于最低等级的伙食供应。《传食律》还对官吏及其随从、仆役在出差途中的饭食标准，作了详细的规定："御史卒人使者，食粺米半斗，酱驷（四）分升一，采（菜）羹，给之韭葱。其有爵者，自官士大夫以上，爵食之。"① 若是使者的随从，每顿饭只提供半斗糙米，仆人

---

① 《睡虎地秦墓竹简》，文物出版社1990年版，第60页。

只有少半斗。由此可见，规定极为细致。

秦以郡县制管理地方，官文书（行政文书）成为各级政府机构之间传递政令、沟通信息的主要载体。从出土简牍来看，举凡司法案件、行政事务、农业管理、徭役征发、逃犯追捕、涉罪财产处置，都通过官文书来处理，对官文书传送、保管、保密等的规定，成为地方法治的重要内容。

秦代所有文书都要有一份抄件作为存档，发文时要在抄件上书写发送记录，收文时要在发来文书上书写收文记录。当文书需要转发时则需再抄一份，将转发的时间也记录备案。① 《内史杂》规定："毋敢以火入臧（藏）府、书府中。""书府"，整理小组注："收藏文书的府库。"② 为保证官文书的安全，禁止把火带进书府。官文书有一定的保密性，《司空律》规定，书写完成的官文书要用菅草、蒲草、兰草或麻封扎，以保证文书的机密性，文书发出前要在封泥上加盖印章。③ 《法律答问》载："盗封啬夫可（何）论？廷行事以伪写印。"睡虎地秦简整理小组注："古时文书或作为通行凭证的符传，上面都有封印，在泥上加盖玺印。"④ 盗封啬夫，指假冒啬夫封印。岳麓秦简 1162 号简："令曰：书当以邮行，为检，令高可以旁见印章，坚约之，书检上应署，令□负以疾走。不从令，赀一甲。"⑤ 秦代"以邮行"的文书，也必须在封检上佥署印章，以和封泥上印章相互对照，增加文书往来的严密性。

《行书律》规定："行命书及书署急者，辄行之；不急者，日䵎（毕），勿敢留。留者以律论之。行传书、受书，必书其起及到日月夙莫（暮），以辄相报殹（也）。书有亡者，亟告官。隶臣妾老弱及不可诚仁者勿令。书廷辟有曰报，宜到不来者，追之。"⑥ "命书"即制书，由朝廷颁发的带有制度性规定的文书；"廷辟"疑指郡县衙署关于征召的文书。"署名急者"即标明加急的文件，必须立即送出；不急的，当天送出，不能积压文书。传递文书需要登记收文、发文的日期，一旦文书遗失，需要及时报告官府，不能派

① 赵炳清：《秦代地方行政文书运作形态之考察——以里耶秦简为中心》，《史学月刊》2015年第 4 期。

② 《睡虎地秦墓竹简》，文物出版社 1990 年版，第 64 页。

③ 《睡虎地秦墓竹简》，文物出版社 1990 年版，第 50 页

④ 《睡虎地秦墓竹简》，文物出版社 1990 年版，第 106 页。

⑤ 陈松长：《岳麓书院藏秦简中的行书律令初论》，《中国史研究》2009 年第 3 期。

⑥ 《睡虎地秦墓竹简》，文物出版社 1990 年版，第 61 页。

隶臣妾（罪犯）及年老的属吏传输文书。行政文书关系重大，所以不能派遣服刑的罪犯传递。

《田律》载："近县令轻足行其书，远县令邮行之。"① "轻足"，即走得快的人。"邮"即驿站专职传送官文书的人员。根据文书传递距离远近，分别使用不同的传递人员。"以邮行"即有专门的邮人传送，属于紧急文书。此外还有"以次行"即"块足"送递，是在各县依次传递，属于平常文书。②

《法律答问》载："发伪书，弗智（知），赀二甲。"③ "伪书"即假造的官文书，要是收到伪书而没有及时发现，拆封伪书者要受到处罚。《龙岗秦简》载："田及为（诈）伪写田籍皆坐臧（赃），与盗。""田籍"即"占有田地的簿籍文书"④。伪造占有田地的文书，视为盗窃罪，要受到处罚。丢失官文书也要受到处罚。秦墓竹简《法律答问》载："亡久书：符券、公玺、衡赢（累），已坐以论，后自得所亡，论当除不当？不当。"⑤ "亡久书"即丢失官文书。书、符、传、券是官文书的不同类型。

秦政权"天下之事无小大皆决于上，上至以衡石量书，日夜有呈，不中呈不得休息"⑥。法治运行依赖于大量行政文书的上行下达，针对行政文书的管理成为行政法治的主要内容之一。

（三）地方官员的考核

在郡县体制下，地方官员为了追求自身的经济、政治利益而从事政权要求的管理活动，政权则要求通过地方官员履职行为达到理想的地方社会治理效果。地方官员的利益诉求与政权追求目标之间并不完全统一，官员可以通过渎职、贪污、犯罪达成自己追求的目标，而秦政权则要求地方官员励精图治，完成政权赋予地方政府的社会治理任务，为达成此目标，必须通过严格的考核和监督，控制地方官员的渎职、贪污、犯罪行为，从制度上促使地方官员只能通过完成政权要求的治理任务来获取自身利益的满足。

---

① 《睡虎地秦墓竹简》，文物出版社1990年版，第19页。
② 李学勤：《初读里耶秦简》，《文物》2003年第1期。
③ 《睡虎地秦墓竹简》，文物出版社1990年版，第106页。
④ 中国文物研究所、湖北省文物考古研究所编：《龙岗秦简》，中华书局2001年版，第123页。
⑤ 《睡虎地秦墓竹简》，文物出版社1990年版，第127页。
⑥ 《史记》卷6《秦始皇本纪》，中华书局1959年版，第258页。

1. 考核原则

一是忠君。秦简《为吏之道》载："君鬼（怀）臣忠……政之本殹（也）。"《语书》说到官员"五善"，"一曰中（忠）信敬上"。官吏忠于君主是政权要求于官员的基本政治伦理。对政权不忠，则被视为"恶吏"，《语书》载："今法律令已布，闻吏民犯法为间私者不止，私好、乡俗之心不变，自从令、丞以下智（知）而弗举论，是即明避主之明法殹（也），而养匿邪避（僻）之民。如此，则为人臣亦不忠矣。"① 基层官员"不忠"的表现之一就是不能按照国家法律，矫治地方社会的"私好""乡俗"，或包庇"邪避"之人。

二是守法。秦政权强调"以法为教"，严格遵守法律是对官吏的基本素质要求，也是考核官员的原则性要求。秦墓竹简《语书》以是否"明法律令"作为判断良吏、恶吏的依据，官吏对犯罪行为知而不报，就是"避主之明法也"，是"大罪"，要依法惩处。此外，要求官员在履行职责时"审当赏罚"，不得"居官善取""贱士而贵货贝""受令不偻"，都是对官员守法的要求。

三是忠于职守。受"明主治吏不治民"思想的影响，秦律中有大量的对官员履职情况的考核规定，涉及农业、手工业、军事、财政、司法等诸多方面，细致繁密，以此确保官员能够忠于职守，防止利用手中的权力谋取私利。《为吏之道》载："临材（财）见利，不取句（苟）富；临难见死，不取句（苟）免。欲富大（太）甚，贫不可得；欲贵大（太）甚，贱不可得。毋喜富，毋恶贫，正行修身，过（祸）去福存。"② 要求官员履职时不避艰险，不贪求富贵；若是贪生怕死，贪求富贵，反而会受到严惩。遇到赋税、徭役、兵役征发，地方官员必须"因而正之，将而兴之"，切实完成征发任务。

四是行政效率。《商君书·去强》篇载："十里断者国弱，五里断者国强；以日治者王，以夜治者强，以宿治者削。"③ 即政府机关的行政效率决定着国家的兴衰存亡。受上述观念影响，秦律对地方政府的行政效率有严格的要求，禁止拖延、推诿。秦律对官文书处理日期的规定，《厩苑律》《仓

---

① 《睡虎地秦墓竹简》，文物出版社 1990 年版，第 13 页。
② 《睡虎地秦墓竹简》，文物出版社 1990 年版，第 168 页。
③ 蒋礼鸿：《商君书锥指》，中华书局 1986 年版，第 134 页。

律》《田律》对国家牧场、仓库、农田管理情况的定期上报和数额考核规定，都是用数字来判定官员履行职务的效率高低，符合规定者予以奖励，不能达到要求则要受到处罚。

2. 官员履职考核

秦的官吏考核称为"上计"，《商君书·禁使》篇载："夫吏专制决事于千里之外，十二月而计书以定，事以一岁别计。"每年通过上计文书对地方官吏的履职效果进行考核在商鞅变法时已经作为制度确立下来。秦律规定的上计内容十分复杂，对地方政府的各项行政管理活动和司法活动都有详细的考核目标，每年依据考核目标对地方官员的政绩作出评价，并施以奖惩。秦简《仓律》："县上食者籍及它费大（太）仓，与计偕。都官以计时杂雠食者籍。"① 即各县向太仓上报领取口粮人员的名籍和其他费用，应该与每年的上计账簿一同缴送。秦简《金布律》规定："已禀衣，有余褐十以上，输大内，与计偕。"给刑徒、囚犯发放衣服，如果剩余衣服超过十件，应该送交大内，与每年的上计账簿一并上缴。上述律文都说明每年地方要向朝廷上计。上计的内容主要是经济管理方面的情况。一般是县级政权向下属各部门收集各类数据，综合上报中央政府对应的机构（都官），再由都官上报朝廷。

秦律规定的具体考课标准十分复杂。秦简《牛羊课》规定："牛大牝十，其六毋（无）子，赀啬夫、佐各一盾。羊牝十，其四毋（无）子，赀啬夫、佐各一盾。"② 主管牛羊饲养的啬夫、佐等低级官吏，如果主管的牛羊繁殖率低于一定标准，就要受到处罚。秦简《厩苑律》载："以四月、七月、十月、正月肤田牛。卒岁，以正月大课之，最，赐田啬夫壶酉（酒）束脯，为旱（皂）者除一更，赐牛长日三旬；殿者，谇田啬夫，罚冗皂者二月。其以牛田，牛减絜，治（笞）主者寸十。有（又）里课之，最者，赐田典日旬；殿，治（笞）卅。"③ 即是说在每年四月、七月、十月、正月评比耕牛，满一年，在正月举行大考核，成绩优秀的，赏赐田啬夫酒一壶，干肉十条，免除饲牛者一次更役，赏赐牛长资劳三十天；成绩低劣的，申斥田啬夫，罚饲牛者资劳两个月，如果用牛耕田，牛的腰围减瘦了，每减瘦一

---

① 《睡虎地秦墓竹简》，文物出版社 1990 年版，第 28 页。
② 《睡虎地秦墓竹简》，文物出版社 1990 年版，第 87 页。
③ 《睡虎地秦墓竹简》，文物出版社 1990 年版，第 22 页。

寸要笞打主事者十下。又在乡里进行考核，成绩优秀的赏赐里典资劳十天，成绩低劣的笞打三十下。这是县级政权对下属各机构官吏的考核规则。这里列举的是县级政府畜牧业管理官员的考核规定，秦墓竹简中还有士兵训练、兵器制作、城墙修筑、仓库管理等方面十分细致的考核标准。如秦律规定："今课县、都官公服牛各一课，卒岁，十牛以上而三分一死；不（盈）十牛以下，及受服牛者卒岁死牛三以上，吏主者、徒食牛者及令、丞皆有罪。"①这是朝廷对各县公务用牛情况的考核，如果牛的死亡率超过一定限度，相关官吏要受罚。

秦律对地方官员重视量化考核，官员的赏罚、升降都依靠这些数据。按照实际情况，应该还有地方土地开垦、人口增减、赋税征收、社会治安等诸多的考核指标，虽然在各种出土简牍中没有发现此类考核标准，但考核标准不限于《厩苑律》《仓律》则是可以肯定的。

三、法律体系与地方法律适用

从商鞅变法开始至秦始皇统一六国前夕，经过多次的立法活动，形成了以盗、贼、囚、捕、杂、具为大类，每类下面包含若干律条法规的二级分类体系。②《史记·秦始皇本纪》载："皇帝临位，作制明法，臣下修饬……治道运行，诸产得宜，皆有法式。大义休明，垂于后世，顺承勿革。"所谓"法式"即法律体系，"治道运行，诸产得宜"即通过法律确立的秩序。

（一）《秦律》及其法律体系

在刑事法律方面，包括了《盗律》《贼律》《囚律》《捕律》《杂律》《具律》，还有专门用来指导法律适用的《法律答问》。在行政法律方面，包括了《军爵律》《置吏律》《除吏律》《尉律》《内史杂》《傅律》《徭律》《司空律》《公车司马猎律》《中劳律》《屯表律》《戍律》《行书律》《传食律》《游士律》《属邦律》《封诊式》等，涉及国家的军事、行政、外交、官吏任免、政府机关警卫、社会治安、司法、徭役征发、交通、教育、宗教事务、卫生行政以及属邦管理。属于经济管理方面的法规有《田律》《厩苑律》《仓律》《金布律》《关市律》《藏律》《斋律》《牛羊课》等。此外，还有大量的皇帝诏书、诏令，作为定罪量刑的依据。秦律是秦政权在法家理

---

① 《睡虎地秦墓竹简》，文物出版社1990年版，第24页。
② 杨振红：《秦汉律篇二级分类说——论〈二年律令〉二十七种律均属九章》，《历史研究》2005年第6期。

论指导下长期发展形成的，严密的法律体系成为秦朝地方行政法治的运行依据。

秦政权在各级政府机构中都有"主法令"之官，负责公布、解释法令。《商君书·定分》篇载："为法令，置官吏，朴足以知法令之谓者，以为天下正，则奏天子。天子则各主法令之，皆降，受命发官，各主法令之。"[①]《尔雅·释诂》载："正，长也。""天下正"即中央主管法律颁布的长官，由他们再选拔地方郡县主管法令的长官。"民敢忘行主法令之所谓之名，各以其所忘之法令名罪之。"[②] 主管法令的各级长官，在颁布、解释法律的过程中出现错误，要受到相应的惩罚。"主法令之吏有迁徙物故，辄使学读法令所谓，为之程式，使日数而知法令之所谓；不中程，为法令以罪之。"[③] 主管法令的官员出现空缺时，要快速补上，在规定的时间内准确掌握法令。"有敢剟定法令、损益一字以上，罪死不赦。"[④] 主管法律的官员在传布法律的过程中，出现错误，要处以死刑且不得赦免。

> 诸官吏及民，有问法令之所谓也于主法令之吏，皆各以其故所欲问之法令，明告之。各为尺六寸之符，明书年、月、日、时、所问法令之名，以告吏民。主法令之吏不告，及之罪，而法令之所谓也，皆以吏民之所问法令之罪，各罪主法令之吏。即以左券予吏之问法令者，主法令之吏，谨藏其右券木柙；以室藏之，封以法令之长印。即后有物故，以券书从事。[⑤]

主管法令的官员遇到吏民咨询法律，必须准确解释并做好记录；若不能准确解释，则要治罪。秦律是各级官员履行职责的依据。《商君书·定分》篇载："圣人必为法令置官也，置吏也，为天下师。所以定名分也。名分定，则大诈贞信，巨盗愿悫，而各自治也。故夫名分定，势治之道也；名分不定，势乱之道也。"[⑥] 在"缘法而治"的理念指导下，"言不中法者不听

---

① 蒋礼鸿：《商君书锥指》，中华书局 1986 年版，第 140 页。
② 蒋礼鸿：《商君书锥指》，中华书局 1986 年版，第 140 页。
③ 蒋礼鸿：《商君书锥指》，中华书局 1986 年版，第 140 页。
④ 蒋礼鸿：《商君书锥指》，中华书局 1986 年版，第 141 页。
⑤ 蒋礼鸿：《商君书锥指》，中华书局 1986 年版，第 141 页。
⑥ 蒋礼鸿：《商君书锥指》，中华书局 1986 年版，第 146 页。

也，行不中法者不高也，事不中法者不为也"，通过法律将各级官员的职责、权力作出明确界定，即"定名分"。《商君书·君臣》所说的"是故有君臣之义，五官之分，法制之禁"，就是通过严格法律规范对官员权力、职责以及履行职责的相关程序加以规范。《商君书·修权》篇载："君臣释法任私必乱，故立法明分，而不以私害法，则治。"通过立法明确"官"之权力、职责，防止任私乱政，《商君书·慎法》篇载："使吏非法无以守，则虽巧不得为奸。"强调官吏依法行政。

秦律是官吏规范社会行为的标准。《商君书·修权》篇载："先王县权衡，立尺寸，而至今法之，其分明也。""权衡"即重量标准；"尺寸"即长度标准。"县权衡，立尺寸"是为物质生产、交流和管理方面立法。《商君书·错法》篇载："夫错法而民无邪者，法明而民利之也。举事而材自练者，功分明；功分明，则民尽力。""民无邪""材自练""民尽力"的前提是法律规范系统、全面，考核标准标准清晰、明了。

秦律作为地方政府治理社会的基本依据，是地方官吏规范社会行为、惩罚犯罪、履行职责的依据和标准。

（二）秦简《语书》中的南郡地方法律适用

《语书》由十四支竹简书写，共五百二十六字，分前、后两部分，前一部分是正文。

> 廿年四月丙戌朔丁亥，南郡守腾谓县、道啬夫：古者，民各有乡俗，其所利及好恶不同，或不便于民，害于邦。是以圣王作为法度，以矫端民心，去其邪避（僻），除其恶俗。法律未足，民多诈巧，故后有闲令下者。凡法律令者，以教道（导）民，去其淫避（僻），除其恶俗，而使之之于为善殹（也）。今法律令已具矣，而吏民莫用，乡俗淫失（泆）之民不止，是即法（废）主之明法殹（也），而长邪避（僻）淫失（泆）之民，甚害于邦，不便于民。故腾为是而修法律令、田令及为间私方而下之，令吏明布，令吏民皆明智（知）之，毋巨（距）于罪。今法律令已布，闻吏民犯法为闲私者不止，私好、乡俗之心不变，自从令、丞以下智（知）而弗举论，是即明避主之明法殹（也），而养匿邪避（僻）之民。如此，则为人臣亦不忠矣。若弗智（知），是即不胜任、不智殹（也）；智（知）而弗敢论，是即不廉殹（也）。此

皆大罪殴（也），而令、丞弗明智（知），甚不便。今且令人案行之，举劾不从令者，致以律，论及令、丞。有（又）且课县官，独多犯令而令、丞弗得者，以令、丞闻。以次传；别书江陵布，以邮行。①

《语书》的发布时间是秦王政二十年（前227年），当时，灭楚战争正在进行中，此前南郡地区曾发生过叛乱，为了保证灭楚战争的顺利进行，需要加强对南郡地区的控制，这是南郡郡守发布《语书》的政治背景。《语书》通过驿传送达南郡所辖各县、道，由地方主官签收、落实，又是一份南郡地区的地方法规。②《语书》结构严紧，层次分明，文字简练，其主内容有三：一是推行秦律，去除地方"恶俗"；二是惩治不遵守法律的"淫泆之民"；三是惩治执法犯法、包庇"淫泆之民"的恶吏。

所谓"恶俗"，即"不便于民，害于邦"的风俗，是需要利用法律强制改造的有害的风俗。《淮南子·览冥训》载："七国异族，诸侯制法，各殊习俗。"《汉书·地理志》载："凡民函五常之性，而其刚柔缓急，音声不同，系水土之风气，故谓之风；好恶取舍，动静亡常，随君上之情欲，故谓之俗。"《荀子·乐论》载："楚越之风好勇，故其俗轻死。"《管子·水地》载："楚之水淖弱而清，故其民轻果而贼。"可以说是桀骜不驯。司马迁认为南郡地区"其俗剽轻，易发怒，地薄，寡于积聚……通鱼盐之货，其民多贾……则清刻，矜己诺"③。这与秦人推崇的"戮力本业，耕织致粟帛多者复其身。事末利及怠而贫者，举以为收孥"，以及"勇于公战，怯与私斗"的秦律要求相去甚远，这是《语书》视为"恶俗"必欲加以改造而后快的原因所在。

何谓"淫泆之民"？《左传·隐公三年》载："骄、奢、淫、泆，所自邪也。""淫谓耆欲过度，泆谓放恣无艺"。如此，则"淫泆之民"就是指生活放荡、奢侈淫糜之人，最易作奸犯科之人。《商君书·耕令》载："则辟淫游惰之民无所于食。""辟淫游惰"即"淫泆之民"。《说苑·政理》载："夺淫民之禄，以来四方之士"。《史记·秦始皇本纪》载："隔内外，禁止

---

① 《睡虎地秦墓竹简》，文物出版社1990年版，第13页。
② 刘海年：《云梦秦简〈语书〉探析——秦始皇时期颁行的一个地方性法规》，《学习与探索》1984年第6期。
③ 《史记》卷129《货殖列传》，中华书局1959年版，第3267页。

淫泆，男女絜诚。"总体来说，《语书》所指南郡地区的"淫佚之民"是受原来风俗熏染，不从事农业生产、游手好闲、男女不以义的人群，秦律没有推行开来时，他们钻法律的空子；当法律"已具矣"时，他们无视法律，与地方官员勾结，继续危害社会。"故腾为是而修法律令、田令及为闲私方而下之"。"修"即整理公布；"法律令"即法律、法令。

这些"恶俗"和"淫泆之民"也成为社会犯罪的根源之一，与秦王朝提倡的良风美俗及潜心耕战、坚毅刚强的秦国民风差之甚远，是秦政府重点改造的对象。南郡归属秦朝已经半个世纪，但统一风俗和行为规范以防止社会犯罪的工作还在进行，可以想象，秦王朝每攻占一处地方，都得做南郡守腾所作的工作。

《语书》认为，恶俗之所以不止，淫泆之民之所以猖獗，与一些基层官吏的纵容、庇护有关，"今法律令已具矣，而吏民莫用，乡俗淫泆之民不止"；"今法律令已布，闻吏民犯法为间私者不止，私好、乡俗之心不变"，都表达了同样的思想。《语书》指出，对于吏民的违法行为，令、丞以下知道而不检举揭发论罪者，就是公然违犯国家法律，包庇邪恶的人，为人臣不忠；如果不知道，则是不称职；如果知道而不敢论罪，就是不直，即故意有罪不罚。强调基层官吏严格执法，忠于职守。

《语书》第二部分界定了良吏和恶吏的标准。良吏通晓法律令，善于处理各类行政事务；廉洁、忠诚，一心为国家效力；善于与其他部门合作，公正处理各类行政事务。恶吏不懂法律令，不廉洁，不能为国家效力，懒惰且遇事推脱，不能与其他部门合作，善于争辩，说种种假话，缺少处理复杂事务的能力，善于欺瞒上级。《语书》对良吏、恶吏的区分，来自对南郡地区基层官吏行为特征的总结与提炼。对于良吏的行为要求，《为吏之道》也有系统的表述。一是忠诚国家。《睡虎地秦墓竹简·为吏之道》是秦政府对官员的履职要求。[①] 其一，"凡治事，敢为固，谒私图，画局陈畀以为耤，肖人聂心，不敢徒语恐见恶。"禁止以权谋私。其二，"凡戾人，表以身，民将望表以戾真。表若不正，民心将移乃难亲。""戾"即帅之意，戾人即为民表率，即以身作则，遵纪守法。若官吏不能成为守法表率，百姓就会人心涣散，不亲近官吏。其三，"操邦柄，慎度量，来者有稽莫敢忘。"恪尽职

---

① 《睡虎地秦墓竹简》，文物出版社 1990 年版，第 165—176 页。

守，及时处理各类政务。其四，"邦之急，在（体）级，掇民之欲政乃立。上毋间阹，下虽善欲独可（何）急。"要求官吏服从上级，严格等级关系，上下级之间密切配合。其五，"审民能，以赁（任）吏，非议官禄夬助治。"按照标准选拔下属，禁止将公权力私相授受。这是对良吏的原则性要求。此外还有所谓"五善"；《为吏之道》载："吏有五善：一曰中（忠）信敬上，二曰精（清）廉毋谤，三曰举事审当，四曰喜为善行，五曰龔（恭）敬多让。""中（忠）信敬上"即忠于国家；"精（清）廉毋谤"即戒绝贪污；"举事审当"即行为符合法度；"喜为善行"即多做政府提倡的事，造福百姓；"龔（恭）敬多让"即要求履职过程中服从上级，礼待下级。《为吏之道》强调"君鬼（惠）臣忠，父兹（慈）子孝，政之本殹（也）；志彻官治，上明下圣，治之纪殹（也）"，将践行君臣之道、家族伦理作为为政的根本原则。官员履职必须严守国家法度，做到"举事审当"，防止"擅裂割""贱士而贵货贝""见民居敖""不安其位""安家室忘官府""兴事不当""受令不偻"等违反法律规定的行为，这是秦律对良吏的基本要求。

《语书》作为南郡地方政府的立法，规定了南郡地区各县、道政府官员的法律责任和履职要求。《语书》结尾说："发书，移书曹，曹莫受，以告府，府令曹画之。其画最多者，当居曹奏令、丞，令、丞以为不直，志千里使有籍书之，以为恶吏。"[①] 即各县、道收到《语书》后，要传达到县、道机构的各部门，如果发现不严格执行《语书》要求的，要上报郡，由南郡政府派出专门官员进行处理。过失最多的官吏，要通报全郡，作为恶吏来处理。纵观《语书》，对南郡辖区各县、道官员要求清晰，责任明确，且有强制执行的要求和处罚规定，具备法律规范的基本特征，是一部地方行政法规，也是南郡地区法治运行的依据之一，改造"恶俗"、惩治"淫泆之民"、查办"恶吏"是南郡地方法治的核心任务。

第二节　地方经济的法律规定

秦自商鞅变法以来，将农业当作强国之本，制定了系统的农业法规，作为地方政权管理农业生产的依据。为满足战争和地方行政管理的需要，各地

---

① 《睡虎地秦墓竹简》，文物出版社1990年版，第15页。

都设有官营手工业作坊，制作武器、运输工具和其他物品。依法管理地方手工业生产，也是地方政权经济管理的内容之一；秦国虽然重农抑商，但商业依然存在，货币、度量衡、交易税的征收，都是地方政府必须完成的任务，也是地方法治的有机组成部分。赋役征收为政权运行提供资金和物资，保质保量完成赋役征发，也是基层政权的任务之一，是地方法治的一部分。

一、农业法律规定

《汉书·地理志》载："楚有江汉川泽山林之饶，江南地广，或火耕水耨，民食鱼稻，以渔猎山伐为业，果蓏蠃蛤，食物常足。"①《史记·货殖列传》载："楚越之地，地广人希，饭稻羹鱼，或火耕而水耨，果隋蠃蛤，不待贾而足，地埶饶食，无饥馑之患。"②"饭稻羹鱼""火耕水耨"描述的是江汉平原的农业特点，武汉地区也不例外。此外，秦简《厩苑律》规定了严密的耕牛饲养考核规则，显示出耕牛在农业生产中的重要地位。依据《睡虎地秦墓竹简》《里耶秦简》等资料，可以看到秦国存在国家直接占有并经营的农田和通过授田、赐田等方式由私人占有并经营的农田。国营耕地、牧地役使以隶臣为主的刑徒耕种和管理。私营土地则向国家缴纳田租和刍稿，秦简《田律》规定："入顷刍稿，以其受田之数。"③私有土地的获得途径之一是国家授田（受田），不管耕种与否，每一百亩要缴纳刍（饲料）三石、稿（禾杆）二石。依据户籍登记授田、征收赋税、刍稿，是地方政权农业管理的核心内容。秦政权颁布了复杂的农业管理法规，南郡地区结合本地实际，依法管理地方农业，形成地方农业法治。

土地是农业之本，秦以法律维护土地的所有权，惩治破坏土地所有权的行为。《法律答问》中曰："盗徙封，赎耐。可（何）如可封？封即田千（阡）佰（陌）。顷半（畔）封地，且非是？而盗徙之，赎耐，可（何）重也？是，不重。"④"盗徙封"即私自迁移田界，意味着对他人土地的非法侵占，要处以"赎耐"之刑，以此保护私有土地的所有权。管理田地的"部佐"隐匿百姓田地以"匿田"罪论处。"部佐匿者（诸）民田，者（诸）民弗智（知），当论不当？部佐为匿田，且可（何）为？已租者（诸）民，

① 《汉书》卷28《地理志》，中华书局1962年版，第1666页。
② 《史记》卷129《货殖列传》，中华书局1959年版，第3270页。
③ 《睡虎地秦墓竹简》，文物出版社1990年版，第21页。
④ 《睡虎地秦墓竹简》，文物出版社1990年版，第108页。

弗言，为匿田；未租，不论为匿田。"① "部佐"即乡部之佐，汉代称为乡佐，是负责乡里土地登记与确权的官员。秦国自商鞅变法以来，就存在国家将土地授予百姓的制度，此即"授田制"。律文规定，乡佐不及时授田，不会受到处罚；但隐匿应该划分给百姓的土地而出租百姓牟利，则构成"匿田罪"，要受到处罚。

秦政府对农业的管理涉及农业生产的各个方面，连使用种子的数量都有清晰的规定。《仓律》载："种：稻、麻亩用二斗大半斗，禾、麦亩一斗，黍、荅亩大半斗，叔（菽）亩半斗。利田畴，其有不尽此数者，可殹（也）。其有本者，称议种之。"② 律文对稻、麻、谷子、麦子、黍子、大豆、小豆等粮食使用的种子数量作了规定，每亩种子的用量精确到了半斗。从律文来看，这种规定是原则性规范，可以因地制宜，做出调整。国营农地由隶臣妾等刑徒耕种，法律对隶臣妾的伙食待遇有专门规定。

　　隶臣妾其从事公，隶臣月禾二石，隶妾一石半；其不从事，勿禀。小城旦、隶臣作者，月禾一石半石；未能作者，月禾一石。小妾、舂作者，月禾一石二斗半斗；未能作者，月禾一石……隶臣田者，以二月月禀二石半石，至九月尽而止其半石。③

依据法律规定，刑徒的性别、年龄、劳作能力不同，得到的口粮数量也不同，农忙季节口粮增加，农闲则少发。

秦政府设有禁苑，饲养马牛。具体做法是修筑堑壕、墙垣、篱笆，围出一块地方，作为饲养场地，防止马牛逃逸。禁苑管理人员，除主管官员令丞外，还有禁苑啬夫、禁苑吏、苑人等。秦简《厩苑律》规定了牧业生产责任和奖惩制度，包括对官养耕牛、民间饲养耕牛情况的考核评定；对饲养耕牛死亡后的处理办法；官有耕牛、马匹的消耗限额等，政府依据这些基本法律开展对畜牧业的管理。《徭律》规定县政府征发徒众为"禁苑"修建堑壕、墙垣、藩篱，工程完工后上缴苑吏投入使用。上述工程如果不满一年而

① 《睡虎地秦墓竹简》，文物出版社1990年版，第130页。
② 《睡虎地秦墓竹简》，文物出版社1990年版，第29页。
③ 《睡虎地秦墓竹简》，文物出版社1990年版，第33页。

有毁坏的，要由县府重新征发徒众修补，工程量不能算作徭役，以示惩戒；如果满一年而出现缺损，面积超过三方丈的，由该县负责修补；不足三方丈的，由该苑自行修补。① 秦以"农战"立国，马、牛是重要的战略物资，经营官有禁苑是保证马、牛供应的重要渠道，南郡地区自然也要承担此项任务，武汉周边地区的地方官吏抄录此类管理法规，就是为了依法处理日常遇到的与禁苑有关的各类问题。

秦简《厩苑律》载："以四月、七月、十月、正月膚田牛。卒岁，以正月大课之，最，赐田啬夫壶酉（酒）束脯，为旱（皂）者除一更，赐牛长日三旬；殿者，谇田啬夫，罚冗皂者二月。其以牛田，牛减絜，治（笞）主者寸十。有（又）里课之，最者，赐田典日旬，殿，治（笞）卅。"② "膚田牛"即定期评比耕牛肥瘦；"田啬夫"即主管耕牛喂养的官员；"田典"即里典。国家每年定期以里为单位进行耕牛评比，耕牛饲养较好的，田啬夫受赏，最差的田啬夫要被申斥，饲养人员罚服役二月。用牛耕田，牛的腰围每减少一寸，笞打主管者十下；以里为单位进行考核，里典作为实际管理者，全里成绩好的话里典会得到十天的劳绩赏赐；最差的话，里典要受鞭笞三十的惩罚。秦国自商鞅变法开始厉行耕战之策，重视农业生产，而耕牛是最重要的生产工具，对耕牛饲养、使用都有严格的管理规定，违反规定的，要受到处罚。

秦简《田律》规定："春二月，毋敢伐材木山林及雍（壅）隄水。不夏月，毋敢夜草为灰。"③ "夜草为灰"即为取草烧灰。每年春天二月，不能砍伐树木，不准堵塞水道。不是夏天，不准烧草为灰。还规定在鱼鳖、鸟兽繁殖期间，不准毒杀鱼鳖，不能设网捕捉鸟兽。《田律》等法律规定，表明武汉及荆楚地区在以农业为主的同时，林牧渔业也是重要的经济部门，在地方生产结构中占有一席之地，因而需要专门立法保护。取草烧灰正是"火耕水耨"的程序之一，筑堤引水是南郡地区水稻种植的主要保障，所以法律禁止堵塞水道。《逸周书·大聚》载："春三月，山林不登斧，以成草木之长；夏三月，川泽不入网罟，以成鱼鳖之长。"山林茂盛，可以为百姓提供采摘资源；禁止毒杀鱼鳖，禁止在鱼类繁殖期下网捕捞，也是为了鱼鳖等水

---

① 《睡虎地秦墓竹简》，文物出版社 1990 年版，第 48 页。
② 《睡虎地秦墓竹简》，文物出版社 1990 年版，第 22 页。
③ 《睡虎地秦墓竹简》，文物出版社 1990 年版，第 20 页。

产资源的发育成长。这一条《田律》与南郡地区经济结构、生产方式有极为密切的关系，也是武汉地区农业管理中最常用的法规之一。

二、手工业法律规定

春秋战国时期楚国的漆器制作工艺就十分发达，纳入秦国版图后，漆器制作继续发展。睡虎地秦墓出土的随葬器物中有漆器、铁器、铜器、陶器、丝织物、铁丝、竹制器皿，从中可以看到秦代该地区的手工业生产情况。其中，官营手工业作坊种类繁多，利用刑徒进行生产，制作政府需要的各类产品。地方政府依法对手工业生产的各个环节进行管理，构成手工业法治的基本内容。

按照秦律规定，各县设"工室"负责管理手工业生产。秦墓竹简《工律》规定："县及工室听官为正衡石赢（累）、斗用（桶）、升。毋过岁壶（壹）。有工者勿为正。段（假）试即正。"① 注释说："工室，管理官营手工业的机构。《封泥汇编》有汉封泥'右工室丞''左工室印'。""衡石"指计量工具。依据上述规定，"工室"的职责之一是负责定期检查和矫正作为量具的权、斗桶和升。大宗的产品生产，必须遵循统一的标准，其中测量轻重、长短、容积的各类标准必须统一，只有这样才能保证手工业产品的规格划一，质量上乘，保证各地生产出来的产品都能符合同样的质量要求，满足实际使用需要。《工律》规定："为器同物者，其小大、短长、广亦必等。"② 这就是对产品标准化的要求。《金布律》规定："布袤八尺，福（幅）广二尺五寸。布恶，其广袤不如式者，不行。"③ 这是对布匹生产的标准化规定。《效律》规定：

衡石不正，十六两以上，赀官啬夫一甲；不盈十六两到八两，赀一盾。角（桶）不正，二升以上，赀一甲；不盈二升到一升，赀一盾。斗不正，半升以上，赀一甲；不盈半升到少半升，赀一盾。半石不正，八两以上；钧不正，四两以上；斤不正，三朱（铢）以上；半斗不正，少半升以上；参不正，六分升一以上；升不正，廿分升一以上；黄金衡

① 《睡虎地秦墓竹简》，文物出版社1990年版，第43页。
② 《睡虎地秦墓竹简》，文物出版社1990年版，第43页。
③ 《睡虎地秦墓竹简》，文物出版社1990年版，第36页。

赢（累）不正，半朱（铢）【以】上，赀各一盾。①

发现手工业产品的规格不符合标准，并对违反者作出惩罚，是基层县级官员手工业管理的职责之一。"钧"为衡制单位，一钧三十斤；"黄金衡赢"是称量黄金的砝码。要求地方工官严格检查各类度量衡标准，随时校准。度量衡等产品规格的误差达到一定程度，工官要受到处罚。

县一级工官负责产品的质量管理。《秦律杂抄》规定："非岁红（功）及毋（无）命书，敢为它器，工师及丞赀各二甲。县工新献，殿，赀啬夫一甲，县啬夫、丞、吏、曹长各一盾。城旦为工殿者，治（笞）人百。大车殿，赀司空啬夫一盾，徒治（笞）五十。"② "县工"指郡县的工官；"献"即上缴；"殿"即产品被评为下等。政府每年都有手工业生产计划，包括产品种类和生产数量。若生产计划外的产品，负责管理生产的"工师"和"丞"要受到处罚；"工官"主持生产的产品质量被评为最差，从工官到制作的刑徒都要受到程度不等的处罚。此类规定适用于漆园、采矿冶铁、制作战车等手工业生产领域。按照生产计划，保质保量生产出需要的产品，是地方手工业法治的内容之一。

为了便于质量监督，秦律规定官营手工业作坊的产品必须加上制作工人的标记，即"物勒工名"，或者刻记（刻划于器物之上），或者书写（用漆或丹）。《工律》规定："公甲兵各以其官名刻久之，其不可刻久者，以丹若漆书之。"③ "甲兵"即武器；"刻久"即刻上记号，即"勒名"，一方面是便于统计生产数量，关键在于方便追究生产者的质量责任。违反"刻久"规定，主管生产的官员要受到处罚。《效律》规定："公器不久刻者，官啬夫赀一盾。""马牛误职（识）耳，及物之不能相易者，赀官啬夫一盾。""殳、戟、弩、漆沔相易殿（也），勿以为赢、不备，以职（识）耳不当之律论之。"④ 如果产品上没有"刻久"，主管的啬夫要受罚；如果在马牛以及其他不能互换的产品上出现"刻久"错误，主管啬夫要受罚；如果武器以及漆器"刻久"和统计出现错误，不以生产数量不足处罚，而是以"刻久"

---

① 《睡虎地秦墓竹简》，文物出版社1990年版，第69—70页。
② 《睡虎地秦墓竹简》，文物出版社1990年版，第84页。
③ 《睡虎地秦墓竹简》，文物出版社1990年版，第44页。
④ 《睡虎地秦墓竹简》，文物出版社1990年版，第73—74页。

失误处理。

　　沙羡县作为南郡辖县，按照秦律的规定，设有相应的官手工业作坊、禁苑等马牛饲养场所，提供政府需要的手工业产品和马、牛等战略物资，由地方官员依据相关法律加以管理。

三、商业法律规定

　　秦自商鞅变法后，力行耕战，"僇力本业，耕织致粟帛多者复其身。事末利及怠而贫者，举以为收孥"①。秦政权虽然"重农抑商"，但由于商业交换的不可或缺性，商业贸易依然在发展。秦代进入流通领域，用以交换的商品大致有以下几种：专业化生产的商品、地主田庄的剩余产品（包括租佃之经营的剩余产品）转化为商品、农民的部分生产资料、生活资料转化为商品、各地特产的加工转化等。② 这是秦代商品经济的一般情况。秦国很早就开始设立市场，秦献公七年（前378年）"初行为市"。③ 秦墓竹简《封诊式》载："自昼甲见丙阴市庸中，而捕以来自出。"整理者认为"市庸"就是指"市场中所雇用的人"。④ 可见有人专门在市场之中受雇他人而求生，市场规模当不小。秦的市场主要设置在城市之中，商业管理也主要以城市商业为对象。《封诊式》载："爰书：市南街亭求盗才（在）某里曰甲缚诣男子丙。"⑤ 整理者认为，市南，市场之南；街亭，城市内所设的亭。简文说明，市场是与治安机构的"亭"设置在一起。"秦汉时期对市场的设置颇为重视，且逐渐走向健康和完善。当时的城市市场一般有圜、圆、列肆、隧、廛市楼等建筑设施"⑥。为管理商业活动，制定了《金布律》《关市律》。

　　货币管理是商业管理的主要内容之一，秦墓竹简《封诊式》记载了一个案例：某里士伍甲、乙扭送男子丙、丁以及新铸钱110个和钱范两套，告发丙私铸钱，丁帮助其铸钱，从他们家搜出这些新钱和钱范，并扭送见官。⑦ 甲、乙扭送丙、丁的依据是秦律对私人铸钱的禁令，证据是铸钱的钱

① 《史记》卷68《商君列传》，中华书局1959年版，第2230页。
② 林甘泉主编：《中国经济通史·秦汉经济卷》（下），经济日报出版社1999年版，第514—515页。
③ 《史记》卷6《秦始皇本纪》，中华书局1959年版，第289页。
④ 《睡虎地秦墓竹简》，文物出版社1990年版，第150页。
⑤ 《睡虎地秦墓竹简》，文物出版社1990年版，第151页。
⑥ 黄今言：《秦汉商品经济研究》，人民出版社2005年版，第170页。
⑦ 《睡虎地秦墓竹简》，文物出版社1990年版，第151页。

范和新铸造的铁钱。依据告奸制度，扭送罪犯到官，可以获得告奸奖励。《金布律》规定："官府受钱者，千钱一畚，以丞、令印印。不盈千者，亦封印之。钱善不善，杂实之。出钱，献封丞、令，乃发用之。百姓市用钱，美恶杂之，勿敢异。"[1] 有市场，就有商税征收，收到的钱要封存，并加盖县令、县丞的联合封印，出钱时要验看封印的完整与否，这是法律规定的商税管理措施之一。官钱铸造过程中会出现质量差异，不论质量好坏，都必须接受，"贾市居列者及官府之吏，毋敢择行钱布，择行钱布者，列伍长弗告，吏循之不谨，皆有罪"[2]。布作为货币，人们在使用时不得故意不用。法律规定了布作为货币时的规格，"布袤八尺，福（幅）广二尺五寸，布恶，其广袤不如式者，不行"。布与钱的比列为"钱十一当一布，其出入钱以当金、布，以律"[3]。法律规定的布作为交易等价物质量，与铸钱的比例关系，规范钱、布之间的换算关系，也是地方商业管理的内容之一。《金布律》规定："有买（卖）及买殹（也），各婴其贾（价），小物不能各一钱者，勿婴。"[4] 注释："婴，系。婴其价，指在货物上系签标明价格。"要求在市场中交易的货物，单个商品价格超过一钱的，都要明码标价。既然是法律督促交易者履行明码标价的规定，就是商业管理的内容之一。

《关市律》规定："为作务及官府市，受钱必辄入其钱缿中，令市者见其入，不从令者赀一甲。"[5] 注释者认为，《关市律》之"关市"为官名，管理关和市的税收等事务；"作务"即从事手工业；"缿"，《汉书·赵广汉传》注："缿，若今盛钱臧（藏）瓶，为小孔，可入而不可出。"这条律文涉及官营手工业产品出售时收钱和市场收取交易税时的具体规定。贮存钱的"缿"出口以封印封闭，将收到的交易款项直接投入其中，而且要在众人面前立即投入，目的在于防止经手人贪污钱款。

秦律禁止非法商业活动。《田律》规定：居住在农村的百姓，不准卖酒，"田啬夫、部佐谨禁御之，有不从令者有罪"[6]。秦律禁止百姓私自酿酒在市场上出售。禁止百姓随便酿酒并出售牟利，是先秦以来的传统，一是为

---

① 《睡虎地秦墓竹简》，文物出版社 1990 年版，第 35 页。
② 《睡虎地秦墓竹简》，文物出版社 1990 年版，第 36 页。
③ 《睡虎地秦墓竹简》，文物出版社 1990 年版，第 36 页。
④ 《睡虎地秦墓竹简》，文物出版社 1990 年版，第 37 页。
⑤ 《睡虎地秦墓竹简》，文物出版社 1990 年版，第 68 页。
⑥ 《睡虎地秦墓竹简》，文物出版社 1990 年版，第 30 页。

了节约粮食，二是防止过分饮酒导致民风的"淫佚"。查处私自酿酒销售，是地方政府商业法治的内容之一。

外来客商在市场上从事交易，需要先向市场管理官员交验"符传"，验明身份后方可交易，《法律答问》载："客未布吏而与贾，赀一甲。可（何）谓'布吏'？诣符传于吏是谓'布吏'。"①"客"即邦客，从外地来本地从事贸易的人员。按照规定，需要先将证明身份的"符传"交予官府验看。如果不经过验看"符传"而直接开始交易，要受到"赀一甲"的处罚。检查外来从事贸易人员的身份，既是社会治安管理的需要，也是市场管理的需要，是地方商业法治的内容之一。

沙羡作为南郡辖县，地处汉江与长江的交汇处，水路交通便利，按照制度规定，设置交易市场，配置专职管理人员和税收征管机构，依据《金布律》《关市律》的规定，管理、规制商业行为，征收商税。

四、赋役法律规定

赋役征收是政权存在和运行的前提，依法征收赋税徭役，是地方政府的核心职责之一。秦简《仓律》有"入禾稼，刍稾"的记载，则秦的田租征收是实物形态。"禾稼"是田租，而"刍稾"则属于附加税。秦简《田律》："入顷刍稾，以其受田之数，无垦（垦）不垦（垦），顷入刍三石，稾二石……入刍稾，相输度，可殹（也）。禾、刍、稾徹（撤）木、荐，辄上石数县廷。"②百姓每户不论耕地多少，都必须缴纳三石刍和二石稾，凡是可以作为饲料的干草、秸秆都可以缴纳到县。田租、刍稾都以实物征收，由县级政权负责收集、保管和运输。董仲舒说秦："用商鞅之法，改帝王之制，田租、口赋、盐铁之利，二十倍于古。"③这一判断虽有夸张，但秦有口赋（人头税）的征收却是可信的。秦简《法律答问》载："可（何）谓'匿户'，及'敖童弗傅'？匿户弗繇（徭）、使，弗令出户赋之谓殹也。"④"匿户"即隐匿人户，使之逃避徭役和户赋征收；"敖童"注释小组解释为未成年人，没有达到服役年龄的儿童。这里的"户赋"即按户征收的口赋。《岳麓秦简》载："出户赋者，自泰庶长以下，十月户出刍一石十五斤；五

---

①《睡虎地秦墓竹简》，文物出版社1990年版，第137页。
②《睡虎地秦墓竹简》，文物出版社1990年版，第21页。
③《汉书》卷24《食货志》，中华书局1962年版，第1137页。
④《睡虎地秦墓竹简》，文物出版社1990年版，第132页。

月户出十六钱，其欲出布者，许之。十月户赋，以十二月朔日入之，五月户赋，以六月望日入之，岁输秦（太）守。十月户赋不入刍而入钱者，入十六钱。"① 则秦代户赋在每年五月和十月征收，钱、布、刍均可缴纳，两次缴纳的金额均为十六钱。

汉代人追记秦代徭役制度说：

> 更有三品，有卒更，有践更，有过更……一月一更，是谓卒更也。贫者欲得顾更钱者，次直者出钱顾之，月二千，是谓践更也。天下人皆直戍边三日，亦名为更，律所谓徭戍也……诸不行者，出钱三百入官，官以给戍者，是谓过更也。律说，卒践更者，居也，居更县中五月乃更也。后从尉律，卒践更一月，休十一月也。②

"更"的本意是更替、轮流，也是秦代百姓徭役的称呼。汉代人认为，秦代徭役沉重，"三十倍于古"，百姓多用逃亡来抗拒沉重的徭役征发，赋役管理成为地方法治的内容之一。

乡里机构负责徭役征发。秦简《法律答问》："可（何）谓'逋事'及'乏繇（徭）'？律所谓者，当繇（徭），吏典已令之，即亡弗会，为逋事；已阅及敦（屯）车食若行到繇（徭）所乃亡，皆为'乏繇（徭）'。"③ 逃避徭役征发，是为"逋事"；在服役地逃亡，是为"乏徭"。《封诊式》载："亡自出。乡某爰书：男子甲自诣，辞曰：士五（伍），居某里，以乃二月不识日去亡，毋（无）它坐，今来自出。问之□名事定，以二月丙子将阳亡，三月中逋筑宫廿日，四年三月丁未籍一亡五月十日，毋（无）它坐，莫覆问。以甲献典乙相诊，今令乙将之诣论。敢言之。"④ 这是一个完整的"逋事""乏徭"案件记录，男子在二月逃亡躲避徭役，三月又在被征发筑宫过程中逃亡二十日，后来自首。甲前后三次逃亡，共 51 天，由里典审问清楚、记录在案并报上级机关。可见基层政权在徭役征发方面承担着重要职责。

---

① 陈松长主编：《岳麓书院藏秦简（四）》，上海辞书出版社 2015 年版，第 107 页。
② 《汉书》卷 7《昭帝纪》，中华书局 1962 年版，第 229 页。
③ 《睡虎地秦墓竹简》，文物出版社 1990 年版，第 132 页。
④ 《睡虎地秦墓竹简》，文物出版社 1990 年版，第 163 页。

　　《法律答问》载："匿敖童，及占癃（癃）不审，典、老赎耐。百姓不当老，至老时不用请，敢为酢（诈）伪者，赀二甲；典、老弗告，赀各一甲；伍人，户一盾，皆覈（迁）之。"① 傅律是涉及徭役管理的法律，里典、伍老在登记成童（应该服徭役的成年人）、免老（六十岁以后不再服徭役）、残疾人人数上弄虚作假的话，不但里典、伍老要受罚，就是同伍的人也要每家罚一盾，且处以流放的惩罚。可见秦律对徭役管理之重视。准确登记辖区内应该服徭役的人数，是地方赋役法治的内容之一。

五、政府资产管理的法律规定

　　秦代基层政权除了管理国有农田、牧场、手工业作坊的生产经营外，还负责国有资产的出借。依据《睡虎地秦墓竹简》的记载，政府的资产可以借贷于百姓，借贷对象涉及农具，《厩苑律》载："叚（假）铁器，销敝不胜而毁者，为用书，受勿责。"② 整理小组认为这里的铁器应指官有铁犁一类的农具，遇到大型农具不足时，民间可以向官府借贷；所借农具因为破旧损坏的，官府只做登记而不用赔偿。牛，依据《金布律》规定，无牛百姓急用时可以向官府借贷耕牛。武器，《工律》规定："其叚（假）百姓甲兵，必书其久，受之以久。入叚（假）而毋（无）久及非其官之久也，皆没入公，以赍律责之。"③ "甲兵"也是出贷的物品。未使妾，《仓律》载："妾未使而衣食公，百姓有欲叚（假）者，叚（假）之，令就衣食焉，吏辄被事之。"④ "未使"即未到役使年龄，其最高年龄为六岁；"使"即役使，最低年龄是七岁。依据上述规定，百姓在假借小隶妾的同时应负责其衣食。未使隶妾尚无能力从事劳役，但官府仍需承担其衣食用度。至于百姓借用的原因，则不得而知。牛车，《司空律》规定：有借用官牛车不认真喂养牛使之瘦瘠、损坏牛车部件者，"其主车牛者及吏、官长皆有罪"⑤。说明牛车也是出借对象。粮食，县级政府的仓、田官、发弩等机构分别主管粮食的出贷。《里耶秦简》《岳麓秦简》中都有县仓出贷粮食的记录。货币，《秦律答问》载："府中公金钱私贷用之，与盗同法，可（何）谓'府中'，唯县少内为

---

① 《睡虎地秦墓竹简》，文物出版社1990年版，第87页。
② 《睡虎地秦墓竹简》，文物出版社1990年版，第23页。
③ 《睡虎地秦墓竹简》，文物出版社1990年版，第44页。
④ 《睡虎地秦墓竹简》，文物出版社1990年版，第32页。
⑤ 《睡虎地秦墓竹简》，文物出版社1990年版，第49页。

'府中'，其他不为。"①"贷"，《说文》："从人求物也。""私贷用之"，私自借用也。"县少内"，县中收储钱财的机构。律文规定，私自挪用"府中"的钱，以盗窃罪处罚。反过来说，要是按照规定借用官府的钱，则是合法的。秦政府对官府财物借贷的法律规制，集中在以下几个方面：

1. 对借贷资格的审查。《法律答问》载："貣（贷）人赢律及介人。可（何）谓'介人'？不当貣（贷），貣（贷）之，是谓'介人'。"②"介人"指不应该借给钱的，官方却为其提供借款。"介人"概念说明，秦政府在借贷管理中对借款人的资格有着某种规定，存在"当贷"与"不当贷"的区别，并非所有人都可以向官府借贷款物。《周礼·地官·泉府》载："凡民之贷者，与其有司辨而授之。"江永云："辨其人之可贷与否。如其人有生业，不为游惰，是可贷者也。否则贷不可偿，当不许其贷也。"③大概无业游民是不能给予借贷的，同时借贷还需要乡里官员的担保。

2. 官方财物出贷应符合法律规定。《工律》规定："毋擅叚（假）公器，者（诸）擅叚（假）公器者有罪。"④不履行有关借贷的手续，而擅自出借官物，是为"擅假"，属于犯罪行为。《司空律》规定："官府叚（假）公车牛者，□□□叚（假）人所。或私用公车牛，及叚（假）人食牛不善，牛訾（胔）；不攻闲车，车空失，大车轴（轙），及不芥（介）车，车蕃（藩）盖强折列（裂），其主车牛者及吏、官长皆有罪。"⑤即使是官吏借用官府牛、牛车，出现车损坏、牛饲养不善而变瘦瘠，主管官吏、借用人（官吏）都要受到有罪处罚。

3. 遵守"刻久识物"制度。借出物品时须登记"久"。"久"是物品上的标记，是官有物品的证明。《效律》规定："公器物不久刻者，官啬夫赀一盾。"⑥《工律》规定："其叚（假）百姓甲兵，必书其久，受之以久。"⑦官有器物书写标记，官有牲畜则用烙印以标志官有。《秦律杂抄》规定：

① 《睡虎地秦墓竹简》，文物出版社1990年版，第101页。
② 《睡虎地秦墓竹简》，文物出版社1990年版，第143页。
③ 黄怀信等：《逸周书汇校集注》（上、下），上海古籍出版社1995年版，第164页。
④ 《睡虎地秦墓竹简》，文物出版社1990年版，第45页。
⑤ 《睡虎地秦墓竹简》，文物出版社1990年版，第49页。
⑥ 《睡虎地秦墓竹简》，文物出版社1990年版，第40页。
⑦ 《睡虎地秦墓竹简》，文物出版社1990年版，第44页。

"马牛误职（识）耳，及物之不能相易者，赀官啬夫一盾。"① 整理小组注释曰："古时的牛马常用烙印之类加以标记。""刻久识物"制度成为官府管理借贷活动的主要依据。《工律》规定："官辄告叚（假）器者曰：器敝久恐靡者，遝其未靡，谒更其久。其久靡不可智（知）者，令赍赏（偿）。"② 为防止在使用过程中将"久"磨灭，官府应及时通知借贷人上报官府申请更换标志；若因借贷人未及时申报导致"久"磨灭或无法辨识，则令其用钱财赔偿。

4. 禁止借贷活动中以人为质。《法律答问》载："百姓有责（债），勿敢擅强质，擅强质及和受质者，皆赀二甲。廷行事强质人者论，鼠（予）者不论；和受质者，鼠（予）者□论。"③ 整理小组未释出该简倒数第二个字，仅注释说："据文义，此句意为把抵押给予债主的也要处理。"在睡虎地秦简中，"擅强质"与"和受质"都是被禁止的，即不论是强迫还是合意，借贷过程中收取抵押的行为都是违法的。整理小组将"质"理解为"人质"，认为收入"人"作为抵押是被禁止的。战国时期秦律原则上禁止以人为质，而以物为质是否为法律所禁止则不甚清楚，仍有待新资料来确证。④

5. 借贷物品的回收管理。《金布律》规定，任何人欠官府债（钱、物），都必须在一年内将债收回，超过一年而没有收回或收回债务不符合规定的，要以犯罪追究相关管理人员的责任。⑤《工律》规定："邦中之繇（徭）及公事官（馆）舍，其叚（假）公，叚（假）而有死亡者，亦令其徒、舍人任其叚（假），如从兴戍然。"⑥ 当事人死亡，所借公物由其徒众或舍人负责归还；《工律》规定："入叚（假）而毋（无）久及非其官之久也，皆没入公，以赍律责之。"⑦ 归还所借物品时标志损害要赔偿；《工律》规定："毁伤公器及□者令赏（偿）。"⑧ 损坏所借物品要赔偿；《司空律》

① 《睡虎地秦墓竹简》，文物出版社1990年版，第74页。
② 《睡虎地秦墓竹简》，文物出版社1990年版，第45页。
③ 《睡虎地秦墓竹简》，文物出版社1990年版，第127页。
④ 李力：《秦汉律所见"质钱"考辨》，《法学研究》2015年第2期。
⑤ 《睡虎地秦墓竹简》，文物出版社1990年版，第39页。
⑥ 《睡虎地秦墓竹简》，文物出版社1990年版，第44页。
⑦ 《睡虎地秦墓竹简》，文物出版社1990年版，第44页。
⑧ 《睡虎地秦墓竹简》，文物出版社1990年版，第44页。

规定："有罪以赀赎及有责（债）于公，以其令日问之，其弗能入及赏（偿），以令日居之，日居八钱；公食者，日居六钱……居赀赎责（债）欲代者，耇弱相当，许之。作务及贾而负（责）债者，不得代。"① "令日"，即判决规定的日期。问，讯问。所借公物损坏、丢失或马牛死亡时，由官府将损坏或丢失的公物根据价值大小折合成金钱，在规定的日期宣布赔偿数额，借用人可用金钱赔偿，无钱者以服役一日折算六钱或八钱来计日还债；《工律》规定："叚（假）器者，其事已及免，官辄收其叚（假），弗亟收者有罪。"② 借贷期满，官府要及时收回借出物品，否则官吏官员要受到处罚。《金布律》还规定："百姓叚（假）公器及有责（债）未赏（偿），其日足以收责之，而弗收责，其人死亡；及隶臣妾有亡公器、畜生者，以其日月减其衣食，毋过三分取一，其所亡众，计之，终岁衣食不足以稍赏（偿），令居之，其弗令居之，其人〔死〕亡，令其官啬夫及吏主者代赏（偿）之。"③ 官府没有及时收回出借物，而借贷人死亡导致所借物品无法收回的，由经手官员赔偿。隶臣妾借贷官物、牲畜损毁、死亡者，减少隶臣妾的衣食供应以抵偿借贷损失，隶臣妾死亡的，由主管官员代为赔偿。《法律答问》载："把其叚（假）以亡，得及自出，当为盗不当？自出，以亡论。其得，坐臧（赃）为盗，盗罪轻于亡，以亡论。"④ 若有携带所借公物逃亡者，若是自首，则按逃亡罪论处；若是被捕，则以赃罪处理。

政府资产涵盖范围广，涉及土地、牲畜、金钱和其他衣食之资。普通百姓与官府之间因借贷而形成债务关系的概率不大，但官员借用政府的金钱、牛车、马牛的情况却比较多。此外，以隶臣妾等为主的刑徒在服刑期间，损坏官府财物的，形成"损坏公物之债"，也要由管理机关负责追偿。确保政府资产不受损害，是秦地方法治的内容之一。

第三节　户籍与婚姻家庭的法律规定

有学者以《汉书·地理志》元始二年（2年）的人口数为依据，参照

---

① 《睡虎地秦墓竹简》，文物出版社 1990 年版，第 51 页。
② 《睡虎地秦墓竹简》，文物出版社 1990 年版，第 45 页。
③ 《睡虎地秦墓竹简》，文物出版社 1990 年版，第 38 页。
④ 《睡虎地秦墓竹简》，文物出版社 1990 年版，第 124 页。

谭其骧主编的《中国历史地图册》（第二卷）西汉政区地理图，测算出湖北省人口为300609户、1500934口，以现在湖北省土地面积19万平方公里测算，则人口密度为7.9人每平方公里，湖北省人口占全国人口的比重为2.56%。① 现武汉市面积为8567平方公里，元始二年武汉市区人口67679人，约占全省人口的4%。上述推算有准确的人口数字依据，以此为基础，可以推算出秦国初设南郡时的武汉人口。葛剑雄的《中国人口通史》第一卷估计战国后期人口最盛时为45000000万人，湖北省人口占全国的2.56%，则湖北人口总数为1152000人，武汉人口为湖北人口总数的4%，则武汉地区人口为46280人。葛剑雄估计秦始皇统一六国之初的人口为4000万人，仍以2.56%的比重测算，湖北人口为1024000万人，以武汉地区占湖北人口的4%测算，秦初武汉地区人口为40960人。

秦政权的社会管理是通过户籍、婚姻家庭的管理实现的。户籍反映人口数量、结构、类型和空间分布，政权通过户籍制度控制社会人口。婚姻家庭是最基本的社会单元，法律通过对婚姻家庭关系的规范达到塑造社会秩序的目标。南郡地方政府（包括沙羡）依法对辖区内的户口、婚姻家庭规模进行管理，构成地方社会法治的基本内容。

一、户籍管理的法律实践

户籍是随着国家的产生而形成的一种社会管理制度，是指各级权力机构对其所辖范围内的人口进行调查、登记，并按一定的原则进行立户、分类、划等和编制。它是国家征调赋役、落实行政管理、推行法律政令的主要依据。《商君书·境内》载："四境之内，丈夫女子皆有名于上，生者著，死者削。""有名于上"即每个人都在户籍登记范围之内，出生即登记，死亡才消除。户籍伴随百姓一生，是政府管理百姓的基本依据。

（一）秦的户籍法律

秦的户籍法律形成有一个过程。献公十年（前375年）"为户籍相伍"②，即通过户籍将百姓按五户一单位进行管理，这是通过"户籍"编制百姓的开始。商鞅变法时，"令民为什伍，而相牧司连坐……民有二男以上不分异者，倍其赋"③。"什伍"，索隐曰："刘氏云：五家为保，十家相连

---

① 尚新丽：《西汉人口问题研究》，线装书局2008年版，第105页。
② 《史记》卷6《秦始皇本纪》，中华书局1959年版，第289页。
③ 《史记》卷68《商君列传》，中华书局1959年版，第2229页。

也。""牧司连坐",索隐曰:"牧司谓相纠发也。一家有罪而九家连举发,若不纠举,则十家连坐。"户籍演变成为社会管理的核心制度之一。商鞅同时规定"民有二男以上不分异者,倍其赋",此为"分户令"。秦孝公十二年(前350年),"令父子兄弟同时内息者为禁"①。即禁止父子兄弟同室居住,进一步加强了成年男子必须分家的规定。贾谊说:"秦人家富子壮则出分,家贫子壮则出赘。"②这是商鞅"分户令"落实后的结果。"分户令"成为户籍法律的主要内容之一,成为秦国社会管理的基础性制度。

秦孝公十二年系统地编制了地方行政管理体制,"而集小乡邑聚为县,置令、丞,凡三十一县"③。县的设置,也应以户籍登记为基础。两年后秦国"初为赋"(《史记·秦本纪》),"既出田租,又出口赋",④赋税的征收也是以严格的户口登记为依据的。

秦王政十六年(前231年),"初令男子书年"⑤。将男子年龄作为户口登记的必备项目,"可能在此前秦国一些地方已经开始登记男子年龄,但秦王政十六年的规定无疑使年龄登记成为一项普遍实行的制度。尽管秦国未必是最早实行年龄登记制度的诸侯国,但随着它以后统一了六国,这一制度最终推行到了全国……妇女与男子一样在户籍中登记年龄,也是顺理成章之事"⑥。

《睡虎地秦墓竹简》中有一份《爰书》(查封文书),其中有当事人家庭成员情况的记载,可以推测秦代南郡地区户籍登记的内容。"封有鞫者某里士五(伍)甲室、妻、子、臣妾、衣器、畜产……妻曰某,亡,不会封。子大女子某,未有夫;子小男子某,高六尺五寸,臣某。妾小女子某"⑦。这份查封文书中的"某甲"、其妻都已经逃亡,查封时不在现场,其具体情况无从知晓,而之所以出现在查封文书中,是因为查封文书是以户籍登记内容为依据作出的。南郡地区的户籍登记内容包括户主姓名、家庭成员、性

① 《史记》卷68《商君列传》,中华书局1959年版,第2232页。
② 《汉书》卷48《贾谊传》,中华书局1962年版,第2243页。
③ 《史记》卷68《商君列传》,中华书局1959年版,第2232页。《史记·秦本纪》:"并诸小乡聚,集为大县,县一令,四十一县。"与此不同。
④ 《汉书》卷24《食货志》,中华书局1962年版,第1137页。
⑤ 《史记》卷6《秦始皇本纪》,中华书局1959年版,第232页。
⑥ 葛剑雄:《中国人口史》第一卷,复旦大学出版社2002年版,第229页。
⑦ 《睡虎地秦墓竹简》,文物出版社1990年版,第149页。

别、年龄、与户主的关系、婚姻情况，甚至房屋、畜产都可能是登记对象。《商君书·去强》篇主张国家应掌握"十三数"，即"境内仓、口之数，壮男、壮女之数，老、弱之数，官、士之数，以言说取食者之数，利民之数，马、牛、刍稾之数"，男女、老弱指性别、年龄，官、士、言说取食者、利民指职业，马、牛、刍稾属于财产。"十三数"包括社会成员的性别、年龄、职业及家庭财产，是秦户籍制度的指导原则。

（二）户籍法律的实施

秦的户籍登记时间为每年三月和八月，[①] 户籍登记的最基本单位是户，在户之上再编制成为伍、里、乡等行政单位。《睡虎地秦墓竹简》中的一些律文规定透露了户籍编制的具体信息，如《仓律》载："小隶臣妾以八月傅为大隶臣妾，以十月益食。"[②] "小隶臣妾"和"大隶臣妾"的区别在于年龄，每年八月份的户籍登记完成之后，年龄达到"大隶臣妾"标准的，服役要求随之改变，衣食待遇也随之提高。《金布律》载："受（授）衣者，夏衣以四月尽六月禀之，冬衣以九月尽十一月禀之，过时者勿禀。"[③] 这是对服役罪犯发放衣服的时间规定，四月、九月，服役罪犯的人数统计已经完成，获得了发放衣服的准确数据。张金光依据张家山汉简《二年律令·户律》"恒以八月令乡部啬夫、吏、令史相杂案户籍，副臧其廷"等律文，认为固定在每年的八月案比造籍，但随时在户籍上添加诸如人口逃亡、逋事、乏徭等内容。[④]

《里耶秦简》载有"户籍简"，把每户的相关资料分栏记述，完整简牍约为四十五六厘米，汉代一尺约为今之 23 厘米，秦户籍简约合汉代 2 尺。分栏分项来记录每户资料的同时，每简都预留了增加资料的空间，所谓"生者著，死者削"。遇有新生婴孩就书写在空位之内，又或户人出任伍长就要记录作为上级问责的对象，可见这些户籍简牍的记录体例颇有系统。户籍简牍的第一栏所载的家人都应当是成年人，当中除户主外，还有户主的儿子和弟弟，爵位都是不更，则户主是兄。秦代《分户令》规定："民有二男以上不分异者，倍其赋。"即成年男子要分家立户。里耶户籍简牍的成年兄

---

① 万川：《商鞅的户籍制度改革及其历史意义》，《公安大学学报》1998 年第 1 期。
② 《睡虎地秦墓竹简》，文物出版社 1990 年版，第 33 页。
③ 《睡虎地秦墓竹简》，文物出版社 1990 年版，第 41 页。
④ 张金光：《秦制研究》，上海古籍出版社 2004 年版，第 801 页。

弟同籍，反映出秦统治下的江南地区《分户令》贯彻得不彻底。户籍简第二栏登记的都是女性，包括户主的妻、妾和弟妻，她们是家中女成年人。至于第三栏、第四栏，是户主和其弟的未成年子、女，前面两栏的户口都需要负担成人的赋役，而第三栏、第四栏的未成年的子小上造、子小女子，则负担儿童的口钱，年老的母亲也列在此栏，因她们的赋役也与成年的子、大女不同。①

《睡虎地秦墓竹简》中有许多"伍""伍人"的记载，《屯表律》中还有"什伍"的记载，证明秦自商鞅变法之后，确实实行了以伍为基础的户籍制度。为了编制户籍，秦律还规定了一整套申报、迁移、除去户籍的规则。《商君书·境内》载："四境之内，丈夫女子皆有名于上，生者著，死者削。"就是有关户口登记的规定。秦汉法律中有《傅律》，颜师古注曰："傅，著也。言著名籍，给公家徭役也。"②《傅律》就是关于登记户口和服役的法律规定。

秦的户籍编审、登记以及管理是由县、乡两级负责的。同时，秦律规定如果隐匿成童，或者申报残疾情况不确实，则罪及里典、伍老。这说明里典、伍老具体负责人口登记制度的落实，户籍登记由他们操作完成。秦代里有里门，设专人把守，随便穿越即构成犯罪，要处以黥刑。"里"作为城市中的居住单位，也是户籍登记单位。

《秦律杂抄》中有《游士律》，规定："有为故秦人出，削籍，上造以上为鬼薪，公士以下刑为城旦。"③ 这里的削籍不是人死后削去户籍，而是基层主管户籍的管理利用职务之便为"游士"削掉户籍，方便其逃避政府管理，主管官员依据其爵位不同，要受到不同的处罚。

居民要迁徙户口，必须向官府办理更籍手续，迁移才能生效。《法律答问》载："甲徙居，徙数谒吏，吏环，弗为更籍。今甲有耐、赀罪，问吏可（何）论？耐以上，当赀二甲。"④ "数"就是户籍，"环"就是推托。即甲要迁徙，请求吏办理手续，吏推托不办，致使甲受到耐罪和罚金处分，结果，吏也受到牵连处罚。大概更籍不仅是办理有关的户籍变更手续，可能还

---

① 黎明钊：《里耶秦简：户籍档案的探讨》，《中国史研究》2009年第2期。
② 《汉书》卷1《高帝纪》，中华书局1962年版，第37页。
③ 《睡虎地秦墓竹简》，文物出版社1990年版，第80页。
④ 《睡虎地秦墓竹简》，文物出版社1990年版，第127页。

有迁移证明之类的东西。《秦律杂抄·游士律》："游士在，亡符，居县赀一甲。"①"游士"就是无固定住址的游说之士，"亡符"就是没有身份证明，一旦发现，要受到"赀一甲"的处罚。则迁移户籍自然也少不了证明，显示出秦户籍制度对随便迁移的限制，与《商君书·垦令》"令民无得擅徙"的规定是一致的。

秦简《魏户律》规定："自今以来，叚（假）门逆吕（旅）；赘婿后父，勿令为户，勿鼠（予）田宇。三枼（世）之后，欲士（仕）士（仕）之。乃（仍）署其籍曰：故某虑赘壻某叟之乃（仍）孙。"②即商人、开旅店者、赘婿、后父不能独立立户，也不能接受国家授田，但依然要登记在专门的户籍之内，接受政府管理。之所以将魏律抄入秦律，是因为这一规定在秦国是有效的。

南郡、沙羡县作为秦的地方政权，必须按照律法统计辖区人口、登记户籍，作为征发徭役和课取赋税的依据，也是维护地方治安、控制逃亡人口的主要措施。《睡虎地秦墓竹简》的内容属于墓主人的摘抄，都是与其生前履职情况有密切关系的法律条文、司法解释和法律文书，反映的正是南郡地区地方法治的基本情况。

二、婚姻家庭的法律规定

战国以来的秦国婚姻形态以一夫一妻制为主，也存在一夫多妻现象，如秦简《日书》中有"娶妻，必二妻"③。商鞅变法开始，秦国推行分户制，用法律规制家庭、婚姻关系。秦简《语书》记载，南郡守腾要求南郡属县地方官员"以教道民，去其淫避（僻）除其恶俗。""淫僻""淫泆"都是指与法律规范不符合的两性关系。对结婚、离婚、非婚性行为的规制，通过惩治"不孝罪"来维护家庭伦理关系，构成婚姻家庭法治的基本内容。

（一）婚姻登记法律

秦律规定，结婚要"官"，离异要"书"，即无论结婚还是离婚，都必须报告官府，经官府认可登记。《法律答问》载："女子甲为人妻，去亡，得及自出，小未盈六尺，当论不当？已官，当论；未官，不当论。"④"官"

① 《睡虎地秦墓竹简》，文物出版社1990年版，第80页。
② 《睡虎地秦墓竹简》，文物出版社1990年版，第174页。
③ 《睡虎地秦墓竹简》，文物出版社1990年版，第192页。
④ 《睡虎地秦墓竹简》，文物出版社1990年版，第132页。

即到官府登记；"已官"即婚姻得到官府认可；"未官"则为无效婚姻。《法律答问》载："弃妻不书，赀二甲。其弃妻亦当论不当？赀二甲。"① "书"即登记报告，解除婚姻必须到官府报告登记，否则将会受到"赀二甲"的处罚。秦律禁止同母异父的男女结婚，"同母异父相与奸，何论？弃市"②，即限制近亲血缘不能成婚。秦律允许奴隶与平民之间的婚姻存在。"女子为隶臣妻，有子焉，今隶臣死，女子北其子，以为非隶臣子殹（也），问女子论可（何）殹（也）？或黥颜頯为隶妾，或曰完，完之当殹（也）。"③ "北"，古"别"字，此处指将其子自家中分出。对女子的行为，有人建议脸上刺墨并罚作隶妾，可见原来并非"隶妾"，而是自由人。

（二）对违法婚姻行为的惩治

对于违反婚姻管理法规的行为则要作出处罚。一是惩罚女性"去夫亡"。《法律答问》载："女子甲去夫亡，男子乙亦阑亡，相夫妻，甲弗告请（情），居二岁，生子，乃告请（情），乙即弗弃，而得，论可（何）殹（也）？当黥城旦舂。"④ 已婚女子"去夫亡"而与他人"相夫妻"，要受到"黥城旦舂"的严厉处罚，原因在于"去夫亡"。二是惩罚"娶人亡妻"。《法律答问》载："甲取（娶）人亡妻以为妻，不智（知）亡，有子焉，今得，问安置其子？当畀。或入公，入公异是。"⑤ 依据上述规定，男女逃亡而私自结婚者，男子要黥城旦，女子要黥为舂。不知情的情况下，娶了逃亡的已婚妇女为妻，男子无罪，所生子女交由男子，而逃亡妇女要被黥为舂。三是禁止私自"弃妻"。秦律规定，离婚必须到官府登记，"弃妻不书，赀二甲。其弃妻亦当论不当？赀二甲"⑥。"书"即报告。休妻必须到官府登记，否则男女双方都要处罚。四是严惩不贞行为。秦政权强男女双方互相忠诚，"禁止淫泆，男女洁诚。夫为寄豭，杀之无罪，男秉义程"，"有子而嫁，背死不贞"⑦。丈夫婚内有非法性行为，妻子可杀之而无罪；女子在丈夫死后，如果有儿子还改嫁，也是"不贞"行为，是法律不提倡的行为。

---

① 《睡虎地秦墓竹简》，文物出版社 1990 年版，第 133 页。
② 《睡虎地秦墓竹简》，文物出版社 1990 年版，第 134 页。
③ 《睡虎地秦墓竹简》，文物出版社 1990 年版，第 134 页。
④ 《睡虎地秦墓竹简》，文物出版社 1990 年版，第 132 页。
⑤ 《睡虎地秦墓竹简》，文物出版社 1990 年版，第 133 页。
⑥ 《睡虎地秦墓竹简》，文物出版社 1990 年版，第 133 页。
⑦ 《史记》卷 6《秦始皇本纪》，中华书局 1959 年版，第 262 页。

对于地方政府而言，落实上述法律规定，规范辖区内的婚姻行为，惩治违反婚姻法规的行为，构成地方婚姻法治的核心内容。

（三）对不孝罪的惩治

战国时期，随着宗法制解体，父权逐渐摆脱了宗族权的压制，成为家庭关系中独一无二的权威，即《荀子·致士》所谓"君者，国之隆也；父者，家之隆也"。在儒家学派的大力提倡下，规范家庭关系的"孝"也转变为以善事父母为中心的处理亲子关系准则的学说。《孝经·纪孝行章·第十》载："居则致其敬，养则致其乐，病则致其忧，丧则致其哀，祭则致其严。"将孝与敬、礼结合起来，对孝行为作了高度概括。《孝经》强调"以孝事君则忠"，将孝推广到社会政治领域。狭义的孝指奉养父母；广义的孝指奉献社会，即《礼记·祭义》所谓"居位不庄，非孝也；事君不忠，非孝也；莅官不敬，非孝也；朋友不信，非孝也；战阵不勇，非孝也"。孝逐渐具有调节家庭关系、社会关系、君臣关系的独特作用。秦律规定的"不孝罪"就是指违反孝规范的行为，具体指生前不能善待祖父母、父母，有殴打、杀害、谩骂、诽谤、告发、不听教令、不赡养、生病不能侍奉、父母在别籍、异财等行为。[1]

《睡虎地秦墓竹简》中有"不孝罪"的案例。《法律问答》载："免老告人以为不孝，谒杀，当三环之不？不当环，亟执勿失。"[2] 免老为超过六十岁（有爵者为五十六岁）的老人。免老以不孝罪告发而请求杀死犯罪者时，官府可以不经过三环（原）的手续直接捕捉犯罪嫌疑人。

《封诊式》"告子"条："爰书，某里士五（伍）甲告曰：甲亲子同里士五（伍）丙不孝，谒杀，敢告。即令令史己往执。令史己爰书：与牢隶臣某执丙，得某室。丞某讯丙，辞曰：甲亲子，诚不孝甲所，毋（无）它坐罪。"[3] 父亲以不孝罪告发儿子，要求杀死儿子，官府在调查被告丙的时候，认为"诚不孝甲"，肯定了原告提供的不孝事实，大概处罚也会与父亲的请求相同。

秦律中有"非公室告"的规定，"子告父母、臣妾告主，非公室告，勿听。可（何）谓'非公室告'？主擅杀、刑、髡其子、臣妾，是谓'非公室

---

① 张功：《秦汉不孝罪考论》，《首都师范大学学报（社会科学版）》2004 年第 5 期。
② 《睡虎地秦墓竹简》，文物出版社 1990 年版，第 117 页。
③ 《睡虎地秦墓竹简》，文物出版社 1990 年版，第 156 页。

告'，勿听。而行告，告者罪。告者罪已行，它人有（又）袭其告之，亦不当听"①。父母在获得官府批准后，可以杀死盗窃自己财产的子女、奴婢，或对他们用刑，子女、臣妾上告，官府不会受理，强行上告则上告者有罪。商鞅变法后秦国实行邻里连坐，鼓励告奸，在这样的背景之下出现"非公室告"的规定，可以看作是对子女上告父母这一不孝行为的消极处理。

秦律规定："'殴大父母，黥为城旦春。'今殴高大父母，可（何）论？比大父母。"② 殴打父母的量刑在《秦简》中没有记载，但殴打大父母（祖父母）的量刑应该是以殴打父母为基础的，则对殴打祖父母、父母的不孝行为给予黥城旦春的处罚，是可以推知的。殴打父母、祖父母，是不孝罪的内容之一。

婚姻家庭的稳定是社会稳定的基础。墓主人摘录的有关去夫亡、亡者相夫妻、不孝罪的法条、案例、爱书，证明这些涉及婚姻家庭的犯罪在墓主人的司法实践中是多发、常见的犯罪类型，安陆、鄢等地如此，沙羡也不会例外，涉及婚姻家庭的犯罪是秦代武汉地区多发、常见的犯罪，是地方政权重点控制的犯罪之一。推行秦律中的婚姻家庭法规，惩治违法犯罪行为，构成秦朝武汉地方婚姻家庭法制的基本内容。

第四节　刑事法律规定

秦律规定的法律责任承担方式以刑罚处罚为主，不仅对那些破坏政权统治的行为处以刑罚惩处，就是对人身权、财产权、婚姻家庭的侵犯与破坏，也大多规定了刑事处罚。刑事法治在秦朝地方法治中占据重要地位。以下根据《睡虎地秦墓竹简》的内容，对秦朝南郡地区政府的社会犯罪治理情况作出描述。

一、对盗犯罪的惩治

《晋书·刑法志》载："取非其物谓之盗。""盗"作名词用时指从事窃取、抢劫他人财物活动的人，作动词用时则指盗取、抢劫他人财物的活动，同时也是罪名，即盗犯罪。秦朝盗犯罪类型复杂，以行为模式分，有窃取、

---

① 《睡虎地秦墓竹简》，文物出版社 1990 年版，第 118 页。
② 《睡虎地秦墓竹简》，文物出版社 1990 年版，第 111 页。

强取；以犯罪主体分，有单人盗取、多人群盗。"群盗"又是反秦武装的重要来源。

（一）盗犯罪的行为特征

普通百姓为盗比较普遍。《睡虎地秦墓竹简》中有许多盗牛、盗马、盗羊、盗猪、盗桑叶、盗取金钱换取衣食之资的记载，均属于普通百姓为盗所犯窃案。《法律问答》载："夫、妻、子五人共盗，皆当刑城旦，今中（甲）尽捕告之，问甲当购几可（何）？人购二两。"① "捕告"即逮捕告官。另外还有夫、妻、子十人共盗，逃亡途中被捕八人的记载。《法律问答》载："或盗采人桑叶，臧（赃）不盈一钱，可（何）论？赀繇（徭）三旬。"② "桑叶"作为养蚕饲料，价值不大，但依然要科处刑罚，验证了秦律盗犯罪的规定对赃值没有最低要求。还有"甲盗钱以买丝"的记载，属于盗窃生产资料。"夫盗三百钱，告妻，妻与共饮食之，可（何）以论妻？"③ 此为饮食之资的匮乏而行盗；另有"削（宵）盗，臧（赃）直（值）百一十，其妻、子智（知），与食肉，当同罪"④。《封诊式》中有"穴盗"一案，主人的棉衣在夜间被钻洞盗走，是为衣而盗。《法律问答》属于法律解释性质，是审理案件、定罪量刑的参考标准，有其典型性，将此类因衣食之资的匮乏而盗窃的大量案例列于其上，说明此类案件具有普遍意义，是南郡地区盗犯罪活动的一大内容。盗取生产资料和衣食之资是此类犯罪的重要目的。《法律答问》载有盗取大型垦畜和家禽的案例，涉及牛羊猪；《封诊书》载有盗马案。牛是秦代最重要的垦畜，马是重要的代步工具，羊、猪在当时是食肉衣裘的主要来源，牛、马、羊、猪都是价值很昂贵的物品。《法律问答》中同类记载很多，显示出此类盗案是很普遍的。也有直接盗取金钱的案例记载，"诬人盗千钱，问盗六百七十，诬者可（何）论？毋论"⑤。诬者没有被处罚的原因在于盗窃罪的赃值在666—1100钱之间，量刑相同，但也证明了盗窃钱的行为存在。秦简中有关盗窃他人和官府财物、直接盗取金钱的案例很多，盗取财物和金钱在墓主人任职的地区（安陆一带）的盗犯

---

① 《睡虎地秦墓竹简》，文物出版社1990年版，第125页。
② 《睡虎地秦墓竹简》，文物出版社1990年版，第95页。
③ 《睡虎地秦墓竹简》，文物出版社1990年版，第97页。
④ 《睡虎地秦墓竹简》，文物出版社1990年版，第98页。
⑤ 《睡虎地秦墓竹简》，文物出版社1990年版，第103页。

罪活动中所占比重很大。

人数在五人以上的团伙盗窃为"群盗"，《法律问答》中有"盗"斗杀求盗的记载，《封诊式》有五人"强攻群盗某里公士某室，盗钱万，去亡"① 的案例。这些以武力强取他人财物的则属于强盗。群盗的活动大多属于"强盗"。《法律答问》载："夫、妻、子十人共盗，当刑城旦，亡，今甲捕得其八人，问甲当购几可（何）？当人购二两。"② 五人以上的结伙抢劫犯罪被称为"群盗"，睡虎地秦简《封诊式》中有群盗武装对抗追捕的案例记载，"士五（伍），居某里。此首某里士五（伍）戊殹（也），与丁以某时与某里士五（伍）己、庚、辛，强攻群盗某里公士某室，盗钱万，去亡。己等已前得。丁与戊去亡，流行毋（无）所主舍。自昼居某山，甲等而捕丁、戊，戊射乙，而伐杀收首。皆毋（无）它坐罪"③。这些案犯平时流动不定，以抢劫他人为生，遇到政府追捕时可以持兵作战，以死抵抗追捕，在经过一场激烈的交战、杀死一名追捕人员后，终于被抓获。从中可以看到群盗的活动特点。《封诊式》中记载的案例，是墓主人经手的案件记录的可能性很大。

（二）对盗贼的抓捕

抓捕盗贼是基层政权的重要职责。《法律问答》载："有秩吏捕阑亡者，以畀乙，令诣，约分购，问吏及论可（何）殹（也）？当赀各二甲，勿购。"④ 据《睡虎地秦墓竹简》整理小组注，"有秩吏"指秩禄在百石以上的低级官吏。县级政府中，除县令、长以外，其他官吏均属"有秩吏"，都负有抓捕"盗"的责任。

秦在地方设有"亭"作为专门的治安机构。秦亭的主管官员为亭长，秦简《效律》有"都亭啬夫"的称谓，《封诊式》又有"亭校长"的记载，亭长为习见之称。亭以维持地方治安、徼循乡里、抓差办案为主。普遍设置于各城邑、乡里，可称之为"乡亭"。⑤《续汉书·百官志》注引《汉官仪》云："设十里一亭。""里"为秦的基层行政单位，"十里"是亭的辖区范

---

① 《睡虎地秦墓竹简》，文物出版社 1990 年版，第 152 页。
② 《睡虎地秦墓竹简》，文物出版社 1990 年版，第 125 页。
③ 《睡虎地秦墓竹简》，文物出版社 1990 年版，第 152 页。
④ 《睡虎地秦墓竹简》，文物出版社 1990 年版，第 125 页。
⑤ 张金光：《秦乡官制度及乡、亭、里关系》，《历史研究》1997 年第 6 期。

围。每亭有"求盗"二人，专司捕盗，《汉书·高帝纪》注引应劭云："求盗者，亭卒。旧时亭有两卒，一为亭父，掌开闭扫除，一为求盗，掌逐捕盗贼。"①《法律问答》载："求盗追捕罪人，罪人挌（格）杀求盗。问杀人者为贼杀人，且斲（斗）杀，廷行事为贼。"② 罪人格杀求盗，被认定为"贼杀人"，原因为求盗职责在于抓捕罪犯，格杀罪犯是其职责行为；而罪犯对求盗动手，则是对公权力的对抗，要被认定为"贼杀人"。《封诊式》"盗马"条载："爰书：市南街亭求盗才（在）某里曰甲缚诣男子丙，及马一匹……"《封诊式》"群盗"条也是求盗与亭校长一起抓捕武装强盗，求盗是秦代基层政权中最主要的捕盗官吏。在基层机构中设置专门针对盗犯罪的机构，配置官员，显示出秦代盗犯罪影响之巨大。

《秦简》有《捕律》，专门规范对罪犯的抓捕，③ 政府悬赏鼓励民间告发和捕捉逃亡盗犯。秦律以株连的方式把告发犯罪规定为每个人的义务，同时重赏抓到逃犯的人。《法律问答》载："夫、妻、子十人共盗，当刑城旦，亡，今甲捕得其八人，问甲当购几可（何）？当人购二两。"④ 捕获一人赏金二两应该是重赏了，《睡虎地秦墓竹简》中同类记载不少。逃亡的"盗"可以捕获其他罪犯的方式来减轻自己的罪行。《封诊式》载："男子甲缚诣男子丙，辞曰：'甲故士五（伍），居某里，廼四月中盗牛，去亡以命。丙坐贼人□命。自昼甲见丙阴市庸中，而捕以来自出。甲毋（无）它坐。'"⑤盗犯甲是否将功赎罪没有记载，但甲会得到赏金或免于追究其犯罪，否则甲的做法将难以理解。《岳麓秦简》第 36 号简正面："律曰：'产捕群盗一人，购金十四两。'"⑥ 这是对抓捕"群盗"的赏格规定。战国时期秦国的一斤相当于约 253 克，⑦ 十四两约 221 克，的确是重赏。《法律答问》记载，抓到犯耐罪以上的逃亡罪犯时，抓捕者可以得到罪犯随身携带的钱财。鼓励百姓告发盗犯罪，悬赏捉拿罪犯，对盗犯罪的惩治措施体现出多元化特征。

---

① 《汉书》卷 1《高帝纪》，中华书局 1962 年版，第 6 页。
② 《睡虎地秦墓竹简》，文物出版社 1990 年版，第 109 页。
③ 闫晓君：《秦汉时期的捕律》，《华东政法大学学报》2009 年第 2 期。
④ 《睡虎地秦墓竹简》，文物出版社 1990 年版，第 125 页。
⑤ 《睡虎地秦墓竹简》，文物出版社 1990 年版，第 150 页。
⑥ 朱汉民、陈松长主编：《岳麓书院藏秦简（叁）》，上海辞书出版社 2013 年版，第 114 页。
⑦ 丘光明编著：《中国历代度量衡考》，科学出版社 1992 年版，第 340 页。

（三）对盗犯罪的惩治规定

秦律对盗的惩治以盗取财物的价值大小为根据，《法律问答》载："或盗采人桑叶，臧（赃）不盈一钱，可（何）论？赀繇（徭）三旬。"① 这是针对非群盗犯罪的最低处罚。"五人盗，臧（赃）一钱以上，斩左止，有（又）黥以为城旦；不盈五人，盗过六百六十钱，黥劓（劓）以为城旦；不盈六百六十到二百廿钱，黥为城旦；不盈二百廿以下到一钱，罨（迁）之。"② 据简文，盗罪赃值没有最低限制，以二百二十钱、六百六十钱为最重要的分界线，分为不同的量刑等级。赃值在一钱至二百二十钱之间，处迁刑；赃值在二百二十钱至六百六十钱之间者，黥为城旦。盗钱在六百六十钱以上的处罚是统一的"黥劓为城旦"。

秦律对盗犯罪的处罚区分"群盗"与"五人以下"的盗犯罪。群盗犯罪处罚严厉，非群盗犯罪则处罚较轻。秦律规定五人一起为盗，赃值超过一钱，就要处以斩左趾黥以为城旦的酷刑。这是对"群盗"犯罪的基本规定。秦末反秦武装集团中，刘邦、黥布、彭越都曾为"群盗"。《睡虎地秦墓竹简》中摘录如此详尽的关于"盗犯罪"的处罚规定、司法解释和司法文书，从一个侧面证明，南郡地区盗犯罪的多发，政府对控制盗犯罪的高度重视。

秦律严惩教唆他人盗窃的行为。《法律问答》载："甲谋遣乙盗，一日，乙且往盗，未到，得，皆赎黥。"③ 即使实行犯盗窃未遂，教唆者与行为人也一样适用刑法，判处黥刑而容许以钱赎罪。严惩教唆未成年人盗窃，《法律问答》载："甲谋遣乙盗杀人，受分十钱，问乙高未盈六尺，甲可（何）论？当磔。"④ 秦朝以身高六尺为成年人的标准，对教唆未成年人盗窃杀人者处以极刑。教唆的本质是蛊惑他人产生犯罪意图，实施犯罪行为。对教唆犯罪的准确认定和防控，是南郡地方政府（含今武汉地区）控制犯罪方略上注重"防患于未然"的体现。

《法律问答》中还有撬门行窃未遂，若门已撬开，则处赎黥，门未撬开，则处罚二甲的案例。这是对盗窃既遂与未遂的区分。甲盗千钱，"受分

---

① 《睡虎地秦墓竹简》，文物出版社1990年版，第95页。
② 《睡虎地秦墓竹简》，文物出版社1990年版，第93页。
③ 《睡虎地秦墓竹简》，文物出版社1990年版，第94页。
④ 《睡虎地秦墓竹简》，文物出版社1990年版，第109页。

臧（赃）不盈一钱，问乙可（何）论？同论"① 的记载说明参与分赃者以共犯论，也要一样处罚，即处以黥劓城旦之刑。共同盗窃的人犯构成盗窃罪的共犯，对参与分赃的人员是否按盗罪共犯处理，关键看是否有事前共谋。《法律答问》载："夫盗千钱，妻所匿三百，可（何）以论妻？妻智（知）未盗而匿之，当以三百论为盗；不智（知），为收。"盗窃分赃"非前谋殹（也），当为收；其前谋，同罪。"没有事前同谋，即缺乏盗窃罪的共同犯意，则分赃行为不以盗窃罪共犯论，若有事前同谋，则为共犯。《封诊式》中有某甲与丙盗千钱，后甲自首并揭发了丙的记载，可能盗犯通过自首、揭发同案犯会减轻对自己的处罚。对于墓主人任职的地方政府而言，对自首、告发他人犯罪等行为的鼓励，可以有效减少盗犯罪的惩治难度，节省人力物力。法律规定是国家层面的，但《封诊式》中的案例应该是司法实践的记录，也是秦律落实于地方社会的证据。

秦律对负责捕盗官员的盗窃行为处以重罚，《法律问答》载："求盗盗，当刑为城旦，问罪当驾（加）如害盗不当？当。"② 求盗、宪盗、害盗都是秦代基层负责捕盗的官员，对他们犯盗罪时，处以最重的惩罚。秦代基层"有秩吏"都有责任抓捕盗犯，尤其"求盗"更是专门负责抓捕盗犯的。这些基层官吏熟悉地方人员、环境，一旦被确认为盗犯，则由他们出面抓捕，只是地方社会盗犯太多，专司追捕的人员有限，加上山林川泽广布，逃亡起来很容易，捕捉的效果不大。

二、对杀人、伤害罪的惩治

秦律有"贼杀人""贼伤人"的罪名。《荀子·修身》云："害良为贼。"《晋书·刑法志》云："无变斩击谓之贼。""无变"就是无防备或者无法抵抗，在"无变"情况下杀人或者伤害人就是"贼"。《睡虎地秦墓竹简》中摘录了大量的有关"贼杀人""贼伤人"的法规、司法解释和案例，说明在墓主人任职之处，杀人、伤害行为的多发，地方政府对此类犯罪的重视。

（一）对杀人罪的惩治

秦律将杀人行为区分为"贼杀人""斗杀人"和"擅杀人"。故意杀人

---

① 《睡虎地秦墓竹简》，文物出版社1990年版，第96页。
② 《睡虎地秦墓竹简》，文物出版社1990年版，第94页。

称为"贼杀人"，互相斗殴而杀人称为"斗杀人"。秦简《法律答问》载："求盗追捕罪人，罪人挌（格）杀求盗，问杀人者为贼杀人，且斸（斗）杀，廷行事为贼。"① "求盗"乃亭长属下，专职追捕盗贼，抓捕人犯。罪犯受到求盗追捕，与求盗发生格斗，在格斗过程中杀死了求盗。罪人是在斗殴中杀人，正符合"斗杀人"的行为特征，但考虑到罪人格斗的对象是正在执行公务的司法人员，罪人格斗的目的是躲避法律的惩罚，而不是保护自己的人身安全。从罪人的犯罪意图来看，正符合"明知故犯"的故意杀人的主观特征，所以被界定为"贼杀人"，即故意杀害没有威胁到自己生命的人。

秦律规定父母可以杀死残疾新生儿和不孝子，但不符合上述规定的行为，则属于"擅杀"行为。《法律答问》载："'擅杀子，黥为城旦舂。其子新生而有怪物其身及不全而杀之，勿罪。'今生子，子身全殴（也），毋（无）怪物，直以多子故，不欲其生，即弗举而杀之。可（何）论？为杀子。"② 秦律规定，新生儿有先天畸形的，可以杀死；若因为孩子多而故意杀子，要"黥为城旦舂"。秦律不仅禁止杀死亲生儿子，也禁止杀死继养儿子。"士五（伍）甲毋（无）子，其弟子以为后，与同居，而擅杀之，当弃市"③。擅自杀死继子要"弃市"，处罚重于擅自杀死新生儿。"人奴擅杀子，城旦黥之，畀主"。"人奴妾治（笞）子，子以肍死，黥颜頯，畀主"④。人奴杀子，黥城旦舂是一般的规定。私家奴婢笞打亲生子，亲生子因此而患病死亡，要"黥颜頯"，即在面颊上刺字，然后交还主人。男女奴隶杀害自己的孩子，处罚与一般人有异是为奴婢的法律地位上带有主人财产的成分。

（二）对伤害罪的惩治

秦律规定的伤害罪也有"贼伤人"和"斗伤人"的区分。"贼伤人"就是故意伤害他人。秦律"贼伤人"即故意伤害罪的行为特征表现为用凶器伤人，律文中的"箴（针）、铢、锥"和"梃"属于凶器。与此相对应，秦律中还有"殴""殴詈"之类的行为描述，应该属于"徒手"殴斗，属

① 《睡虎地秦墓竹简》，文物出版社1990年版，第109页。
② 《睡虎地秦墓竹简》，文物出版社1990年版，第109页。
③ 《睡虎地秦墓竹简》，文物出版社1990年版，第110页。
④ 《睡虎地秦墓竹简》，文物出版社1990年版，第110页。

于"斗伤人"犯罪的一种。秦律对"贼伤人"者处以"黥为城旦"的刑罚，对"斗伤人"犯罪则"赀二甲"。两者相比，"贼伤人"的处罚要重得多，这一点与秦律重视犯罪主观心态的精神相一致。"贼伤人"犯罪中，行为人主观目的在于伤害他人；而在"斗伤人"中，行为人主观上含有"自卫"的成分在内，有自卫伤人的可能。秦简所见"斗伤人"的律文较多，基本特征是殴斗伤人。"斗伤人"罪因为行为人与被害人之间关系的不同，入罪标准和处罚规定都不相同。

斗殴伤人罪发生在家族内部，卑幼伤害尊长的情况，有如下规定："'殴大父母，黥为城旦舂。'今殴高大父母，可（何）论？比大父母。"[1]卑幼殴打尊长，不问伤害程度如何，一律处以最重的刑罚。"妻悍，夫殴治之，夬（决）其耳，若折支（肢）指、胅（体），问夫可（何）论？当耐。"[2]夫妻之间的伤害罪与普通人之间的伤害罪一样处罚。

秦律规定的伤害罪按照伤害程度分为三等：殴伤（轻度伤害罪）、重伤（撕裂器官、折断肢体）、重度伤害致人死亡。其中重伤和伤害致人死亡以杀人罪论处，一般伤害罪处以耐刑，即剃去犯人的鬓须。受害人伤情较重时，要"完城旦"。《法律答问》载："或自杀，其室人弗言吏，即葬狸（薶）之，问死者有妻、子当收，弗言而葬，当赀一甲。"[3]依据律义，是说家人自杀，妻、子应当先报告官府，再行收尸安葬，不报告而擅自安葬，要赀一甲。

伤害罪、杀人罪危及他人身体、生命，严重危害地方社会秩序，地方政府依据秦律规定，在此类犯罪控制上力求准确定罪，依法量刑，维护秦律在地方社会的权威，达成维持地方社会秩序稳定的目标。

三、对诬告行为的规制

秦自商鞅变法开始，以什五制度编制基层社会成员，又以连坐制度作为控制犯罪的基础性制度，一家有罪，九家连坐，若有人告发，则不用连坐，还可以得到不菲的赏赐，以此鼓励编户之间互相告奸。为防止为获取赏赐而诬告他人，又以"诬告反坐"加以限制。连坐、告奸、诬告反坐三种制度环环相扣，成为控制基层社会犯罪的基本制度。从《睡虎地秦墓竹简》的

---

[1]　《睡虎地秦墓竹简》，文物出版社 1990 年版，第 111 页。
[2]　《睡虎地秦墓竹简》，文物出版社 1990 年版，第 112 页。
[3]　《睡虎地秦墓竹简》，文物出版社 1990 年版，第 111 页。

记载来看，地方政府重点控制的则是"告不审"（告发的事实与实际有出入）、"诬告"行为，控制诬告行为对基层社会秩序带来的危害。

（一）法律规定的告奸义务

《史记·商君列传》载："令民为什伍，而相牧司连坐……"索隐曰："牧司谓相纠发也。一家有罪而九家连举发，若不纠举，则十家连坐。"《韩非子·定法》："公孙鞅之治秦也，设告相坐而责其实，连什伍而同其罪。"商鞅变法确定了秦律的"连坐法"，规定了同什伍之人有相互告奸的义务。《秦律杂抄·傅律》规定，户籍登记过程中出现"隐匿成童"、虚报"残疾人"、虚报年龄逃避徭役的欺诈行为，"敢为酢（诈）伪者，赀二甲；典、老弗告，赀各一甲；伍人，户一盾，皆迁之"①。其中"典"，即里典；"老"，即伍老，都是乡里机构的管理人员。"伍人"，即四邻。典、老、伍人均负有告发的义务，因为没有告发户籍登记中的弄虚作假行为，里典、伍老要受到"赀二甲"的处罚；"伍人"要处以迁刑。《秦律十八种·金布律》载："贾市居列者及官府之吏，毋敢择行钱布；择行钱布者，列伍长弗告，吏循之不谨，皆有罪。"② 注："据简文，商贾有什伍的编制，列伍长即商贾伍人之长。"说明商贾入什伍编制，伍长同样有告奸的义务。《法律答问》载："吏从事于官府，当坐伍人不当？不当。"官吏因为在政府履职，故而不对同伍之人承担告奸义务。

亲属之间有相互告奸的法律义务，《法律答问》载："'夫有罪，妻先告，不收。'妻媵（媵）臣妾、衣器当收不当？不当收。"③ "夫有罪，妻先告，不收"，是秦律律文。秦律有家人连坐的规定，按规定，夫犯罪，妻会受到连坐刑罚，同时有告发义务；由于"妻先告"才获得"不收"的奖励。《法律答问》载："盗及者（诸）它罪，同居所当坐。可（何）谓'同居'？户为'同居'，坐隶，隶不坐户谓殹（也）。"④ 秦自商鞅变法推行小家庭，"同居"的"户"就是登记于户籍册上的小家庭，包括父母和未成年子女，但不包括隶、妾。秦律规定了"同居"在犯盗罪以及与盗罪同类性质的犯罪的连带责任，与此对应，"同居"负有告奸的法定义务。

---

① 《睡虎地秦墓竹简》，文物出版社 1990 年版，第 87 页。
② 《睡虎地秦墓竹简》，文物出版社 1990 年版，第 36 页。
③ 《睡虎地秦墓竹简》，文物出版社 1990 年版，第 133 页。
④ 《睡虎地秦墓竹简》，文物出版社 1990 年版，第 98 页。

官吏之间有相互告发的法律义务，《语书》载："今法律令已布，闻吏民犯法为间私者不止……自从令、丞以下智（知）而弗举论，是即明避明主之法也……智（知）而弗敢论，是即明不廉也……智（知）皆大罪也。"① 把"自令、丞以下"对吏民犯法"知而弗举论""知而弗敢论"即明知犯罪而不揭追究的行为定性为"大罪"，说明按秦律，基层官吏都负有告奸的义务。秦律规定了上下级、同级官吏之间负有连带责任和相互告奸的义务，目的在于使上级约束下级，同级、下级监督上级，对于不告奸者，则严厉惩罚。

知情者有告奸的法律义务。秦律规定无论吏民、是否同什伍、是否有亲属关系，只要"知情"，即知道或应当知道有人犯罪，就必须告发，否则治罪，此即"知情者告奸"。看《法律答问》中的三条材料，一条材料是"甲盗，臧（赃）直（值）千钱，乙智（知）其盗，受分臧（赃）不盈一钱，问乙可（何）论？同论"。二条材料是"甲盗不盈一钱，行乙室，乙弗觉，问乙论可（何）殹（也）？毋论。其见智（知）之而弗捕，当赀一盾"。三条材料是"甲盗钱以买丝，寄乙，乙受，弗智（知）盗，乙论可（何）殹（也）？毋论"。② 一条材料显示，乙知道甲的犯罪行为，虽然只得到了微小的利益，但也以共犯论处。二条材料显示，只要不知情，则不受连坐处罚，若是知道对方为盗窃犯而不抓捕报官，则要受到处罚。三条材料显示，完全不知情时，可以免于处罚。

（二）对告奸行为的限制

告发他人犯罪可以获得物质奖励，为了防止利用告奸制度，诬陷他人谋取额外利益的行为，秦律对告奸作了多种限制。

一是禁止"州告"。所谓"州告"，即反复告发他人。《法律答问》载："可（何）谓'州告'？'州告'者，告罪人，其所告且不审，有（又）以它事告之，勿听，而论其不审。"③ "州"读为"周"，循环重复。当告发别人罪状不实（不审）时，又换个罪名继续告发的，不予受理，同时以"告不审"罪名惩办告发者。

二是"家罪"不得告奸。秦律规定"家罪"不可告奸。《法律答问》

---

① 《睡虎地秦墓竹简》，文物出版社1990年版，第13页。
② 《睡虎地秦墓竹简》，文物出版社1990年版，第96页。
③ 《睡虎地秦墓竹简》，文物出版社1990年版，第117页。

载："'家人之论，父时家罪殴（也），父死而誧（甫）告之，勿听。'可（何）谓'家罪'？'家罪'者，父杀伤人及奴妾，父死而告之。"①"父子同居，杀伤父臣妾、畜产及盗之，父已死，或告勿听，是胃（谓）'家罪'"②。结合上述律文规定，所谓家罪，包括父亲杀伤家内隶、妾，父亲死后才告发的；在父子"同居"期间，儿子杀伤"父"之奴妾、牲畜，或盗窃父亲的财产，在父亲死后告发两种情形。属于"家罪"的，即使有人告发，官府也不受理。家长杀伤自己的奴妾，要受到处罚，但在案件告发前，案犯死亡，已无追究的必要；儿子杀伤父亲的奴妾、盗窃父亲的财产，都可以纳入"不孝"罪的范畴，父亲不亲自告发，官府也不会受理。这是秦律禁止告发"家罪"的基本原因。《法律答问》载："甲杀人，不觉，今甲病死已葬，人乃后告甲，甲杀人审，问甲当论及收不当？告不听。"③犯罪行为人死亡，所犯罪行不再追究，这是秦律的基本原则，"家罪"就属于此类犯罪。

三是"诬告反坐"。如果认定告发者行为属于诬告，则以"诬告反坐"加以惩罚，即以其所告发的罪来处罚告发者。《法律答问》载："'伍人相告，且以辟罪，不审，以所辟罪罪之。'有（又）曰：'不能定罪人，而告它人，为告不审。'今甲曰伍人乙贼杀人，即执乙，问不杀人，甲言不审，当以告不审论，且以所辟？以所辟论当殴（也）。"④如果是同伍之人告发，如果告发不实或错告时，直接"以其所避之罪罪之"，即"诬告反坐"，以其所告之罪来处罚告发者。因为什伍相告，一旦错告，则蒙冤人数众多，影响恶劣，因此从重打击。

四是"实名告奸"。《法律答问》载："'有投书，勿发，见辄燔之；能捕者购臣妾二人，繫（系）投书者鞫审谳之。'所谓者，见书而投者不得，燔书，勿发；投者得，书不燔，鞫审谳之之谓也。"投书，即投递书信，匿名告发犯罪。秦律规定，如果发现有投递匿名告发信的，一律烧毁告发信，不得拆开；如果能捕获投书者，给予抓捕者男、女奴隶二人的重赏，严格审讯投书者，匿名信也不用烧毁。投寄匿名书信，告发他人犯罪所占比重不

---

① 《睡虎地秦墓竹简》，文物出版社1990年版，第118页。
② 《睡虎地秦墓竹简》，文物出版社1990年版，第119页。
③ 《睡虎地秦墓竹简》，文物出版社1990年版，第109页。
④ 《睡虎地秦墓竹简》，文物出版社1990年版，第116页。

小，秦律提倡实名告奸，禁止匿名诬告。

告奸、连坐是秦律的基本制度，对地方政府而言，重点是要防止有人利用这一制度谋取私利，对"诬告"行为的甄别、处罚就是立足于这一点。秦墓竹简中墓主人摘录的此类文字，从一个侧面验证了地方政府对甄别"诬告"行为的重视，更说明了"诬告"行为在该地区的多发。

秦朝武汉地区的社会犯罪类型当然不止于盗犯罪、杀伤罪和诬告罪，相比较而言，上述三类犯罪是多发且影响较大的犯罪，是地方法治过程中重点控制的犯罪类型。

第五节　地方治安法规与治理管理

《管子·形势解》云："生养万物，地之则也；治安百姓，主之则也。"治安的基本含义是维护社会秩序稳定，使百姓安居乐业，使政权统治稳固。维持社会治安，是政权应该肩负的责任，是政权"正当性"的最基本表现；同时，也是政权本身存在的基础。鉴于社会治安的重要性，秦律规定了基层政权的治安责任，制定了相关法律，以控制和消除危害社会秩序的行为，保证社会秩序的稳定。

一、地方治安管理模式

秦代，各郡必须遵守国家法律，但在国家整体法律框架内，郡守有权根据地方社会实际，因地制宜，颁布地方性法规，作为地方治安管理的指导原则。前述《语书》就是南郡守腾向辖区县、道颁发的地方治安管理的指导性法规。《语书》强调，"今法律令已具矣，而吏民莫用，乡俗淫失（泆）之民不止，是即法（废）主之明法殹（也）"①。强调推行国家法律，改造"恶俗"、控制"淫佚之民"的重要性。南郡政府"修法律令、田令及为间私方而下之，令吏明布，令吏民皆明智（知）之，毋巨（距）于罪"。"法律令"泛指国家法令，"田令"指关于农田、农业管理的法令，"间私"即奸私。秦简《日书》称"盗"为"为间者"。"方"，《后汉书·桓谭》注："犹法也。""为间私方"即南郡守腾颁布的惩治盗犯罪的地方性治安法规，南郡辖下县、道必须执行，即"毋距于罪"。

---

① 《睡虎地秦墓竹简》，文物出版社1990年版，第13页。

秦代县级政权有较强的军事实力，① 是地方治安的主管机构。从《睡虎地秦墓竹简》的记载来看，大量地方治安案件都是由县级官员处理，如勘验现场、查封罪犯财物、抓捕强盗、逮捕逃亡人员、撰写爰书等，都由县令、丞等官员完成。依据《封诊式》的记载，盗窃牛马、盗窃钱财、抢劫财物、杀人、伤害、逃避徭役兵役等严重影响地方社会稳定的治安案件最为多发，尤其是武装"群盗"、盗窃团伙的活动尤其严重，② 说明秦代武汉地区社会治安管理的复杂性和严重性。

秦在地方设有"亭"，设在城市中的为"街亭"，设在乡村中的为"乡亭"，由亭长、亭卒、求盗等人员组成，亭主要负责"禁盗贼"，即维护社会治安。亭长与"游徼"职责类似，但游徼是县政权的内设机构的负责人员。亭是外派机构，各亭有对应的辖区，以亭为固定治所，巡查地方、收捕盗贼，亭长是一亭的长官。《急就篇》载："斗变杀伤捕邻伍，游徼、亭长共杂诊。"即游徼、亭长是平行关系，在处理重大治安案件时互相合作。亭长下属有"求盗"，属于专职捕盗人员，亭长不能安排求盗从事其他工作，求盗犯"盗罪"，惩罚也比一般人严厉。《封诊式》"群盗"是一篇记载"亭校长""求盗"共同追捕武装群盗的法律文书，则"亭校长"与"求盗"一样，负责执行抓捕盗贼的任务，是基层社会治安的主要官员。《封诊式·经死》："爰书：某里典甲曰：里人士五（伍）丙经死其室，不智（知）故，来告。"③ 里内发生"吊死"命案，属于严重的治安案件，由里典负责上报有关机构。《封诊式·穴盗》记载接到发生丢失棉衣案件的报案后，"令史某爰书：与乡□□隶臣某即乙、典丁诊乙房内"④。则里典不但要上报而且要协助侦破。"乡某爰书：以某县丞某书，封有鞫者某里士五（伍）甲家室、妻、子、臣妾、衣器、畜产。（人口及查封财产清单）几讯典某某、甲伍公士某某，甲党（倘）有它当封守而某等脱弗占书，且有罪。某等皆言曰：甲封具此，毋（无）它当封者。即以甲封付某等，与里人更守之，侍（待）令"⑤。查封犯罪人的财物，也由里典出面协助、作证、看

---

① 张功：《秦朝郡县关系考论》，《南都学坛》2005 年第 2 期。
② 《睡虎地秦墓竹简》，文物出版社 1990 年版，第 145—164 页。
③ 《睡虎地秦墓竹简》，文物出版社 1990 年版，第 158 页。
④ 《睡虎地秦墓竹简》，文物出版社 1990 年版，第 160 页。
⑤ 《睡虎地秦墓竹简》，文物出版社 1990 年版，第 149 页。

守。里典在地方治安方面的地位十分重要。

秦代，乡、里、亭等基层机构形成了相互交叉的治安防控体系，三者互相配合，共同承担维护社会秩序、预防社会犯罪、维持社会治安的职责。

秦自商鞅变法开始，逐步形成了完善的基层治安管理模式，这一模式以户籍制度为基础，以什五制度为依托，以连坐制度和告奸制度为主干，邻里之间互相监督，一旦发现"奸人"，要及时告发，此为告奸义务；否则要连坐受罚。《急就篇》有"变斗杀伤捕邻伍"的说法，就指的是邻里连坐。《法律答问》载："贼入甲室，贼伤甲，甲号寇，其四邻、典、老皆出不存，不闻号寇，问当论不当？审不存，不当论；典、老虽不存，当论。"[1] "四邻"即同伍之人。不追究四邻罪责的原因是"皆出不存"，即不在现场，反过来说，若四邻在现场，闻到"号寇"之声，就必须抓捕盗贼，否则要受到处罚。同时规定，不论"里典""伍老"是否在现场，都要受到处罚。不仅同伍邻人负有治安管理的责任，就是发生在野外（大道）上的杀伤人案件，在附近（百步之内）的人不加救助，也要"赀二甲"，受到处罚。"有贼杀伤人冲术，偝旁人不援，百步中比壄（野），当赀二甲"[2]。这一制度将所有社会成员都纳入治安管理主体的体系之内，强制承担治安管理责任。

津关制度是治安管理制度的有机组成部分。津，指渡口；关，指关口；是水陆交通要道。津关就是在水陆交通要道设置的关卡。《吕氏春秋·仲夏》载："门宫无闭，关市无索。"高诱注："关，要塞也。"贾谊《过秦论》（下）云："秦兼诸侯山东三十余郡，缮津关，据险塞，缮甲兵而守之。"秦国的函谷关、武关就是著名的关卡。津关与通关凭证相结合，构成津关制度，用于控制人员来往，查验违禁物品，缉拿罪犯。秦的通关凭证为"传""符"或"验"。《说文》载："符，信也，汉制以竹，长六寸，分而相合。"孟尝君在逃出函谷关后，"即驰去，更封传，变名姓以出关"[3]。秦简《法律答问》载："客未布吏而与贾，赀一甲。可（何）谓布吏，诣符传于吏是谓布吏。"[4] 商人辗转各地贸易，每到一地先要把通行凭证"符传"上缴官府验看无误，方许交易，从中大概可以看到秦的符传管理规定。《史

---

① 《睡虎地秦墓竹简》，文物出版社 1990 年版，第 116 页。
② 《睡虎地秦墓竹简》，文物出版社 1990 年版，第 117 页。
③ 《史记》卷 75《孟尝君列传》，中华书局 1959 年版，第 2355 页。
④ 《睡虎地秦墓竹简》，文物出版社 1990 年版，第 137 页。

记·商君列传》载："商君之法，舍人无验者坐之。""验"即符传。没有符传，既过不了关卡，也无法投宿，秦简《游士律》规定："游士在，亡符，居县赀一甲。"① 秦律对没有通行证而逃亡者称为"阑亡"，即"无符传出入为阑"。秦简中有有秩吏捕获阑亡者送交官府的案例，还有男女二人"阑亡"被捕获的记载，说明对符传的查验是十分严格的。

二、地方治安管理的重点——逃亡人口的控制

从《睡虎地秦墓竹简》记载来看，墓主人任职地区的逃亡现象十分严重。普通百姓、服役刑徒、奴婢逃亡在记载中出现最多，构成社会逃亡的主体部分。秦政权赋役征收过重是普通百姓逃亡的原因之一，"赋敛亡度，竭民财力，百姓散亡，不得从耕织之业，群盗并起"②。公权力针对百姓的财赋吸纳超出其承受范围时，百姓只能以逃亡应对。"夫、妻、子五人共盗，皆当刑城旦，今中（甲）尽捕告之，问甲当购几可（何）？人购二两"；"夫、妻、子十人共盗，当刑城旦，亡，今甲捕得其八人，问甲当购几可（何）？当人购二两"③。"夫、妻、子五人为盗"属于全家逃亡，无以为生而为盗；"夫、妻、子十人为盗"则是几个小家庭一起逃亡为盗。逃亡人口无以为生，只能通过盗窃、抢劫求生，为躲避刑罚惩治，只好继续逃亡。加上同居、什伍连坐，一人犯罪，多人受罚，为躲避惩罚，同居、伍人也加入逃亡队伍，逃亡人口如滚雪球般越来越多。《岳麓书院藏秦简（四）》所载《亡律》有针对刑徒逃亡的处理条文，如简1976："城旦舂司寇亡而得，黥为城旦舂；不得，命之，其狱未鞫而自出殹（也），治（笞）五十，复为司寇。"④ 这是刑徒逃亡的处罚规定，也说明刑徒逃亡比较普遍。简1945："免奴为主私属而将阳阑亡者，以将阳阑亡律论之，复为主私属。"⑤ 这是针对奴婢逃亡的处理规则。简0185："阑亡盈十二月而得，耐。不盈十二月为将阳，繫（系）城旦舂。"⑥ "将阳"为不经同意擅自出走，逃亡时间在一年以内者；"阑亡"，指无符传逃亡。人口逃亡不但影响地方政府的租赋征收、劳役征发以及公共工程的修建，而且逃亡人口不断犯罪，甚至武装对抗

---

① 《睡虎地秦墓竹简》，文物出版社1990年版，第80页。
② 《汉书》卷56《董仲舒传》，中华书局1962年版，第2511页。
③ 《睡虎地秦墓竹简》，文物出版社1990年版，第125页。
④ 陈松长主编：《岳麓书院藏秦简（四）》，上海辞书出版社2015年版，第55页。
⑤ 陈松长主编：《岳麓书院藏秦简（四）》，上海辞书出版社2015年版，第64页。
⑥ 陈松长主编：《岳麓书院藏秦简（四）》，上海辞书出版社2015年版，第69页。

政府，危及地方社会稳定。控制逃亡人口是墓主人任职地区社会治安的核心问题。

刑徒、奴婢逃亡在《睡虎地秦墓竹简》中的记载也不少，只是《睡虎地秦墓竹简》未出现《亡律》，而《岳麓书院藏秦简（四）》中《亡律》正好弥补了这一缺陷。结合简牍材料，可以判定南郡地区普通百姓、刑徒和奴婢构成逃亡人口的主要部分。《岳麓书院藏秦简（四）》收录有105枚秦简，简文都与逃亡相关，第1991号简背有"亡律"二字，是为秦律中的《亡律》。《亡律》涉及逃亡类型、处罚规则、抓捕责任等，是地方政府控制社会逃亡的法律依据。

县、乡等基层官吏是国家控制逃亡犯罪最主要的力量，从乡官里吏到县廷官员，都负有亲自抓捕逃亡人犯的责任。见于文献和秦汉简牍记载者极多。如"有秩吏捕阑亡者，以畀乙，令诣，约分购，问吏及乙论可（何）殹（也）？当赀各二甲，勿购"①。"有秩吏"即县级政府中百石以下俸禄的官吏，本身负有抓捕逃亡人口的职责，所以不予奖励。

基层政府对辖区内发生的逃亡案件要详细登记。《封诊式》"有鞫"条："敢告某县主：男子某辞曰：'士五（伍），居某县某里，去亡。'可定名事里，所坐论云可（何），可（何）罪赦，（或）覆问毋（无）有，几籍亡，亡及逋事各几可（何）日，遣识者当腾，腾皆为报，敢告主。"②这是一个逃亡案件的记录，报案的是一位男子，报告居住在某县某里的男子逃亡。县里的负责人接到报案后，派人专门调查逃亡者的姓名、身份、籍贯、曾经犯过何罪、判处过什么刑罚、是否经过赦免、有过几次躲避徭役的逃亡，将这些情况一一登记在案，然后上报县府。

为了控制逃亡人员，秦律禁止收留逃亡人员。

　　亡城旦舂、鬼薪、白粲舍人室、人舍、官舍，主舍者不智（知）其亡，赎耐。其室人、舍人存而年十八岁者及里典、田典不告，赀一甲。伍不告，赀一盾。当完为城旦舂以下到耐罪及亡收、司寇、隶臣妾、奴婢、阑亡者舍人室、人舍、官舍，主舍者不智（知）其亡，赀

---

① 《睡虎地秦墓竹简》，文物出版社1990年版，第125页。
② 《睡虎地秦墓竹简》，文物出版社1990年版，第150页。

二甲。其室人、舍人存而年十八岁以上者及里典、田典、伍不告，赀一盾。①

"人室"即百姓家中，"人舍"即私人旅店，"官舍"即官营旅店。对收留逃亡刑徒的旅店要给予处罚，依据是否知情、逃亡刑徒的罪名轻重，处以"赎耐""赀一盾""赀二甲"的不同惩罚。就是与逃亡者一起住店的十八岁以上的人员，以及旅店所在地的里典、田典、伍长都要负连带责任，受到"赀一盾"的处罚。

逃亡人员要生存，要么盗窃、抢劫，要么为人佣工，为了限制人口逃亡，秦律规定不能"取亡人为庸"。简 2012："取罪人、群亡人以为庸，智（知）其请（情），为匿之；不智（知）其请（情），取过五日以上，以舍罪人律论之。"② 雇用逃亡人员，为其提供衣食之资，如果知晓其逃亡者的身份，则是故意，为"匿"；不知其逃亡者的身份，则是过失，为"舍"，各自处罚不同。

遇到自首的逃亡人员，也要记录在案。《封诊式》"亡自出"条："乡某爰书：男子甲自诣，辞曰：'士五（伍），居某里，以迺二月不识日去亡，毋（无）它坐，今来自出。'问之□名事定，以二月丙子将阳亡，三月中逋筑宫廿日，四年三月丁未籍一亡五月十日，毋（无）它坐，莫覆问。以甲献典乙相诊，今令乙将之诣论，敢言之。"③ "将阳"，注释小组释为游荡。这是对一个自己返乡的逃亡人员的审理记录，乡里报告了案件，县里派遣专人经过仔细询问后，把逃亡者的情况一一记录存档。"籍"就是登记逃亡，"几籍亡"是多次登记逃亡。逃亡的起止日期以及逃避徭役即"乏徭"的种类都要登记。秦朝很少大赦，逃亡者犯下的各种罪行无法得到赦免和减轻，一一积累起来，就成了官府定罪的依据。逃亡者积累的案底越多，就越要逃亡，越不能返乡，这也是秦朝社会逃亡人员众多的原因之一。

遇到逃亡人员武装抢劫，地方政府要出动军事力量，全力抓捕。

---

① 陈松长主编：《岳麓书院藏秦简（四）》，上海辞书出版社 2015 年版，第 59—60 页。
② 陈松长主编：《岳麓书院藏秦简（四）》，上海辞书出版社 2015 年版，第 64 页。
③ 《睡虎地秦墓竹简》，文物出版社 1990 年版，第 163 页。

群盗，爰书：某亭校长甲、求盗才（在）某里曰乙、丙缚诣男子丁，斩首一，具弩二、矢廿，告曰："丁与此首人强攻群盗人，自昼甲将乙等徼循到某山，见丁与此首人而捕之。此弩矢丁及首人弩矢殴（也）。首人以此弩矢□□□□□乙，而以剑伐收其首，山俭（险）不能出身山中。"［讯］丁，辞曰："士五（伍），居某里。此首某里士五（伍）戊殴（也），与丁以某时与某里士五（伍）己、庚、辛强攻群盗某里公士某室，盗钱万，去亡。己等已前得。丁与戊去亡，流行毋（无）所主舍。自昼居某山，甲等而捕丁戊，戊射乙，而伐杀收首。皆毋（无）它罪坐。"诊首毋诊身可殴（也）。①

秦律规定，五人以上结伙抢劫即为"群盗"，这是一件亭校长、求盗共同追捕武装群盗集团的案件记录。五名逃亡人员结伙抢劫了"钱万，去亡"，受到攻击，群盗中有人被杀，有人被捕。县级政权派遣武装人员，由亭校长、求盗率领士伍乙、丙追捕武装强盗集团，最后在山中射死一人，捕获一人，缴获弩机和箭矢。

秦律有悬赏抓捕逃亡人口的规定。从《秦简》看，墓主人任职的地方政府使用悬赏捉拿的方式还是有一定效果的，许多逃亡犯人被贪图赏金的人抓获。在一定意义上说，以悬赏吸引人们抓捕逃亡罪犯，是南郡地方政府控制逃亡犯罪的一个有效方法，它激发了普通士伍抓捕逃亡犯罪者的积极性，对地方政府控制逃亡罪犯，减少逃犯对社会的危害方面有重要的作用。"□捕，爰书：男子甲缚诣男子丙，辞曰：'甲故士五（伍），居某里，乃四月中盗牛，去亡以命。丙坐贼人□命。自昼甲见丙阴市庸中，而捕以来自出。甲毋（无）它坐。'"② 这是一个具体案件的记载，甲因为犯盗窃罪而逃亡，亲自捕获了逃亡杀人犯，结果虽然没有记载，但能够得到赏金，或免去对自己犯罪行为的追究则是一定的，否则，甲冒着生命危险捕获乙并交给官府的做法就失去了意义。在逃罪犯抓获其他逃亡罪犯就可以将功赎罪，这对抓捕逃亡犯罪者是有一定作用的，有时还会起到分化逃亡集团的作用。

① 《睡虎地秦墓竹简》，文物出版社1990年版，第152页。
② 《睡虎地秦墓竹简》，文物出版社1990年版，第150页。

第六节　法治效果与影响

南郡地区原为楚国中心地区，从秦昭王二十九年（前278年）"大良造白起攻楚，取郢为南郡"到秦灭亡的大约70年间，属于秦法的管理范围。秦在南郡地区的法治，表现为秦国法治模式取代楚人法治模式的过程，这一过程又表现为秦文化与楚文化的冲突，① 楚人原有法治模式被秦的法治模式所取代，这一结果产生了深远的影响。

一、法治模式的秦国化

南郡地区的秦楚文化冲突在《睡虎地秦墓竹简·语书》中有所体现："今法律令已具矣，而吏民莫用，乡俗淫失（泆）之民不止，是即法（废）主之明法殹（也），而长邪避（僻）淫失（泆）之民，甚害于邦，不便于民。"② 日本学者工藤元男提出《语书》的颁布和当时的历史背景有关，他认为《语书》在秦王政二十年（前227年）前后颁布，反映了秦国法治主义的转变，即"秦走向一元化统治、向法治主义转换的当初，还不得不采取比较宽容的统治，其后渐渐强化一元化统治，最后到了像《语书》所表明的地步"③。其实，《语书》的颁布是楚灭亡的四年前，当时的南郡就是与楚国邻接的地方，所以，秦政府需要在伐楚之前加强控制南郡。所谓"今法律令已具矣……""今法律令已布……"，是说秦律早已在南郡地区推行。细究《语书》的立论，虽然部分文字反映出文化冲突，但该文书发布的主要目的在于秦政府想要控制、解决这些问题，强调国家法律高于地方风俗，要坚决维护秦法律令。秦律与地方风俗的对立并不是当时南郡存在的主要问题，而是可以克服、控制的小问题。

经过近70年的统治，秦律在南郡得到比较彻底的贯彻。睡虎地11号秦墓的墓主人"喜"是在南郡属县担任过令史等司法职务的地方官，他的墓中随葬的《秦律十八种》《效律》《秦律杂抄》《法律答问》《封诊式》等法

---

① 陈苏镇：《〈春秋〉与"汉道"：两汉政治与政治文化研究》，中华书局2011年版，第12—28页。

② 《睡虎地秦墓竹简》，文物出版社1990年版，第11页。

③ ［日］工藤元男：《睡虎地秦简所见秦代国家与社会》，［日］广濑薰雄、曹峰译，上海古籍出版社2010年版，第366页。

律文书证明秦律在南郡得到严格推行，《编年纪》则证明南郡已经严密实行秦律所规定的人口管理制度。墓主人"喜"曾于"十三年，从军""十五年，从平阳军"，秦政权在南郡地区的兵役规则也得到了落实。

秦律在南郡地区一直实行到楚汉之争。《龙岗秦简》载，"鞫之：辟死论不当为城旦。吏论：失者已坐以论。九月丙申，沙羡丞甲、史丙免辟死为庶人。令自尚也。"① 整理者认为"九月丙申"是"秦二世二年（前208年）前九月甲午朔，丙申为三日"或"汉高祖三年（前204年）前九月庚午朔，丙申为二十七日"的可能性很大，其中汉高祖三年的可能性更大。② "沙羡"正是现在的武汉地区，如果这一推测准确，说明秦末，甚至楚、汉交锋时期秦律在南郡继续实行。《周家台秦简》有"秦二世元年历日"，也反映了同样的情况。其背面记载，"以十二月戊戌嘉平，月不尽四日。十二〔月〕己卯□到。廷赋所，一籍蓆廿"③。意思是说各家各户应在12月己卯日将应缴纳的赋税送到收赋的地点，运送农产品的车或船都要垫二十张席子。无论它是实际公文书还是个人记录，都可以明确看到秦朝的赋税规定在秦二世元年依然在南郡地区实行。秦律作为地方社会治理的依据，已经深入人心，成为根深蒂固的传统。

由于秦律的推行，南郡地区的礼仪文化和宗教观念也表现出秦楚交融的特征。云梦睡虎地秦墓陪葬品的文化特征，与关中秦墓、郑州岗杜秦人墓、江陵凤凰山秦人墓的随葬器物的文化特征基本相同；而与江汉地区战国早中期的楚墓、凤凰山战国晚期楚人后裔墓随葬器物的文化特征有较大差别；它与云梦大坟头和江陵凤凰山西汉早期墓随葬器物的文化特征相比较，后者存在着文化面貌上的继承性，而又有一定的时代差异。④ "秦对江汉地区的统一，伴随着人口的迁徙、流动和融合，表现在葬俗上，自然会出现混合的特点。"⑤ 南郡地区墓中随葬品的文化特征显示出近七十年来秦文化对楚文化

---

① 中国文物研究所、湖北省文物考古研究所编：《龙岗秦简》，中华书局2001年版，第144页。
② 中国文物研究所、湖北省文物考古研究所编：《龙岗秦简》，中华书局2001年版，第8、145页。
③ 湖北省荆州市周梁玉桥遗址博物馆编：《关沮秦汉墓简牍》，中华书局2001年版，第103页。
④ 《云梦睡虎地秦墓》编写组：《云梦睡虎地秦墓》，文物出版社1981年版，第71页。
⑤ 中国社会科学院考古研究所编著：《中国考古学（秦汉卷）》，中国社会科学出版社2010年版，第136页。

的影响和改造是十分明显的，从地域文化上武汉地区逐渐纳入了"秦文化"的范围。

建除（指根据天象占测人事吉凶祸福的方法）与择日术是宗教观念的生活体现。在南郡地区出土的简牍资料中有多种《日书》，记载了不同的建除规则和择日术，计有睡虎地秦简《日书》甲乙种、九店《日书》、孔家坡《日书》等，这些《日书》都包含有相同系列的择日术，可以通过互相比较找出楚、秦择日方式的异同，也可以看到当时在南郡发生的择日乃至历法的变化。根据刘乐贤教授的研究，在九店《日书》与睡虎地《日书》里共同记载"建除""丛辰""咸池"等择日术，大致可以区分为秦系列和楚系列。这两种系列的择日术在细节的选用方式上有关键性差异。随着时间的推移，秦系列的择日术逐渐占据优势，最终统合为以秦系列为主体。[1] 睡虎地秦简《日书》就反映出两种系列建除混合的情况。甲种的"秦除"是"正月—建—寅"方式的秦系列建除，而甲、乙种前面记载的两个"除"都是"正月—建—辰"方式的楚系列建除。但是，楚系列建除的结构似乎是不完整的，它是九店《日书》"建除"与"丛辰"相混淆的形式。到使用孔家坡汉简《日书》的汉景帝后元二年（前142年）时期，楚系列建除完全被淘汰了。[2] 也就是说，南郡地区的民间宗教观念在入秦后的七十多年间，逐渐为秦政权主导的观念所取代，民间宗教观念也由楚入秦了。

二、法治效果差强人意

但南郡地区毕竟是由楚入秦的，要想彻底取代数百年来形成的楚国法治模式，似乎不是一件容易的事。《睡虎地秦墓竹简·语书》载：

> 今法令已布，闻吏民犯法、为间私者不止，私好、乡俗之心不变，自从令、丞以下智（知）而弗举论，是即明避主之明法殹（也），而养匿邪避（僻）之民。如此，则为人臣亦不忠矣。若弗智（知），是即不胜任、不智殹（也）；智（知）而弗敢论，是即不廉殹（也）。此皆大罪殹（也），而令、丞弗明智（知），甚不便。今且令人案行之，举劾不从令者，致以律，论及令、丞。有（又）且课县官，独多犯令，而

---

① 刘乐贤：《楚秦选择术的异同及影响——以出土文献为中心》，《历史研究》2006年第6期。
② ［韩］琴载元：《反秦战争时期南郡地区的政治动态与文化特征——再论"亡秦必楚"形势的具体层面》，《简牍学研究》年刊，2014年。

令、丞弗得者，以令、丞闻。①

《睡虎地秦墓竹简》中的法律文书是墓主人"喜"摘抄而来，不是秦律的全文，甚至也不是法规的整条摘录。之所以这样，是与墓主人的职务活动密切相关，墓主人摘录的这些法律，都是在日常职务活动中使用频率较高的规范，由此可以推测，与这些法律有关的犯罪，也是安陆以至南郡地区最为频发的犯罪，反映了安陆以至南郡地区法治的基本面貌。沙羡紧邻安陆，社会的法治状况应该也没有太大的区别。由《睡虎地秦墓竹简》的法律摘录可以推知这一地区的犯罪情况。

一是"恶俗不止"。从《语书》的描述看来，"恶俗"是指乡俗的一部分，是"不便于民，害于邦"且又容易使人陷入"邪僻"而被国家法律禁止的"风俗"。风俗与民族、水土、法度和社会管理传统有关。《史记·货殖列传》说南郡"其俗剽轻，易发怒……通鱼盐之货，其民多贾"。② 《汉书·地理志》说南郡民众"信鬼巫，重淫祀③，此即《语书》所谓恶俗，是有可能妨害秦律实施效果的淫祀邪教。秦国自商鞅变法以来一直以"变法易俗""匡饬异俗"为法治的目标之一。南郡地区的上述风俗显然与秦政权的要求相左，成为法律、法令改造的对象，从《语书》的内容来看，这一改造工作的效果并不十分理想。

二是"淫泆之民"不止。《语书》"淫泆之民"即《商君书》中的"淫民"，受"恶俗"熏染，当法律不完备时，他们钻法律的空子；当法律"已具矣"时，他们无视法律，与官吏勾结，违法犯罪。《语书》说"故腾为是而修法律令、田令及为间私方而下之"。"法律令"是法律、法令的通称；"田令"是关于农田所有权和农田管理的法令。秦有田律、田令，汉有田令。"为间私"，秦简《日书》乙种称"盗"为"为间者"。"方"，《后汉书·桓谭传》注："犹法也。"即是说，南郡守腾将有关法律、田令和惩治奸盗行为的法令整理公布，希望能纠正恶俗，防止犯罪。

三是"吏民犯法为间私者不止"。"吏"即基层官吏，按秦墓竹简《语

---

① 《睡虎地秦墓竹简》，文物出版社 1990 年版，第 12 页。
② 《史记》卷 129《货殖列传》，中华书局 1959 年版，第 3267 页。
③ 《汉书》卷 28《地理志》，中华书局 1962 年版，第 1666 页。

书》所指，应该是南郡下属的各县的基层官吏。秦简《厩苑律》规定，国家牛场定期检查牛的饲养情况，考核最差的，主管官员（田啬夫）要受到斥责，甚至笞打。"谇""笞"作为惩罚方式，对应的是吏的渎职违法行为；基层政府使用国有的牛马，一年之内牛马死亡超过三分之一，主管官员、具体饲养人员都要受到处罚。基层官员使用国家财产失职损失过多，也属于"犯罪"。《工律》规定，官员不得擅自借用官府器物，否则有罪。南郡守腾一再强调的"吏"的犯罪中，也包括此类假借国家器物的犯罪行为。《司空律》规定，官府借用官有牛车，导致车轴扭断，车盖、车围及车伞断裂，主管车、牛的官、吏都要受到处罚。《效律》规定，主管仓库的佐、吏如果被发现谷物的数量不足、或者损毁粮食超过限度，或者封存标签不符合规范，或者违规发放谷物，都要被追究责任。《行书律》规定官府文书要按照规定的日期发出，不得稽留，一旦稽留，要受到处罚。《内史杂》规定："非史子殹（也），毋敢学学室，犯令者有罪。"①秦律强调"学在官府""以吏为师"，对学生资格有严格限制，不是"史"的儿子而在官府学校学习，也是犯罪。《内史杂》规定："侯（候）、司寇及群下吏毋敢为官府佐、史及禁苑宪盗。"②这是对担任官府佐、史、禁苑宪盗任职资格的规定，违反这一资格的任职，当属违法。《内史杂》还规定，储藏谷物的仓库要严格管理，不得让闲杂人靠近，官吏不得住宿在仓库之中，"有不从令而亡、有败、失火，官吏有重罪，大啬夫、丞任之。"③"任之"即承担责任。从上述罗列的犯罪规定来看，涉及南郡地区官吏犯罪的类型是复杂的，也印证了《语书》关于吏为奸犯罪的判断，这和《荀子·强国》篇对秦政权官场风气的描述大相径庭，多少与南郡地区存在源远流长的"楚国"法治模式传统有一定关系。④

"民"即普通百姓。《睡虎地秦墓竹简》中记载最多的民间犯罪是盗犯罪。生产资料、生活资料、大型垦畜、家禽、金钱等都是盗窃对象。行为方

① 《睡虎地秦墓竹简》，文物出版社1990年版，第63页。
② 《睡虎地秦墓竹简》，文物出版社1990年版，第63页。
③ 《睡虎地秦墓竹简》，文物出版社1990年版，第64页。
④ 《荀子·强国》载："应侯问孙卿子曰：入秦何见？孙卿子曰：……及都邑官府，其百吏肃然，莫不恭俭、敦敬、忠信而不楛，古之吏也。入其国，观其士大夫，出于其门，入于公门；出于公门，归于其家，无有私事也；不比周，不朋党，倜然莫不明通而公也，古之士大夫也。观其朝廷，其朝闲，听决百事不留，恬然如无治者，古之朝也。故四世有胜，非幸也，数也。是所见也。"

式以"潜形隐面而取"的盗窃为主。从犯罪人数看，单人或五人以下的盗窃案最多；群盗即人数在五人以上的团伙盗窃也在大规模活动。强盗即武装抢劫犯罪多有发生，《法律问答》中有"盗"斗杀求盗的记载，《封诊式》有五人"强攻群盗某里公士某室，盗钱万，去亡"的案例。

盗与逃亡紧密联系在一起，《汉书·惠帝纪》注中有"盗者逃也"的说法，一旦事发，只有逃亡他乡，流动不定是盗的共同特征。逃亡犯罪是仅次于盗犯罪的犯罪类型。逃亡的主要原因是"逋事与乏徭"。《法律问答》载："可（何）谓逋事与乏徭？律所谓者，当繇（徭），吏、典已令之，即亡弗会，为逋事；已阅及敦（屯）车食若行到繇（徭）所乃亡，皆为乏繇（徭）。"[1] 按秦法应当服徭役的人却逃亡不去称为"逋事"。已到服役场所或已开始服徭役而逃亡称为"乏徭"。秦朝徭役繁苛，逃亡者很多。据《史记·高祖本纪》载："高祖以亭长为县送徒骊山，徒多道亡。自度比至皆亡之。到丰西泽中，止饮，夜乃解纵所送徒。曰：'公等皆去，吾亦从此逝也。'徒中壮士愿从者十余人。"[2] 这是史籍所见的最完整的"逋事"。《睡虎地秦墓竹简·封诊式》记载了大量的逃亡犯罪案件。

其他类型的犯罪如性犯罪（包括强奸、和奸犯罪）、伤害罪、杀人罪也时有发生。《法律答问》载："臣强与主奸，可（何）论，比殴主。"[3] 殴主如何处罚，律文没有直接的规定，但其比附的基础是强奸同于殴打，"臣"即隶臣，家中的男奴隶。秦的父家长制家庭包括自由人和奴隶，而自由人中的子女、妻妾也是父家长的财产，在法权地位上与奴有相似之处。从以上两点出发，参考《法律答问》中"殴大父母，黥为城旦舂"[4] 的律文规定，大概可以判定"臣强与主奸"，要"黥为城旦舂"，这是对强奸罪的惩处规定。《封诊式》载："爰书：某里士五（伍）甲诣男子乙、女子丙，告曰：'乙、丙相与奸，自昼见某所，捕校上来诣之。'"[5] 和奸属于秦律中的"淫佚"行为，也是法律惩处的犯罪之一。《战国策·秦策》载："楚人有两妻者，人诚其长者，长者詈之；诚其少者，少者许之。居无几何，有两妻者

---

① 《睡虎地秦墓竹简》，文物出版社 1990 年版，第 132 页。
② 《史记》卷 8《高祖本纪》，中华书局 1959 年版，第 347 页。
③ 《睡虎地秦墓竹简》，文物出版社 1990 年版，第 111 页。
④ 《睡虎地秦墓竹简》，文物出版社 1990 年版，第 111 页。
⑤ 《睡虎地秦墓竹简》，文物出版社 1990 年版，第 163 页。

死，客谓诮者曰：'汝取长者乎？少者乎？'曰：'取长者。'客曰：'长者訾
汝，少者和汝，汝何为取长者？'曰：'居彼人之所，则欲其许我也。今为
我妻，则欲其为我訾人也。'"虽是故事，但说明楚国男女接触比较随便，
成为性犯罪滋生的土壤。性犯罪作为"恶俗"之一，受到严惩。

伤害、杀人罪。《封诊式》载有"出子"一案，记载一名孕妇与另一妇
女斗殴，导致腹中胎儿流产；《封诊式》载有"贼死"案，记载一名男子被
人杀死。

若以《包山楚简》司法简记载的案例和《睡虎地秦墓竹简》记载的司
法案例相比较，南郡地区在楚国时期，对法治秩序的破坏主要是人口争夺
（人口登记、人口逃亡）、田地争夺以及自然犯罪中的杀人等行为，数量不
多。相比较而言，《睡虎地秦墓竹简》中的犯罪案件种类多、数量多、犯罪
危害严重。这也许是两种"法治模式"冲突与融合过程中的一般现象。

三、法治模式的特征与影响

秦律在南郡地区的推行，以消除"恶俗"、根治"淫佚之民"、打击
"恶吏"为主要目标，与此前的楚国法治相比，表现出如下特征：一是公权
力对社会生活的全面渗透。从秦简所载的律令来看，秦政权通过严密的法律
规范，将社会成员一生的活动，如出生、成年、结婚、生育、迁移、死亡等
全部纳入法律规制之内，受到公权力的严密控制，通过户籍制度、什伍制
度、连坐制度、告奸制度，将社会成员纳入法网之中，一旦有所异动，即会
受到检举揭发，受到法律惩治。秦律针对农业、畜牧业、手工业、商业都制
定了详细的规则，将所有的生产经营活动都纳入公权力的严密控制之中，按
照政权的需求，指导社会生产和经营。地方政府官员的活动受到法律的严密
控制，选拔、考核、升迁、监督等各个环节都有法律规制，官员的经济利益
和政治前途取决于上级机构的考核和评价。法律将地方风俗、习惯、社会成
员的道德素养、地方文化也一并纳入法律的规制之内，成为地方法治的规制
对象。二是刑罚严酷。秦律对盗罪的规定几乎没有赃值的数额要求，导致盗
罪泛滥。对官员、百姓所犯的轻微的过失，都要纳入刑罚惩治，使犯罪圈过
大，社会行为的入罪机会过多，这是"轻罪重罚""以刑去刑"之法家指导
思想的必然结果。三是行政管理繁杂琐屑。从《厩苑律》《牛羊课》中的牛
羊管理规定，《田律》中的农田管理规定，《仓律》中的官府粮仓管理规则，
《封诊式》中的司法爰书，都可以看到秦律规范的繁杂与琐屑。法律规范过

于具体化，是法律发展不充分或处于早期阶段的表现。过于繁杂的法律引发实施难度增加，法治成本增加，最后必然导致法律的虚置和选择性执法，法治效果难以令人满意。

学术界在研究秦朝制度时有一个基本的观点，就是两千年来的法律制度变迁，都是围绕"秦制"展开的变化，"秦制"是这一变迁的轴线和核心，这一核心的关键有二：一是对基层社会成员严密的法律控制。虽然有"德治"与"人治"的分别，但将地方社会纳入公权力的严密控制之下这一法治目标未曾发生改变。二是服务于中央政权的需要。民间社会的生存、发展、进步被忽略，即使是政府在地方经济、社会层面的法治活动，最终目标也是服务于皇权和集权政府的需要，即满足政权在地方社会的租赋征收、徭役征发、兵役征调。这一"秦制"特征成为贯穿古代地方法治的一条主线，是秦代武汉地方法治的历史影响。

>> 第二章 "汉家制度""律令法" 与武汉
地方 "法治" 新传统的形成 <<

秦朝灭亡后，项羽分封吴芮为衡山王（前 207 — 前 202 年），治所在邾城，武汉地区归其管辖。西汉建立后，吴芮归附刘邦，被徙封为长沙王，武汉地区归南郡管辖。西汉末年，出现短暂的王莽新朝（8 — 23 年），衡山王国时期和新莽时期因为时间短暂，对武汉地方法治影响有限，因而不再单列论述。东汉末年，天下大乱，初平元年（190 年）刘表出任荆州刺史，开始割据荆州，江夏郡归刘表政权管辖。建安十三年（208 年）赤壁之战后，荆州归刘备所有。建安二十四年（219 年）孙权部将吕蒙袭杀关羽，荆州全境归孙权，江夏郡纳入孙吴政权管辖，次年，东汉政权灭亡。

西汉建立后，吴芮归附刘邦，被徙封为长沙王，南郡复故，武汉地区归南郡管辖。汉景帝二年（前 155 年）三月以南郡置临江国，封皇子刘阏为临江王；四年（前 153 年），临江王薨，无后，国除为郡；七年（前 150年）十一月，复置临江国，封废太子刘荣，是为临江闵王。中元二年（前148 年），刘荣自杀，国除复为南郡，此后南郡未再设置封国。南郡虽两度设置封国，但时间都很短，对地方社会治理的影响有限。汉武帝元狩二年（前 121 年），朝廷割南郡东部数县合衡山郡西部置江夏郡，① 武汉地区纳入江夏郡管辖，直到东汉灭亡。

西汉前期的七十余年，受"过秦"思潮的影响，汉政权以"黄老之学"为社会治理的指导思想，地方管理上奉行"清静无为"，休养生息，受战争影响的社会经济得以恢复。随着政权对地方社会控制的放松，地方豪强势力逐渐崛起，成为地方社会的实际控制者。地方豪强与诸侯王势力相结合，威

---

① 周振鹤：《西汉政区地理》，人民出版社 1988 年版，第 134 — 135 页。

胁到西汉中央政府的权威。汉文帝开始，逐步加强政权对基层社会的控制，到汉武帝时期，地方豪强势力受到中央政府严厉打击，诸侯王势力对政权的威胁也得以消除，"黄老之学"也随之退出政治舞台，县级政权的军事实力彻底丧失，郡级政权掌控了地方军事力量，成为地方控制的核心力量。① 汉武帝以后，儒学独尊，"大一统""德主刑辅""富之教之"为基本内容的"汉家制度"被提炼并贯彻到地方社会治理中，改变了秦以来的政权地方治理模式，循吏与酷吏交替出现，教化与刑罚惩治两手并用，逐渐成为地方法治的传统。进入东汉，儒学与地方豪强结合形成的地方豪族势力成为政权的基本支撑力量，具备儒学素养的官员成为地方官吏的主流，力行教化，移风易俗，维持地方社会的稳定发展成为地方政府追求的基本目标，地方法治的整体面貌彻底改观。

西汉直至东汉中期之前，国家经济重心和政治中心在关中平原和黄河中下游地区，"关西出将，关东出相"的说法，证实了这一点。到了东汉后期，文献史料中有关江夏郡的记载逐渐增多，出现被称为"天下无双"的江夏黄香（约68—122年）这样的政治人物，成为二十四孝之一而影响深远，因为北方战乱和流民进入荆州，武汉地区在国家整体政治、经济格局中地位上升，武汉地方法治的重要性提高。

第一节 政区设置与地方官吏法

汉承秦制，郡县政府机构依然是推行国家法律、治理地方社会的主体力量。西汉初期，军功集团成员充斥各级政权机构，汉武帝以后，文法吏开始取代军功集团成员，成为各级地方政府官员的主流。汉武帝采纳董仲舒"罢黜百家，独尊儒术"的建议，通过察举选拔官员，最终形成了"霸王道杂之"的"汉家制度"，成为地方行政的基本原则，指导着地方政府的法治活动。"汉家制度"指导下的地方行政法治的整体面貌与秦王朝"严刑酷法"之下的地方法治有所不同，但在汉承秦制的背景下，"秦制"重视法律的基本特色则得以保留。

一、汉朝对武汉地区的管辖与政权设置

西汉初年，武汉地区归南郡管辖，南郡自秦以来，治所一直在江陵。汉

---

① 张功：《汉代郡县关系探析》，《青海师范大学学报（哲学社会科学版）》2003年第4期。

武帝时期，割南郡东部设江夏郡，据《汉书·地理志（上）》和《续汉书·郡国志（四）》记载，两汉江夏郡皆治西陵县（今湖北武汉黄陂区），黄祖也曾在此领兵驻守。《元和郡县图志》载："黄陂县，本汉西陵县地，三国时刘表为荆州刺史，以此地当江、汉之口，惧吴侵轶，建安中使黄祖于此筑城镇遏，因名黄城镇。"又载："武湖，在县南四十九里。黄祖阅武习战之所。"①

根据《张家山汉墓竹简·二年律令》，南郡辖县有 16 个，分别是宜成（宜城）、巫、江陵、秭归、临沮、夷陵、醴陵、孱陵、销、竟陵、安陆、州陵、沙羡、西陵、夷道、下隽。② 参照谭其骧主编的《中国历史地图册》的位置，现在的武汉地区与南郡辖下的州陵、沙羡、安陆三县的位置重合。汉武帝元狩二年设置江夏郡，下辖十四县，即西陵、竟陵、西阳、襄、郡乡、邾、鄂、安陆、沙羡、蕲春、鄢、云杜、下雉、钟武。参照谭其骧主编的《中国历史地图册》汉代荆州政区图的位置，邾、沙羡位置全部在今武汉市辖区内，西陵县主要部分在今武汉黄陂和新洲区，安陆、鄂县的部分地区在今武汉市辖区。

南郡（江夏郡）设太守一人，郡丞一人，都尉一人，还有功曹史、五官掾、五部督邮等职位。《后汉书·百官志》记载，郡守"掌治民，进贤劝功，决讼检奸。常以春行所主县，劝民农桑，振救乏绝。秋冬遣无害吏案讯诸囚，平其罪法，论课殿最。岁尽遣吏上计。并举孝廉，郡口二十万举一人"。郡守主持一郡行政，考核郡内官员、审理刑事案件、防控盗贼犯罪是其核心职责。《汉书·尹尚传》载："江湖中多盗贼，以赏为江夏太守，捕格江贼及所诛吏民甚多，坐残贼免。"③ "江贼"即盗匪。不同季节，郡守的履职重点不同。春天，郡守要巡行辖县，劝课农桑，赈济灾民；秋冬时节，派遣专门人员，审理在押罪犯，执行判决；年底，要派遣上计吏到朝廷上报本郡的治理情况。郡级政权机构中，郡尉、郡丞由朝廷任命，其他如督邮、功曹、主簿及列曹官员都由郡守自辟，除都尉外，郡守对其他属官有绝对控

---

① （唐）李吉甫：《元和郡县图志》卷 27《江南道三·黄州》，贺次君点校，中华书局 1983年版，第 653 页。

② 晏昌贵：《〈二年律令·秩律〉与汉初政区地理》，载《历史地理》第 21 辑，上海人民出版社 2006 年版，第 51 页。

③ 《汉书》卷 90《酷吏传·尹尚传》，中华书局 1962 年版，第 3676 页。

制权。郡守负责向中央举荐官员，对一郡财政、刑狱及地方军队也有绝对控制权。其中，郡丞在郡守不在衙署时代行郡守事，是职位最高的属官。

郡尉，"典兵禁，备盗贼，景帝更名都尉"。主管一郡军队训练，指挥作战。郡级政权设有诸曹处理政务。"有功曹史，主选署功劳。有五官掾，署功曹及诸曹事。其监属县，有五部督邮，曹掾一人"。诸曹各有书佐，主管文书。《后汉书·百官志五》注引《汉官》载："河南尹员吏九百二十七人，十二人百石。"① "诸曹"包括户曹，管户籍；辞曹，管辞讼；贼曹，管捕盗贼；功曹，管理郡府内属员；田曹，管农业；金曹，管钱币；尉曹，管警卫；时曹，管教化；集曹，管赋税运送；奏曹，主奏议事；法曹，主驿传。两汉郡级政权诸曹，负责具体的行政事务。汉代法律规定，太守、都尉、诸侯内史府还有卒史、书佐各十人，构成郡级政权机构内部的办事人员。诸曹官因为勤于职事，升迁为高官的大有人在。如黄霸曾为"左冯翊二百石卒史……领郡钱谷计。簿书正，以廉称"②。可见卒史之基本职掌。公孙弘建议汉武帝，从博士弟子中选拔合适人员，"补郡太守卒史：皆各二人，边郡一人"③。得到汉武帝同意。可见"卒史"是郡守府中比较重要的职位。南郡（江夏郡）在郡守的率领下，各类属官各负其责，履行治理地方社会的职责。

汉代，今武汉地区设沙羡县和西陵县两个县级政权。县设有县令一人，属官有县丞、县尉，是为县长吏。《后汉书·百官志五》载："县万户以上为令，不满为长……丞各一人。尉大县二人，小县一人。本注曰：丞署文书，典知仓狱。尉主盗贼。凡有贼发，主名不立，则推索行寻，案察奸宄，以起端绪。各署诸曹掾史。本注曰：诸曹略如郡员，五官为廷掾，监乡五部，春夏为劝农掾，秋冬为制度掾。"这是汉代县级政权的基本人员构成。

县令总管一县行政事务。县丞负责处理各类行政文书，主管司法活动。县尉主管治安维护，抓捕盗贼。县政权设有各曹，对应郡级政权，处理各类行政事务。县设"五官掾""劝农掾""制度掾"等掾史，主持管理监督、劝课农桑、巡查地方。

县下设乡里。《汉书·百官公卿表》载，汉代地方十里设一亭，由亭长

---

① 《后汉书》卷118《百官志五》，中华书局2000年版，第3621页
② 《汉书》卷89《循吏传》，中华书局1962年版，第3627页。
③ 《史记》卷121《儒林列传》，中华书局1959年版，第3119页。

主管。十亭设一乡，有三老、有秩啬夫、游徼等职位。三老掌管地方教化。啬夫负责诉讼纠纷的解决，征收赋税。游徼负责贼盗追捕。乡、亭设置按照县辖区大小和百姓人口多寡增减。《后汉书·百官志五》载：

> 乡置有秩、三老、游徼。本注曰：有秩，郡所署，秩百石，掌一乡人。其乡小者，县置啬夫一人。皆主知民善恶，为役先后，知民贫富，为赋多少，平其差品。三老掌教化。凡有孝子顺孙，贞女义妇，让财救患，及学士为民法式者，皆扁表其门，以兴善行。游徼掌徼循，禁司奸盗。又有乡佐，属乡，主民收赋税。亭有亭长，以禁盗贼。本注曰：亭长，主求捕盗贼，承望都尉。里有里魁，民有什伍，善恶以告。本注曰：里魁，掌一里百家。什主十家，伍主五家，以相检察，民有善事恶事，以告监官。①

东汉时期乡里机构的设置与西汉基本一致，《后汉书》对乡官职责的记载更为清晰具体。

二、地方官吏的选拔与考核

西汉初期，政府官员的主体由"军功集团"成员构成，随着军功集团退出历史舞台，"文法吏"成为汉代官僚队伍的主体，从基层选拔官吏成为补充官僚队伍的常态。地方官吏呈现出"技术官僚"的某些特征，具备一定的文化修养和特定的行政技术素养成为为官的基本要求，这一要求与政权对官员的价值诉求相结合，催生出以儒学素养与道德品质并重为标准的选官制度，与秦以"尚首功"为原则的"军功爵制"选官表现出很大不同。至于对官员的考核、监督和对官员法律素养的要求，则与秦代基本一致，体现出"汉承秦制"的一面。

（一）为官标准

汉武帝时期，对官员的选拔标准有了明确要求。汉武帝元狩六年（前117年），命令丞相府以"四科"选人，《汉旧仪》卷上记载的四科为：一曰德行高妙，志节清白。二曰学通修行，经中博士。三曰明达法令，足以决疑，能案章覆问，文中御史。四曰刚毅多略，遭事不惑，明足以决，才任三

---

① 《后汉书》卷118《百官志五》，中华书局2000年版，第2624页。

辅令。此后，"四科"之辟一再被强调，成为政府选拔官员的基本标准。第一项是道德要求，汉朝选拔官员有"贤良方正"这一科目，与秦墓竹简《为吏之道》中的"精洁正直，谨慎坚固，审悉无私"之要求一致。第二项、第三项是对专业能力的要求。"能书会计"、"文无害"、通律令是为官的基本素养，通经术则是更高层次的要求。两汉时期，精通儒家经典，又明习法律令的官员十分普遍。第四项是对官吏能力的要求。所谓"刚毅多略，遭事不惑，明足以决"，即官员遇事有主见，既能深谋远虑，又能当机立断，若是"软弱不胜任"，就会被免职，终生不得为官。

年龄也是官吏选拔时要考虑的因素。年龄过小或过老都不适合担任行政职务，《汉书·儒林传》载汉武帝元朔五年（前131年）诏书："择民年十八以上仪状端正者，补博士弟子。""十八以上"为年龄要求，"仪状端正"则为官员仪表的要求。《后汉书·顺帝纪》载顺帝阳嘉元年（132年）诏："初令郡国举孝廉限年四十以上。""孝廉"作为选官科目，要求年龄在四十岁以上，是比较高的年龄要求，与"孝廉"这一科目的性质有关。

汉代选拔官员有两条限制，一是身份限制，汉惠帝规定不得推商人为吏，汉文帝时，"贵廉洁，贱贪污，贾人、赘婿及吏坐赃者皆禁锢不得为吏"①。"贾人"，即商人；"赘婿"，指家境贫寒而入赘妻家的男子，其身份低贱，故而不得为吏；"坐赃者"，即因为赃罪被免去官职者，不得再次为官，也称"禁锢"。二是籍贯限制。汉代对任职地方长吏的人员籍贯有限制。《后汉书·蔡邕传》载："初，朝议以州郡相党，人情比周，乃制婚姻之家及两州人士不得对相监临。"即是说有婚姻关系的两州人士不得互相于彼州为官。随后限制进一步扩大，增至三州，形成《三互法》："三互谓婚姻之家及两州人不得交互为官。"② 即不仅本州人士不得在本州任州郡长官，就是互相有婚姻关系的也不能到彼此的州任官。

随着任官标准的推行，汉代地方官的文化素质、道德品质、执政能力都有很大的提升，昭宣时期的"循吏"群体、东汉时期的地方"党人"官僚，均表现出超凡的道德素质和行政素养。

（二）选拔科目

一是察举。察举即考察推举，按照特定标准推荐人才任职，始于汉高祖

---

① 《汉书》卷72《王贡两龚鲍传》，中华书局1962年版，第3077页。
② 《后汉书》卷60下《蔡邕列传》，中华书局2000年版，第1990页。

刘邦，至汉武帝时成为一种制度。察举由公卿、列侯和地方郡守等高级官吏通过考察，把品德高尚、才干出众的人才推荐给朝廷，经过考核，然后授予官职。察举的科目主要有孝廉、茂才、察廉三种。孝廉即孝子廉吏，孝为人伦道德之根本，廉为为官的基本要求，二者兼而有之，则成为为官的道德楷模。孝廉选举为基层百姓提供了入仕的机会，体现了公平、开放的一面。孝子针对普通百姓，廉吏面向基层官吏。孝廉被察举后多出任郎官、县长吏，积功至于太守、刺史者不乏其人。孝廉的举荐名额，西汉汉武帝时每年每郡一人，东汉时改为以人口数为依据，内郡二十万人口举孝廉一人，选拔非常严格。茂才，西汉称秀才，东汉避讳刘秀，称为"茂才"，汉武帝元封五年（前106年）"其令州郡察吏民有茂才异等"①。明确要求从"吏民"中选拔。这一时期的秀才选举还是偶一为之，至东汉时期，茂才选举称为岁举。茂才选举的标准是"异等"，比较含糊，但选拔要求很严，主要针对基层官吏，程序与察举类似。察廉，即察举廉吏，是针对现任官吏的选拔，重视廉洁之品质，对基层官员更为有用，所以由此入选升迁的人也不少。孝廉、茂才、察廉三种选拔是每年一次，是为常科。此外还有贤良方正、明经、明法、优异、能治剧、勇猛知兵法等名目的临时选拔，称为特举。其中优异、能治剧面向在职官吏，其余面向民间社会，负责察举者为中央和地方长官。

二是辟除。亦称"辟""辟召"，是汉代中央和地方郡县长官直接选用属官的制度，中央长官如三公，地方官如郡守，都可自行聘任僚属，然后向朝廷推荐。《文献通考·选举》载："盖东汉时，选举辟召皆可以入仕，以乡举里选循序而进者，选举也；以高才重名蹑等而升者，辟召也；故时人犹以召为荣焉。"辟除又分为公府辟除和州郡辟除两种，公府辟除主要由丞相、太尉、御史大夫、大将军等主持，举凡下层官员、州郡名士都可以被公府辟除，担任公府属官；州郡辟除是由州郡长官履行的辟除权，刺史所招充任从事，郡守所招充任郡吏。州郡辟除的员额有一定限制，《史记·汲黯列传》载："治官理民，好清静，择丞史而任之。"《集解》如淳曰："律，太守、都尉、诸侯内史各一人，卒史、书佐各十人。"汉律的规定得到出土文献《东海郡吏员簿》②的证实。按汉律规定，郡守府吏员皆由郡守辟除，在

---

① 《汉书》卷6《武帝纪》，中华书局1962年版，第197页。
② 连云港市博物馆等编：《尹湾汉墓简牍》，中华书局1997年版，第79页。

员额上有所突破的情况比较普遍。章帝建初元年（76 年）诏书说："今刺史、守相不明真伪，茂才、孝廉岁以百数，既非能显，而当授之以政事，甚无谓也。"① 此外，考试、任子、纳赀都是汉代长期存在的官吏选拔制度，不过这些制度主要针对中央公府属员的选拔，与地方政府关系不大，故而不论。

（三）试守与考核

《汉书·平帝纪》注引如淳曰："诸官初除，皆试守一岁乃为真，食全俸。"试守，即初次任职的官员，有一年的试用期，试用合格，才可以正式任命为官。试守制度在两汉一直被遵守，是初次任官者的必经程序。根据任官人员的特长，确定试守之职位，试守合格，即正式担任试守职位。官员在试守期内的某些权力受到限制，如俸禄减少、不能察举辟除属吏等，一旦试守不合格，则不能任职。地方太守、县令、各类属吏都要经过试守过程。就是基层乡官，也要经过试守。居延汉简："东利里父老夏圣等教数西乡守有秩志臣佐顺临□□亲具。"② "居延守游徼徐成。"③ "守有秩""守游徼"是初次任职有秩吏、游徼等基层官员的试守记载。

试守制度避免了官吏选拔过程中可能出现的问题，最终依据实际管理能力确定官员任职，"满岁为真"；"试守"也是对初任职务的官员的潜能与伦理考核，能够不拘一格选拔到高素质的官员。

通过考核行政官员保持官僚政治体制的高效运行，是战国以来就开始流行的做法。汉朝人对此不仅在理论上有深刻认识，在制度设置上也更加完善。汉朝官吏考课分为上计和考核两部分，上计是自下而上，而考核则是自上而下。

上计是自下而上的。《后汉书·百官志》本注："秋冬集课，上计于所属郡国。"这是对县级政府的上计而言，尹湾汉简《东海郡下辖长吏不在署、未到官名籍》④ 提供了县于每年九月、十月上计的准确时间。郡收到县上报的材料后，汇总制作成一郡的计簿（集簿），上报朝廷。计簿内容丰

富，依据尹湾汉简东海郡上计材料《集簿》① 所见，郡级计簿内容包括全郡行政机构的设置情况，乡、里及里正设置数量，亭邮及亭卒、邮人总数；县乡三老、孝悌、力田人数统计；一郡吏员的分类统计数据；全郡户、口数，包括男女人口数、老幼人口数、新增户口数、流动户口数；垦田数、农作物种植顷亩数量、植树面积等。东海郡《集簿》中没有刑狱治安案件的统计数据，应该是另外造册上计。《汉书·魏相传》载："案今年计，子弟杀父兄，妻杀夫者，凡二百二十三人。"这是一郡刑事案件的统计数据，是计簿的内容之一。从《汉书·循吏传》来看，大部分郡守都有"劝课农桑""教化百姓""兴修水利""招抚流亡"等内容进入计簿之中，这些项目也属于上计的内容。

考核等级的评定，《春秋繁露·考功名》载："考试之法，……九分三三之列，亦有上中下，以一为最，五为中，九为殿。"史料记载中的考核等级有"第一""高等""尤异""异等""第六"等等，与董仲舒所言基本一致。考核优等者，或得到职务升迁，或增加俸禄，或"赐劳"，即增加功劳。考核等级殿后者，会受到免官处罚，或"斥免"，即斥责后免官，或者"负算"，即将不合格的考核记录在案，而让其继续履职。

三、法律体系与地方法律的适用

汉代是中国古代律令法体系的形成时期，通过严密、发达的法律体系，为地方政府提供行政依据，尽量使官员选任、考核、升迁以及官吏犯罪的处罚都纳入法律控制之内。秦的严刑酷法，引发汉人的"过秦"讨论，经过汉初七十余年的起承转合，在汉武帝时期形成了影响深远的行政原则——"汉家制度"，"汉家制度"与"律令法"共同构成汉代地方法治的基本依据。

关于汉代法律，《晋书·刑法志》记载如下："汉承秦制，萧何定律，除参夷连坐之罪，增部主见知之条，益事律《兴》《厩》《户》三篇，合为九篇。叔孙通益律所不及，傍章十八篇，张汤《越宫律》二十七篇，赵禹《朝律》六篇，合六十篇。又汉时决事，集为《令甲》以下三百余篇，及司徒鲍公撰嫁娶辞讼决为《法比都目》，凡九百六卷。世有增损，率皆集类为篇，结事为章……凡断罪所当由用者，合二万六千二百七十二条，七百七十

---

① 连云港市博物馆等编：《尹湾汉墓简牍》，中华书局1997年版，第77页。

三万二千二百余言，言数益繁，览者益难。"汉代法律至汉武帝时期基本形成体系，以《九章律》为核心，加上《傍章》十八篇、《越宫律》二十七篇、《朝律》六篇及《令甲》以下三百余篇，形成内容复杂的庞大体系。

律之外，还有令。皇帝的诏令具备法律效力，但并非所有的诏令都是法律。诏令在成为法律之前，必须经过立法程序，就是在诏令的结尾附着"具为令""著为令""议为令""议著为令"等用语，经过皇帝"制可"后，即被列入法典。令的立法程序灵活，相比于变化性不大的"律"而言，更具有适应性。如汉文帝时期《养老令》的制定，文帝元年（前 179 年）三月诏书说："老者非帛不煖，非肉不饱。今岁首，不时使人存问长老，又无布帛酒肉之赐，将何以佐天下子孙孝养其亲？今闻吏禀当受鬻者，或以陈粟，岂称养老之意哉。具为令。"① 这是皇帝通过诏书，直接颁布法令。"有司请令县道，年八十以上，赐米人月一石，肉二十斤，酒五斗。其九十已上，又赐帛人二疋，絮三斤。赐物及当禀鬻米者，长吏阅视，丞若尉致。不满九十，啬夫、令史致。二千石遣都吏循行，不称者督之。刑者及有罪耐以上，不用此令"②。皇帝发布诏书，确定立法意图和立法要求，"有司"即相关部门快速行动，很快出台法令，报请皇帝核准，就可以颁布执行。因为"令"的立法程序简单快捷，导致"令"快速增加，《汉书·刑法志》载汉武帝时期的法令"文书盈于几阁，典者不能遍睹。是以郡国承用者驳，或罪同而论异。奸吏因缘为市，所欲活则附生议，所欲陷则予死比"③。到汉昭帝时期，问题更加严重，《盐铁论·刑德篇》载："方今律令百有余篇，文章繁，罪名重，郡国用之疑惑，或浅或深，自吏明习者，不知所处，而况愚民乎？"因此，从汉宣帝时期开始，组织相关人员整理律令，直到东汉时期，虽然有过多次编订律令的动议，但实际效果并不明显。

汉代法律形式中，还有一种"科"。《后汉书·安帝纪》载元初五年（118 年）诏曰："旧令制度，各有科品，欲令百姓务从节约。"说明"科品"也是法律的一种，具备法律效力。《后汉书·桓谭传》载："今可令通义理明法律者，校定科比，一其法度，颁下郡国，蠲除故事。"注："科谓事条，比谓事类。"即"科"以具体条例的形式补充法律。《后汉书·陈宠

---

① 《汉书》卷 4《文帝纪》，中华书局 1962 年版，第 113 页。
② 《汉书》卷 4《文帝纪》，中华书局 1962 年版，第 113 页。
③ 《汉书》卷 23《刑法志》，中华书局 1962 年版，第 1101 页。

传》载："汉兴三百二年，宪令稍增，科条无限。"科条的增加速度远快于"宪令"即正律。见于《后汉书》的有"首匿之科""亡逃之科"等。科之外，比也是汉代的法律形式之一。"比"指判案成例，或"决事比"。比的来源有二，一是成文律令。如《睡虎地秦墓竹简·法律答问》："臣强与主奸，可（何）论？比殴主。""殴大父母，黥为城旦舂。今殴高大父母，可（何）论？比大父母。"就是通过律令的形式确定的"比"。二是比附旧案成例，将其中的判决理由和量刑结果作为"比"确定下来，成为法律。《后汉书·鲍永列传》注引《东观记》："时司徒辞讼久者至十数年，比例轻重，非其事类，错杂难知。宠奏定《辞讼》七卷，《决事都目》八卷，以齐同法令，息遏人讼也。"①陈宠撰写的《辞讼》《决事都目》都属于"比"，被朝廷"奉以为法"②，以"齐同法令，息遏人讼"，是东汉时期对"比"的一次整理完善。

1983年12月至1984年1月，荆州地区博物馆在湖北江陵张家山清理了三座西汉初年的古墓（编号M247、M249、M258）。M247汉墓随葬品中有竹简计一千二百三十六枚（不含残片）。包括《历谱》《二年律令》《奏谳书》《脉书》《算数书》《盖庐》《引书》和遣策。《二年律令》为出土简文原有标题，单独写在一枚简上。由于这部分竹简简册同墓中《历谱》共存一处，《历谱》所记的最早年号为汉高祖五年、最后年代为吕后二年，因此学界认为《二年律令》的"二年"应为吕后二年，亦即律令应是从汉高祖五年到吕后二年时施行的律令。《二年律令》有律二十八种（贼律、盗律、具律、告律、捕律、亡律、收律、杂律、钱律、置吏律、均输律、传食律、田律、□市律、行书律、复律、赐律、户律、效律、傅律、置后律、爵律、兴律、徭律、金布律、秩律、史律、津关令），是墓主人对吕后二年前后法律的摘抄。从出土简文内容分析，墓主人生前学识渊博，是一个专司断刑治狱的官员。③墓主人抄录的律令并非汉律的全部，《奏谳书》也是有选择地抄录，选择抄录内容都是发生于南郡地区的刑事案件，是基于他履行职务的需要。《二年律令》在很大程度上反映了南郡地区的法治状况。

汉代法律传世很少，只在其他文献中有零星记载，反映南郡（汉武帝

---

① 《后汉书》卷29《申屠刚鲍永郅恽列传》，中华书局2000年版，第1023页。
② 《后汉书》卷46《郭陈列传》，中华书局2000年版，第1549页。
③ 陈耀钧、阎频：《江陵张家山汉墓的年代及相关问题》，《考古》1985年第12期。

分南郡在武汉地区江夏郡）地区法治状况的法律史料就更少。《张家山汉墓竹简》中的《二年律令》和《奏谳书》的出土，在一定程度上缓解了这一问题，使我们可以立足《二年律令》，结合传世文献的相关记载，作为汉代地方法治的依据，勾画汉代地方法治的具体情况。

四、官吏渎职犯罪的惩治规定

《二年律令·置吏律》规定："有任人以为吏，其所任不廉、不胜任以免，亦免任者。其非吏及宦也，罚金四两，戍边二岁。"按照律文规定，保他人为官，被保举之人因不廉、不胜任而被免官的，则保举人也要被免官；不是官员的，要罚金四两，戍边二年。这与秦律"任人而所任不善者，以其罪罪之"的立法的精神一致。《汉书》《后汉书》中有不少因为被保举人犯罪而累及保举人的案例。

基层政府承担司法案件的审理，司法官员在案件审理活动中的枉法行为被界分为"不直"和"纵囚"两种，故意重罪轻判或故意轻罪重判叫"不直"，按律应当论罪却故意不论罪及减轻案情，使犯人够不上判罪标准的则是"纵囚"。汉律的不直罪包括放纵罪犯，或对其罪行故意加重处罚、或在告劾之外添加罪名，或没有告劾而擅自审理判刑等行为，都属于"鞫狱故不直"，要受到程度不同的处罚。汉律有故纵罪，《二年律令·捕律》载："群盗、盗贼发，告吏，吏匿弗言其县廷，言之而留盈一日，以其故不得，皆以鞫狱故纵论之。"耽误抓捕群盗、放走群盗，属于典型的司法故纵，要处以惩罚。

惩治官吏渎职。汉律有不得擅自更修宫府寺舍的规定，《二年律令·徭律》规定："县道官敢擅坏更官府寺舍者，罚金四两，以其费负之。""更"即拆改。禁止县官擅自改建官府，是为了防止官员通过工程修建而从中谋取私利。汉律禁止官员擅自征发徭役赋税，《二年律令·杂律》规定："擅赋敛者，罚金四两，责所赋敛偿主。"《晋书·刑法志》载张斐语："敛人财物，积藏于官，为擅赋。"官员擅自征发徭役，要处罚金。《二年律令·徭律》规定："……兴□□□□□为□□□□及发繇（徭）戍不以次，若擅兴车牛，及繇（徭）不当繇（徭）使者，罚金各四两。"徭役征发过程中出现不按规定顺序、擅自征发徭役的，都要罚金四两。汉律禁止捕盗官吏擅杀罪犯。《二年律令·贼律》载："诸吏以县官事笞城旦舂、鬼薪白粲，以辜死，令赎死。"汉律以二旬为保辜期，二旬内伤者死亡，是为"辜死"，按杀人罪处罚。官吏殴打刑徒致死处以"赎死"，处罚比秦律要轻。

惩治见知不举的官吏。《二年律令·爵律》载："诸（诈）伪自爵、爵免、免人者，皆黥为城旦春。吏智（知）而行者，与同罪。"官吏明知有人伪造爵位、以伪造的爵位为依据而减免徭役等行为，但不举报的，要"黥为城旦春"，是为见知不举。《二年律令·津关令》规定："智（知）其请（情）而出入之，及假予人符传，令阑出入者，与同罪。"知情不举与之同罪。

地方治安管理中的渎职行为要受到处罚。《二年律令·捕律》载：

> 盗贼发，士吏、求盗部者，及令、丞、尉弗觉智（知），士吏、求盗皆以卒戍边二岁，令、丞、尉罚金各四两。令、丞、尉能先觉智（知），求捕其盗贼，及自劾，论吏部主者，除令、丞、尉罚。一岁中盗贼发而令、丞、尉所不觉智（知）三发以上，皆为不胜任，免之。

一旦辖区发生"盗""群盗"，地方官员要及时发现、抓捕，否则，要受到处罚，这也属于渎职行为的惩罚规范。汉武帝时期，地方犯罪形势严峻，为督促地方郡县官吏全力抓捕罪犯出台了"见知故纵"罪，属于治安渎职的立法。

官吏利用自己的权势侵害他人权益，也属于渎职的范畴。《二年律令·杂律》规定："诸与人妻和奸，及其所与皆完为城旦春。其吏也，以强奸论之。"吏与其他妇女"和奸"，存在以势欺人的嫌疑，故以强奸论处。《二年律令·具律》载："其受赇者，加其罪二等。所予赃罪重，以重者论之，亦加二等。"这是对官员受贿罪的处罚规定。《二年律令·盗律》规定："受赇以枉法，及行赇者，皆坐其臧（赃）为盗。罪重于盗者，以重者论之。"汉律对贪污受贿罪的处罚比照盗罪，以赃值数额为依据，一钱入罪，赃值越大，处罚越重。据《汉书·萧望之传》载"受所盗赃二百五十以上，请逮捕系治"，说明西汉中期对官员赃罪的入罪标准已经作了调整，这在《居延汉简》《居延新简》中都有案例可证。

第二节　户籍与婚姻家庭的法律规定

汉代政府的社会管理，主要包括户籍登记、婚姻管理、继承管理。汉代政府制定了针对户籍、婚姻、继承的相关法令，落实上述法令于南郡、江夏郡的民间社会，构成地方法治中的社会法治部分。

一、户籍管理法律

汉代，武汉地区的人口数量逐渐增加，西汉末年达到人口的高峰。《汉书·地理志（上）》载江夏郡人口数："户五万六千八百四十四，口二十一万九千二百一十八。县十四。"这是西汉末年的江夏郡人口数据。《续汉书·郡国志四》"江夏条"载："江夏郡，十四城，户五万八千四百三十四，口二十六万五千四百六十四。"这是东汉时期江夏郡的人口数据。

葛剑雄的《中国人口史》第一卷推定汉高祖五年（前202年）全国人口上限为1800万人，西汉元始二年（2年）全国人口为6000万人；① 尚新丽在其著作《西汉人口问题研究》中，以《汉书·地理志》元始二年的人口数为依据，参照谭其骧主编的《中国历史地图册》第二卷西汉政区地理图，测算出湖北省人口为1500934人，土地面积为19万平方公里，则人口密度为每平方公里7.9人，湖北省人口占全国人口的比重为2.56%。以汉初1800万人口计算，湖北省人口占全国人口的2.56%，总数为460800人。② 武汉市面积为8567平方公里，占全省面积的4%，以西汉初年湖北省总人口的4%计算，武汉地区人口为18432人。西汉末年的湖北省人口为1536000人，以湖北省总人口的4%计算，武汉地区人口为61400人。

《续汉书·郡国志五》记载了东汉时期的人口数据，依据永和五年的数据，有学者测算出现在湖北省人口数为1779291人，人口密度为每平方公里9.49人，占全国人口的比重为3.52%。③ 现在武汉市面积为8567平方公里，则永和五年（140年）武汉市人口为80351人。有学者统计出湖北省人口为1842784人，其中含"江夏郡蛮"5万人。④ 人口密度为每平方公里9.92人，则武汉人口为83931人，两者略有出入。五万口"南郡蛮"集中居住于江夏郡，而武汉地区是江夏郡最适宜生存的地方，以此推断，武汉地区的人口总量要超过平均计算的数据。

---

① 葛剑雄：《中国人口史》第一卷，复旦大学出版社2002年版，第375页。
② 尚新丽：《西汉人口问题研究》，线装书局2008年版，第105页。
③ 赵文林、谢淑君：《中国人口史》，人民出版社1988年版，第76页。
④ 袁延胜：《中国人口通史（东汉卷）》，人民出版社2007年版，第44页。

《汉书》《后汉书》所载的江夏郡的人口数据，是汉代户籍法治运行的结果，也是判断武汉地区户籍管理内容的基本依据。

（一）户籍法律

户籍是政权控制人口的依据，也是社会管理的基础。秦末大乱和楚汉之争，人口流亡，户籍散乱。汉高祖五年五月诏书说："民前或相聚保山泽，不书名数，今天下已定，令各归其县，复故爵田宅。"① 开启了全国性的户籍登记工作。《二年律令·奏谳书》载："令曰：诸无名数者，皆令自占书名数，令到县道官，盈卅日，不自占书名数，皆耐为隶臣妾，锢，勿令以爵、赏免，舍匿者与同罪，以此当平。""名数"即登记户籍；"自占"即人户自己去政府登记。若不能按期登记，要受到刑事处罚。汉朝政府在乡里设置有乡啬夫、乡佐、里典、田啬夫、田佐、田典，于每年八月，负责辖区户籍登记。

《二年律令·户律》有诸多关于户籍管理的规定。"民皆自占年。小未能自占，而毋父母、同产为占者，吏以□比定其年。自占、占子、同产年，不以实三岁以上，皆耐。产子者恒以户时占其□□罚金四两。"② 这是关于户口登记方式的法律规定。"自占"即自己申报，再由主管官员核实，登记年龄误差超过三岁，要处以耐刑。新生儿要在登记户籍时及时申报。

"恒以八月，令乡部啬夫、吏、令史相杂案户籍，副臧（藏）其廷。有移徙者，辄移户及年籍爵细徙所，并封。留弗移，移不并封，及实不徙数盈十日，皆罚金四两；数在所正、典弗告，舆同罪；乡部啬夫、吏主及案户者弗得，罚金各一两。"③ 这是关于户籍迁移的规定，要求户籍迁移时登记清楚年龄、籍贯、爵位，而且要密封。如果不予及时办理，文书不符合要求，不密封的，相关官员都要受到处罚。

"民宅园户籍、年细籍、田比地籍、田命籍、田租籍，谨副上县廷，皆以筐若匣匮盛，缄闭，以令若丞、官啬夫印封，独别为府，封府户；節

---

① 《汉书》卷1下《高帝纪下》，中华书局1962年版，第54页。

② 张家山二四七号汉墓竹简整理小组编著：《张家山汉墓竹简（二四七号墓）》（释文修订本），文物出版社2006年版，第53页。

③ 张家山二四七号汉墓竹简整理小组编著：《张家山汉墓竹简（二四七号墓）》（释文修订本），文物出版社2006年版，第54页。

（即）有当治为者，令史、吏主者完封奏（凑）令若丞印，嗇夫发，即杂治为；臧（藏）府已，辄复缄闭封臧（藏），不从律者罚金各四两。"① 从律文看，户籍登记还涉及民户的宅园、田地位置、田租缴纳等情况，基本是对民户家庭财产的精准统计，作为征收赋税、田租，征发徭役的依据，是地方政府社会经济管理的依据，故而规定了严格的保存程序。

户籍登记时，如果遇到家族内部财产转移的，可以允许登记在户籍之中。《户律》规定："民大父母、父母、子、孙、同产、同产子，欲相分予奴婢、马牛羊、它财物者，皆听之，辄为定籍。孙为户，與大父母居，养之不善，令孙且外居，令大父母居其室，食其田，使其奴婢，勿贸卖。孙死，其母而代为户。令毋敢遂（逐）夫父母及入赘，及道外取其子财。"② 商鞅变法时颁布过"分户令"，以夫妻加子女为主的核心家庭逐渐成为主流，有血缘关系的社会成员之间，互相转移资产的，要在户籍登记时将资产明细登记在籍。丧夫女性变更为户主的，要保证家中老人的赡养，不能驱逐夫之父母，不能招纳赘婿，更不能将家庭财产转移。这是对民间馈赠资产和更换户主的法律规定，目的在于保证家庭财产合法转移。

《户律》规定："诸后欲分父母、子、同产、主母、叚（假）母，及主母、叚（假）母欲分孽子、叚（假）子田以为户者，皆听之。"③ "孽子"即庶子，"假子"即前妻之子。规定"孽子""假子"都有权利获得田宅，另立户籍。新立户是要登记在户籍之中。

《户律》还规定，如果寡夫、寡妇没有其他家人一起居住时，如子未满14岁，或寡子未满18岁时，不能分别立户，以确保未成年子女能有家庭。如果夫妻皆有重病，或七十岁以上，也不允许其子分户；而且还允许已分家的儿子归户来赡养父母。④ 保证未成年、残疾人、老年人得到照顾和赡养，有利于维护社会稳定。

---

① 张家山二四七号汉墓竹简整理小组编著：《张家山汉墓竹简（二四七号墓）》（释文修订本），文物出版社2006年版，第54页。

② 张家山二四七号汉墓竹简整理小组编著：《张家山汉墓竹简（二四七号墓）》（释文修订本），文物出版社2006年版，第55页。

③ 张家山二四七号汉墓竹简整理小组编著：《张家山汉墓竹简（二四七号墓）》（释文修订本），文物出版社2006年版，第55页。

④ 张家山二四七号汉墓竹简整理小组编著：《张家山汉墓竹简（二四七号墓）》（释文修订本），文物出版社2006年版，第55页。

"为人妻者不得为户。民欲别为户者，皆以八月户时，非户时勿许。"①
夫妻共同生活时，不允许妻子登记为户主，所有分户登记都要在户籍登记时
（每年八月）登记完成，过时不再允许分户登记。

依据上述规定，汉代政府登记户籍时需要本人自报，即"自占年"。年
龄小不能"自占"的，由父母或兄、姐代替或地方官吏代为登记。如果申
报年龄不实，误差超过三岁，要受到处罚。新出生人口的登记统一规定在每
年的八月，由乡部啬夫会同吏、令史共同办理。户籍登记一式两份，一份留
乡部，一份送县。户口登记过程中，还要以乡为单位，编制"年细籍""田
比地籍""田命籍""田租籍"，作为户籍登记的内容，一起上报县廷封存。
户籍登记簿有严格的保管制度，防止随意篡改，弄虚作假。遇到民户迁徙
时，要将"户籍"密封，移送至徙入地。遇到单个人迁徙的，要将本人的
姓名、年龄、籍贯、爵位等资料移送至徙入地。《户律》对立户标准、登记
时间、登记内容、迁移规定、户主死亡引发分家析户时的户籍管理，都有详
细的规定，成为地方政府户籍管理的法律依据。

户籍登记还是地方社会治安管理的基础。《户律》规定："自五大夫以
下，比地为伍，以辨券为信，居处相察，出入相司。有为盗贼及亡者，辄谒
吏、典。田典更挟里门籥（钥），以时开；伏闭门，止行及作田者；其献酒
及乘置乘傅，以节使，救水火，追盗贼，皆得行，不从律，罚金二两。"②
这与商鞅变法时规定的"令民为什伍，而相牧司连坐"的做法一致。汉代
乡里制度十分严密，百姓居住在里中，里门按时开闭，用来防止人口逃亡，
同时稽查外来人口。要完成这一任务，必须有准确的户籍登记，户籍成为政
府推行社会治安管理的基础性文件。

租税的征收单位是"户"，《户律》载："诸不为户，有田宅，附令人
名，及为人名田宅者，皆令以卒戍边二岁，没入田宅县官。为人名田宅，能
先告，除其罪，有（又）畀之所名田宅，它如律令。"③ 为了躲避"租税"，

---

① 张家山二四七号汉墓竹简整理小组编著：《张家山汉墓竹简（二四七号墓）》（释文修订本），文物出版社 2006 年版，第 56 页。

② 张家山二四七号汉墓竹简整理小组编著：《张家山汉墓竹简（二四七号墓）》（释文修订本），文物出版社 2006 年版，第 51 页。

③ 张家山二四七号汉墓竹简整理小组编著：《张家山汉墓竹简（二四七号墓）》（释文修订本），文物出版社 2006 年版，第 53 页。

就会出现有田宅而不立户，附名他人名籍或代替他人名田宅的行为，对于此类违法行为，"皆令以卒戍边二岁"。惩罚是严厉的。

汉代商人的户籍称为"市籍"。《史记·平准书》载："异时算轺车贾人缗钱皆有差，请算如故。诸贾人末作贳贷卖买，居邑稽诸物，及商以取利者，虽无市籍，各以其物自占，率缗钱二千而一算。诸作有租及铸，率缗钱四千一算。非吏比者三老、北边骑士，轺车以一算。商贾人轺车二算。船五丈以上一算。匿不自占，占不悉，戍边一岁，没入缗钱。有能告者，以其半畀之。贾人有市籍者，及其家属，皆无得籍名田，以便农。敢犯令，没入田僮。"① "异时"，即汉武帝时期对商人征税是西汉制度，征税依据是市籍，《汉书·武帝纪》注引张晏曰："吏有罪一，亡命二，赘婿三，贾人四，故有市籍五，父母有市籍六，大父母有市籍七，凡七科也。"② 市籍是专门为商人立的户籍，其征收商税、财产税的依据登记方式是"自占"，即自己申报财产数量。也有商人没有列入市籍的，即亦农亦商的人口。载入市籍的商人不得"名田"，即依法获得政府授田。汉武帝时期算缗钱征收的对象扩大到所有人的财产，主要是轺车、钱币、船只。推行算缗的基础是汉朝的户籍管理制度，户籍登记要求将户主、家庭成员、土地、财产等信息由户主"自占"而登记在册，汉武帝的财产税征收是在恢复此前已有的制度基础上，加大了征收范围，提高了税率，增加告缗奖励这一新规定。汉武帝时期的算缗推行，是汉代户籍登记在汉武帝时期的特殊表现而已，江夏郡自然也要全面落实。

东汉光武时期有过全国范围内的"度田"。建武十五年（39 年）六月，"诏下州郡检核垦田顷亩及户口年纪，又考实二千石长吏阿枉不平者"③。汉代有严格的户籍登记制度，只不过经过两汉之际的战乱，加上制度运行过程中的各种人为因素，导致户籍登记不实，影响政府的财政收入。此次"度田"的目的在于"检核"即检查核实，清理户籍登记过程中的各种不实情况，尤其是每户占田面积。《后汉书·刘隆传》载："十五年，诏下州郡检核其事，而刺史太守多不平均，或优饶豪右，侵刻羸弱，百姓嗟怨，遮道号呼。"汉光武帝大怒，派遣谒者到各地督促检查，结果"河南尹张伋及诸郡

---

① 《史记》卷 30《平准书》，中华书局 1959 年版，第 1430 页。
② 《汉书》卷 6《武帝纪》，中华书局 1962 年版，第 205 页。
③ 《后汉书》卷 1《光武帝纪》，中华书局 2000 年版，第 66 页。

守十余人，坐度田不实，皆下狱死"①。度田针对的是各地豪强在户籍登记过程中舞弊所造成的占田登记不实，隐匿田地，逃避租税缴纳，从而使政府税收减少的问题。度田效果并不理想，但从侧面说明了户籍法治在汉代社会治理中的基础性地位。

（二）名田宅制

西汉政权沿用了秦的授田制，高祖五年五月诏："且法以有功劳行田宅。"②确立了汉代授田制度。《二年律令·户律》载："关内侯九十五顷，大庶长九十顷，驷车庶长八十八顷，大上造八十六顷，少上造八十四顷，右更八十二顷，中更八十顷，左更七十八顷，右庶长七十六顷，左庶长七十四顷，五大夫廿五顷，公乘廿顷，公大夫九顷，官大夫七顷，大夫五顷，不更四顷，簪袅三顷，上造二顷，公士一顷半顷，公卒、士五（伍）、庶人各一顷，司寇、隐官各五十亩。"③规定了爵位身份与土地数量之关系。

"公卒"之称见于《二年律令·傅律》，地位与士伍有别，待遇与士伍一样，"士伍"指无爵之人，④"庶人"即普通百姓，三者都是无爵平民。授田制是以国家对"公卒、士伍、庶人各一顷"为基础构建起来的。"司寇""隐官"都是刑徒，但其家属与平民一样，《二年律令·傅律》规定："公士、公卒及士五（伍）、司寇、隐官子，皆为士五（伍）。"以"司寇""隐官"为户主的家庭授田"各五十亩"，户主服刑使家庭生产能力大打折扣，对他们授田减半与五口之家授田百亩的制度精神是一致的。

西汉建立后，一直致力于安定小农。高祖五年（前202年）下诏："民前或相聚保山泽，不书名数，今天下已定，令各归其县，复故爵田宅。"⑤通过"授田制"的推行，用恢复故爵田宅，吸引流民返乡恢复生产是该制度的目的之一。直到汉景帝时期，还是"地有遗利，民有余力，生谷之土

———————

① 《后汉书》卷1《光武帝纪》，中华书局2000年版，第66页。
② 《汉书》卷1《高帝纪下》，中华书局1962年版，第54页。
③ 张家山二四七号汉墓竹简整理小组编著：《张家山汉墓竹简（二四七号墓）》（释文修订本），文物出版社2006年版，第52页。
④ 《汉书·景帝纪》载："吏迁徙免罢，受其故官属所将监治送财物，夺爵为士伍，免之。"师古曰："谓夺其爵，令为士伍，又免其官职，即今律所谓除名也。谓之士伍者，言从士卒之伍也。"
⑤ 《汉书》卷1下《高帝纪下》，中华书局1962年版，第54页。

未尽垦，山泽之利未尽出也，游食之民未尽归农也"①。地多人少，土地耕种不足的问题依然存在。授田以立户为前提，授田制的首要功能是通过严格的户籍制度将小农与土地结合起来。立户是核心，有户籍即意味着有百亩之田，以此为基数征收租税，确定每户小农的田税标准是"授田制"的第二个目的。《二年律令·田律》简240—242："入顷刍稾，顷入刍三石，上郡地恶，顷入二石；稾皆二石。令各入其岁所有，毋入陈，不从令者罚黄金四两。收入刍稾，县各度一岁用刍稾，足其县用，其余令顷入五十五钱以当刍稾。刍一石当十五钱，稾一石当五钱。刍稾节贵于律，以入刍稾时平贾（价）入钱。"刍稾皆以顷计征。

《二年律令·田律》简255："卿以下，五月户出赋钱十六钱，十月户出刍一石，足其县用，余以入顷刍律入钱。"户刍也以顷计征。《汉书·贡禹传》载："已奉谷租，又出稾税。"王充《论衡·谢短》载："古人井田，民为公家耕，今量租刍，何意？"西汉与秦一样，禾、刍、稾一起构成田税，且都按顷征收。② 土地一经授予，无论种与不种，产量高低，都要以顷为单位缴纳固定数量的田税。③ 授田制下"一夫百亩"之制确定了一个五口之家应该缴纳的田税数额。小农劳动被国家用百亩之田的产出加以物化，构成了什一（什五税一或三十税一）之税的物质基础。各地农官和基层官吏只要确定了每年农作物的收成情况，就可以决定每户的税额。④ 小农劳动在劳动者与国家之间以相对稳定的分成租率作了明确的分割。制度的功能不在于减少社会成员对土地资源的争夺，而是为了合理分配和使用劳动力资源，至于受田者是否能得到百亩之田、田地质量的好坏、田宅继承等问题与秦汉授田制的关系不大。汉代授田制是一种基于户籍和身份的农业劳动力编制制度。⑤

---

① 《汉书》卷24《食货志》，中华书局1962年版，第1130页。

② 《汉书》卷72《王贡两龚鲍传》注引师古曰："租税之法皆依田亩。"，中华书局1962年版，第3076页；《盐铁论·未通》载："田虽三十而以顷亩出税。"即以百亩之田为计税基础。

③ 臧知非：《西汉授田制度与田税征收方式新论——对张家山汉简的初步研究》，《江海学刊》2003年第3期。

④ 《后汉书》卷76《循吏列传》载秦彭"每于农月，亲度顷亩，分别肥塉，差为三品，各立文簿，藏之乡县。"

⑤ 张功：《西汉"授田制"功能与性质探析——以耕地资源的稀缺性为线索》，《秦汉研究》2011年第1期。

再看赐宅情况。《二年律令·户律》律文规定，先着籍者先赐宅，同时着籍者，爵位高者先受宅。因为民户受宅之后，才可以确定户口登记的住址"何里"的内容。"受宅"是立户的先决条件。"受田宅，予人若卖田宅，不得更授"。每户只能有一处宅地。"欲益买宅，不比其宅，毋许"。即使原有宅地不足规定数，如果新宅地与固有宅地不能连为一处的话，也不能买入新宅，因为一户住民不能有两处地址。《二年律令·户律》规定："诸不为户，有田宅附令人名，及为人名田宅者，皆令以卒戍边二岁，没入田宅县官。"规定"不为户"冒领田宅和为他人冒领田宅属于违法。其行为破坏了国家的户籍登记制度和赋税征收制度。

西汉后期，人口增加，地方豪强势力逐渐强大，土地兼并越来越严重，失地农民越来越多，以授田制为基础的租税征收难以为继，只能依据民户占有田地的实际数量来征收田租，东汉时期称为度田，隐瞒田地则称为"匿田"。甘肃武威旱滩坡东汉墓出土第14号简："乡吏常以五月度田，七月举畜，匿田三亩以上坐……"① 基层乡吏每年五月统计辖区各民户的土地数，这是一项常规工作。《后汉书·百官志五》载："秋冬集课，上计于所属郡国。"注引胡广曰："秋冬岁尽，各计县户口垦田，钱谷入出，盗贼多少，上其集簿。"② "户口垦田"即民户户籍、各户的田地，作为计算田租的依据。

对基层政府而言，定期统计辖区民户的土地占有情况，是和户籍登记一起进行的。墓主人任职于南郡，摘录的《二年律令·户律》条文，是其平时履职所经常使用的部分，侧面证实了西汉前期南郡地区对户籍登记的执行情况。

（三）承继制度

承继发生的前提是承继人资格的认定和承继顺序的确认。《二年律令·置后律》规定："死毋子男代户，令父若母，毋父母令寡，毋寡令女，毋女令孙，毋孙令耳孙，毋耳孙令大父母，毋大父母令同产子代户。同产子代户，必同居数。弃妻子不得与后妻子争后。后妻毋子男为后，乃以弃妻子男。"③ "耳孙"，《汉书·惠帝纪》应劭曰："耳孙者，玄孙之子也。言其去

① 钟长发：《甘肃武威旱滩坡东汉墓》，《文物》1993年第10期。
② 《后汉书》卷118《百官志五》，中华书局2000年版，第3621页。
③ 张家山二四七号汉墓竹简整理小组编著：《张家山汉墓竹简（二四七号墓）》（释文修订本），文物出版社2006年版，第60—61页。

曾高亦远，但耳闻之也。"李斐曰："耳孙者，曾孙也。"晋灼曰："耳孙，玄孙之曾孙也。"《汉书·平帝纪》注引师古曰："子同产子者，谓养昆弟之子为子者。"① 法律规定的承继人顺序为子男—父、母—妻子—女儿（限在室女）—耳孙—祖父母—"同产子"（侄）。"弃妻"子相比于"后妻"子有优先权。遗腹子的承继权利受到法律的确认。《置后律》规定："死，其寡有遗腹者，须遗腹产，乃以律为置爵、户后。"遗腹子若为男，则为第一顺位承继人，若为女，则为第四顺位承继人。《置后律》载："同产相为后，先以同居，毋同居乃以不同居，皆先以长者。其或异母，虽长，先以同母者。"② "同产"即兄弟；"相为后"即兄弟为承继人。兄弟为承继人的要求是"同居"即共同生活；同母优先；年长者优先。《置后律》甚至规定，如果主人死后没有合适的承继人，那么主人的奴婢可以免为庶人，承继主人的财产；如果有数位奴婢，按照在主人家服役年限判断，服役时间最长的，可以免为庶人承继主人财产。③

《置后律》规定："□□□□为县官有为也，以其故死若伤二旬中死，皆为死事者，令子男袭其爵。毋爵者，其后为公士。毋子男以女，毋女以父，毋父以母，毋母以男同产，毋男同产以女同产，毋女同产以妻。诸死事当置后，毋父母、妻子、同产者，以大父，毋大父以大母与同居数者。""县官"即政府，"死事"即因公死亡，此时其子男承继死者的爵位，死者无爵时赐予其子男公士之爵，作为优抚。其承继顺位是子男—女—父—母—兄弟—姐妹—妻—祖父—祖母。"毋子男以女"之"女"是指未出嫁的在室女儿。

未婚女子出嫁之后，其土地财产随之转移到夫家，《置后律》载："女子为父母后而出嫁者，令夫以妻田宅盈其田宅。宅不比，弗得。其弃妻，及夫死，妻得复取以为户。弃妻，畀之其财。"④ 女子承继了父母遗产后出嫁，其财产随其转入夫家，作为丈夫应授予的田宅，但两者土地必须比邻，否则

① 《汉书》卷 12 《平帝纪》，中华书局 1962 年版，第 349 页。
② 张家山二四七号汉墓竹简整理小组编著：《张家山汉墓竹简（二四七号墓）》（释文修订本），文物出版社 2006 年版，第 60 页。
③ 张家山二四七号汉墓竹简整理小组编著：《张家山汉墓竹简（二四七号墓）》（释文修订本），文物出版社 2006 年版，第 61 页。
④ 张家山二四七号汉墓竹简整理小组编著：《张家山汉墓竹简（二四七号墓）》（释文修订本），文物出版社 2006 年版，第 61 页。

不能计算。如果被丈夫抛弃，财产复归女子；如果丈夫死亡，妻可立户。律文"弃妻，畀之其财"之"畀之其财"是指归还妻子原来的财产。

若男子入赘到寡妇为户主的家庭，承继顺序另有规定。《置后律》规定："寡为户后，予田宅，比子为后者爵。"即夫死，妻为第二顺序承继人，但其有权承继的土地、爵位相当于第一承继人。"其不当为户后，而欲为户以受杀田宅，许以庶人予田宅"。即夫死，寡妻有权分居立户，当然授田标准只能以庶人标准，而不是依据丈夫的爵位授田。"毋子，其夫；夫毋子，其夫而代为户。"丧夫之寡妇为户主重组家庭后，前夫之子为第一顺序承继人，前夫无子时，同时与后夫也没有儿子时，后夫"代为户"，其承继人顺序为前夫子—与后夫所生之子—后夫。"夫同产及子有与同居数者，令毋贸卖田宅及入赘。""夫"指后夫，后夫之兄弟姐妹及其子女虽然与后夫具有"同产"即共同生活关系，但不得卖出田宅，不得坐家招夫，以确保"寡为户后"的户主财产支配权不被削弱。"其出为人妻若死，令以次代户"，即重组家庭后，妻虽是户主，若再次改嫁，则不能将财产带走，而要按照正常死亡的情况，依据法律规定的承继顺序由承继人承继。①

汉代以军功爵制编制社会等级，确定社会秩序，爵位也成为可以承继的一种资格，汉代法律对爵位承继也有相应规定。《傅律》规定：

> 不为后而傅者，关内侯子二人为不更，它子为簪袅；卿子二人为不更，它子为上造；五大夫子二人为簪袅，它子为上造；公乘、公大夫子二人为上造，它子为公士；官大夫及大夫子为公士；不更至上造子为公卒。当士（仕）为上造以上者，以（嫡）子；毋（嫡）子，以（扁）偏妻子、孽子，皆先以长者若次其父所以，所以未傅，须其傅，各以其傅时父定爵士（仕）之。父前死者，以死时爵。当为父爵后而傅者，士（仕）之如不为后者。②

"傅"即成丁，开始服徭役的年龄，也是男丁成年的标志。依据上述律

---

① 张家山二四七号汉墓竹简整理小组编著：《张家山汉墓竹简（二四七号墓）》（释文修订本），文物出版社2006年版，第61页。

② 张家山二四七号汉墓竹简整理小组编著：《张家山汉墓竹简（二四七号墓）》（释文修订本），文物出版社2006年版，第58页。

文，男子傅籍之后，就可以享有爵位承继权。"后子"外，其余诸子依据嫡子优先、年龄次之的规则，规定诸子中有两位可以高出其余兄弟一级、其余兄弟均降级承继爵位。具体而言：关内侯爵的两个承继人获得不更爵位，其余获得上造爵位；从大庶长到左庶长（卿）爵的两个承继人获得不更爵，其余获得簪袅爵；公乘、公大夫爵的两个儿子获得上造爵，其余获得公士爵；官大夫、大夫之子获得公士爵，不更至上造承继人获得公卒爵。爵位的承继与财产承继不同，只要承继人达到傅籍年龄，就能得到规定的爵位，而不问被承继人是否死亡。承继人获得的爵位是依据被承继人的地位从官府获得，属于国家对有爵位者的优待措施。因为爵位可以交易，可以抵罪，所以具备很强的经济价值，因而法律对爵位承继作出了严格的规定。

两汉时期，百姓获得爵位的机会较多，一旦发生战争，立功即有机会获得爵位。此外，朝廷作为一种优待措施，不断赐爵于民，一般一次一级，东汉时增加到一次二级。对民爵的管理成为地方政府的职责之一，是地方法治的重要内容。爵位所体现的是政府与百姓的特殊关系，作为一种资格，其有效性完全来自政权的认可，要想兑现爵位带来的政治、经济价值，就必须服从和维护政权统治，爵位因而具备了政权合法性塑造的功能。张家山汉墓出土如此详尽的爵位承继规则，证实了南郡地区民爵承继的复杂性，爵位承继在地方法治中的重要性。

汉代法律规定的遗嘱承继适用于单纯财产承继。《户律》规定："民欲先令相分田宅、奴婢、财物，乡部啬夫身听其令，皆参辨券书之，辄上如户籍。有争者，以券书从事；毋券书，勿听。所分田宅，不为户，得有之，至八月书户，留难先令，弗为券书，罚金一两。"[1] "先令"即遗嘱。先令内容只针对田宅、奴婢、财物的分割，至于户主身份，则依据《置后律》的规定，确定先令时要请乡部啬夫等基层官吏出场作证，否则不合法；先令一式三份，分别由乡部和县廷保管；一旦财产分割在当事人之间发生争议，官府以保管的券书为准，若没有券书则不予采纳。承继人承继的田宅、奴婢等财物，每年八月户籍统计时统一到官府登记。和置后一样，为当事人立遗嘱，保管遗嘱是乡部官吏的法定职责，若乡部啬夫扣留"先令"，不写券书则罚

---

[1] 张家山二四七号汉墓竹简整理小组编著：《张家山汉墓竹简（二四七号墓）》（释文修订本），文物出版社 2006 年版，第 54 页。

金一两。从发现的先令实物来看，除乡部啬夫外，其他基层小吏和亲戚邻里也可以作为见证，证明遗嘱的合法性。

江苏仪征胥浦西汉墓曾出土平帝元始年间关于土地承继的先令券书一件，验证了《户律》的施行状况。从先令券书的确定过程可以看到汉代基层政权主持民间遗产承继，包括遗嘱确定程序的监督、遗嘱内容的确认，直至承继发生时依据遗嘱落实执行，都必须有县乡三老和都乡有秩、乡佐、里师等基层官吏在场，由他们主持完成，即法律规定的"身听其令"。

汉代武汉地区，生活着相当数量的人口，这是户籍法治发生的基础。户籍登记于每年八月进行，由百姓自占，基层官员登记。内容涉及户主、家庭人口、财产状况、爵位情况。户主更换、新立户、财产分割、爵位承继，都在户籍登记时一并登记在册。户籍关乎租税的征收、徭役的征发、兵役的征调、流动人口的监管，是政权治理地方社会的依据，依法管理户籍的户籍法治，在武汉地方法治中具有基础性的地位。

二、婚姻与家庭的法律规定

家庭是构成社会的基本单元，对婚姻、家庭的规制，是政权建构社会秩序的基础。汉代法律对结婚、离婚行为进行了全面系统的规范，婚姻的成立遵循"父母之命，媒妁之言"，保证了父母的主婚权。从史料记载的情况看，汉代成婚年龄一般较晚（男三十岁而娶，女二十岁而嫁），纳彩、问名、纳吉、纳征、请期、亲迎的"六礼"程序依然被遵循，汉代法律对婚姻的规制主要体现在一系列禁令上。

（一）婚姻家庭法制

出土的《睡虎地秦墓竹简》《张家山汉墓竹简》《岳麓秦简》等简帛文献中对汉代婚姻关系的禁止性规范较多，而正面规定则不太清晰，[①] 但《白虎通义》中关于婚娶的论述为我们讨论汉政府对婚姻关系的规范提供了材料。东汉章帝建初四年（79 年）十一月，"太常，将、大夫、博士、议郎、郎官及诸生、诸儒会白虎观，讲议《五经》同异，使五官中郎将魏应承制问，侍中淳于恭奏，帝亲称制临决，如孝宣甘露石渠故事，作《白虎议奏》"[②]。

---

① 贾丽英：《秦汉家庭法研究：以出土简牍为中心》，中国社会科学出版社 2015 年版，第 17 页。
② 《后汉书》卷 3《肃宗孝章帝纪》，中华书局 2000 年版，第 137 页。

白虎观会议意在统一五经解释，同时也是一次最高规格的制礼活动。① 《白虎通义》卷十《嫁娶》可以看作汉政权对婚姻关系的规范，是汉代的婚姻"法典"。②

缔结婚姻须"父母之命，媒妁之言"。《白虎通·嫁娶》载："男不自专娶，女不自专嫁，必由父母，须媒约何？ 远耻防淫泆也。诗云：'娶妻如之何？ 必告父母。'又曰：'娶妻如之何，匪媒妁不得。'"③ "父母之命"即父母对子女婚姻的主导权；"媒妁之言"即由媒妁在男女双方之间说合沟通，防止男女直接接触生出淫泆之事。

结婚年龄。《白虎通·嫁娶》载："男三十而娶，女二十而嫁……男三十筋骨坚强，任为人父，女二十肌肤充盈，任为人母。"汉代官方提倡男三十岁、女二十岁是理想的结婚年龄。西汉惠帝六年（前 189 年）诏："女子年十五以上至三十不嫁，五算。"④ 应劭注曰："汉律，人出一算，算百二十钱，唯贾人与奴婢倍算。今使五算，罪谪之也。"政府强制规定，女子年十五即可出嫁，三十岁依然不出嫁者，就要征五倍的算赋以示惩罚。秦汉之际的社会动乱导致人口锐减，汉惠帝此诏的目的在于快速增加人口，但从中也可以看出，女子十五岁是最低结婚年龄。

有五种女子不得娶以为妻，即"五不娶"的规定："乱家之子不娶，逆家之子，世有刑人，恶疾，丧妇长子，此不娶也。"⑤ "乱家之子"即"乱人伦"之家的女子，"逆家之子"即逆德之家的女子，"世有刑人"即家中有人犯罪受刑的女子，"恶疾"即家族有严重遗传性疾病的女子，"丧妇"当为"丧父"，女子出嫁前丧父，失去父亲教养、训诫，不宜娶以为妻。对出身于人伦道德有缺陷的家庭、罪犯之家、有严重疾病之家庭的女子和丧父之女，都不宜作为娶妻对象。

婚姻缔结需要经过一定程序，在汉代就是婚姻"六礼"。《白虎通·嫁娶》规定：

---

① 朱汉民：《〈白虎通义〉：帝国政典和儒家经典的结合》，《北京大学学报（哲学社会科学版）》2017 年第 4 期。

② 侯外庐：《汉代白虎观宗教会议与神学法典白虎通义——兼论王充对白虎观神学的批判》，《历史研究》1956 年第 5 期。

③ （清）陈立：《白虎通疏证》，吴则虞点校，中华书局 1994 年版，第 452 页。

④ 《汉书》卷 2《惠帝纪》，中华书局 1962 年版，第 91 页。

⑤ （清）陈立：《白虎通疏证》，吴则虞点校，中华书局 1994 年版，第 488 页。

《礼》曰："女子十五许嫁。纳采、问名、纳吉、请期、亲迎，以雁贽。纳征曰玄纁，故不用雁。"……纳征词曰："吾子有嘉命，贶室某也。某有先人之礼，离皮、束帛，使某也请纳征。"上某者，婿名也，下某者，婿父名也……女之父曰："吾子顺先典，贶某重礼，某不敢辞，敢不承命。"纳采词曰："吾子有惠，贶室某也，某有先人之礼，使某也请纳采。"对曰："某之子蠢愚，又不能教，吾子命之，某不敢辞。"①

对纳采、问名、纳吉、纳征、请期、亲迎六项仪式使用的礼物、用语都作了规范。汉代提倡"嫁娶以春"，即在春天娶妻嫁女。② 女子出嫁前，父母须祭祀宗庙，对出嫁女进行训诫；男子娶妻时，也须祭祀宗庙，告知先祖。

"《礼》曰：'嫁女之家，三日不绝火，思相离也。娶妇之家，三日不举乐，思嗣亲也。' 感亲年衰老代至也。《礼》曰：'婚礼不贺，人之序也。'"③。"不绝火"即不熄烛三日。女子出嫁，对娘家父母而言是离别，男子娶妻，意味着父母年纪老迈，都不是值得庆贺的事情，故有"婚礼不贺"的规定。

离婚的规定。汉代离婚沿用"七出"之说，女子有"不顺父母、无子、淫、妒、有恶疾、口多言、盗窃"等七种情节之一者，男方即可"去妻"，即离婚。"出妇之义必送之，接以宾客之礼，君子绝愈于小人之交。"④ 即和平离婚。丈夫可以"出妻"，但女子"不得去夫"，"夫有恶行，妻不得去者，地无去天之义也。夫虽有恶，不得去也。故《礼·郊特牲》曰：'一与之齐，终身不改。' 悖逆人伦，杀妻父母，废绝纲纪，乱之大者也。义绝，乃得去也"⑤。满足"义绝"条件，女方可以提出离婚；否则，女方不得主动离婚。女方不得主动离婚，与女子"在家从父母，既嫁从夫，夫殁从子也"⑥ 的"三从"地位的规定有关，"从夫"的内容之一就是丈夫没有"义

---

① （清）陈立：《白虎通疏证》，吴则虞点校，中华书局 1994 年版，第 458 页。
② （清）陈立：《白虎通疏证》，吴则虞点校，中华书局 1994 年版，第 467 页。
③ （清）陈立：《白虎通疏证》，吴则虞点校，中华书局 1994 年版，第 463 页。
④ （清）陈立：《白虎通疏证》，吴则虞点校，中华书局 1994 年版，第 488 页。
⑤ （清）陈立：《白虎通疏证》，吴则虞点校，中华书局 1994 年版，第 469 页。
⑥ （清）陈立：《白虎通疏证》，吴则虞点校，中华书局 1994 年版，第 491 页。

绝"规定的行为时，妻子不得提出离婚要求。

夫妻财产关系的规范。汉代法律规定，夫妻一旦成婚，婚后家庭财产（包括妻子的陪嫁）均由丈夫支配，一旦被丈夫离弃，妻子只能支配自己的陪嫁物。张家山汉简《二年律令·置后律》规定："女子为户毋后而出嫁者，令夫以妻田宅盈其田宅。宅不比，弗得。其弃妻，及夫死，妻得复取以为户。弃妻，畀之其财。"女子结婚后，没有子女，自己为户主后再嫁人的，如果妻子被"出"，可以获得原来属于自己的嫁妆。《二年律令·置后律》同时规定："死毋子男代户，令父若母，毋父母令寡，毋寡令女，毋女令孙，毋孙令耳孙，毋耳孙令大父母，毋大父母令同产子代户。同产子代户，必同居数。弃妻子不得与后妻子争户。"这里规定了户主的资格顺序，妻为户主的资格排在儿子、丈夫父母的后边。

（二）婚姻家庭禁令

一是严禁母子、父女及兄弟姐妹之间的血亲相奸。张家山汉简《二年律令·杂律》规定："同产相与奸，若取（娶）以为妻，及所取（娶）皆弃市。"同产相奸或有婚姻事实，男女双方都要被处以极刑。汉代因"禽兽行"被处以极刑的案例主要发生在诸侯王、列侯家族内，平民家庭也时有发生。

二是对不存在血亲，但存在伦理关系的亲属间的乱伦，如后父、后母与子女，子与父祖妾、御婢或其他男性亲属的妻妾、御婢淫乱等行为的禁止。《二年律令·杂律》规定："复兄弟、孝（季）父柏（伯）父之妻、御婢，皆黥为城旦舂。复男弟兄子、孝（季）父柏（伯）父子之妻、御婢，皆完为城旦。"按"复"，张家山汉简整理小组释曰"报"，并引《左传·宣公三年》杜预注云："汉律淫季父之妻曰报。"这一法规是对烝、报婚的否定。烝，指儿子与庶母发生性关系或娶庶母为妻。报，是指兄或叔父死后，弟弟或侄子娶寡嫂或婶母为妻。此类案件被视为"禽兽行"，为汉代法律所不容，行为人要受到严惩。

三是禁止娶亡人为妻和逃亡人相夫妻的行为。《二年律令·亡律》规定："取（娶）人妻及亡人以为妻，及为亡人妻，取（娶）及所取（娶），为谋（媒）者，智（知）其请（情），皆黥以为城旦舂。其真罪重，以匿罪人律论。弗智（知）者不□。"按照律文规定，无论是"娶人妻"还是娶"亡人"为妻，或者嫁给"亡人"为妻，只要知道对方为"亡人"，就要被"黥为城旦舂"。汉朝租税、徭役、兵役是百姓的沉重负担，一旦脱离原籍，成为"亡人"，就可以摆脱这些负担。逃亡人口要求生存，又往往为"盗"或"群盗"，成为现有秩序的破坏者。为此才有上述禁止性规定。

四是禁止男奴与女主通婚。《二年律令·杂律》规定："奴取（娶）主、主之母及主妻、子以为妻，若与奸，弃市，而耐其女子以为隶妾。"律文规定男奴与女主及主家女眷有婚姻事实，男女将分别受到弃市和耐为隶妾的处罚。

五是对夫妻之间犯罪连坐的规定。汉律规定了夫妇之间实行犯罪连坐。《收律》规定："罪人完城旦舂、鬼薪以上，及坐奸府（腐）者，皆收其妻、子、财、田宅。"丈夫犯"完城旦舂""鬼薪"以上刑罚之罪的，妻、子、田、宅都要被没官。《汉书·景帝纪》如淳注引汉律："大逆不道，父母妻子同产皆弃市。"强调夫妻之间法律责任上的连带关系。

六是对夫妻互相伤害行为的规定。《二年律令·贼律》规定："妻悍而夫殴笞之，非以兵刃也，虽伤之，毋罪。""妻殴夫，耐为隶妾。"丈夫殴打妻子，只要不使用兵刃，就不用受罚；反之，妻子殴打丈夫，则要受刑罚处罚。这是夫妻地位不平等在法律上的体现。《二年律令·贼律》规定："父母殴笞子及奴婢，子及奴婢以殴笞辜死，令赎死。"对父母殴打子女、奴婢的行为作了限制，一旦殴打致死，要处以严惩。《白虎通·诛伐》载："父杀其子当诛何？以为天地之性人为贵，人皆天所生也，托父母气而生耳。王者以养长而教之，故父不得专也。"可以看作汉代人的普遍看法。

七是对不孝罪的惩治。汉律沿袭秦律，严惩不孝罪。《二年律令》载："子牧杀父母，殴詈泰父母、父母、叚（假）大母、主母、后母，及父母告子不孝，皆弃市。其子有罪当城旦舂、鬼薪白粲以上，及为人奴婢者，父母告不孝，勿听。年七十以上告子不孝，必三环之。三环之各不同日而尚告，乃听之。教人不孝，黥为城旦舂。"① 按张家山汉墓竹简注释小组的解释，"牧"即谋杀未遂，"泰父母"即大父母，指祖父、祖母，"假大母"即庶祖母或继祖母，"主母"指名义上有母子关系的女人，"三环"指多次反复告发子女不孝。汉代，谋反令父坐死罪、告父、与大母争尊、以母为妻、不供养父母、不行丧服、匿不发丧、居丧生子、居父丧私娉小妻、丧服奸、毁

① 张家山二四七号汉墓竹简整理小组编著：《张家山汉墓竹简（二四七号墓）》（释文修订本），文物出版社 2006 年版，第 13 页。

憎后母等行为都属于"不孝"的行为，一旦被告发，就要受到严惩。①

婚姻家庭法规的调控作用于家庭关系，而家庭的稳定是社会秩序稳定的基石。婚姻家庭关系是礼调整的重要内容，而违反礼的要求，则会受到刑罚惩治，出礼入刑在此得到清晰显示。汉代婚姻家庭法制在古代社会产生了深远影响，婚姻"六礼""七出"规定、和离"义绝"的行为界定，都为此后的政权所沿用，成为规范婚姻家庭关系的基本原则。

第三节 农业与赋税的法律规定

农业是汉代最主要的生产部门，农业为天下苍生提供衣食之资，政权通过征收田租获取国库收入，支撑各级行政机构的运转，是政权存在的经济基础。鉴于农业对政权存在的重要意义，汉政权极为重视农业生产，汉文帝诏书说："农，天下之本，务莫大焉。"景帝诏书说："农，天下之本也。黄金珠玉，饥不可食，寒不可衣，以为币用，不识其终始，间岁或不登，意为末者众，农民寡也。其令郡国务劝农桑，益种树，可得衣食物，吏发民若取庸采黄金珠玉者，坐赃为盗。二千石听者，与同罪。"② 这是以农为本，重农抑商的典型表述，要求地方政府努力劝民务农，严惩地方官吏雇佣百姓开采金矿、玉矿、珍珠等奢侈品。建始四年（前29年）诏书说："间者，民弥惰怠，乡本者少，趋末者众，将何以矫之？方东作时，其令二千石勉劝农桑，出入阡陌，致劳来之。"③ 要求郡县官员在春耕之时，亲自到田间地头鼓励百姓耕作，奖励勤劳耕作者。东汉章帝建初元年（76年）诏书说："比年牛多疾疫，垦田减少，谷价颇贵，人以流亡。方春东作，宜及时务。二千石勉劝农桑，弘致劳来。"④ 劝勉农桑是汉代地方政府的基本任务之一。

土地、劳动者、耕作技术构成农业的基本要素，汉代农业法治就是围绕这些生产要素而设置和运行。租税作为政权获取收入的基本渠道，其制度安排、运行体制都受到法律的规制。在农业社会，政权的税收总量受制于农业发展的总体水平，同时，税收通过影响农业生产者的经济利益，进而影响到

---

① 徐世虹：《秦汉简牍中的不孝罪诉讼》，《华东政法大学学报》2006年第3期。
② 《汉书》卷5《景帝纪》，中华书局1962年版，第152页。
③ 《汉书》卷10《成帝纪》，中华书局1962年版，第314页。
④ 《后汉书》卷3《肃宗孝章帝纪》，中华书局2000年版，第132页。

农民对农业生产的态度。农业与税收共同决定着政权的财政收入，受到法律的严格规制，依法管理农业和税收，构成地方农业税收法治。

一、农官制度与农业管理

司马迁说："楚越之地，地广人希，饭稻羹鱼，或火耕而水耨。"①《史记》记事下迄汉武帝，上述记载表明，直到西汉汉武帝时期，湖北地区农业经济依然处于"火耕水耨"阶段。班固说："楚有江汉川泽山林之饶，江南地广，或火耕水耨，民食鱼稻，以渔猎山伐为业，果蓏蠃蛤，食物常足。故呰窳媮生，而亡积聚，饮食还给，不忧冻饿，亦亡千金之家。"② 班固眼中江汉平原的农业经济已经发生了变化。所谓"火耕水耨"，据《史记·平准书》集解引应劭曰："烧草下水种稻，草与稻并生，高七八寸，因悉芟去，复下水灌之，草死，独稻长，所谓火耕水耨也。"这种耕作方式适宜于水泽、冲积扇状河谷地带，水源丰富同时又有季节性涨落，而非长年积水的湖泊，武汉地区是最适宜"火耕水耨"的地区之一。

"饭稻羹鱼"的食物结构取决于长江中游地区渔业的发达。《史记·货殖列传》记载江南经济时，有"通鱼盐""通鱼盐之货""人民多文彩布帛鱼盐""有鱼盐枣粟之饶"的说法，就是指在滨江、滨湖之地，百姓依靠渔猎获取渔业资源的情况，《淮南子·说林训》载："钓者静之，罛者扣舟，罩者抑之，罾者举之，为之异，得鱼一也。"针对不同的环境，形成了有针对性的捕鱼技巧。《盐铁论·通有》载："江湖之鱼，莱黄之鲐，不可胜食。"虽然"江湖"是泛指，但武汉地区具有最大的"江湖"，鱼类"不可胜食"当之无愧。汉代武汉地区还没有出现人工修筑的江堤，江面之宽广，湖泊之众多，当远胜于唐宋以后。因为渔业资源丰富，依靠经营水产贸易的"货值家"就出现了。

（一）汉代农官

《汉书·食货志》载董仲舒语："今关中俗不好种麦，是岁失《春秋》之所重，而损生民之具也。愿陛下幸诏大司农，使关中民益种宿麦，令毋后时。"大司农是主管国家财政的官员。汉代国家财政主要来自农业提供的租税，大司农同时负责农业管理就是基于这一现实情况。董仲舒建议汉武帝下

---

① 《史记》卷129《货殖列传》，中华书局1959年版，第3270页。
② 《汉书》卷28《地理志下》，中华书局1962年版，第1666页。

诏，由大司农主持冬小麦的种植技术推广，就是基于大司农作为中央层面的农业管理官员这一制度规定。《通典》卷二六《职官八》载："平帝又置大司农部丞十三人，人部一州，劝农桑。后汉司农丞一人，部丞一人。"从西汉平帝时期开始，大司农属官有"司农丞"，专管劝课农桑，主持农业管理。朱邑"迁补太守卒史，举贤良为大司农丞，迁北海太守，以治行第一入为大司农"①。可证司农丞设置属实。

明帝永平四年（61年）诏："朕亲耕藉田，以祈农事。"注云：《续汉志》云："正月始耕，既事，告祠先农。"《汉旧仪》曰："先农即神农炎帝也。祠以太牢，百官皆从。皇帝亲执耒耜而耕。天子三推，三公五，孤卿七，大夫十二，士庶人终亩。乃致藉田仓，置令丞，以给祭天地宗庙，以为粢盛。"②"籍田礼"的象征意义在于向天下人强调农业的重要，这一仪式历代相近，直至清朝。汉代还设有籍田令、籍田丞，属于大司农属官，主管籍田大礼，与地方农业管理关系不大。

汉代少府"掌山海池泽之税，以给供养"，专门管理皇帝财政。山海池泽又是百姓渔猎采摘的主要场所，政府在此类场所的税收，构成少府的基本收入。一旦遇到自然灾害，为赈济灾民，开放少府管辖的各地"山海池泽"，免税听任灾民渔猎采摘，是汉代政府多次实施的救灾措施。少府与地方农业管理有密切关系。

汉代地方郡县政权承担着管理农业的任务，劝课农桑是其核心职责之一。此外，汉代在基层社会设有"力田"一职，属于乡里社会的农业管理者。"力田"的基本含义是努力耕田，《汉书·召信臣传》载："其化大行，郡中莫不耕稼力田。"经过政府倡导，"力田"制度逐渐成型，"力田"与三老、孝第一起成为"劝导乡里、助成风化"的基层"乡官"。"力田"出现最早始于西汉惠帝四年（前191年），《汉书·惠帝纪》载："举民孝第、力田者复其身。"《汉书·高后纪》载高后元年（前187年）："初置孝第、力田。"《汉书·文帝纪》载文帝十二年（前168年）诏："孝悌，天下之大顺也；力田，为生之本也；三老，众民之师也……以户口率置三老、孝悌、力田常员，令各率其意以道民焉。"依据各县人口数量，按照一定比例设置

① 《汉书》卷89《循吏传》，中华书局1962年版，第3635页。
② 《后汉书》卷3《肃宗孝章帝纪》，中华书局2000年版，第107页。

"力田"成为制度。汉代"力田"既无秩禄又无官衔（不治民），只是一种荣誉尊号，有一定的经济优惠和政治利益，所谓"各率其意以道民"即利用自身的号召力感召乡民，教化百姓努力农业生产。《后汉书·明帝纪》李贤注："三老、孝第、力田皆乡官之名"，职责是"劝导乡里，助成风化"。既是乡官，在教化民众的同时，当然也可以干预和组织乡里百姓的农业生产。在出土的尹湾汉墓简牍上记载的西汉末年东海郡吏员设置情况中，共有乡170个，其中乡三老170人，孝第、力田各120人。① 按照制度，力田基本是每乡设置一名。

"力田"参与每年的"籍田"礼仪，宣示天下以农为本，劝农力耕。《后汉书·礼仪志上》载，汉代有"班春"制度，即宣告春耕开始，是地方政府的一项重要职责。《后汉书·百官志五》注云："凡郡国皆掌治民……常以春行所主县，劝民农桑。"郡、县诸曹掾史吏员的劝农活动，在《四民月令》中有所记载。如田地平整、工具修缮、下种、田间管理、水旱虫害的治理等，只能由"力田"等乡村农官具体操作落实。"力田"不仅自身在乡村中努力耕田，还承担将国家劝农政策、农业技术推广于地方社会的工作，是地方政府农业管理政策的具体落实者。汉武帝时赵过在推行铁犁牛耕及代田法等生产新技术时，由"二千石遣令长、三老、力田及里父老善田者受田器，学耕种养苗状"②。"力田"在汉代农业管理中起主要作用。

（二）农业管理

地方农业管理的目标在于使农民、土地、耕作技术等农业生产要素实现合理配置，提高农业生产效率，确保农业产出。汉代四百多年，时代不同，政府农业管理的重点各异。

1. 招抚流民

西汉初期和东汉初年，历经战乱之后，百姓流亡，户籍人口急剧减少，出现田地荒芜，耕者寡少的局面，如何招抚流民，使之归于田亩，恢复农业生产，成为各级政府的首要任务。西汉政权建立后，"西都洛阳。夏五月，兵皆罢归家。诏曰：'诸侯子在关中者，复之十二岁，其归者半之。民前或相聚保山泽，不书名数，今天下已定，令各归其县，复故爵田宅，吏以文法

---

① 连云港市博物馆等编：《尹湾汉墓竹简》，中华书局1997年版，第77页。
② 《汉书》卷24《食货志上》，中华书局1962年版，第1139页。

教训辨告，勿笞辱。民以饥饿自卖为人奴婢者，皆免为庶人。军吏卒会赦，其亡罪而亡爵及不满大夫者，皆赐爵为大夫。'"① 诏书包含三层内容：一是复员士兵，化剑为犁，增加农业人口。"兵皆罢归家"即军队全部复员。这次复员的士兵数量在 60 万人左右，以五口之家计，涉及农业人口 300 万人以上。② 这是一个巨大的数字，对西汉初年农业恢复有着决定性作用。武汉地区也有相当数量的复员士兵返乡，重新投入农业生产。二是以"复故爵田宅"为条件，招抚流亡人口。"故爵田宅"即百姓在秦政权时获得的爵位和原来就有的土地、宅园，西汉政权通过诏令宣布，一律承认百姓的"故爵田宅"，即只要百姓返乡，进行户籍登记，原有的爵位、田宅一律承认，以此打消逃亡者的疑虑。三是免奴婢为庶人。战乱时期，贫不能自存的百姓只好卖身为奴婢，奴婢隐身于豪门大族，减少了承担赋税徭役的人口，这是政府强制释放奴婢的制度原因。文帝后元四年（前 160 年）五月，"免官奴婢为庶人"③。上述法令的总体目标在于增加农业人口，在土地有余的情况下，增加农业产出。

东汉建立之初，在经过长期战乱之后，农业人口大量减少。建武六年（30 年）诏书说："今百姓遭难，户口耗少。"刘秀曾下令精简地方政权，"并省四百余县，吏职减损，十置其一"，反证人口衰减之严重。地方政府在招抚流民返乡的同时，朝廷多次下令放免奴婢。据《后汉书·光武帝纪》载：建武六年十一月，"诏王莽时吏人没入为奴婢不应旧法者，皆免为庶人"。建武七年（31 年）五月，"甲寅，诏吏人遭饥乱及为青、徐贼所略为奴婢下妻，欲去留者，恣听之。敢拘制不还，以卖人法从事"。这是两次面向全国的奴婢放免令，第一次针对的"吏人"，是王莽时期因为犯罪被没为官奴婢的人口，限制条件是"不应旧法"，即按照西汉法律，不应该被没为官奴婢的人口，带有拨乱反正、重塑汉家正统的政治意味。第二次针对的依然是因为战乱而卖身为奴者，不过去掉了限制条件，涉及面更宽，更具有强制性。通过这两次诏令，大部分奴婢都恢复了人身自由。

无论是士兵复员、流民返乡还是放免奴婢，都需要基层政府通过户籍登记落实他们各项权利，使他们获得编户齐民的各种资格，正常从事农业生

---

① 《汉书》卷 1《高帝纪》，中华书局 1962 年版，第 54 页。
② 张功：《高帝五年诏辨析》，《首都师范大学学报（社会科学版）》2012 年第 5 期。
③ 《汉书》卷 4《文帝纪》，中华书局 1962 年版，第 130 页。

产。落实诏令于地方社会，增加农业人口，推动农业发展，是两汉政权初期地方农业法治的核心内容。

2. 假民公田

土地私有制下，作为稀缺资源的土地成为交易对象时，就会因为土地兼并而引发土地高度集中，与此相伴随的是失地农民的大量出现。失地农民为求生，或成为佃农，或成为流民，有的甚至为匪为盗，一方面导致农业劳动力总量的减少，另一方面导致社会治安隐患的出现。汉朝政府解决这一问题的措施大致有二：一是移民到荒地较多的地区，组织无地农民垦荒；二是假民公田，即将国有土地、川泽向失地农民开放，使其重新与土地结合，从事农业生产。西汉"假民公田"开始于宣帝时期。《汉书·宣帝纪》载，宣帝地节元年（前69年）"三月，假郡国贫民田"。师古曰："权以给之，不常与。"这是西汉政权第一次面向全国，对无地贫民开放公田，通过提供耕地，使无地农民与土地结合，获得开展农业生产的条件。地节三年（前67年）春三月诏："今胶东相成劳来不怠，流民自占八万余口，治有异等。"师古曰："占者，谓自隐度其户口而著名籍也。"这是"假民公田"在胶东地区的实际效果。同年十月，宣帝再次下诏："池籞未御幸者，假与贫民……流民还归者，假公田，贷种、食，且勿算事。"继续开放公田的同时，"复勿算事"，即免除算赋和徭役，是对回归流民的优待。

《汉书·元帝纪》载，初元元年（前48年）三月，"以三辅、太常、郡国公田及苑可省者振业贫民，赀不满千钱者赋贷种、食"。"郡国公田"属于国家土地，"苑可省者"则属于少府管辖的皇帝私产，假与贫民的土地范围进一步扩大，而且开始由地方政府借给贫民种子、粮食。同年四月，元帝再次颁诏："江海陂湖园池属少府者以假贫民，勿租赋。"将开放范围扩大到属于皇帝私产的"江海陂湖园池"，且规定了免除贫民租赋的优待。初元二年（前47年）再次下诏："水衡禁囿、宜春下苑、少府佽飞外池、严籞池田假与贫民。"再次扩大开放可供采摘、渔猎的皇家土地。元帝永光元年（前43年）下诏："无田者皆假之，贷种、食如贫民。"从宣帝到元帝，开放的范围由国家公田延伸到皇帝私产，说明"公田"已经开放殆尽，诏书的效果也不会令人满意。元帝以后，再没有颁发过"假民公田"的诏书，当然不是说失地农民的问题已经解决，而是再无公田可以向百姓开放。

东汉时期也有"假民公田"的记载。《后汉书·明帝纪》载，永平九年（66年）夏四月"诏郡国以公田赐贫人各有差"。这里是赐予，即直接把地方政府掌控的公田赐予无田的贫民。《后汉书·章帝纪》载，元和元年（84年）二月，诏曰："其令郡国募人无田欲徙它界就肥饶者，恣听之。到在所，赐给公田，为雇耕佣，赁种饷，贳与田器，勿收租五岁，除算三年。其后欲还本乡者，勿禁。"开始鼓励无地农民迁徙到荒地较多的地方，再赐给公田，并免除租税，以此解决无地农民的问题。章帝以后，东汉政府再无"假民公田"的诏书颁布，只能开放园林、川泽，供贫民采摘渔猎以缓解问题。究其原因，在于土地兼并已经失去控制，朝廷给与贫民的土地，大多转入豪强之手。

一旦遇到全国范围内的"假民公田"政策，武汉地方政府也不能例外。基层政府需要按照户籍，逐户落实，保证诏书内容贯彻实施。将朝廷"假民公田"的政策落实到辖区之内，解决失地农民转化为流民，进而影响地方农业生产的问题，是地方农业法治的内容之一。

有作为的地方郡守也会致力于发展地方农业。据《汉书·召信臣传》载：召信臣任南阳郡守时，"好为民兴利，务在富之。躬劝耕农，出入阡陌，止舍离乡亭，稀有安居时。行视郡中水泉，开通沟渎，起水门提阏凡数十处，以广溉灌，岁岁增加，多至三万顷。民得其利，畜积有余。信臣为民作均水约束，刻石立于田畔，以防分争。禁止嫁娶送终奢靡，务出于俭约。府县吏家子弟好游敖，不以田作为事，辄斥罢之，甚者案其不法，以视好恶。其化大行，郡中莫不耕稼力田，百姓归之，户口增倍，盗贼狱讼衰止。吏民亲爱信臣，号之曰召父。荆州刺史奏信臣为百姓兴利，郡以殷富，赐黄金四十斤"。南阳郡与江夏郡都属于荆州辖郡，召信臣代表的循吏型地方官在地方农业管理过程中，除去授田、招抚流民、安置无地农民之外，忠实践行"富之教之"的"汉家制度"，致力于教化百姓劝课农桑，地方农业发展得更好。

二、赋役法律规定

汉代，政府向百姓征收田租、户税、劳役。田租和户税是国家财政收入的最主要来源，而劳役则是国家公共工程和军事活动必不可少的劳动力来源。

依据《汉书·食货志》的记载，西汉初年"轻田租，什五而税一，量吏禄，度官用，以赋于民"。西汉初期的田租征收为 1/15，约为产量的 6.7%。文景时期一度降低到三十税一，即民半出田租，此后，三十税一基本保持到西汉末年。《盐铁论·未通》载："田虽三十而以顷亩出税。"可知田租征收是以"顷亩"为基础的。东汉时期，田租征收率与西汉基本一致。建武六年（30 年）诏曰："其令郡国收见田租三十税一，如旧制。"[①] 汉代田租的法定税率保持在什五税一到三十税一之间。

田租之外，汉代还针对田地征收刍稿税。《二年律令·田律》规定："入顷刍稿，顷入刍三石；……稿皆二石。令各入其岁所有。毋入陈，不从令者罚黄金四两，收入刍稿，县各度一岁用刍稿，足其县用，其余令顷入五十五钱以当刍稿。刍一石当十五钱，稿一石当五钱。"法律规定征收刍稿税，每顷征收刍稿两石至三石，且收新不收陈，违者处罚。当各县备足一年的刍之后，刍稿就要折算收钱，"刍一石当十五钱，稿一石当五钱"。另外再按顷附加征收五十五钱，属于附加税。

《二年律令·田律》显示，汉代田租征收既有粮食，也有"刍稿"即饲料，文献史料也有反映。《汉书·贡禹传》载贡禹语："农夫父子暴露中野，不避寒暑……已奉谷租，又出稿税。"则田租征收中，谷物、刍稿一并征收。《后汉书·光武帝纪》注引《东观汉记》说，王莽时，刘秀"尝为季父故舂陵侯诣大司马府，讼地皇元年十一月壬寅前租二万六千斛，刍稿钱若干万"。说明征收方式没有变化。献帝兴平元年（194 年），卫将军董承上表，"遣（赵）岐使荆州，督租粮"。[②] 直到东汉末年，荆州地区田租征收还是以粮食为主，这与《江陵凤凰山西汉墓竹简》反映的情况一致。

张家山汉简《算数书》"税田"条："税田税田廿四步，八步一斗，租三斗。今误券三斗一升，问几何步一斗。得曰：七步卅七〈一〉分步廿三而一斗。术（術）曰：三斗一升者为法，十税田为实。令如法一。"这些关于税田的算题中，经核算，田租率均为百分之百。税田并不是政府直接经营管理的土地，而是百姓耕种土地的一部分。每户将授田的一部分单独划出成为税田，税田之上全部收获作为田租上交政府，这就是汉初文献反映的田租

---

① 《后汉书》卷 1 下《光武帝纪下》，中华书局 2000 年版，第 50 页。
② 《后汉书》卷 64《吴延史卢赵列传》，中华书局 2000 年版，第 2124 页。

征收制度。① 依据《二年律令·田律》规定，有爵位者可以免除或减少田租、刍藁税。

东汉章帝时期，依据田亩按照确定税率征收田租的制度发生了变化。秦彭为山阳太守"兴起稻田数千顷，每于农月，亲度顷亩，分别肥塉，差为三品，各立文簿，藏之乡县……彭乃上言，宜令天下齐同其制。诏书以其所立条式，班令三府，并下州郡"②。秦彭的方法，既考虑土地面积，同时又参照产量高低，分别按比例计量，虽然增加了田租征收量，但制度成本无形中加大。秦彭的做法被推行到全国，成为东汉中后期田租征收的具体办法。

汉朝按人、户缴纳的赋税称为"赋"，征收单位是"算"。《汉仪注》载："民年十五以上至五十六出赋钱，人百二十为一算，为治库兵车马。""赋钱"即人头税，每年每人120钱，即一算。汉惠帝六年（前188年）规定："女子年十五以上至三十不嫁，五算。"应劭注："汉律人出一算，算百二十钱，唯贾人与奴婢倍算。今使五算，在谪之也。"既然皇帝下诏，自然是三十岁以上女子不嫁的情况比较严重，超过三十岁不出嫁的迟嫁女子要出五算，而贾人、奴婢要出二算，这属于人头税征收的补充规定。高祖十一年（前196年）二月诏书："欲省赋甚。今献未有程，吏或多赋以为献，而诸侯王尤多，民疾之。令诸侯王、通侯常以十月朝献，及郡各以其口数率，人岁六十三钱，以给献费。"③ "献费"是地方征收的人头税，即"算赋"的一部分，每人六十三钱，自此成为规定。算赋、献费构成西汉的人头税。

汉代还针对财产征收的算赋。《汉书·景帝纪》记载："今訾算十以上乃得宦。"服虔曰："訾万钱，算百二十七也。"④ 这是对财产征收的算赋，每万钱征127钱。汉武帝元光六年（前129年），"初算商车"。李奇曰："始税商贾车船，令出算。"⑤ 这是以商人拥有的车船为对象征收的算赋。汉武帝元狩四年（前119年），"初算缗钱"。李斐曰："缗，丝也，以贯钱也。一贯千钱，出算二十也。"⑥ 这是针对商家的货币征收的算赋。《汉书·翟方

① 慕容浩：《新出简牍所见秦与汉初的田租制度及相关问题》，《社会科学研究》2017年第2期。
② 《后汉书》卷76《循吏列传》，中华书局2000年版，第2467页。
③ 《汉书》卷1下《高帝纪下》，中华书局1962年版，第70页。
④ 《汉书》卷5《景帝纪》，中华书局1962年版，第152页。
⑤ 《汉书》卷6《武帝纪》，中华书局1962年版，第165页。
⑥ 《汉书》卷6《武帝纪》，中华书局1962年版，第178页。

进传》有"算马牛羊"的记载，是对牲畜征收的算赋。汉武帝时期，一度对车辆征税，即"算轺车"，一轺车两算，船五丈一算。单称"算"时是指人头税。算一般征收钱，桓谭《新论·谴非》云："百姓赋钱，一岁为四十余万万。"汉代，在对南郡地区的"南郡蛮"征收特产以当租税。"秦惠王并巴中，以巴氏为蛮夷君长……其民户出賨布八丈二尺，鸡羽三十鍭。汉兴，南郡太守靳强请一依秦时故事"①。"南郡蛮"有很大一部分居住于江夏郡界，南郡（江夏郡）对这部分人征收地方特产作为"算"。

汉代"算"的征收，既包括按人头征收的人口税，还有针对财产征收的财产税。《江陵凤凰山十号汉墓简牍》四号简、五号简资料表明，"算"的征收与人头数有关；算钱并非每年征收一次，而是依据各种名目，多次征收，有时甚至一月数次；每次征收的算钱数量不等，有时八九钱，有时三四十钱；一算在全年内缴纳的钱可能达到 500 钱左右；口钱在算钱之内，由成人缴纳；算钱的名目至少包括吏俸、口钱、传送、给转费、缮兵等，有的上交中央，有的地方留用。② 西汉初期一算 500 钱左右的征收幅度在汉武帝以后有所减少并稳定在每人每年 120 钱，称为"赋钱"。《汉旧仪》载："年七岁以至十四岁出口钱，人二十三，二十钱以食天子，其三钱者，武帝加口钱以补车马。又令民男女十五以上至五十六出赋钱，人百二十为一算，以给车马。""口钱"属于未成年人的人头税，每年每人 23 钱，又称"口算"。"口算"的征收起点年龄在汉元帝时期由三岁开始修改为七岁。

"算赋""口赋""算缗"等的征收，是以户口登记、家庭财产统计数据为依据，由县府官吏会同乡官里吏来共同完成。

更赋的征收，也是汉代基层政府的一项重要任务。昭帝元凤四年（前 77 年）诏书："三年以前逋更赋未入者，皆勿收。"注引如淳曰："更有三品，有卒更，有践更，有过更。古者正卒无常人，皆当迭为之，一月一更，是谓卒更也。贫者欲得顾更钱者，次直者出钱顾之，月二千，是谓践更也。天下人皆直戍边三日，亦名为更，律所谓繇戍也。虽丞相子亦在戍边之调。不可人人自行三日戍，又行者当自戍三日，不可往便还，因便住一岁一更。诸不行者，出钱三百入官，官以给戍者，是谓过更也。"③ 汉代法律规定，

---

① 《后汉书》卷 86《南蛮西南夷列传》，中华书局 2000 年版，第 2841 页。
② 林甘泉主编：《中国经济通史（秦汉经济卷）》，经济日报出版社 1999 年版，第 673 页。
③ 《汉书》卷 7《昭帝纪》，中华书局 1962 年版，第 227 页。

成年人每年服役一月,不愿服役者可以缴纳 2000 钱由政府雇人代役;成年人一生必须戍边三日,不愿戍边者缴纳 300 钱给政府,由政府雇人戍边;由于大多数人不愿服役,选择缴钱 2000 给政府,称为"更赋",贫穷者则通过服役、戍边获得一份收入。

汉代,渔业税的征收归少府管辖。汉代少府掌山海池泽之税,以给供养。《汉官仪》记载:"少府,掌山泽陂池之税,名曰禁钱,以给私养,自别为藏。"针对"泽""陂池"征收的税即后世的"渔税",供皇室使用。东汉时期,渔业税归大司农管辖。《后汉书·百官志五》载:"承秦,凡山泽陂池之税,名曰禁钱,属少府,世祖改属司农。"改属大司农,意味着渔业税纳入国家财政。汉代武汉地区渔业资源丰富,渔业税的征收是地方政府的税收来源之一。

汉代商业税的征收分为两种,即市籍税和交易税。《汉书·何武传》记载:"武弟显家有市籍,租常不入,县数负其课。市啬夫求商捕辱显家,显怒,欲以吏事中商。"①"市籍"是户籍的一种,专门从事商业活动者归入市籍之中,汉武帝有七科谪,其中之一就是"有市籍者"。何武之弟何显属"市籍"之家,所欠之"租"就是"市租"。《后汉书·和帝纪》载永元六年(94 年)三月诏:"流民所过郡,皆实禀之,其有贩卖者,勿出租税。"作为赈灾措施之一,免除流民在迁移过程中从事交易的税收。也就是说,一般情况下的交易要缴税。汉代交易税又称"租铢",汉元帝时期大臣贡禹针对铸钱采铜猥獗的情况,建议朝廷,"宜罢采珠玉金银铸钱之官,毋复以为币,除其贩卖租铢之律,租税禄赐皆以布帛及谷,使百姓一意农桑"。师古曰:"租铢,谓计其所卖物价,平其锱铢而收租也。"②《租铢之律》当是与市井贩卖有关的征收货币形态的租税法律,其征课对象是贩卖者所得的钱,也包括可以作为货币的珠玉和贵金属。③

汉代地方政权中有专门的渔业管理机构。《后汉书·百官志五》载:"有水池及鱼利多者置水官,主平水收渔税。"④遇到灾荒,朝廷通常会以免除渔税的方式救灾。汉元帝初元元年(前 48 年)诏:"其令郡国被灾害甚

---

① 《汉书》卷 86《何武王嘉师丹传》,中华书局 1962 年版,第 3482 页。
② 《汉书》卷 24《食货志下》,中华书局 1962 年版,第 1176 页。
③ 林甘泉主编:《中国经济通史(秦汉经济卷)》,经济日报出版社 1999 年版,第 685 页。
④ 《后汉书》卷 118《百官志五》,中华书局 2000 年版,第 3624 页。

者毋出租赋。江海陂湖园池属少府者以假贫民，勿租赋。"① 这里"毋出租赋"所涉及的就是江湖渔税。《后汉书·和帝纪》记载东汉和帝时期，曾多次颁布诏书，令百姓得入陂池渔猎，"不收假税"。"假税"也是"渔税"一类。不仅征收渔税，还有"禁民二业"的规定。刘般上书说："郡国以官禁二业，至有田者不得渔捕。今滨江湖郡率少蚕桑，民资渔采以助口实，且以冬春闲月，不妨农事。夫渔猎之利，为田除害，有助谷食，无关二业也。"② "禁二业"即禁止为农者不得为商贾，但地方官在执行规定的过程中出现偏差，将渔猎视为农业之外的"二业"，一并禁止，严重影响"滨江湖郡"人民的生活。刘般上书被汉明帝接纳，渔猎经济才得以合法进行，这在一定程度上减轻了农民的生活困难。

汉代法律规定，赋税征收、徭役征发、兵役征调是地方政府的核心职责，江夏郡下辖各地自然也不能例外，落实国家的赋税徭役制度，保证政权的财政收入，构成地方税收法治的基本内容。

第四节　社会治安与法律规定

地方法治的目标是依据国家法律，塑造地方社会秩序，推动社会的有序发展。政府在人口、婚姻家庭、经济、社会等方面的依法管理，在构建社会秩序，稳定社会发展方面有着不可替代的作用，而对违反上述法律规范的行为的惩治，则是保持社会治理秩序稳定和国家法律权威性的必要手段，也是地方法治的重要内容。地方治安与刑事法治都属于地方法治的内容，两者之间存在密切关系，但在规制对象和目标方面存在差异。刑事法治立足于对刑事犯罪的审理和惩治，以此维护法律的强制力和威慑力；治安法治立足于对严重影响社会秩序行为的管控，尽量消除对社会秩序的危害。

一、地方治安机构及其职责

汉代地方治安管理的主体是郡县政权，乡里机构也发挥着重要作用。西汉和东汉前期地方政权分为郡、县二级；东汉后期，形成州、郡、县三级地方政权。州、郡、县共同负责辖区治安管控。两汉基层的乡、里、亭制度变

---

① 《汉书》卷9《元帝纪》，中华书局1962年版，第279页。
② 《后汉书》卷39《刘赵淳于江刘周赵列传》，中华书局2000年版，第1305页。

化不大，与州、郡、县政权一起承担地方治安管控的任务。

（一）郡级治安管理机构及其职责

西汉初年，郡设监御史，《通典·职官十四》载："至惠帝三年（前192年），又遣御史监三辅郡，察词讼，所察之事凡九条，监者二岁更之，常于十月奏事，十二月还监。其后诸州复置监察御史。文帝十三年（前167年）以御史不奉法，下失其职，乃遣丞相史出刺，并督监察御史。"监御使的核心职责是监管一郡刑事法治和治安管控。汉武帝正式确定刺史监郡制度，"武帝元封五年（前106年）初置部刺史，掌奉诏条察州，秩六百石，员十三人"①。此后全国被分为十三州（部），每州设刺史一人，荆州为其中之一，江夏郡则属荆州刺史监察区。刺史巡查郡国，称为"行部"，以六条问事，"一条，强宗豪右，田宅逾制，以强凌弱，以众暴寡。二条，二千石不奉诏书，遵承典制，倍（背）公向私，旁诏守利，侵渔百姓，聚敛为奸。三条，二千石不恤疑狱，风厉杀人，怒则任刑，喜则淫赏，烦扰刻暴，剥截黎元，为百姓所疾，山崩石裂，妖祥讹言。四条，二千石选署不平，苟阿所爱，蔽贤宠顽。五条，二千石子弟恃怙荣势，请托所监。六条，二千石违公下比，阿附豪强。通行货赂，割损政令也。"② 六条之中，以监察地方豪强，保持地方秩序稳定为核心。西汉刺史无固定治所，到东汉时期，刺史被授予兵权，有了僚属，东汉后期，刺史改为州牧，监察官变为地方行政长官，治安管理成为其职权的一部分。

汉代郡级政府是一郡治安管理的核心。因为地方军队主要由郡守掌控，一旦遇到叛乱和社会动乱，主要依靠郡的军队镇压。《后汉书·羊续传》记载，续为南阳太守，"乃发兵与荆州刺史王敏共击赵慈，斩之，获首五千余级。属县余贼并诣续降"。太守通过出兵平定了动乱，维护了荆州地区的社会治安。《后汉书·百官志五》载郡守属官有"贼曹掾"，"主盗贼事"。与县级贼曹相对应。

汉代郡守辖区广大，为因地制宜管理地方，郡守需要自设条教、颁布法令，管理地方事务。这些条教涉及劝民农桑、整齐风俗、发展文教、惩治地方犯罪等，大多与社会治安有关。但从国家层面而言，似乎并不主张郡守立

---

① 《汉书》卷19《百官公卿表》，中华书局1962年版，第741页。
② 《汉书》卷19《百官公卿表》，中华书局1962年版，第741页。

法，张敞说："汉家承敝通变，造起律令，所以劝善禁奸，条贯详备，不可复加。宜令贵臣明饬长吏守丞，归告二千石，举三老、孝弟、力田、孝廉、廉吏务得其人，郡事皆以义法令捡式，毋得擅为条教。敢挟诈伪以奸名誉者，必先受戮，以正明好恶。"① 这一建议得到皇帝的首肯，可以代表政府对地方官颁布条教的态度，强调依法管理地方治安。

（二）县级治安机构及其职责

县令长在汉代的社会治安管理中地位尤其重要，他们"禁奸惩恶，理讼平贼"，负责处理辖区内的各种治安事件。

各县设有县尉一职，县尉"主盗贼。凡有贼发，主名不立，则推索行寻，案察奸宄，以起端绪"②。县尉是县级机关主管辖区治安的专职官员。东汉陈忠上书说："自今强盗为上官若它郡县所纠觉，一发，部吏皆正法，尉贬秩一等，令长三月奉赎罪。二发，尉免官，令长贬秩一等。三发以上，令长免官。"③ 面对各地方政府镇压盗贼犯罪不力的情况，陈忠建议一旦有盗贼案件发生而县级政府没有发现和上报，县尉、县令长都要受到相应的处罚。对于县级政府而言，预防、控制盗贼等犯罪是其社会治安的首要任务。

控制地方豪强，也是汉代地方社会治安的关键问题之一。汉代地方豪强势力在西汉中后期成为破坏地方社会治安的主要力量，也是地方政府控制、镇压的重点对象。从史籍记载来看，汉代豪强势力主要分布在黄河中下游地区、关中平原，江汉平原地区也存在豪强势力，武汉地区的地方政府要执行中央政府决策，全力控制、打击豪强势力。

（三）乡里治安机构及其职责

汉代的地方基层组织为乡、里管理机构，政府通过他们实现对乡里社会的治安管理。《汉书·百官公卿表》载："大率十里一亭，亭有长。十亭一乡，乡有三老、有秩、啬夫、游徼。三老掌教化。啬夫职听讼，收赋税。游徼徼循禁盗贼。"④《后汉书·百官志五》也有类似的记载：

乡置有秩、三老、游徼。本注曰：有秩，郡所署，秩百石，掌一乡

① 《汉书》卷89《循吏传·黄霸传》，中华书局1962年版，第3633页。
② 《后汉书》卷118《百官志五》，中华书局2000年版，第3622页。
③ 《后汉书》卷46《郭陈列传》，中华书局2000年版，第1559页。
④ 《汉书》卷19《百官公卿表》，中华书局1962年版，第742页。

人。其乡小者，县置啬夫一人。皆主知民善恶，为役先后，知民贫富，为赋多少，平其差品。三老掌教化。凡有孝子顺孙，贞女义妇，让财救患，及学士为民法式者，皆扁表其门，以兴善行。游徼掌徼循，禁司奸盗。又有乡佐，属乡，主民收赋税。亭有亭长，以禁盗贼。本注曰：亭长，主求捕盗贼，承望都尉。里有里魁，民有什伍，善恶以告。本注曰：里魁，掌一里百家。什主十家，伍主五家，以相检察，民有善事恶事，以告监官。①

按上述记载，则乡的主要官员为三老、啬夫、亭长、游徼、乡佐等。三老掌教化，职责比较特殊，其余乡官执掌都与基层社会治安管理有关。

1. 啬夫

啬夫主管诉讼，是乡里政权最主要的治安官员。乡啬夫分为由郡任命和县任命两种。由郡任命的啬夫即有秩啬夫，由县任命的即啬夫。有秩啬夫有印，《后汉书·王充传》注引《十三州志》曰："有秩啬夫，得假半章印。郑玄注《礼记》曰：纶，今有秩啬夫所佩也。"② 有秩啬夫有时也称作有秩，于是就有了有秩、啬夫、有秩啬夫三种称呼。《二年律令·户律》载："恒以八月令乡部啬夫、吏、令史相杂案户籍，副藏其廷。有移徙者，辄移户及年籍爵细徙所，并封，留弗移，移不并封，及实不徙数盈十日，皆罚金四两；数在所正、典弗告，与同罪。乡部啬夫、吏主及案户者弗得，罚金各一两。"乡啬夫、里典、里正有登记管理户籍的责任，通过控制户籍、符传来控制人口逃亡和清查外来人口，是啬夫最主要的治安职责。

2. 游徼

游徼是管理乡里治安的主要官员，由县任命。《五行大义》引翼奉曰："游徼、亭长外部吏，皆属功曹。"县有功曹，被称为"纲纪之吏"。游徼是直属于县廷的派出官员，所以游徼一般都称作"某县游徼"。臧宫"少为县亭长、游徼"③ 就是明证。游徼"禁奸盗""禁司奸盗"，管理乡里治安是其主要职责，经常配合县廷抓捕嫌疑罪犯。由于游徼职责主要是追捕盗贼，抓捕逃亡人员，所以对游徼的人选有特殊的要求。《汉官仪》曰："游徼、

---

① 《后汉书》卷118《百官志五》，中华书局2000年版，第2624页。
② 《后汉书》卷49《王充王符仲长统列传》，中华书局2000年版，第1651页。
③ 《后汉书》卷18《吴盖陈臧列传》，中华书局2000年版，第692页。

亭长皆习设备五兵。五兵：弓弩，戟，楯，刀剑，甲铠。"① 游徼要具备一定军事才能的人才可以胜任。

3. 里正、伍长、里监门

汉代制度，里有里魁，主管一里之事。里作为地方基层单位出现很早，管理者在先秦时期又被称作"里正""里长""里宰"等，秦简之中多记作"里典"，都指的是管理一里之人。《后汉书·百官志五》记载里魁职责说："民有善事恶事，以告监官。"② 里正负责协助上级监督里内居民，控制里内治安。西汉韩延寿为郡守"置里正、五长，相率以孝悌，不得舍奸人，闾里阡陌有非常，里辄闻知，奸人莫敢入界"③。负责里内治安和民众教化，正与《后汉书·百官志五》的记载相一致。《二年律令·户律》载："自五大夫以下，比地为伍，以辨□为信，居处相察，出入相司。有为盗贼及亡者，辄谒吏、典。"《二年律令·钱律》载："盗铸钱及佐者，弃市。同居不告，赎耐。正典、田典伍人不告，罚金四两，或颇告，皆相除。"里正、里典有监督、检举里内居民违法活动的责任。

伍长。《后汉书·百官志五》本注曰："什主十家，伍主五家。"汉代伍长是在郡县长官的干预之下设置的。里监门，郦食其年轻时曾"为里监门"④。《二年律令·户律》简308："募民欲守县邑门者，令以时开闭门，及止畜产放出者，令民供食之，月二户。"守门者就是里监门。做里监门可以得到衣食之资，要协助里正办理上级交代的公事，伍长、里监门处于治安管理机构的最末梢，承担着盘查行人、发现和处理普通治安案件的职责。

4. 亭长

乡里除设有乡官以外，还设有专门负责治安的亭，周振鹤指出汉代亭部是专门的治安单位，与里作为行政单位的性质不同。⑤ 亭部设亭，是专门的治安机构。"秦法十里一亭。亭有长，主亭之吏也"⑥。汉代沿用了秦制《后汉书·百官志五》记载："亭有亭长，以禁盗贼。"本注曰："亭长，主求捕

① 《后汉书》卷118《百官志五》，中华书局2000年版，第3624页。
② 《后汉书》卷118《百官志五》，中华书局2000年版，第3624页。
③ 《汉书》卷76《韩尹韩张两王传》，中华书局1962年版，第3211页。
④ 《汉书》卷43《郦陆朱刘叔孙传》，中华书局1962年版，第2105页。
⑤ 周振鹤：《从汉代"部"的概念释县乡亭里制度》，《历史研究》1995年第5期。
⑥ 《汉书》卷1《高帝纪》，中华书局1962年版，第2页。

盗贼，承望都尉。"亭长由县都尉管辖，职责是求盗贼，协助县都尉处理刑事案件，也是地方治安官员。《太平经》卷86："一闾亭有刚强亭长，尚乃一亭部为不敢语，此亭长，尚但吏之最小者也。"可见亭长权利之大。亭长手下有亭父和求盗，《汉书·高帝纪》集解注引应劭曰："求盗者，旧时亭有两卒，其一为亭父，掌开闭扫除；一为求盗，掌逐捕盗贼。"① 亭父负责打扫迎送等杂役；求盗负责抓捕各类人犯。《张家山汉墓竹简》以及文献史料都有所反映。亭长手下还有亭佐，作为其维持地方治安的助手，也是负责地方治安的基层官员之一。

亭作为最基层的治安管理机构，一旦辖区发生刑事案件和治安事件，要主动出击，抓捕罪犯，《二年律令·捕律》载："盗贼发，士吏、求盗部者，及令、丞、尉弗觉智（知），士吏、求盗皆以卒戍边二岁，令、丞、尉罚金各四两。令、丞、尉能先觉智（知），求捕其盗贼，及自劾，论吏部主者，除令、丞、尉罚。一岁中盗贼发而令、丞、尉所不觉智（知），三发以上，皆为不胜任，免之。"这一规定可以与文献记载相印证。亭在平时负有执行宵禁和监督可疑人员的任务，即使达官贵人也在所难免。

东汉顺帝永和二年（137年）八月，曾发生"江夏盗贼杀邾长"② 的恶性治安案件，邾为江夏郡属县，在今武汉市新洲区。建康元年（144年），"南郡、江夏盗贼寇掠城邑，州郡讨平之"③。一旦发生此类"盗贼"案件，地方政权需要全力以赴镇压。

东汉汉灵帝时期，"会庐江贼黄穰等与江夏蛮连结十余万人，攻没四县，拜康庐江太守。康申明赏罚，击破穰等，余党悉降"④。庐江郡郡治在今安徽庐江县西二十里，位于江夏郡东部，江夏郡盗贼向东流动至庐江郡，最后被陆康分化镇压。

汉代，一旦地方发生大规模的"盗贼"事件，相邻郡县都要受命出兵镇压。东汉初期，"会武陵蛮反，围武威将军刘尚，诏使均乘传发江夏奔命三千人往救之"⑤。宋均当时的官职是"谒者"，受命征发江夏郡"奔命"

---

① 《汉书》卷1《高帝纪》，中华书局1962年版，第6页。
② 《后汉书》卷6《孝顺、孝冲、孝质帝纪》，中华书局2000年版，第267页。
③ 《后汉书》卷6《孝顺、孝冲、孝质帝纪》，中华书局2000年版，第274页。
④ 《后汉书》卷31《郭杜孔张廉王苏羊贾陆列传》，中华书局2000年版，第1114页。
⑤ 《后汉书》卷41《第五钟离宋寒列传》，中华书局2000年版，第1412页。

三千人前往武陵郡镇压蛮夷叛乱，在刘尚战死、另一援军统帅马援病死的情况下，宋均"矫制"，招抚蛮夷，平定叛乱，宋均的"矫制"得到汉光武帝刘秀的肯定。从江夏郡征发的三千"奔命"成为镇压叛乱的主力军。

汉代地方行政区划中，乡、里、亭部同时存在，如果在乡、里、亭部之中发生群盗案件，要及时汇报，如果隐瞒案情，亭部的士卒和求盗要戍边二岁，上级主管的县令、县丞、县尉要罚金四两。汉武帝时期，因为各地盗贼大案频发，作见知故纵，监临部主之法，强调了郡守、县令在控制辖区大规模治安案件上的责任。因见知故纵之法受到惩罚的官员下至士吏、求盗、令丞、县尉、县令，上至廷尉、丞相，牵涉面极广，显示出汉代各级官吏在发生社会犯罪时见知故纵已经习以为常，难怪社会犯罪难以控制了。

二、津关与符传制度

依据《津关令》规定，汉代在水陆交通要道设有关、塞，主体建筑包括关门、塞墙、壕沟和栅栏等，设关都尉、关啬夫、关佐等检查行人，征收关税。《津关令》中记载的"垣篱、格堑、封刊"，是用于阻止行人"越塞阑关"的隔离设施。"垣篱"是用土墙和栅栏围成的藩篱；"格堑"，用作边界的深沟；"封刊"作为分界标志的树木。在重要的渡口也设有关卡，《津关令》载："请为夹谿河置关，诸漕上下河中者，皆发传，及令河北县为亭，与夹谿关相直。"检查来往的行人、车马和船只。

汉时的通关制度很严格，吏民出入津关须携带有效证件"符""传"或"致"等，否则，不予通行。《津关令》载："御史言：越塞阑关，论未有□，请阑出入塞之津关，黥为城旦春；越塞，斩左止（趾）为城旦；吏卒主者弗得，赎耐；令、丞、令史罚金四两。智（知）其请（情）而出入之，及假予人符传，令以阑出入者，与同罪。非其所□为□而擅为传出入津关，以□传令阑令论，及所为传者。县邑传塞，及备塞都尉、关吏、官属、军吏卒乘塞者□其□□□□□日□□牧□□塞邮、门亭行书者得以符出入。制曰：可。"这是汉代津关制度的基本规定。符、传为出入津关的凭证。《说文》："符，信也。汉制以竹长六寸。"《汉书·文帝纪》载文帝十二年（前168年），下诏"除关无用传"。张晏曰："传，信也，若今过所也。"如淳曰："两行书缯帛，分持其一，出入关，合之乃得过，谓之传也。"李奇曰："传，棨也。"师古曰："张（晏）说是也。古者或用棨，或用缯帛。棨者，刻木为合符也。"上述各家注释得到汉简的验证，基本正确。汉朝行人出入津关，首先要把符、传交给把守津关的吏卒，查验其身份、年龄、体貌特征、籍贯等是否属实，查验无误方可出入津关。没有符、传而擅自出入津关的行为，为"阑"或"阑入"。《汉书·汲黯传》注引臣瓒曰："无符传出入为阑。"应劭曰："阑，妄也。"《汉书·王莽传》："吏民出入，持布钱以副符传，不持者，厨传无舍，关津苛留。"师古曰："旧法，行者持符传，即不稽留。"阑入津关者视其情节轻重要受到不同程度的惩罚。

《津关令》规定："诈袭人符传出入塞之津关，未出入而得，皆赎城旦春。将吏智（知）其请（情），与同罪。"符传由出行人所在地的基层政府签发，若是伪造符传或冒用他人的符传，出入关塞，要处以"赎城旦春"的处罚。《二年律令·盗律》规定："盗出财物于边关徼，及吏部主智（知）而出者，皆与盗同法；弗智（知），罚金四两。使者所以出，必有符致，毋（无）符致，吏智（知）而出之，亦与盗同法。"符是使者出行的凭证，致为辅助文书，登记使者出行携带的物品与马匹和随从以及路线行程等信息，配合"符"使用，二者缺一不可。

驻守津关的将吏知情不报，要受到同样的处罚。《津关令》规定，行人出入津关，必须将本人的住址、身体特征以及马的特征报告指示给吏卒查验。这些数据应该记录在传上，才有可能需要通关者一一复述或指对实物。这一规定随着时间的推移，逐渐得到简化，但一直存在则是毫无疑问的。[1]

三、对"南郡蛮"的管控

东汉时，一部分"南郡蛮"被迁移到江夏郡，"至建武二十三年（47年），南郡潬山蛮雷迁等始反叛，寇掠百姓，遣武威将军刘尚将万余人讨破之，徙其种人七千余口置江夏界中，今沔中蛮是也。和帝永元十三年，巫蛮许圣等以郡收税不均，怀怨恨，遂屯聚反叛。明年夏，遣使者督荆州诸郡兵万余人讨之。圣等依凭阻隘，久不破。诸军乃分道并进，或自巴郡、鱼复数路攻之，蛮乃散走，斩其渠帅。乘胜追之，大破圣等。圣等乞降，复悉徙置江夏。灵帝建宁二年，江夏蛮叛，州郡讨平之。光和三年，江夏蛮复反，与庐江贼黄穰相连结，十余万人，攻没四县，寇患累年。庐江太守陆康讨破之，余悉降散。"[2] 江夏郡本来不是蛮人的聚居地，东汉初年，政权在处理

---

① 陈伟：《张家山汉简〈津关令〉涉马诸令研究》，《考古学报》2003 年第 1 期。
② 《后汉书》卷 86《南蛮西南夷列传》，中华书局 2000 年版，第 2841 页。

"南郡蛮"（主要活动于江陵至襄阳一带山区）叛乱的过程中，将反叛的"南郡蛮"人迁移到江夏郡安置，形成江夏郡的"沔中蛮"部落；和帝永元十三年（101年），"巫蛮"再次叛乱，东汉王朝派兵镇压叛乱后，再次将反叛蛮人迁徙到江夏郡界安置。两次迁徙叛乱蛮人的结果，使江夏郡聚集了数量不菲的蛮人。地方政府不能善待蛮人，是激起蛮人叛乱的根本原因。"长吏乡亭，更赋至重，仆役棰楚，过于奴虏，亦有嫁妻卖子，或乃至自刭割。虽陈冤州郡，而牧守不为通理。阙庭悠远，不能自闻。含怨呼天，叩心穷谷。愁苦赋役，困罹酷刑。故邑落相聚，以致叛戾。非有谋主僭号，以图不轨。"① 蛮人的叛乱，并非有推翻东汉政权的政治目标，也没有清晰的组织系统和具体的领导人，只是为了求生而对抗政府，用暴力来表达自身的诉求，类似于汉律中规定的"盗贼"，依据《二年律令·捕律》，对"盗贼"的防控归入社会治安的范畴。灵帝建宁二年（169年），迁移到江夏郡的蛮人再次反叛，随后被镇压。光和三年（180年），江夏郡蛮人又一次叛乱，这次规模很大，加上庐江黄穰部，总数达十余万人，其中至少一半是江夏蛮，也就是江夏郡境内居住的蛮人人数不少于五万人，以至于有"江夏大邦，而蛮多士少"② 的戏言。由于蛮夷人数众多且经常叛乱，对他们的管控就成为地方治安的重要内容之一。

第五节　地方司法

地方司法即地方政府依法审理、判决各类案件的活动，是国家法律具体化的过程。西汉初期的七十年间，"黄老之学"盛行，秦朝法律之"严酷"在司法层面有所减缓。汉文帝时期废除了肉刑，汉景帝时期经过调整，宫刑、刖刑、劓刑被取消，代之以徒刑、罚金、迁刑和笞刑，刑罚的残酷性进一步减轻。汉武帝之后，逐渐形成"教化"与"刑罚"并重的地方法治观，影响到地方司法活动的开展。

一、司法机构

汉代，地方郡县政府承担地方刑事案件的审判，构成地方司法的主体。

---

① 《后汉书》卷86《南蛮西南夷列传》，中华书局2000年版，第2843页。
② 《后汉书》卷61《左周黄列传》，中华书局2000年版，第2040页。

县级政权处理民事纠纷和轻微的刑事案件，重大刑事案件则要上报郡复审，再上报廷尉府核准。绝大部分案件的定罪量刑都是在地方司法机构中完成。

郡守作为最高行政长官，司法权就是郡守最主要的职权之一。郡守与郡丞、郡尉以及各曹掾史、僚属构成的郡级政权机构的司法权分为以下数端：

一是审判权，郡守有对地方辖区发生的各类案件的审判权，包括纠举、劾奏、下狱考掠、定罪执行等。汉法："太守专郡，信理庶绩，劝农赈贫，决讼断辟，兴利除害，检举郡奸，举善黜恶，诛讨暴残。"① 从《汉书》记载的郡守审理刑事案件的材料来看，郡守对郡内的诉讼有从受案、审讯至判决到执行处罚的全部司法职权。

二是监督属县的司法状况。汉代有录囚制度，郡级政权的录囚主要针对辖县的司法审理活动展开。《后汉书·百官志》说郡守"秋冬遣无害吏，案讯诸囚，平其罪法"。录囚的目的是通过对下级司法机构审判的监督，保证县级政权依法审判，防止营私舞弊。

三是审理地方上谳案件，史称"奏谳"，即复审程序。《汉书·刑法志》载高帝七年诏："自今以来，县道官狱疑者，各谳所属二千石官，二千石官以其罪名当报之。"②《张家山汉墓竹简·奏谳书》所载大多数都是各县上报到郡的疑难案件。

四是审理上诉案件。汉代，县级政权审理的案件，如果当事人不服判决，可以到郡上诉，郡守负责再审。类似的再审案件在《张家山汉墓竹简·奏谳书》中有具体记录。

郡级政权，主管司法活动的机构是决曹。《汉旧仪》载："决曹，主罪法事。"决曹是郡级政府诸曹之一，多由明习法令者担任，主持一郡刑事案件的审理。《后汉书·郭躬传》载："父宏习小杜律，（郡）守寇恂以弘为决曹掾，断狱至三十年，用法平。"则决曹属下有"决曹掾"，作为具体从事司法审判的人员。决曹还负责行县录囚，《后汉书·应奉传》载："为郡决曹史，行部四十二县，录囚徒数百千人。及还，太守备问之，奉口说罪系囚姓名，坐状轻重，无所遗脱。"决曹史也是决曹的属官，到辖县录囚是其基本职责，录囚时必须仔细研究案卷，审查当事人，故而在太守询问时，能准

---

① （清）孙星衍等辑：《汉官六种》，周天游点校，中华书局 2008 年版，第 21 页。
② 《汉书》卷 23《刑法志》，中华书局 1962 年版，第 1106 页。

确回答。

汉代一郡辖区广大，故而设督邮分别监督地方，如西部督邮、东部督邮等。《汉书·文帝纪》载："二千石（指郡太守）遣都吏循行，不称者督之。"颜师古注引如淳曰："律说，都吏今督邮是也。"都吏即大吏，是级别高的属吏，西汉时期逐渐形成督邮督查属县的制度。督邮职责有二：一是督查辖县的政务，县级司法活动、县级官员是否守法，也在监督之列。二是督送邮书，即文书的传递。就"督查"这一任务而言，督邮也属于郡级司法官员。

汉代郡级政权的司法权力相对独立，法律适用、法律解释方面问题相对突出，《汉书刑法志》载："郡国承用者驳，或罪同而论异……所欲活，则傅生议；所欲陷，则予死比。"这种情况在《汉书》之《循吏传》和《酷吏传》都可以看到。

县级政权由县令主管，县令作为县一级行政单位的长官，掌管一县的所有政务，刑狱诉讼是其管辖范围。《二年律令·具律》载："气（乞）鞫者各辞在所县道，县道官令、长、丞谨听，书其气（乞）鞫，上狱属所二千石官，二千石官令都吏覆之。"对于乞鞫者的诉状受理首先在县道，而后上报其所属的二千石官治所。

除县令、长之外，县丞也掌管司法，《后汉书·百官志》载："丞属文书，典知仓狱。"我们可以在《奏谳书》中看到多处县丞与其县长吏一同奏谳，如"十一年八月甲申朔丙戌，江陵丞鳌敢谳之""十年七月辛卯朔癸巳，胡状、丞憙敢谳之"等等，县丞还参与案件的审理，如在《奏谳书》第十七案中，有"二月癸亥，丞昭、史敢、铫、赐论，黥讲为城旦"。县丞作为县令的辅助官吏，职位在县令、长之下。《二年律令·具律》载："县道官守丞毋得断狱及谳。"这说明在审理诉讼案件时，县丞虽然参与审理过程，但是并没有判决权，奏谳也是在县令授权下撰写文书，上报奏谳的。

二、诉讼程序

汉代刑事案件审理开始于"告劾"。《汉书·杜周传》记载："会狱，吏因责如章告劾，不服，以掠笞定之。"颜师古注曰："皆令服罪如所告劾之本章。"告劾是引起诉讼程序发生的行为。张家山汉墓竹简《奏谳书》记载的汉代案例中，有十四个案例有清晰的"告劾"内容。《二年律令·具律》规定："治狱者，各以其告劾治之。敢放讯杜雅，求其它罪，及人毋告劾而擅覆治之，皆以鞫狱故不直论。"即司法官员应根据当事人告劾内容加以审理，如不属于当事人告劾内容而司法官员擅自审理，即为鞫狱"不直"（故意轻罪重判）论处。按照上述规定，没有"告劾"，就不能进行案件审理；司法官员必须依据"告劾"提供的事实依据法律展开审理，不能在告劾事实之外加以判决。即"敢放讯杜雅，求其它罪"或"人毋告劾而擅覆治之"。这是对审判权的限制。按照张家山汉简整理小组的解释，"放讯杜雅"中的"放"有"纵"之意，"杜雅"有"深文周纳"之意，即在"告劾"内容之外罗织罪名、陷人入罪的行为。

汉律对刑事案件的受理也有严格规定。《二年律令·具律》规定："诸欲告罪人，及有罪先自告而远其县廷者，皆得告所在乡，乡官谨听，书其告，上县道官。廷士吏亦得听告。"即控告或告发犯罪嫌疑人时，或有罪自首的人员，若远离县廷，可直接向其所在的乡告发，由乡官书面记录告劾内容并上报县廷。直接到县廷告劾的，县廷官吏要记录告劾内容，作为审理的依据。依据上述规定，刑事案件的受理是在县级政权，乡里官员可以接待告劾，并记录上报，但没有受理权，若上报县廷延误时日，要承担相应的法律责任。《二年律令·捕律》规定："群盗、盗贼发，告吏，吏匿弗言其县廷，言之而留盈一日，以其故不得，皆以鞫狱故纵论之。"即有人告劾"群盗""盗贼"案，接受"告劾"的官吏要及时报告县廷，延误一日，造成"盗贼"逃逸不能捕获的，以"鞫狱故纵"（故意重罪轻判）论处。

汉律规定的刑事诉讼程序中有"证不言情之辩告"，即司法官吏在案件审理开始时，告诉告劾人、被告人、证人等要据实陈述，否则要承担刑事责任的环节，以减少虚假陈述带来的危害。《二年律令·具律》规定："证不言请（情），以出入罪人者，死罪，黥为城旦舂；它各以其所出入罪反罪之。狱未鞫而更言请（情）者，除。吏谨先以辨告证。"其中"吏谨先以辨告证"，即司法官员在法庭开庭审理前告诉相关人员"证不言请（情），以出入罪人者，死罪，黥为城旦舂；它各以其所出入罪反罪之"，即虚假"告劾"或虚假作证，致使被告人被定为死罪的，告劾人、证人要"黥城旦舂"；死罪以下的，根据控告或陈述的罪名定罪，即"诬告反坐"。《史记·张汤传》记载张汤"劾鼠盗肉"案中，有"传爰书"的情节，注引张晏曰："传，考证验也。爰书，自证不如此言，反受其罪，讯考三日复问之，知与前辞同不也。"就属于"证不言情之辩告"的程序。

汉代刑事案件审理中，查明案情的环节称为"讯、验、鞫"。讯，即对被告人、证人展开询问，发现各方证词之间有矛盾时，要展开诘问，当诘问达不到预期目的时，可以"掠笞"，在爱书上要写明"掠笞"理由和数量。验，是获得的案件事实要多方进行查证，确定其真实性的过程，在《史记》《汉书》《后汉书》中有大量的有关狱案审理案验的记载。鞫，即案验之后，对案件事实的最后认定过程。《汉书·刑法志》载："今遣廷史与郡鞫狱，任轻禄薄。"注引李奇曰："鞫，谓穷狱也，事穷竟也。"

案件的最后判决，称为"论、当、报"。论，定罪之意。当，是指对被告人的行为定性后的量刑部分，是在"论"定之后对被告人所作的刑事处罚。报，是上级司法机关对下级司法机关上报的疑难案件判决。《汉书·胡建传》载："知吏贼伤奴，辟报故不穷审。"注引苏林曰："报，论也，断狱为报。"《汉书·张汤传》颜师古注曰："论报，谓上论之而获报也。"其中，"报"主要是针对疑难案件和死刑案件的程序。

三、典型犯罪的惩治

前已述及，《张家山汉墓竹简》属于任职南郡、主持司法活动的官员的抄录，所抄内容与墓主的职务活动密切相关，折射出南郡地区法治的基本特征。我们根据《张家山汉墓竹简·二年律令》所抄录内容，对涉及条文最多的犯罪作出分析，以此作为考察南郡地区刑事法治的基本线索。另外，《睡虎地秦墓竹简》与《张家山汉墓竹简》出土于武汉地区的周边，紧靠武汉地区，都是南郡这一直接管辖武汉地区的政权机构使用的法律条文和司法文件，两者反映的刑事法治有互补之处，这也是我们借助《张家山汉墓竹简》中的《三年律令》《奏谳书》等材料分析汉代武汉地区刑事法治的依据所在。

1. 杀人罪

秦律将杀人罪分为"贼杀、斗杀、盗杀和擅杀"，汉律在此基础上将杀人行为区分为贼杀、谋杀、斗杀、戏杀和过失杀五种，发展了秦律有关杀人罪的规定。

谋杀，强调"预谋"这一特征，只要有预谋筹划行为存在，即构成谋杀罪。《二年律令·贼律》规定："谋贼杀人、伤人，未杀，黥为城旦舂。""未杀"，即没有实行杀人行为，"黥为城旦舂"是因为存在"谋"这一行为特征。"博阳嗣侯始，并坐谋杀人，会赦免。留嗣侯不疑，坐与门大夫谋杀楚内史，赎为城旦"①。作为罪名的"谋杀""谋杀人"，定罪的关键在于"谋"，类似于现代刑法中的预备犯。

斗杀，汉律对斗杀与贼杀作了区分，《二年律令·贼律》规定："贼杀人，斗而杀人弃市。"斗杀的核心在于杀人结果出现之前，存在斗即争斗、打斗的过程。因为杀人结果与斗之行为存在因果关系，故而有"保辜"规定，《贼律》规定："斗伤人，而以伤辜二旬中死，为杀人。"《汉书·高惠高后文功臣表》：嗣昌武侯单德，"元朔三年坐伤人二旬内死，弃市"。"二旬"是法定的保辜期限。

故杀和贼杀，故杀即故意杀人，"故"即明知故犯。《二年律令·盗律》规定："智（知）人为群盗而通歙（饮）食馈遗之，与同罪；弗智（知），黥为城旦舂。"强调行为人主观层面具备"明知故犯"之特征而加以处罚是汉律的基本原则，但在律文中却没有出现故杀罪名，而是贼杀，《二年律令·贼律》规定："贼杀人，及与谋者，皆弃市。"沈家本指出："凡言贼者，并有心伤害之事，视无心为重。"② 贼杀的行为人具有希望杀害他人的主观愿望，属于直接故意杀人。故杀、贼杀的区别在于"故杀"是有预谋的直接杀害，而贼杀是一种临时起杀意的杀人行为，两者在《晋书·刑法志》《唐律》中已经完全作了区分。

过失杀，汉律对过失杀人有清晰的规定，《后汉书·郭躬传》记载："法令有故误……误者其文则轻。"误杀即过失杀人。王充《论衡·答佞》载："圣君原心省意，故诛故赏误；故贼加增过，误减损。"《二年律令·具律》规定："鞫（鞫）狱故纵……死罪，斩左止（趾）为城旦，它各以其罪论之……非其故也，而失不审者，以其赎论之。""失不审"之"失"即过失。《二年律令·贼律》规定："其过失及戏而杀人，赎死，伤人，除。""不意误犯，谓之过失"是汉晋时期的一致看法，也是"过失杀人"的基本特征。

戏杀，《二年律令·贼律》有"戏杀人，赎死"的规定，可见汉律中有"戏杀人"的罪名。《酉阳杂俎》引汉律，"律有甲娶，乙丙共戏，甲旁有柜，比之为狱，举量柜中复之，甲因气绝，论当鬼薪。"可见"戏杀"之行

---

① 《汉书》卷16《高惠高后文功臣表》，中华书局1962年版，第537页。
② （清）沈家本：《历代刑法考》，中华书局1985年版，第1413页。

为特征，是因疏忽大意而导致他人死亡。

汉律用"牧杀"来界定杀人未遂行为，《二年律令·贼律》规定："子牧杀父母……皆弃市。"《睡虎地秦墓竹简·法律答问》："可（何）谓牧？欲贼杀主，未杀而得，为牧。"即杀人未遂。汉律继承了秦律的规定。汉律对杀人罪的区分超过了秦律，一方面是立法技术的进步，另一方面也是因为杀人行为的多发、影响巨大，必须通过严密的立法，来规范基层政府对杀伤罪的惩治。此外，《二年律令》中的律文，多是"杀伤"连用，将伤害罪与杀人罪一起作出规定，对伤害罪的罪名划分与"杀人罪"的罪名界定基本一致，不同之处在于根据伤害行为人和被害人之间关系的不同，以及"保辜"期限的认定，规定了不同的刑罚。《二年律令》和《奏谳书》中收录如此多的杀人罪法规和奏谳案例说明审理、惩治杀人行为在南郡地区司法活动中所占比重最大。

2. 性犯罪的惩治

汉律将非法性行为分为"和奸""强奸""禽兽行"三类，《张家山汉墓竹简·奏谳书》第二十一例提到《故律》，《二年律令·奏谳书》第 21 案引秦《故律》："奸者，耐为隶臣妾。捕奸者必案之校上。"《二年律令·襍律》载汉初之律："诸与人妻和奸，及其所与皆完为城旦舂。其吏也，以强奸论之。"西汉末年的法律规定："诸与人妻和奸，及所与□为通者，皆完为城旦舂；其吏也，以彊（强）奸论之。其夫居官……"[1] 与人妻即已婚妇女通奸，要罚作城旦舂；如果官吏与人妻通奸，则以强奸论处，目的在于防止官吏仗势通奸妇女。西汉后期关于"和奸"的规定与汉初一致。和奸不但违法，抓获罪犯还可以得到赏赐。汉代和奸罪有如下特征：第一，有人告发，案情明确，朝廷具备对之施加处罚的事实证据。第二，汉律重视控制官吏犯罪，所以官员的违法性行为也容易受到追究。第三，与受到处罚的和奸案相比，没有受到处罚的更多。和奸行为双方两情相悦，没有真正意义上的受害人，被他人发现的机会不多；人对婚外性行为的追逐，是和奸行为大量存在的根本原因；和奸行为的社会危害性相对较小，对婚姻家庭等社会秩序的破坏是隐性的，由此地方法治对此类犯罪并不太重视。[2]

---

① 胡平生、张德芳编撰：《敦煌悬泉汉简释粹》，上海古籍出版社 2001 年版，第 9 页。
② 张功：《秦汉犯罪控制研究》，湖北人民出版社 2007 年版，第 204 页。

《二年律令·杂律》规定："强与人奸者，府（腐）以为宫隶臣。"强奸犯会被处以宫刑，西汉至东汉期间，对强奸罪的惩处基本上要处以黥城旦、髡城旦、腐以为宫隶臣等惩罚，官吏强奸则罪加一等，处弃市之刑，处罚相当严厉。汉代强奸案例记载极少，窥其原因不外以下几点：

第一，汉代人们的性行为比较随便，妇女贞操观念不强，文献所见和奸、通奸、私生子、私生女、外妇、主人翁等记载都说明了这一点，人们对于单纯强奸案的反应也不会如后世一样强烈。

第二，秦汉时期强奸罪在本质上是对婚姻家庭伦理规范的破坏，与保护妇女性权力的关系不大。而大量容易受到强奸罪侵害的社会下层妇女如官私奴婢、家庭奴婢，她们在正常的家庭婚姻网络中并不占重要地位，她们被强奸后得不到应有法律保护。

第三，文献记载的王侯将相的事迹中，即使有违背妇女意志的性行为，但不破坏婚姻家庭伦理的话，也难以用强奸罪定罪。但此类法规出现在南郡司法官员的摘录之中，说明南郡地区（今武汉地区）对性犯罪的惩治同样是地方政府的责任。[①]

汉律有"同产奸"的规定。"同产"即居于一室，指同父的兄弟姊妹，堂兄弟姊妹，甚至其他有血亲关系的人。"同产"男女之间的性行为称为"同产奸"，《二年律令·杂律》规定："同产相与奸，若取（娶）以为妻，及所取（娶）皆弃市。其强与奸，除所强。"严惩同产相奸犯罪。《二年律令·杂集》规定："奴取（娶）主、主之母及主妻、子以为妻，若与奸，弃市，而耐其女子以为隶妾。其强与奸，除所强。"律文规定了男奴隶不得娶女主人、男主人之妻、之母、之女为妻，否则要"弃市"，也不得与上述人员发生性行为，否则，也要被"弃市"，将其所生子女没为隶妾。若是家奴强奸上述女性（主人之妻、之母、之女），按照"殴主"罪处罚。秦汉时期，江汉平原的社会风俗中就有"淫泆"之风，其中包括血亲乱伦性行为，依法严惩此类行为也是地方法治的内容之一。

春秋时期还有"烝""报"婚的遗存，汉代，此类性行为被看作"禽兽行"，成为刑律严厉打击的犯罪行为。《二年律令·杂律》规定："复兄弟、孝（季）父柏（伯）父之妻、御婢。皆黥为城旦舂。复男弟兄子、孝

---

①　张功：《秦汉犯罪控制研究》，湖北人民出版社 2007 年版，第 205 页。

（季）父柏（伯）父子之妻、御婢，皆完为城旦。""复"，报也。"御"，有以身体承接的意思。"御婢"即以身体侍奉主人的婢女，名为主奴，实为夫妻，与妾性质相同而名份不同。以上律文意思是说，如果娶兄弟、叔父、伯父、侄子、堂侄子的妻妾（御婢），要处以城旦舂。结合《睡虎地秦墓竹简·语书》的记载，南郡地区的社会风俗被目为"恶俗"，其中主要内容之一就是性行为不符合秦律的规范。汉代，此类"恶俗"依然有延续，是地方政府控制的对象，这也是地方官员抄录此类律令的基本原因。

3. 盗罪的惩治

盗作为一种犯罪行为，传统解释为"取非其物谓之盗"。盗即私自获取不属于自己的财物而得到物质利益的行为。《二年律令·盗律》规定："盗臧（赃）直（值）过六百六十钱，黥为城旦舂。六百六十到二百廿钱，完为城旦舂。不盈二百廿十到百一十钱，耐为隶臣妾。不盈百一十钱到廿二钱，罚金四两。不盈廿二钱到一钱，罚金一两。"汉律延续了秦律以盗窃赃值数量定罪的原则，处罚等级分为1钱到21钱、22钱到109钱、110钱到219钱、220钱到660钱、660钱以上共五个等级，分别处罚金一两、罚金四两、耐为隶臣妾、完为城旦、黥为城旦的刑罚。《睡虎地秦墓竹简·法律答问》："或盗采人桑叶，臧（赃）不盈一钱，可（何）论？当徭三旬。"秦律对赃值"不盈一钱"的盗窃行为也要处罚，汉律则明确规定赃值一钱以上才予以处罚，相比秦律，汉律对"盗罪"处罚有所减轻。

《二年律令·盗律》规定："谋遣人盗，若教人可（何）盗所，人即以其言□□□□□及智（知）人盗与分，皆与盗同法。"这是对"盗罪"共同犯罪的处罚规定，即谋划盗窃、教唆盗窃与实施盗窃的罪犯按照同样的规则处罚，这一点与秦律的精神一致。

《二年律令·盗律》规定："谋偕盗而各有取也，并直（值）其臧（赃）以论之。"是说两人同谋盗窃，在盗窃时候各自行窃，抓住后定罪时要并赃论处，这与秦律的规定一致。另外，一旦盗犯被捕获，起获的赃物要返还原主。

《二年律令·盗律》规定："受赇以枉法，及行赇者，皆坐其臧（赃）为盗。罪重于盗者，以重者论之。""赇"，即财物；"行赇"，即行贿；"受赇"，即受贿。《汉书·刑法志》载："吏坐受赇枉法。"师古注："吏受赇枉法者，谓曲公法而受赂者也。"《汉书·外戚恩泽侯表》载："律，诸为人请求于吏以枉法，而事已行，为听行者，皆为司寇。"《敦煌汉简》简 1875：
"行言者若许及（多）受赇以枉法皆坐臧为盗，没入□□行言者本行职者
也。"这是将官吏受贿罪按照盗罪处罚的规定，或者说汉律将受贿罪纳入
"盗罪"之中，加以规制。

《二年律令·盗律》规定："盗五人以上相与功（攻）盗，为群盗。"
"功"，读如"攻"。《汉书·郭解传》"臧命作奸剽攻"注："攻谓穿窬而盗
也。""群盗"，《汉书·袁盎传》"其父楚人也，故为群盗"注："群盗者，
群众相随而为盗也。""五人为盗"是秦汉法律对"群盗"犯罪主体的数量
规定，对"群盗"处罚从重。

《二年律令·盗律》规定："智（知）人为群盗而通歙（饮）食餽遗
之，与同罪；弗智（知），黥为城旦舂。其能自捕若斩之，除其罪，有
（又）赏如捕斩。群盗法（发），弗能捕斩而告吏，除其罪，勿赏。""餽"，
通作"馈"，输送食物。《汉书·咸宣传》载，武帝后期，"盗贼滋起，南阳
有梅免、百政，楚有段中、杜少……大群至数千人，擅自号，攻城邑，取库
兵，释死罪，缚辱郡守、都尉，杀二千石，为檄告县趋具食；小群以百数，
掠卤乡里者不可称数。于是上始使御史中丞、丞相长史使督之，犹弗能禁，
乃使光禄大夫范昆等衣绣衣持节，虎符发兵以兴击，斩首大部或至万余级。
及以法诛通行饮食，坐相连郡，甚者数千人"[1]。这是西汉因为大规律群盗
活动引发政权危机的案例。《后汉书·陈忠传》载："臣窃见元年以来，盗
贼连发，攻亭劫掠，多所伤杀。夫穿窬不禁，则致强盗，强盗不断，则为攻
盗，攻盗成群，必生大奸。故亡逃之科，宪令所急，至于通行饮食，罪至大
辟。而顷者以来，莫以为忧。"[2] 注："通行饮食，犹今律云过致资给与同罪
也。"案：汉简"通歙（饮）食餽遗之"即文献之所谓"通行饮食"，是防
止编户齐民与盗贼暗中勾结，为其提供衣食之资。

《二年律令·盗律》规定："群盗及亡从群盗，殴折人枳（肢）、胅
体，及令佊（跛）蹇（蹇），若缚守、将人而强盗之，及投书、县（悬）人书，
恐猲人以求钱财，盗杀伤人，盗发冢（塚），略卖人若已略未卖，桥（矫）
相以为吏，自以为吏以盗，皆磔。""将人"，押送之人。""投书、悬书"，即

① 《汉书》卷 90《酷吏传》，中华书局 1962 年版，第 3662 页。

② 《后汉书》卷 46《郭陈列传》，中华书局 2000 年版，第 1558 页。

匿名信。《唐律疏议》载："诸投匿名书告人罪者，流二千里。"注："谓绝匿姓名，及假人姓名以避己作者。弃置、悬之俱是。"疏议曰："谓或弃之于街衢，或弃置于衙府，或悬之于旌表之类，皆为投匿之坐。""恐猲"即恐吓。"盗发冢"即盗墓。"略"，搜求，强取。"矫相"，矫扮他人。这是对群盗在逃亡过程中继续犯罪的处罚规定，一旦发生殴伤他人、束缚控制看押人员、投匿名信、恐吓他人、杀伤他人、盗墓、略买人口、假扮官吏盗取财物等行为，一律处以磔刑。汉律对群盗犯罪的惩治规定极为严厉。

《二年律令·盗律》规定："劫人、谋劫人求钱财，虽未得若未劫，皆磔之；罪其妻、子，以为城旦舂。其妻子当坐者偏（遍）捕，若告吏，吏捕得之，皆除坐者罪。"这是对绑架他人又勒索财物的处罚规定。一旦出现绑架勒索的行为，主犯处磔刑，妻、子连坐，处城旦舂之刑。若能抓获罪犯，或报告官府，由捕盗官员捕获主犯，妻子可以免于连坐处罚。

《二年律令·盗律》规定："相与谋劫人、劫人，而能颇捕其与，若告吏，吏捕颇得之，除告者罪，有（又）购钱人五万。所捕告得者多，以人数购之，而勿责其劫人所得臧（赃）。所告毋得者，若不尽告其与，皆不得除罪。诸予劫人者钱财，及为人劫者，同居智（知）弗告吏，皆与劫人者同罪。劫人者去，未盈一日，能自颇捕，若偏（遍）告吏，皆除。""颇"，少也。"颇捕"，即捕到群盗中的一部分，"与"，共同犯罪人。是说群盗中有人能捕获共同犯罪人，或告发共同犯罪人而由官府捕获者，可以免于处罚。若是告发捕获罪犯多，还可以得到一人五万钱的奖励。

《奏谳书》案例一五"澧阳令恢盗县官米"案："七年八月已未江陵忠言：澧阳令恢盗县官米二百六十三石八斗。恢秩六百石，爵左庶长□□□□从史石盗澧阳已乡县官米二百六十三石八斗，令舍人士五（伍）兴、义与石卖，得金六斤三两、钱万五千五十，罪，它如书。兴、义言皆如恢。问：'恢盗臧（赃）过六百六十钱，石亡不讯，它如辟（辞）'鞠：恢，吏，盗过六百六十钱，审。当：恢当黥为城旦，毋得以爵减、免、赎。律：盗臧（赃）直（值）过六百六十钱，黥为城旦。令：吏盗，当刑者刑，毋得以爵减、免、赎，以此当恢。恢居郫邑建成里，属南郡守。南郡守强，守丞吉、卒史建舍治。"①

① 张家山二四七号汉墓竹简整理小组编著：《张家山汉墓竹简（二四七号墓）》（释文修订本），文物出版社2006年版，第98页。

江陵在汉初属于南郡属县，江陵丞向南郡守举告"澧阳令恢"盗窃乡县粮食并贩卖的行为。经"南郡守强，守丞吉，卒史建"审理后，"澧阳令恢"的犯罪事实清楚，证据确凿，于是南郡司法官吏依律令对"澧阳令恢"进行了判决。

《二年律令》中抄录如此详细的盗罪法条和涉及盗罪的《奏谳书》，证实了南郡地区盗犯罪的多发以及防控，处置盗犯罪在南郡地方司法中的重要地位。武汉地区有南郡辖区的两个县级政权，盗犯罪的审理，处置也是两县司法的重要内容。受史料限制，无法看到地方司法中民事案件审理的具体情况，但民事案件的审理是一定存在的，有关婚姻、田土、继承的纠纷在其他郡县都曾发生，南郡和江夏郡也不能免除。

第六节　"霸王道杂之"的法治模式及其特征

《汉书·元帝纪》载汉宣帝语："汉家自有制度，本以霸王道杂之。"桓谭《新论·王霸》说："王道"就是"先除人害，而足其衣食，然后教以礼仪，而威以刑诛，使知好恶去就，是故大化四凑，天下安乐"；所谓"霸功"就是"尊君卑臣，权统由一，政不二门，赏罚必信，法令著明，百官修理，威令必行"。"霸王道杂之"体现为行政原则，含义有二：一是王霸结合，即儒家、法家法治理论的结合，礼与法、德与刑、教化与惩治等的结合。二是"杂之"即兼而用之，因地制宜，因时变化，交错使用。在汉代法治实践中，具体表现为循吏与酷吏之分，最为核心的指标则是循吏专注于教化地方，是"富之教之"的具体化；酷吏致力于地方豪强的镇压，以酷法惩治地方犯罪，是威以刑法的具体化。从国家整体法治层面看，是循吏与酷吏的"杂"，是教化与严惩的"杂"，共同服从于法治实践的需要。

一、循吏与地方教化

通过教化塑造地方秩序，推行国家政策，是儒家学派的基本主张，汉初虽然也提倡官员教化地方，但教化作为一种推行法治的辅助手段被确定为地方官的责任，则是在汉武帝以后。汉武帝元朔元年（前128年）冬十一月的诏书说："公卿大夫，所使总方略，一统类，广教化，美风俗也……二千石官长纪纲人伦，将何以佐朕烛幽隐、劝元元、广烝庶、崇乡党之训哉？有司奏议曰：令二千石举孝廉，所以化元元，移风易俗也。不举孝，不奉诏，当以不敬论，不察廉，不胜任也，当免。"① 明确规定了朝廷官吏所担负的教化（劝元元、广烝庶、崇乡党之训）民众的责任。至此，教化民众作为国家政治统治的手段，正式写进了各级官吏的职责之中。元朔三年（前126年）三月，"诏曰：夫刑罚所以防奸也，内长文所以见爱也；以百姓之未洽于教化，朕嘉与士大夫日新厥业，祗而不解"②。师古曰："诏言有文德者，既亲内尔崇长之，所以见仁爱之道。"各级官吏的教化责任再次得到强调。作为犯罪控制的措施，教化与刑罚相辅相成，缺一不可，成为汉武帝时期统治阶层的共识。

教化作为法治措施，是通过培养亲亲、尊尊为核心的儒家伦理来化解社会矛盾，但要真正发挥作用，就必须消除法律规定与儒家伦理相对立的内容，使二者在价值取向上相统一。宣帝地节四年（前66年）诏书说："导民以孝，则天下顺。今百姓或遭衰绖凶灾，而吏繇（徭）事，使不得葬，伤孝子之心，朕甚怜之。自今诸有大父母、父母丧者勿繇事，使得收敛送终，尽其子道。夏五月，诏曰：'……自今子首匿父母，妻匿夫，孙匿大父母，皆勿坐。其父母匿子，夫匿妻，大父母匿孙，罪殊死，皆上请廷尉以闻。'"③ 至此，国家法律终于让步于亲属伦理，商鞅变法以来，因为"告奸"规定带来对亲属伦理的伤害终于被停止，尽孝与守法的冲突至此获得了一种相对圆满的解决，推行伦理教化的制度障碍被清除，从意识形态到国家法律，维护孝道成为一致的规定。

东汉时期出任江夏太守的官员中，就有"好经书"的循吏，循吏任职郡守对江夏郡的地方社会产生影响，也在潜移默化中推动着武汉地区的社会教化。《后汉书·梁冀传》载："南郡太守马融、江夏太守田明，初除，过谒不疑，冀讽州郡以它事陷之，皆髡笞徙朔方……明遂死于路。""不疑"即梁不疑，是梁冀的兄弟，其人"好经书，善待士"，不齿梁冀所为，马融乃东汉大儒，田明的学术修养和为官风格也属于"好经书"的一类，即主张教化百姓的"循吏"一类。

精通法律的陈忠出任过江夏太守，其人作为也属于"循吏"一类。《后汉书·陈宠传附陈忠传》记载，东汉名臣陈宠子陈忠，在延光四年（125

---

① 《汉书》卷6《武帝纪》，中华书局1962年版，第167页。
② 《汉书》卷6《武帝纪》，中华书局1962年版，第171页。
③ 《汉书》卷8《宣帝纪》，中华书局1962年版，第250—251页。

年）为江夏太守，一年后卒。陈忠"明习法律"，在担任尚书省三公曹时，鉴于"苛法稍繁，人不堪之……奏上二十三条，为《决事比》，以省请谳之敝。又上除蚕室刑。解臧吏三世禁锢。狂易杀人，得减重论。母子兄弟相代死，听，赦所代者。事皆施行。"主张宽缓刑罚，减轻酷刑，认为当时盗贼横行的原因在于百姓"衣食不足"，还曾上书皇帝严格执行丧礼制度。从上述行为倾向性来判断，陈忠也属于"循吏"一类。

应叠、应奉也是"循吏"出任江夏太守。《后汉书·应奉传》载，应奉祖父应叠曾任江夏太守。应奉曾祖父应顺、祖父应叠、父亲应郴数代为官，"皆有才学"，其为官"公廉约己""明达政事"，应奉曾为武陵太守，武陵郡盗贼横行，应奉"到官慰纳，山等皆悉降散"。"延熹中，武陵蛮复寇乱荆州，车骑将军冯绲以奉有威恩，为蛮夷所服，上请与俱征"，应奉延续了在武陵郡的做法，很快平息了侵入荆州的盗贼，应叠、应奉在江夏郡、荆州的执政风格也属于"循吏"范围。

韩说、贺纯出任过江夏太守，其人虽不是"循吏"，但与"循吏"接近。据《后汉书·方术·韩说传》载，韩说"博通《五经》，尤善图纬之学。举孝廉"。汉灵帝时再迁江夏太守。谢承《后汉书》载，贺纯，字仲真。会稽山阴（今浙江绍兴）人。少为诸生，博览群经。安帝时迁任江夏太守。[①] 韩说、贺纯不是酷吏，而且都有很深的儒学素养，也可以归入"循吏"之列。

汉代江夏郡治所在西陵（今武汉新洲区），汉代郡守有巡视辖区以观风俗的规定，具备"循吏"特征的郡守都会乘此机会在辖区劝课农桑、调节纠纷、淳化风俗、教化地方。郡守出巡，武汉地区得地利之便，接受教化的机会多于其他地方。

二、酷吏与严刑酷法

严行酷法与残酷镇压是"汉家法度"之"霸道"部分，即先秦以来的"法家传统"或汉承"秦制"之部分，核心是以法律作为行政依据，依法塑造社会秩序，惩治违法行为。典型表现有二：一是任用酷吏打击地方豪强，保持大一统的政治体制完整；二是严惩地方官员的渎职行为，确保统治机构的运行效率和官员的忠诚度。

---

① 《后汉书》卷63《李杜列传》注引，中华书局2000年版，第2081页。

1. 任用酷吏镇压豪强。汉初七十年间，"无为而治"的结果，使地方豪强①成为一种强大的社会群体，豪强"武断于乡曲"，控制着基层社会，成为地方分裂势力的社会基础，与中央政权的紧张和对立也越来越强烈。汉武帝在豪强势力强大的地方任用酷吏，严刑苛法，通过依法诛杀、迁徙外地，逐渐消除了豪强对政府的威胁，保持了帝国法律和法治在基层社会的影响与权威。

2. 严惩地方官员的渎职行为。秉承法家"明主治吏不治民"的传统，汉武帝以后，汉朝廷加强了对官吏渎职犯罪的监督和惩治。"条定法令，作见知故纵、监临部主之法，缓深故之罪，急纵出之诛。其后奸猾巧法，转相比况，禁罔寖密。"② 一是规定"通行饮食罪"。汉武帝后期，"盗贼滋起……大群至数千人，擅自号，攻城邑，取库兵，释死罪，缚辱郡守都尉，杀二千石，为檄告县趋具食；小群以百数，掠卤乡里者不可称数……斩首大部或至万余级。及以法诛通行饮食，坐相连郡，甚者数千人"③。这是"通行饮食罪"首次出现，是汉武帝为了严惩与逃亡犯罪者勾结而制定的法规，与群盗集团勾结的人中间，不乏各级官吏。二是"沈命法"。"于是做'沈命法'，曰：群盗起不发觉，发觉而捕弗满品者，二千石以下至小吏主者皆死。其后小吏畏诛，虽有盗不敢发，恐不能得，坐课累府，府亦使其不言。故盗贼寖多，上下相为匿，以文辞避法焉。"④《集解》《汉书音义》："沈，藏匿也。命，亡命也。""沈命法"目的在于督促地方官吏及时侦破、捕捉地方盗贼。三是"见知故纵"罪。抓捕盗贼是基层官吏的职责，如果不尽心尽力完成自己的任务，就要受到严厉惩处。一旦政府官吏发现盗贼犯罪，尤其是大规模的集团犯罪时故意隐瞒事件真相，相关官员要受到惩处，手下官员犯罪时，主管官员也要受到牵连。见知不举，就是故纵。汉代官员因"见知故纵"而受罚的案例很多。建武十六年（40年），"郡国大姓及兵长、群盗处处并起，攻劫在所，害杀长吏。郡县追讨，到则解散，去复屯结。

---

① 汉代豪强在《史记》《汉书》《后汉书》的名称很多，"豪族""豪宗""豪姓""豪奸""豪暴""豪杰""豪强""豪民""豪家"等不一而足。名称不一，指称的重点不同，所突出的特征也各自不同。参见崔向东：《汉代豪族研究》，崇文书局 2003 年版，第 44—57 页。

② 《汉书》卷 23《刑法志》，中华书局 1962 年版，第 1100 页。

③ 《汉书》卷 90《酷吏传》，中华书局 1962 年版，第 3662 页。

④ 《史记》卷 122《酷吏列传》，中华书局 1959 年版，第 3151 页。

青、徐、幽、冀四州尤甚。冬十月，遣使者下郡国，听群盗自相纠擿，五人共斩一人者，除其罪。吏虽逗留回避故纵者，皆勿问，听以禽讨为效。其牧守令长坐界内盗贼而不收捕者，又以畏愞捐城委守者，皆不以为负，但取获贼多少为殿最，唯蔽匿者乃罪之。于是更相追捕，贼并解散。徙其魁帅于它郡，赋田受禀，使安生业"①。东汉初年，"通行饮食""见知故纵""沈命法"等有关治安管理的规定被废除。

《汉书·酷吏传》载，西汉成帝时期，"长安中奸猾浸多……城中薄暮尘起，剽劫行者，死伤横道，旗鼓不绝"。尹尚为长安令，数月之间，长安盗贼被捕杀殆尽。不久"江湖中多盗贼，以赏为江夏太守，捕格江贼及所诛吏民甚多，坐残贼免"②。江夏郡盗贼猖獗，善于惩治地方犯罪集团的尹尚被任命为江夏太守，沿袭了在长安令任上的做法，捕捉、格杀"江贼"甚多，很多"吏民"被牵连处死。这是较早看到的武汉地区江贼活动的记载，此后武汉地区的"江贼"成为历代武汉地方政府重点打击的对象。

《后汉书·酷吏列传》记载，东汉初年，董宣曾出任江夏太守，"后江夏有剧贼夏喜等寇乱郡境，以宣为江夏太守。到界，移书曰：'朝廷以太守能禽奸贼，故辱斯任。今勒兵界首，檄到，幸思自安之宜。'喜等闻，惧，即时降散。外戚阴氏为郡都尉，宣轻慢之，坐免"③。董宣为官酷烈，尤其善于罗织罪名，诛杀地方豪强势力，所以当江夏郡出现"剧贼"（大规模强盗犯罪团伙）时，朝廷首先想到的就是董宣一类的酷吏，董宣因为有此前任东海相期间诛杀对抗官府的地方豪强三十余人的记录，得到"能擒奸贼"的声誉，以至于江夏郡的强盗集团为其酷烈之名所震，自动缴械投降。

西汉末年，萧望之之子萧由曾任江夏太守；东汉初年，侯登曾任江夏太守；著名党人张俭之父张成也曾任江夏太守；东汉末年，刘表鉴于夏口战略地位之重要，派遣部将黄祖为江夏太守，筑垒镇守夏口；黄祖被杀，刘表之子刘琦出任江夏太守。以上诸人因为史料缺乏，难以判定其在江夏任期的法治所为。

总体来看，汉代地方法治呈现出"教化"与"严刑"的两面，在社会

---

① 《后汉书》卷 1《光武帝纪》，中华书局 2000 年版，第 67 页。
② 《汉书》卷 90《酷吏传·尹尚传》，中华书局 1962 年版，第 3675 页。
③ 《后汉书》卷 77《酷吏列传·董宣传》，中华书局 2000 年版，第 2489 页。

秩序基本稳定时，朝廷会选派儒学出身的官员主政江夏，兴办学校，教化地方，发展生产，推动地方社会的发展；一旦出现社会危机，盗贼横行，则会选派酷吏，严刑酷法，迅速镇压盗贼犯罪，恢复社会秩序。儒表法里的"汉家制度"在这里表现得淋漓尽致。

>>第三章 魏晋南朝武汉地区政权变更与法律管治<<

　　魏晋南朝包括吴（222—280 年）、西晋（280—316 年）、东晋（281—420 年）、宋（420—479 年）、齐（479—502 年）、梁（502—557 年）、陈（557—589 年）七个政权，其中西晋王朝实现了短暂的统一，其余政权都是建立在长江流域与北方政权相对峙的王朝。南北政权的对峙，是武汉地方法治发生的时代背景；永嘉之乱及其此后多次战乱，引发大量北方人口南迁，而武汉地区所在的江汉平原成为人口迁入地，移民与土著民之间冲突、融合，决定了武汉地方法治的基本走向；南朝时期，居住在山区的蛮人开始走出山区，移居平原，与原住民之间发生各种矛盾与冲突，也是武汉地方法治必须解决的问题。南北对峙、新（移民）旧（土著）冲突、蛮人与平原地区原住民的融合与矛盾，构成魏晋南朝时期武汉地方法治不同于其他时期的明显特征。经过魏晋南朝的发展，长江以南的经济、文化、社会发展的成就及其影响逐渐凸显出来，与此对应的法治文明也构成中国传统法治文化的主要组成部分。

　　孙吴、东晋、南朝政权在江南地区的建立和存在，是以长江流域的经济发展和物资供应能力的提升为基础的。三百多年来，人口的大规模南迁，使长江流域的经济开发速度加快，从平原到丘陵再到山地的土地逐渐被开发出来。这是一次巨大的转折，不仅改变了秦汉以来南方经济的停滞与滑坡，长江流域的社会经济也进入了一个稳定发展的时期，在全国经济总量中所占的比重日益增大。此后隋唐政权的政治中心虽然在关中，但政权对江南经济的依赖已经十分明显，长江中下游地区提供的赋税和物资成为政权维持运行的重要保障。江南经济地位的变化，使政权在该地区的社会治理及其效果的重要性凸显出来；而地处长江中游的武汉地区，在长江流域社会经济格局中又处于中枢地位，魏晋南朝武汉地区法治在国家法治中的地位逐渐上升。孙吴政权对武昌的经营、东晋政权对江夏郡的高度关注、南朝政权对郢州的治理，都是在前述的大背景下展开的。

长期以来，建立在北方的政权以华夏民族的正统自居，周边民族则被称为东夷、西戎、南蛮、北狄，这种观念在魏晋南朝时期发生了彻底的改变。孙吴、东晋、南朝政权都是建立在长江流域以中原地区文化正统自居的王朝，尤其是中原政权南迁，带来的观念变化，长期以来被中原华夏视为蛮族的长江中游地区，成为正统文化的核心区之一，其制度、文化、法治成就成为正统汉文化的有机组成部分，在华夏到汉族的观念变迁过程中，长江流域进入正统文化核心区是一个关键环节。

这一时期，除了孙吴政权的法律建设乏善可陈外，西晋《泰始律》被誉为"蠲其苛秽，存其清约，事从中典，归益于时"，其内容和结构体例达到很高的水平，一直为东晋南朝沿袭，是这一时期立法水平最高的法典。南朝律典在内容的文明程度、编纂体例和重要法律制度创新、单个律典的立法成就上均取得了显著成就；梁朝在对《晋令》篇目的删修，开后世令典30篇（卷）体例的先河；南朝在重要法律制度上亦有许多创新。南朝法制对隋唐有深刻影响，是隋唐法制的主要渊源之一。[①]

以上方面，决定了魏晋南朝法治在中国传统法治文化中的地位，也决定了武汉地区法治文化在魏晋南朝法治文化中的重要地位。

第一节　政区设置与地方官吏法

三国初期，孙吴政权一度定都武昌，迁都之后，江夏郡和武昌郡也是孙吴政权最为倚重的军事重镇，均派遣最为得力的官员镇守武汉地区。东晋南朝，政权控制区域在淮河以南，出于防御北方政权军事南下的需要，扬州和荆州的战略地位凸显出来，控制扬州和荆州成为政权稳定的前提，而属于荆州辖郡的江夏郡则是长江中游的战略咽喉。何尚之指出："夏口在荆、江之中，正对沔口，通接雍、梁，实为津要，由来旧镇，根基不易。今分取江

---

① 吕志兴：《南朝法制的创新及其影响——兼论"南北朝诸律，北优于南"说不能成立》，《法学研究》2011年第4期。

夏、武陵、天门、竟陵、随五郡为一州，镇在夏口，既有见城，浦大容舫。竟陵出道取荆州，虽水路，与去江夏不异，诸郡至夏口皆从流，并为利便。湘州所领十一郡，其巴陵边带长江，去夏口密迩，既分湘中，乃更成大，亦可割巴陵属新州，于事为允。"① 夏口即今武汉地区。因为南北对峙的政治形势，武汉地区的军事地位凸显出来，为了确保对这一地区的控制，东晋、南朝的政权都在不断调整武汉地区的行政区划，导致这一地区行政机构设置多变与复杂化。江夏郡本为荆州的东面门户，是其东下的必由之路，后又取湘州巴陵郡并入，设郢州，使得郢州可控带湘州，军事地位越发重要。

一、地方行政机构与武汉地区的联系

孙吴政权建立后，在武汉地区设江夏郡，辖武昌、沙羡、柴桑、阳新、下雉、寻阳、竟陵七县。黄初二年（221 年），"权自公安都鄂，改名武昌，以武昌、下雉、寻阳、阳新、柴桑、沙羡六县为武昌郡"②。形成江夏郡、武昌郡并存的局面。据《太平寰宇记》卷 112 江南西道鄂州武昌县条注引《吴志》："甘露初（265 年），析江夏置武昌郡。"孙皓于甘露元年徙都武昌，再置武昌郡，宝鼎元年还都建业，武昌郡再废。③

（一）孙吴政权的行政机构与武汉地区

武昌县在今湖北鄂州鄂城区，孙权徙都于鄂，更名武昌；沙羡县在今武汉武昌区西南部金口，为江夏太守治所，是重兵戍守之处。三国时期，江夏太守治所被称为夏口（今武汉武昌区），周瑜、程普、孙奂等名将相继出镇夏口。建衡时期，鲁肃子鲁淑为夏口都督。在孙吴政权存在时期，夏口一直都是防御重镇。沔口（今武汉汉口区）在夏口对岸，与夏口互为犄角，陆逊、诸葛瑾等名将都曾镇守沔口。《晋书·陶侃传》载陶侃语："邾城隔在江北，内无所倚，外接群夷……且吴时此城乃三万兵守，今纵有兵守之，亦无益于江南。"④《晋书·虞亮传》载："时石勒新死，亮有开复中原之谋，乃解豫州授辅国将军毛宝，使与西阳太守樊峻精兵一万，俱戍邾城。"⑤ 邾城自先秦以来即为长江北岸与武昌（今湖北鄂州）隔江相对的军事重镇，

---

① 《宋书》卷 66《何尚之传》，中华书局 1974 年版，第 1737—1738 页。
② 《三国志》卷 59《吴主五子传》，中华书局 1982 年版，第 1121 页。
③ 胡阿祥等：《中国行政区划通史（三国两晋南朝卷）》（上册），复旦大学出版社 2014 年版，第 525 页。
④ 《晋书》卷 66《刘弘陶侃传》，中华书局 1997 年版，第 1778 页。
⑤ 《晋书》卷 73《虞亮传》，中华书局 1997 年版，第 1923 页。

魏晋南朝时期为邾县县城，辖境包括现在的武汉新洲区和黄冈县，新洲区现有"邾城街"。魏晋南朝时期，邾城也是武汉地区主要的军事基地，孙吴政权在邾城配置三万大军驻守，晋代邾城的驻军减少，军事地位有所下降，但依然是屯有重兵的军事基地之一。孙吴政权在武汉地区的军事防御在江北以沔口、邾城为屯兵之所；江南以夏口（今武汉武昌区）、武昌（今湖北鄂州鄂城区）为屯兵之所。四大兵营由水军沿江互相策应，以确保对该地区的有效控制。

孙吴与曹魏政权在长江中游地区的分界，大约在兴山（湖北兴山县北）、当阳（今湖北当阳市东）西北、编县（今湖北荆门西北）、云杜（今湖北京山市）及汉川县、武汉市以北一线。江夏郡是孙吴对抗、防御曹魏的最前线。赤壁战后，曹魏之间的争夺围绕合肥展开，双方疆域在这一地区伸缩变化较多，武汉地区因为战事不多，疆域则相对稳定。孙吴政权"限江自保"原则的落实，以牢固掌控江夏郡为前提。对孙吴政权来说，对江夏郡的治理就有了特殊的价值。

在"限江自保"的立国原则之下，从荆州到扬州，长江中下游成为孙吴政权的防御线，依托水军，利用长江天险是其地理优势。只是一旦长江天险被突破，则地利尽失。名将羊祜指出"以一隅之吴，当天下之众，势分形散，所备皆急。巴汉奇兵出其空虚，一处倾坏，则上下震荡。吴缘江为国，无有内外，东西数千里，以藩篱自持，所敌者大，无有宁息"[1]。"一处倾坏，则上下震荡"，正是"缘江为国"的致命缺陷。

三国六朝时期，武汉地区称为"夏口"，或称为"夏口三城"。[2] 包括江沔沿岸的夏口、鲁山、沔口三城，亦即今天的武昌、汉阳、汉口三镇。"夏口、鲁山、沔口三城，汉末三国时就已并存，属荆州江夏郡沙羡县。"[3]李吉甫曾述该地：

> 春秋时谓之夏汭，汉为沙羡之东境。自后汉末谓之夏口，亦名鲁口。吴置督将于此，名为鲁口屯，以其对鲁山岸为名也。三国争衡，为

① 《晋书》卷34《羊祜杜预传》，中华书局1997年版，第1018页。
② 《晋书》卷85《何无忌传》，中华书局1997年版，第2215页。
③ 王素：《南朝夏口地区社会经济杂考》，载《古代长江中游的经济开发》，武汉出版社1988年版，第30页。

吴之要害，吴常以重兵镇之。①

三国时期的"夏口"大多数情况下是指现在的武汉三镇，此外，夏口也单指汉水入江之处，又称沔口、汉口。夏水本来是长江的支流，其故道源头在江陵东南，向东流至华容县堵口（今湖北仙桃东北）汇入汉水。由于夏、沔二水合流，自此以下的汉水河道亦兼称为夏水，故其入江之口称作夏口。后来孙权在其南岸筑垒戍守，名为夏口城，②历经东晋、南朝皆为重镇，逐渐取代了北岸的夏口地名。《资治通鉴》"汉献帝建安十三年"条胡三省注引应劭曰："沔水自江夏别至南郡华容为夏水，过江夏郡而入于江。盖指夏水入江之地为夏口。庾仲雍曰：夏口，一曰沔口，或曰鲁口。《水经注》曰：沔水南至江夏沙羡县北，南入于江。然则曰夏口，以夏水得名；曰沔口，以沔水得名；曰鲁口，以鲁山得名；实一处也。其地在江北。自孙权置夏口督，屯江南，今鄂州治是也。故何尚之云：夏口在荆江之中，正对沔口。（李）贤注亦谓夏口戍在今鄂州。于是相承以鄂州为夏口，而江北之夏口晦矣。"黄鹄山正对的"夏口"逐渐被广义的夏口所取代。

（二）两晋政权的行政机构与武汉地区

西晋灭吴前，武汉地区属荆州管辖，设有江夏郡，辖今武汉市长江以北地区。灭吴后，西晋的江夏郡与孙吴的江夏郡合并，辖区涵盖长江南北。《元和郡县图志》载："（江夏郡）永嘉南迁后又当苻秦、石赵与东晋犬牙为界，自后魏、周、隋，与宋、齐、梁、陈交争之地，故江夏前史所载，或移于沙羡，或移于上昶，或移理鲁山城……曹魏与晋俱理安陆。"③曹魏和西晋灭吴前的江夏郡治所在安陆，灭吴后治所在沙羡（今武汉武昌区）。东晋建立后，卫瓘受封侯爵，其孙卫璪"袭瓘爵。后东海王越以兰陵益其国，改封江夏郡公，邑八千五百户"④。卫崇也曾受封江夏郡公，东晋康帝时期，因为卫崇"为庶母制服三年"，不合礼制规定，顾和上奏说："江夏公卫崇

① （唐）李吉甫：《元和郡县图志》卷27《江南道三·鄂州》，贺次君点校，中华书局1983年版，第643页。
② （后魏）郦道元注，（清）杨守敬、熊会贞疏：《水经注疏》卷35《江水》，江苏古籍出版社1999年版，第2899页。
③ （唐）李吉甫：《元和郡县图志》，贺次君点校，中华书局1983年版，第649页。
④ 《晋书》卷36《卫瓘张华传附孙璪传》，中华书局1997年版，第1066页。

本由疏属，开国之绪，近丧所生，复行重制，违冒礼度，肆其私情……应加贬黜。诏从之。"① 依据两晋时期的封爵制度，封国由朝廷派员管理，江夏郡作为公国时期，"江夏相"成为地方的实际主官，与郡太守相同。政府机构也与郡无异。

东晋时期，武汉地区设江夏郡，属荆州管辖。江夏郡辖七县，其中滠阳、沌阳、汝南（原沙羡县）在今武汉地区。滠阳县辖区在今武汉黄陂区西南，《宋书·州郡志》载："羡阳子相，晋惠帝世，安陆人朱伺为陶侃将，求分安陆东界为此县。"②《晋书·朱伺传》云："伺部曲等以诸县附昌，惟本部唱义讨逆，逆顺有嫌，求别立县，因此遂割安陆东界为滠阳县而贯焉。"③《宋书·符瑞志》曰："晋简文帝咸安二年（372 年）正月，甘露降随郡滠阳县界桑木，粘凝十余里中。"④ 则滠阳县当和随郡接壤。《宋书·刘粹传》载，义熙八年，"封刘粹为滠阳县男"⑤。滠阳县辖区为现在武汉黄陂区西南一带。

沌阳县，《宋书·州郡志》曰："沌阳子相，江左立（沌阳县）。"⑥《元和郡县志》载，"晋于今（沔）州西临漳山下置沌阳县"⑦，属江夏郡，治今湖北武汉蔡甸区临漳山下。

汝南县，《宋书·州郡志》曰："汝南侯相，本沙羡土，晋末汝南郡民流寓夏口，因立为汝南县。沙羡令……晋武太康元年复立，治夏口。孝武太元三年，省并沙阳，后其地为汝南实土。"⑧ 又《记纂渊海》云："咸和中侨置汝南郡，孝武省沙羡，义熙以汝南县，属江夏。"《元和郡县志》云："东晋以汝南流人侨立汝南郡，后改为汝南县。"⑨ 依据上述记载，汝南县为侨县，属侨汝南郡。义熙土断，汝南为实土县，为秦汉沙羡地，属江夏郡，

① 《晋书》卷 83《顾和传》，中华书局 1997 年版，第 2165 页。
② 《宋书》卷 37《州郡志》，中华书局 1974 年版，第 1125 页。
③ 《晋书》卷 81《朱伺传》，中华书局 1997 年版，第 2120 页。
④ 《宋书》卷 28《符瑞志》，中华书局 1974 年版，中第 817 页。
⑤ 《宋书》卷 45《刘粹传》，中华书局 1974 年版，第 1379 页。
⑥ 《宋书》卷 37《州郡志》，中华书局 1974 年版，第 1124 页。
⑦ （唐）李吉甫：《元和郡县图志》，贺次君点校，中华书局 1983 年版，第 647 页。
⑧ 《宋书》卷 37《州郡志》，中华书局 1974 年版，第 1124 页。
⑨ （宋）潘自牧：《记纂渊海》卷 14《武昌府江夏沿革条》，《文渊阁四库全书》第 930 册，第 333 页；（唐）李吉甫：《元和郡县图志》卷 27《江南道三》"鄂州江夏县"条，贺次君点校，中华书局 1983 年版，第 643 页。

治今武汉武昌区。

两晋武昌郡辖县武昌、沙阳、阳新、鄂（今武汉新洲区归其管辖）。《宋书·州郡志三》"荆州"条说："王敦治武昌，陶侃治沔口，后治武昌……庾亮治武昌，庾翼进襄阳，复还夏口。"东晋时期的荆州刺史治所并不固定，受军事政治形势的影响，有的荆州刺史会将自己的治所放在武汉地区，这对该地区的法治推行也会带来影响。

（三）南朝政权的行政机构与武汉地区

刘宋政权在武汉地区设有郢州，"孝武孝建元年，分荆州之江夏、竟陵、随、武陵、天门，湘州之巴陵，江州之武昌，豫州之西阳，又以南郡之州陵、监利二县度属巴陵，立郢州。天门后还荆"①。郢州治所在汝南县，下辖江夏郡，江夏太守治夏口（今武汉武昌区），辖汝南、沌阳、滠阳、孝昌、沙阳、蒲圻、惠怀七县，其中前三县在今武汉地区。《宋书·符瑞志》载，晋简文帝咸安二年（372年），"甘露降随郡滠阳县界桑木"，则滠阳县一度划归随郡，后还归江夏郡。

"汝南侯相，本沙羡土，晋末汝南郡民流寓夏口，因立为汝南县（今武汉武昌区）。沙羡令，汉旧县，吴省。晋武太康元年复立，治夏口。孝武太元三年（378年），省并沙阳，后以其地为汝南实土。"② 汝南县即原沙羡县，在今武汉武昌区。沌阳，昇明二年（478年），"改封（周盘龙）沌阳县子"③。则沌阳478年起为子国。刘宋政权在设立郢州的同时设立了郢州都督区，据《宋书·萧思话传》载，孝建元年（454年），萧思话"都督郢湘二州诸军事、镇西将军、郢州刺史……镇夏口"。《宋书·刘秀之传》载，刘秀之为郢州都督，以郢州刺史都督郢州诸军事，则郢州都督区只有郢州。刘宋政权的郢州都督区范围前后盈缩不定，随时变化。

《宋书·州郡志》"武昌太守"条注引《晋起居注》："太康元年，改江夏为武昌郡。"④ 280年复置武昌郡。晋惠帝时，"帝分桂阳、武昌、安成三郡立江州……分江夏立竟陵郡"⑤。西晋时期，武昌郡一度归属江州，江夏

① 《宋书》卷37《州郡志》，中华书局1974年版，第1124页。
② 《宋书》卷37《州郡志》，中华书局1974年版，第1124页。
③ 《南齐书》卷29《周盘龙传》，中华书局1972年版，第543页。
④ 《宋书》卷37《州郡志》，中华书局1974年版，第1127页。
⑤ 《晋书》卷《州郡志下》荆州后序，中华书局1997年版，第458页。

郡一度归属竟陵郡，直到刘宋孝武帝孝建元年割武昌郡属郢州。"宋高祖受命……以佐命功，封（谢晦）武昌县公。"① 元嘉三年，谢晦被诛，国当除。则420—426年武昌县为公国。《宋志》有"武昌侯相"②。辖今湖北鄂州。

鄂县。据《晋书·地理志》记载属武昌郡。《宋书·州郡志》载："晋武帝太康元年，复立鄂县，而武昌如故。"③ 则280年又新立鄂县。《宋书·恩幸传》曰："于天宝……元徽中，自陈功劳，求加封爵，乃封为鄂县子……昇明元年……齐王以其反覆，赐死。"④ 后以预平沈攸之之难，封王玄载鄂县子。⑤ 元徽中为子国，持续到479年刘宋王朝灭亡。辖今湖北鄂州和武汉新洲区一部。

西陵，据《续汉志》载属荆州江夏郡，《晋志》载属豫州戈阳郡。《宋志》有"西陵男相"⑥。治今湖北武汉新洲区西。

郢州的设置是刘宋王朝的重大政治举措，是宋孝武帝为分割荆州方镇实力而作出的选择。

> 荆、扬二州，户口半天下，江左以东，扬州根本，委荆以阃外，至是并分（按：即分扬州立东扬州），欲以削臣下之权，而荆、扬并因此虚耗。⑦

根本目的在于削弱地方方镇的实力，达到分而治之的目的。后来的事实证明"而建郢分扬，矫枉过直，藩城既剖，盗实入单，阃外之寄，于斯而尽"⑧。即刘宋分荆立郢，使荆州丧失了制约扬州的"阃外之寄"的军事功能。

刘宋时期，刘义恭在"元嘉元年，封江夏王，食邑五千户"⑨。卫谨孙

---

① 《宋书》卷44《谢晦传》，中华书局1974年版，第1348页。
② 《宋书》卷37《州郡志》，中华书局1974年版，第1127页。
③ 《宋书》卷37《州郡志》，中华书局1974年版，第1127页。
④ 《宋书》卷94《恩幸传》，中华书局1974年版，第2316页。
⑤ 《南齐书》卷27《王玄载传》，中华书局1972年版，第509页。
⑥ 《宋书》卷37《州郡志》，中华书局1974年版，第1128页。
⑦ 《宋书》卷66《何尚之传》，中华书局1974年版，第1738页。
⑧ 《宋书》卷66《何尚之传》，中华书局1974年版，第1739页。
⑨ 《宋书》卷61《江夏文献王义恭传》，中华书局1974年版，第1640页。

卫玠"永嘉中，东海王越食兰陵，换封江夏，户邑如旧"①。因为有封君的存在，故而由王国官员、地方郡守一起管理地方。

刘宋政权在武昌郡封有武昌王，《宋书·文帝纪》载："汝阴王浑改封武昌王"。据《宋书·谢晦传》：谢晦封"武昌县公，食邑二千户"。据《宋书·薛安都传》：薛安都曾封武昌县侯，分食租税。

萧齐时期武汉地区依然属郢州管辖，郡治所在汝南（今武汉武昌区）。郢州辖郡有江夏郡，永明八年辖县有汝南、蒲圻、滠阳、沌阳、惠怀、沙阳六县。武昌郡，辖县有武昌、鄂、阳新、真阳县。其中汝南、滠阳、沌阳、鄂等县辖区在今武汉地区。齐高帝时封皇子萧锋分为江夏王，齐明帝时，封皇子萧宝玄为江夏王，齐武帝时封皇子萧明为武昌王。

萧梁中大同元年（535年）前，沌阳县（今武汉汉口区、汉阳区）属沔阳郡。② 江夏郡辖县有汝南、惠怀、滠阳三县。滠阳，"天监初，封（王珍国）滠阳县侯"③。滠阳在天监年间一度为侯国，天监三年（504年）还为县。大同三年（537年），梁武帝"立昭明太子子……为武昌郡王"④。

南陈政权在武汉地区设有郢州，治所在今武汉武昌区。辖江夏郡，郡辖汝南（今武汉武昌区）、永兴二县。皇子伯义为江夏王。齐安郡，《南齐志》载属司州。《隋志》曰："黄冈（县），齐曰南安，又置齐安郡。"⑤ 当于萧齐时置。齐安郡治今湖北武汉新洲区，辖齐安、南安二县。《元和郡县志》卷27《江南道三》黄州黄陂县："萧齐于此置齐安县，隋开皇十八年（598年）改为黄冈。"《隋书·地理志》载："齐曰南安，又置齐安郡。开皇初郡废，十八年改县曰黄冈。"则陈朝是齐安、南安并置，隋合二县为黄冈县。武昌郡，辖武昌、鄂、阳新、西陵四县。陈叔虞受封武昌王。《陈书·世祖纪》曰：天嘉二年（561年），"武昌、国川为竟陵郡，以安流民"。⑥ 则当

---

① 《宋书》卷60《荀伯子传》，中华书局1974年版，第1627页。
② （宋）欧阳忞：《舆地广记》（附札记）卷28"荆湖北路下汉阳军"条云："梁属沔阳郡。"中华书局1985年版，第814页。萧梁时，沔阳县属宋时的汉阳军地，则当属沔阳郡。
③ 《梁书》卷17《王珍国传》，中华书局1972年版，第279页。
④ 《梁书》卷3《武帝纪下》，中华书局1972年版，第81页。
⑤ 《隋书·地理志下》"永安郡黄冈"条，中华书局1997年版，第893页。
⑥ 《陈书》卷3《世祖纪》，中华书局1972年版，第54页。

于 561 年侨置，治今湖北鄂州附近。① 南陈司州辖郡有安昌郡（治黄城，今武汉黄陂区东），《元和郡县志》卷 27《江南道三》载黄州黄陂县："安昌故城，在县南七十里。高齐筑，以捍陈寇。"陈置安昌郡，郡名当来自北齐之安昌城，则黄陂县属于安昌郡。《元和郡县志》卷 27《江南道三》黄州黄陂县："本汉西陵县地，三国时刘表为荆州刺史，以此当江汉之口，惧吴侵轶，建安中是黄祖于此筑城镇遏，因名为黄城镇。"可见"黄城"之名的来源。南齐、南梁、南陈均设有郢州都督区（辖郢州）和江州都督区（辖江夏郡），所辖州数前后变化不定，但核心区域在武汉地区则未曾废除。

二、地方政府的职责

魏晋南朝时期地方政权层级复杂，法律对各级政权的职责作出相应的规定，以保证地方政权依法履行职责，同时也是上级考核地方官员的依据。

（一）都督区的职责

魏晋南朝时期，地方设置都督区，作为军事长官。"魏文帝黄初三年，始置都督诸州军事，或领刺史"②。即有的都督兼刺史，但大多数不兼。西晋沿用了曹魏的做法，"晋太康中，都督知军事，刺史治民，各用人。惠帝末，乃并任，非要州则单为刺史"③。西晋初期，都督治军，刺史理民，各有职掌。晋惠帝开始，都督开始兼任治所之刺史，军事地位不重要的州，则不设都督。东晋时期，都督大多兼任治所之刺史。都督兼任治所刺史之后，一州之内的军事、民政、刑狱司法均受其控制。同时，都督常辖数州，都督与辖区各州刺史之间也具有上下级关系，实际上成为刺史之上的一级行政长官。都督依是否加节（使持节、持节、假节三级）和统军（都督、监、督三级）分为九等，分别为使持节都督、持节都督、假节都督、使持节监、持节监、假节监、使持节督、持节督、假节督，名称不同，职权大小有别。"使持节得杀二千石以下；持节杀无官位人，若军事，得与使持节同。假节，惟军事得杀犯军令者。"④ 统军都督皆有属官，分为上佐（长史、司马等）、外曹（录事、户曹、记室等诸曹参军）、阁内（功曹使、主簿等）。都

---

① 胡阿祥认为，竟陵郡治所"疑在今湖北鄂州市附近"（胡阿祥：《六朝疆域与政区研究》，学苑出版社 2005 年版，第 496 页）。
② 《晋书》卷 24《职官志》，中华书局 1997 年版，第 729 页。
③ 《南齐书》卷 16《百官志》，中华书局 1972 年版，第 328 页。
④ 《宋书》卷 39《百官志》，中华书局 1974 年版，第 1225 页。

督就其军事统率权而言，大多并不局限于一州；就其行政管辖权而论，虽限于本州，但由于都督加节有专杀特权，故其军事管辖区内所有属州刺史也不得不受其控制，实际上形成了比州更高一级的大政区，即大都督区。①

孙吴政权在武汉地区设有都督，统领军事。黄初二年（221年），孙权"自公安都鄂，改名武昌，以武昌、下雉、寻阳、阳新、柴桑、沙羡六县为武昌郡……八月，城武昌"②。"城武昌"即在今湖北鄂州市区筑城。黄武二年（223年）春正月，"城江夏山"③。在夏口筑城作为坚守基地。黄武三年（224年）夏五月，孙权派"陆逊、诸葛瑾等屯夏口、沔口"④。赤乌二年（239年）夏五月，"城沙羡"⑤。沙羡县治开始筑城。"城江夏山""城沙羡"等构成夏口防御区；沔口，在今武汉汉口区。孙吴政权夹江屯军，设立武昌、夏口、沔口三大军事基地，建成防御重镇，即武昌都督区，由武昌都督主持防务。

见于《三国志》记载的武昌都督有：韩综，223年镇武昌，后叛逃魏国。鲁肃，"永安中，为昭武将军、都亭侯、武昌督"。吕岱，陆逊卒，分武昌为两部，岱督右部，镇武昌上至蒲圻。徐平，武昌左部督。滕胤，256年以大司马代吕岱镇武昌。鲁淑，永安中为武昌督。孟宗，曾出屯武昌。滕牧，266年以卫将军镇武昌。范慎，271年前为武昌左部督。陶濬，277—280年为武昌左部督。虞芮，晋军来伐时，都督武昌军。孙述，为武昌督。孙慎，"天纪元年下，夏口督孙慎出江夏、汝南、烧略居民"⑥。薛莹，孙皓时期"出为武昌左部督"⑦。徐平，"诸葛恪为丹杨太守……请（徐）平为丞，稍迁武昌左部督，倾心接物，士卒皆为尽力"⑧。武昌都督统辖驻军，主持地方防御，同时肩负镇压地方叛乱、维持地方秩序之责，是地方法治的武装后盾。武昌都督同时也是辖区的最高行政长官，在吕壹主持官吏犯罪的惩治事务时，步骘上孙权书中说："自今蔽狱，都下则宜咨顾雍，武昌则陆

① 胡阿祥：《六朝疆域与政区研究》，学苑出版社2005年版，第190页。
② 《三国志》卷47《吴主传》，中华书局1982年版，第1121页。
③ 《三国志》卷47《吴主传》，中华书局1982年版，第1132页。
④ 《三国志》卷47《吴主传》，中华书局1982年版，第1140页。
⑤ 《三国志》卷47《吴主传》，中华书局1982年版，第1143页。
⑥ 《三国志》卷48《三嗣主传·孙皓传》，中华书局1982年版，第1172页。
⑦ 《三国志》卷53《张严程阚薛·薛综传附子薛莹传》，中华书局1982年版，第1255页。
⑧ 《三国志》卷57《虞陆张骆陆吾朱传》，中华书局1982年版，第1324页。

逊、潘濬，平心专意，务在得情。"① 当时，"濬与陆逊俱驻武昌，共掌留事"②。当时陆逊任武昌都督，与潘濬主持武昌地区的防务，在步骘看来，武昌都督对辖区内的官员考核、犯罪惩治均负全责。两晋南朝时期，都督的设置更为普遍，人事更替速度也很快，但专注于数郡范围内的军事指挥这一根本职责未曾改变。

（二）州郡的职责

魏晋南朝时期，地方最高行政机构为州，州长官在孙吴时期称州牧，此后则称刺史。刺史有领兵与不领兵之分，不领兵的刺史称为单车刺史，五品，只有治理本州民政之权；加将军衔的刺史，位四品，都督刺史，位二品，在掌控一州行政之外，重在统辖军队，镇守地方。刺史僚属有别驾、治中、祭酒、议曹、主簿、录事、西曹等，以上属于州吏系统，负责处理军事以外的政务。领兵刺史还专门有一套处理军务的僚属系统。刺史有权辟除州吏，军府僚属也大多由刺史自己选拔，甚至察举秀才、任用县令都由刺史控制。东晋以后，刺史对地方的控制权进一步强化，出现了刺史兼任治所所在郡之太守的情况。

魏晋南朝时期，州统郡、国，郡、国统县。孙吴时期有郡无国，东晋南朝则郡国并行，郡长官称太守，王国、公国以内史或相掌太守之职。太守、内史、相也有加将军、加督、加节、置军府如刺史者。作为地方行政长官，太守、内史、相有一套常规行政机构，有上佐（丞等）、外系（纲纪、列曹掾史、督邮等）与内系（主簿、记室、录事、书佐等），掌军府者，另有一套军府僚属。一般太守、内史、相的品级为二千石，重要地方如都城太守加至中二千石。州辖郡，派遣专职官员督察郡之行政，潘濬就曾被刘表任命为"部江夏从事"，负责江夏郡的官吏督察。"时沙羡长赃秽不修，濬按杀之，一郡震悚。"③ 王羲之上书论郡国考课说："三县不举，二千石必免，或可左降，令在疆塞极难之地。"④ 东晋以来的郡太守对辖县治理效果负责。

文献可考的孙吴政权的江夏太守有六人。周瑜领江夏太守时正值孙策征黄祖，是向朝廷上表请授，未实际任职。程普于建安十三年（208 年），以

---

① 《三国志》卷 52《张顾诸葛步传》，中华书局 1982 年版，第 1238 页。

② 《三国志》卷 61《潘濬陆凯传》，中华书局 1982 年版，第 1398 页。

③ 《三国志》卷 61《潘濬陆凯传》，中华书局 1982 年版，第 1397 页。

④ 《晋书》卷 80《王羲之王献之许迈传》，中华书局 1997 年版，第 2097 页。

裨将军任江夏太守，正值孙权争夺江夏的战争时期，程普的主要任务显然不是任江夏太守管理地方，而是着眼于武力的弹压及开拓疆土。孙奂为宗室子弟，孙皎之弟，以扬武中郎将领江夏太守，任职仅一年，善于协调所属各部之间的关系。其子孙承于234年以昭武中郎将领江夏太守，至243年卒于任，任江夏太守近十年。蔡遗籍贯、生平不详，在任江夏太守期间曾多次向孙权报告吕蒙之缺点。后为吕蒙所推荐，为豫章太守。刁嘉，史载不明，唯知其曾为江夏太守，后为吕壹诬陷诽谤国政，下狱问罪。《晋书·王戎传》载，王戎率军进攻武昌，"吴将杨雍、孙述、江夏太守刘朗各率众诣戎降"。刘朗是最后一位孙吴政权的江夏太守。由于江夏郡极为重要的军事地位，太守人选基本在孙氏宗室和善于征战之大将重臣中选拔。

表1　两晋江夏相（资料出处《晋书》）

江夏刺史	资料出处	江夏刺史	资料出处
司马无忌	《宗室传·谯刚王逊传附承子烈王无忌传》	桓宣	《桓宣传》
周抚	《周访传附子抚传》	毛宝	《毛宝传》
陶称	《陶侃传附子称传》	毛潭	《毛宝传附宝子安之传》
邓启方	《郗鉴传附昙子恢传》	朱序	《朱序传》
卞敦	《卞壸传附从父兄敦传》	桓不才	《朱序传》
谢尚	《庾亮传附弟翼传》	袁乔	《袁瓌传附子乔传》
竺瑶	《桓彝传附云弟豁传》	张嗣宗	《文苑传·赵至传》
桓振	《桓彝传附虔子振传》	刘岵	《哀帝纪》
刘奭	《桓彝传附祕弟冲传》	张畅之	《桓玄传》
桓嗣	《桓彝传附冲子嗣传》	杨孜敬	《桓玄传》
谢尚	《谢尚传》	—	—

东晋时期出任江夏太守的只有两位：陶侃和桓道恭。两晋政权不断分封江夏公，封国属官的江夏相成为江夏郡的实际管理者，两晋江夏相任职者见表1，江夏相多而太守少的原因即在于此。

此外，东晋前期设有江夏诸郡都督区，《晋书·毛宝传》载，咸和四年（329年）毛宝以江夏相督随、义阳二郡。《晋书·陶称传》载，陶称以江夏相监江夏、随、义阳三郡军事。《晋书·刘怀肃传》载，刘怀肃在义熙元年（405 年）督江夏九郡。江夏都督区重在军事防御和军队协调，与地方治安关系较大。西晋灭吴，改吴之江夏郡部分属县设武昌郡，属江州管辖，辖县武昌、沙阳、柴桑、阳新、沙羡、鄂、高陵、寻阳邾八县，其中沙羡为汉代以来的旧县，治所在今武汉武昌区，邾县辖今黄冈西北和武汉新洲区。《宋书·州郡志二·江州》载："晋武帝太康元年（280 年），省蕲春郡，以寻阳属武昌，改蕲春之安丰为高陵及邾县，皆属武昌。"邾县设置在西晋初年。两晋时期出任武昌太守人员见表。

表 2　两晋武昌太守（资料出处《晋书》）

武昌太守	资料出处	武昌太守	资料出处
刘根	《孝惠帝纪》	谢韶	《谢安传附弟万传》
陶侃	《陶侃传》	刘诩	《桓宣传》
赵诱	《赵诱传》	桓玄	《桓宣传》
冯逸	《周访传》	庾楷	《庾楷传》
王谅	《忠义·王谅传》	诸洽	《外戚传·褚裒传》
周抚	《周访传附子抚传》	陶茂	《隐逸传·陶潜传》
邓岳	《郭默传》	陈嚣	《庾亮传》
熊远	《熊远传》	熊鸣鹄	《熊远传》

表 3　刘宋政权江夏内史、江夏相、江夏太守（资料出处《宋书》）

江夏内史	资料出处	江夏内史	资料出处
程道惠	《文帝纪》	蔡兴宗	《蔡廓传附子兴宗传》
朱修之	《朱修之传》	王景文	《王景文传》
刘贞之	《刘穆之传附少子贞之传》	刘虔之（太守）	《宋书·武帝纪中》
王锡	《王弘传附子锡传》	谢尚（太守）	《宋书·乐志一》
刘怀默	《刘怀慎传附弟怀默传》	刘粹（江夏相）	《宋书·刘粹传》
刘怀慎	《刘怀肃传》	刘虔之（江夏相）	《刘祖康传附父虔之传》
胡藩	《胡藩传》	臧质	《臧质传》
孔觊	《孔觊传》	孔道存	《孔觊传》
王景文	《王景文传》	—	—

内史掌控一郡行政权，如王景文"五年，出为安陆王子绥冠军长史，

辅国将军、江夏内史，行郢州事"①。所谓"行郢州事"即以江夏内史身份主持郢州行政事务。孔觊"为二府长史，典签咨事，不呼不敢前，不令去不敢去。虽醉日居多，而明晓政事，醒时判决，未尝有壅。众咸云：'孔公一月二十九日醉，胜他人二十九日醒也。'"② 孔觊时任"安陆王子绥冠军长史、江夏内史"，故称"二府长史"，主管地方政务处理。刘宋政权出任江夏内史、江夏相、江夏太守人员见表3。

表4　刘宋政权武昌太守（资料出处《宋书》）

武昌太守	资料出处	武昌太守	资料出处
刘琨	《顺帝纪》	谢思	《谢弘微传》
蔡兴宗	《蔡廓传附子兴宗传》	臧焕	《臧焘传》
王谅	《五行志五》	阮长之	《良吏传·阮长之传》
刘弼	《宗室传·长沙景王道怜传附子锟传》	—	—

刘宋政权存在时间不长，担任武昌太守一职的人数不多。其中阮长之以清廉著称，"时郡县田禄，以芒种为断，此前去官者，则一年秩禄皆入后人，此后去官者，则一年秩禄皆入前人。始以元嘉末改此科，计月分禄。长之去武昌郡，代人未至，以芒种前一日解印绶"③。所为"不欺暗室"者也。蔡兴宗早年出任武昌太守，泰始三年（467 年），蔡兴宗出任都督郢州诸军事、安西将军、郢州刺史。刘宋政权出任武昌太守人员见表4。

表5　萧齐政权江夏内史

江夏内史	资料出处	江夏内史	资料出处
柳世隆	《南齐书·柳世隆传》	张冲	《南齐书·张冲传》
褚炫	《南齐书·褚炫传》	孔琇之	《南齐书·孔琇之传》
沈冲	《南齐书·沈冲传》	刘灵真	《梁书·刘訏传》
陆慧晓	《南齐书·陆惠晓传》	程茂	《张冲传》
王奂	《南齐书·王奂传》	—	—

---

① 《宋书》卷85《王景文传》，中华书局 1974 年版，第 2178 页。
② 《宋书》卷84《孔觊传》，中华书局 1974 年版，第 2155 页。
③ 《宋书》卷92《良吏传·阮长之传》，中华书局 1974 年版，第 2269 页。

萧齐政权分皇子为江夏王，江夏内史成为江夏郡的行政长官，如沈冲，"冠军庐陵王子卿为郢州，以冲为长史、辅国将军、江夏内史，行府、州事"①。江夏内史实际管理王府事务和江夏郡行政。萧齐政权出任江夏内史人员见表5。

表6　萧梁政权江夏、武昌太守

江夏太守	资料出处	武昌太守	资料出处
王茂	《王茂传》	萧恭	《南平王伟传附子恭传》
刘季连	《梁书·王志传》	夏夔	《夏侯亶传附弟夔传》
石文安	《王志传》	伏曼容	《梁书·伏曼容传》
乐法才	《乐蔼传附子法才传》	—	—
韦叡	《韦叡传》	—	—
王志	《王志传》	—	—

太清三年（549年）梁简文帝曾封萧大款为江夏郡王。大宝元年（550年）九月，元帝"改封大款为临川郡王"②。此后江夏郡不再设置王国。王茂、刘季连、石文安三人曾任职。没有封国时两郡主官为江夏太守和武昌太守。萧梁政权出任江夏郡、武昌郡太守人员见表6。

南陈政权出任江夏太守的有王冲，出任武昌太守的有周炅、陆山才等，人数不多，不再列表。

表7　刘宋政权郢州刺史（资料出处《宋书》）

郢州刺史	资料出处	郢州刺史	资料出处
萧思话	《孝武帝纪》	刘秉	《后废帝纪》
刘秀之	《刘秀之传》	刘燮	《后废帝纪》
孔灵符	《孝武帝纪》	刘翙	《顺帝纪》
王玄谟	《孝武帝纪》	刘赞	《顺帝纪》
刘绥	《孝武帝纪》	黄回	《顺帝纪》

---

① 《南齐书》卷34《沈冲传》，中华书局1972年版，第614页。
② 《梁书》卷5《元帝绎纪》，中华书局1972年版，第114页。

续表

郢州刺史	资料出处	郢州刺史	资料出处
沈攸之	《沈攸之传》	李安民	《顺帝纪》
刘袭	《明帝纪》	萧顺之	《顺帝纪》
蔡兴宗	《明帝纪》	—	—

　　南朝政权在武汉地区设置郢州统辖地方军镇，对抗荆势力，郢州刺史成为地方法治中举足轻重的人物。刘宋政权的十五位郢州刺史中（见表7），皇室子弟占六位（刘绥、刘袭、刘秉、刘燮、刘翙、刘赞），皆由诸侯王出任。郢州刺史加将军衔，统领数州军队，一是为了分割荆州军事实力，限制荆州在国家军事政治格局中的地位与影响；二是重在控制武汉地区，镇压地方叛乱，确保政权对长江中游地区的控制。是刘宋政权最重要的刺史之一。

表 8　南齐政权郢州刺史（资料出处《南齐书》）

郢州刺史	资料出处	郢州刺史	资料出处
萧鸾	《高帝纪下》	萧宝玄	《明七王传·江夏王宝玄传》
萧子卿	《武帝纪》	刘暄	《明帝纪》
萧缅	《宗室传·安陆昭王缅传》	萧宝夤	《明七王传·鄱阳王宝夤传》
沈文季	《沈文季传》	张冲	《张冲传》
萧子真	《武帝纪》	程茂	《东昏侯》
萧铄	《郁林王》	曹景宗	《和帝》
萧遥昌	《宗室传·始安贞王道生传附子遥昌传》	—	—

　　表8所见的萧齐政权的十三位郢州刺史中，皇族子弟占到八位（萧鸾、萧子卿、萧缅、萧子真、萧铄、萧遥昌、萧宝玄、萧宝夤），比例之大超过前朝。

表 9　萧梁政权郢州刺史（资料出处《梁书》）

郢州刺史	资料出处	郢州刺史	资料出处
萧恢	《太祖五王传·鄱阳王恢传》	萧恪	《简文帝纪》
萧综	《武帝纪中》	方诸	《元帝纪》

郢州刺史	资料出处	郢州刺史	资料出处
萧秀	《太祖五王传·安成王秀传》	陆法和	《元帝纪》
萧景	《萧景传》	张彪	《敬帝纪》
元树	《武帝纪下》	徐度	《敬帝纪》
元法僧	《武帝纪下》	萧元简	《衡阳嗣王元简传》
萧纶	《高祖三王传·邵陵王纶传》	萧象	《桂阳嗣王象传》

表9所见的萧梁的十四位郢州刺史中，宗室子弟（八位萧姓刺史）占一半以上。

表10 南陈政权郢州刺史（资料出处《陈书》）

郢州刺史	资料出处	郢州刺史	资料出处
章昭达	《章昭达传》	徐度	《徐度传》
程灵洗	《世祖纪》	荀法尚	《荀朗传附子法尚传》
沈恪	《沈恪传》	陈慧纪	《陈慧纪传》
黄法氍	《黄法氍传》	萧大心	《沈众传》
李综	《宣帝纪》	钱道戢	《钱道戢传》
淳于量	《淳于量传》	孙玚	《孙玚传》
孙玚	《宣帝纪》	陈叔坚	《世祖九王传》
陈巖	《后主纪》	陈叔卿	《世祖九王传》
欧阳頠	《欧阳頠传》	陈叔巖	《世祖九王传》
周铁虎	《周铁虎传》	—	—

表10所见的南陈政权十九位郢州刺史中，欧阳頠"授郢州刺史，欲令出岭，萧勃留之，不获拜命"[1]。没有实际到任。实际到任的十八位郢州刺史中，宗室子弟只有三位，远少于前朝。南陈时期，郢州地区战事不断，郢州刺史加将军衔，以维护地方不受攻击，消除地方军事叛乱为主要责任，如孙玚，"王琳入寇，以玚为使持节、散骑常侍、都督郢荆巴武湘五州诸军

---

① 《陈书》卷9《欧阳頠传》，中华书局1972年版，第158页。

事、安西将军、郢州刺史，总留府之任"①。孙玚任郢州刺史，持节都督，统一指挥五郡军事行动，权力极大。

郡太守在地方社会法治推行中居于主要地位。东晋陶侃任江夏太守，有人向荆州刺史刘弘进言说陶侃"居大郡，统强兵，脱有异志，则荆州无东门矣"②。太守加将军衔，统御军队，保境安民，一旦出现异常，则会酿成大乱。同时太守负责境内叛乱的镇压，陶侃就因使用政府的运输船，配备军力，从水上击溃攻击江夏、武昌的叛军、湖寇，维护地方秩序的安定而闻名。

（三）县乡政权的职责

县是魏晋南朝时期基层行政单位。"县大率方百里，民稠则减，稀则旷，乡、亭亦如之"③。大县置令，小县置长，县为国（公、侯、伯、子、男各级封国）者，长官称相，职权一如令长。西晋制度："晋令云：县千户以上及五百以上，皆为令，不满此为长。"④《宋书·州郡志》记载，郢州地区的县级长官多为长，说明户口不足千户。《抱朴子·百里》篇说：

> 抱朴子曰：三台九列，坐而论道；州牧郡守，操纲举领。其官益大，其事愈优，烦剧所锺，其唯百里。众役于是乎出，诛求之所丛赴，牧守虽贤而令长不堪，则国事不举，万机有阙，其损败岂徒止乎一境而已哉！令长尤宜得才，乃急于台省之官也。用之不得其人，其故无他也，在乎至公之情不行，而任私之意不违也。

县令长掌管一县，关乎地方社会的治理成败，在地方法治推行中处于核心地位。《南齐书·良政·傅琰传》的记载最能反映县令的职责情况。

> 泰始六年，迁山阴令。山阴，东土大县，难为长官，僧祐在县有称，琰尤明察，又著能名……太祖辅政，以山阴狱讼烦积，复以琰为山阴令。卖针卖糖老姥争团丝，来诣琰，琰不辨核，缚团丝于柱鞭之，密

① 《陈书》卷25《孙玚传》，中华书局1972年版，第319页。
② 《晋书》卷66《刘弘陶侃传》，中华书局1997年版，第1769页。
③ 《晋书》卷14《地理志上》，中华书局1997年版，第414页。
④ 《御定渊鉴类函》卷116《设官部五十六：县令》，载《文渊阁四库全书》第992册。

视有铁屑，乃罚卖糖者。二野父争鸡，琰各问"何以食鸡"。一人云"粟"，一人云"豆"，乃破鸡得粟，罪言豆者。县内称神明，无敢复为偷盗。琰父子并著奇绩，江左鲜有。世云诸傅有《治县谱》，子孙相传，不以示人。①

对于县令而言，解决民间争讼，履行法官职能，是最核心的职责。萧梁时期名臣蔡道恭曾为汝南令。

县级佐吏分上佐和外、内两系，上佐的主体为县丞、县尉，孙吴政权在县政权县丞、县尉并置，东晋、南朝则只设县尉而省县丞。上佐由中央任命，尤其县尉的职权十分重要，大县设二尉，次县、小县设一尉。东晋南朝时期，武汉地区的县大多属于小县，每县设一县尉。外系包括功曹与分职诸曹（户曹、法曹等）；内系又称门下，主簿（孙吴两晋时设）为长，其下有录事史、门下书佐等。内系、外系属吏由县令自辟。有时县令加将军，还可以置参军。西晋制度：

　　县大者置令，小者置长。有主簿、录事史、主记室史、门下书佐、干、游徼、议生、循行功曹史、小史、廷掾、功曹史、小史书佐干、户曹掾史干、法曹门干、金仓贼曹掾史、兵曹史、吏曹史、狱小史、狱门亭长、都亭长、贼捕掾等员。户不满三百以下，职吏十八人，散吏四人；三百以上，职吏二十八人，散吏六人；五百以上，职吏四十人，散吏八人；千以上，职吏五十三人，散吏十二人；千五百以上，职吏六十八人，散吏一十八人；三千以上，职吏八十八人，散吏二十六人。②

孙吴、南朝县级政权机构的人员配置应该有所损益，但大概与此相差不远。

《通典》卷37"晋官品"条："诸县令秩千石者，第六品；县令秩六百石者，第七品。诸县令、长、相（秩三百石），第八品。"则晋的县令秩级分为三等。孙吴、刘宋制度与晋相同。萧梁"县制七班，用人各拟内职"③。

① 《南齐书》卷53《傅琰传》，中华书局1972年版，第915页。
② 《晋书》卷24《职官志》，中华书局1997年版，第746页。
③ 《隋书》卷26《百官志上》，中华书局1997年版，第736页。

县令长以户口多少、地位重要程度分为七等。陈朝制度见于《隋书·百官志》，建康令，千石，第七品；五千户以上县令、相，千石，第八品；不满五千户以下县令、相，六百石，第九品。

魏晋南朝乡里制度延续汉代而变化颇多。《三国会要·职官》载："乡置有秩、三老，百石（第八品），小者置有秩、啬夫，亦百石（第九品）。"当然，三国时期战乱频繁，社会动荡，基层乡里组织无法与汉代相比，但存在基层社会编制则是一定的。《晋书·职官志》载："又县五百以上皆置乡，三千以上置二乡，五千以上置三乡，万以上置四乡，乡置啬夫一人。乡户不满千以上，置治书史一人；千以上置史、佐各一人，正一人；五千五百以上，置史一人，佐二人。县率百户置里吏一人，其土广人稀，听随宜置里吏，限不得减五十户。户千以上，置校官掾一人。"① 乡里组织的设置不会如制度规定一样整齐划一，尤其是户口比例，难以完全遵守。即便如此，从中可以看到晋时乡里组织的一般情况，晋与汉相比，乡里组织中没有有秩、三老的设置。刘宋王朝乡里制度不甚清晰，《宋书·百官志下》载："五家为伍，伍长主之；二伍为什，什长主之；十什为里，里魁主之；十里为亭，亭长主之；十亭为乡，乡有乡佐、三老、有秩、啬夫、游徼各一人。乡佐、有秩主赋税，三老主教化，啬夫主争讼，游徼主奸非。"② 这一记载与汉代乡里制度如出一辙，难以判断是否真实存在。《抱朴子·微旨》载："一州有生地，一郡有生地，一县有生地，一乡有生地，一里有生地。"其行政级别为州、郡、县、乡、里，亭却不在其中，这是不同于汉制的地方。魏晋南朝时期，城内和附郭处称都亭，《晋书·职官志》有"都亭长"一职，可以判定都亭的存在。

乡之下设里、村、伍。里作为乡以下单位，在魏晋南朝史书中比较常见。《晋书·职官志》说："县率百户置里吏一人，其土广人稀，听随宜置里吏，限不得减五十户。户千以上，置校官掾一人。"里吏是一里的管理者，是行政机构的最末梢。萧梁以后称为"里司"，《梁书·安成王秀传》载，天监六年（507 年），萧秀出为江州刺史，"及至州，闻前刺史取征士陶潜曾孙为里司"。《南史》记载陈霸先"初仕乡为里司，后至建邺为油库吏，

---

① 《晋书》卷 24《职官志》，中华书局 1997 年版，第 746 页。
② 《宋书》卷 40《百官志下》，中华书局 1974 年版，第 1258 页。

徙为新喻侯，勤于其事，为映所赏"①。"里司"是最基层的官吏。

里以下有村。《宋书·自序》说："七世祖延始居（武康）县东乡之博陆里乌邨（村）。"《宋书·蛮传》载太宗初，"晋熙蛮梅式生……封高山侯，食所统牛岗、下紫村二村三十户"。可以知道"村"是一种确定人口、赋税、封地大小和方位的行政单位，而且村的规模不大，两村才只有三十户，平均每村十五户。村有村长，又称村司。梁武帝诏书说："若流移之后，本乡无复居宅者，村司三老及余亲属，即为诣县，占请村内官地官宅，令相容受，使恋本者还有所托。"② 村司负责向县政府汇报一村流民的安置情况。村下有"伍"，《宋书·沈攸之传》记载，沈攸之为都督郢州刺史，"将吏一人亡叛，同籍符伍充代者十余人"。《宋书·孝义蒋恭传》州议曰："赃不还家，所寓村伍，容有不知。"则伍有伍长。乡、里、村、伍作为政权的最基层行政组织，渗透到社会的最底层，管理着编户齐民，维护着正常的社会秩序。

三、法律体系与法律适用

魏晋南朝时期政权的法律既有沿革，又有变化，地方官员必须依据法律处理地方政务这一点上则是相同的。除去稳定的法律外，皇帝的诏令也具备法律效力，是地方官员必须执行的。法律和诏令构成地方政府行政的基本依据。对地方政府而言，法律、诏令都是具体规定，与此同时，还有对地方政府的原则性规定，需要地方官员具体落实，此即行政原则。行政依据具体、清晰，行政原则抽象、概括，两者互相配合，共同发挥对地方官员行政行为的规范和指导作用。

孙吴、两晋南朝政权都制定有自己的法律，作为地方政府的行政依据，依法管理地方社会，维持政权统治。

（一）孙吴政权的立法

孙吴政权沿用东汉法律，但其司法活动中的严刑酷法，引发部分大臣的忧虑，一度建议修改法律。依据《三国志》记载，孙吴政权在黄武五年（226年）有过一次修订法律的活动。"冬十月，陆逊陈便宜，劝以施德缓刑，宽赋息调……于是令有司尽写科条，使郎中褚逢赍以就逊及诸葛瑾，意

---

① 《南史》卷9《武帝文帝废帝纪》，中华书局1974年版，第257页。
② 《梁书》卷2《武帝纪中》，中华书局1972年版，第57页。

所不安，令损益之。"① "施德缓刑"所对应的正是"严刑酷法"，"宽赋息调"对应的是"赋役沉重"，刑罚的过于严酷和赋役征收的过分繁重，已经影响到孙吴政权的稳定，陆逊的建议被采纳，但损益法制的效果却不得而知。而孙吴政权用法严酷的传统却一直被保留。"吕壹、秦博为中书，典校诸官府及州郡文书。壹等因此渐作威福，遂造作榷酷障管之利，举罪纠奸，纤介必闻，重以深案丑诬，毁短大臣，排陷无辜。"② 当时大臣步骘上书孙权说："伏闻诸典校摘抉细微，吹毛求瑕，重案深诬，辄欲陷人以成威福。无罪无辜，横受大刑，是以使民踊天蹐地，谁不战栗？"③ 吕壹、秦博的做法应该是得到孙权的首肯，反映了孙吴政权司法的严酷。

（二）两晋的法律

《晋律》在泰始三年（267年）修订完成，次年颁布实施。《晋书·刑法志》载：

> 就汉九章增十一篇，仍其族类，正其体号，改旧律为《刑名》《法例》，辨《囚律》为《告劾》《系讯》《断狱》，分《盗律》为《请赇》《诈伪》《水火》《毁亡》，因事类为《卫官》《违制》，撰《周官》为《诸侯律》，合二十篇，六百二十条，二万七千六百五十七言。蠲其苛秽，存其清约，事从中典，归于益时。其余未宜除者，若军事、田农、酤酒，未得皆从人心，权设其法，太平当除，故不入律，悉以为令。施行制度，以此设教，违令有罪则入律。其常事品式章程，各还其府，为故事。④

因为曹魏律本身太过于"繁杂"，律学章句过多，不够简明扼要；法律编纂体例不尽合理，以至于影响到法律功能的发挥，针对上述弊端，制定了《晋律》。修订后的晋律，篇章结构的编排趋于合理，律文安排进一步严密。

> 晋自泰始四年颁定新律，刘宋因之，萧齐代兴，王植撰定律章，事

---

① 《三国志》卷47《吴主传》，中华书局1982年版，第1133页。
② 《三国志》卷52《张顾诸葛步传》，中华书局1982年版，第1226页。
③ 《三国志》卷52《张顾诸葛步传》，中华书局1982年版，第1238页。
④ 《晋书》卷30《刑法志》，中华书局1997年版，第927页。

未施行，盖断自梁武改律，承用已经三代，凡二百三十七年，六朝诸律中，行世无如是之久者，是亦有故焉。晋自文帝秉政，即议改定律令，事在魏咸熙之初，从容坐论，凡历六载。其时议律诸人，如羊祜、杜预，又皆一时之俊，史称新律班于天下，百姓便之……又有张斐、杜预为之注解，故江左相承，皆用晋世张杜律。①

程树德认为晋律取得成就的三个原因为持续时间长；由法学专家完成；有张斐、杜预的注解。此外，编纂《晋律》的过程中将不适宜纳入"律"的内容以"令""故事"的形式加以编纂。"律"具备稳定，可以作为裁判依据，据以定罪量刑；"令"则主要是制度性规定，修改、废弃都比较容易。《晋书·刑法志》说："施行制度，以此设教，违令有罪则入律。"《晋律》颁布的同时，朝廷制定《晋令》四十篇，编订故事三十卷。"凡律令合二千九百二十六条，十二万六千三百言，六十卷，故事三十卷。"② 《唐六典》说："晋贾充等撰律令，兼删定当时制诏之条，为故事三十卷，与律令并行。"

（三）南朝的法律

刘宋王朝的法律形式主要有律、令、科、诏、制、故事等。律令即西晋时期制定的律令，包括张斐、杜预的律注，在名称上改为"宋律""宋令"。《隋书·经籍志》载南陈蔡法度撰《晋宋齐梁律》二十卷，《旧唐书·经籍志》载有《条钞晋宋齐梁律》二十卷。均是沿袭晋代旧例，科、诏、制则为刘宋皇帝颁布的单行法令，如"庚戌之科""壬辰之科"等。

晋律于 268 年开始实行，至南齐政权建立，已有 200 余年，律文本身的问题、律注的问题逐渐显露出来，"于是公卿八座参议，考正旧注。有轻重处，竟陵王子良下意，多使从轻。其中朝议不能断者，制旨平决。至九年……始就成立《律文》二十卷，《录叙》一卷，凡二十一卷。今以奏闻，请付外施用，宣下四海……诏报从纳，事竟不施行"③。这次法律修订持续时间达八九年之久，从永明元年（483 年）开始，至永明九年（491 年）正式颁布新修订的律令，参加人员广泛，皇帝亲自裁定争议之外，多名高级官

① 程树德：《九朝律考》，中华书局 1963 年版，第 225 页。
② 《晋书》卷 30《刑法志》，中华书局 1997 年版，第 927 页。
③ 《南齐书》卷 48《孔稚珪传》，中华书局 1972 年版，第 836 页。

员参与了法律修订（"八座"），最后由廷尉孔稚珪上表颁行，这次修订的新律称为"永明律"，只是不知何故，这部新修订的法律竟未能实施。"不过既经过了讨论、修撰，至少对于律注异同之处及律条的理解更进了一步。其《律文》虽未曾颁行，但传抄流行于士大夫官员之间，对司法自然会产生一定的指导作用。"① 这样推论也有一定的道理。

在修订法律的同时，南齐永泰元年（498年）冬十月，"诏删省科律"，对科条进行了整理和删减。自晋律确定"准五服以制罪"之后，五服亲疏事关刑法，必须要有清晰的界定，以方便操作。《隋书·经籍志》载有《齐王服制》一卷，当属南齐时期认定五服制亲属关系的具体规定，为后世《服制图》之滥觞。魏晋以来，礼律并重，但违背礼制却没有犯法的行为，一般只是受到乡里清议的非议，或禁锢处理。南齐武帝永明七年（489年）七月诏书说："晚俗浮丽，历兹永久，每思惩革，而民未知禁……可明为条制，严勒所在，悉使画一。如复违犯，依事纠奏。"② 东晋南朝，奢侈之风渐盛，而婚姻缔结过程中奢靡则影响到婚姻的缔结，诏令就是对婚姻礼仪中的奢靡以至违背礼制的行为加以法律规制。南齐政权为了规制奢靡违礼行为，对礼制重新做了修订，永明二年（484年），太子步兵校尉伏曼容上表请求"定礼乐"，"于是诏尚书令王俭制定新礼，立治礼乐学士及职局，置旧学四人，新学六人，正书令史各一人，干一人，秘书省差能书弟子二人。因集前代，撰治五礼，吉、凶、宾、军、嘉也"③。政府设置专门人员，对礼乐制度加以修订完善，依据前述对婚姻礼仪的修订和对违反婚姻礼仪的制裁规定，可以认为南齐政府关于礼仪制度的建设活动大都对法律制度有重要意义。

萧梁政权建立之初，即下诏修订法律。天监元年（502年）八月下诏曰："律令不一，实难去弊……前王之律，后王之令，因循创附，良各有以……则定以为《梁律》，留尚书比部，悉使备文，若班下州郡，止撮机要。"④ 消除"律令不一"造成的司法混乱是梁武帝修订法律的基本出发点；修订法律的主要任务是删除"游辞废句"，于司法实践无用的规定；消除现

---

① 乔伟主编：《中国法制通史》第三卷，法律出版社1999年版，第389页。
② 《南齐书》卷3《武帝赜》，中华书局1972年版，第57页。
③ 《南齐书》卷9《礼志》，中华书局1972年版，第118页。
④ 《隋书》卷25《刑法志》，中华书局1997年版，第697页。

有律令中互相矛盾的规定，使之整齐划一；修订过程中，参与讨论的人员很多，"咸使百司，议其可不"，即集体讨论达到统一认识。这次修订律令是以南齐政权的法律为基础的，"时欲议定律令，得齐时旧郎济阳蔡法度，家传律学，云齐武时，删定郎王植之，集注张、杜旧律，合为一书，凡一千五百三十条，事未施行，其文殆灭。法度能言之。于是以为兼尚书删定郎，使损益植之旧本，以为《梁律》"①。蔡法度所传授的法律就是南齐《永明律》，《文苑英华》卷397载有沈约撰写的《授蔡法度廷尉制》中说：

> 衣冠士子，耻复用心，州郡奸吏，恣其取舍，舞文弄法，非止一途，朕膺天受命，为兆民主，每一念此，忘寝与食。尚书删定左曹郎中蔡法度，少好律书，明晓法令，世之所废，笃志不息，至于章句踏滞，名程乖碍，莫不斟酌厥里，允得其门。方欲寄以国刑，开示后学。②

晋律长期得不到修订的一个重要原因是"衣冠士子"不愿意在法律上做工作，而基层的司法官员则乐于利用法律的缺陷谋取私利。蔡法度是删改晋律为齐律的主要成员，此次又受命修订《梁律》。

《梁律》的修撰以南齐《永明律》为基础，加上参与修撰的人员精练，法律素质高，进展很快，自梁武帝天监元年八月至次年四月即告完成，《梁书·武帝纪》说："《梁律》二十卷，《梁令》三十卷，《梁科》四十卷。"《梁律》《梁令》《梁科》以《晋律》《晋令》《晋故事》为基础修改而成。

梁武帝时期还委托徐勉等人主持修订礼制，分吉、凶、军、宾、嘉五类，"凡一百二十秩，一千一百七十六卷，八千一十九条"③。这部礼典于普通六年（525年）颁行，在违礼入刑的制度背景下，礼制的修订也带有立法的意义。

南陈建立之后，陈武帝下诏修订法律，"于是稍求得梁时明法吏，令与尚书删定郎范泉，参定律令。又敕尚书仆射沈钦、吏部尚书徐陵、兼尚书左丞宗元饶、兼尚书左丞贺朗参知其事，制《律》三十卷，《令律》四十卷。

---

① 《隋书》卷25《刑法志》，中华书局1997年版，第697页。
② （宋）李昉等编：《文苑英华》，中华书局1966年版，第2015页。
③ 《梁书》卷25《徐勉传》，中华书局1972年版，第382页。

采酌前代，条流冗杂，纲目虽多，博而非要"①。《陈律》《陈令》是南陈的立法。

孙吴沿用汉代法律，自身没有系统的立法以外，西晋（包括东晋）使用晋律，南朝的宋、齐、梁、陈都在前朝法律的基础上加以修订，形成各自的法律。律、令为基础，加上礼制、诏令，构成治理地方社会的法律依据。

四、地方官吏法

管理选拔、考核构成地方吏治的核心内容，基层政权负责将国家法律推行于地方，通过官吏选拔、考核，保证治理地方的活动依法展开，这是地方官吏法的核心所在。

（一）官吏选拔制度

孙吴政权存在时间较短，延续了东汉流行的选官模式，西晋政权建立后，选官模式稍有变化，即九品中正制的推行。《文献通考》卷 28 载："魏晋以来虽立九品中正之法，然仕进之门则与两汉一而已，或公府辟召，或郡国举荐，或由曹掾积累而升，或由世胄承袭而用，大率不外此三四途。"选官途径包括吏部铨选、辟召、察举。其中吏部铨选的官员多任职中央政府各部门，与地方官员关系不大。辟召即部、府长官自行任命属吏，其中，州郡长官可以自行任命佐吏，这也成为地方政府官员选拔的主流。察举即自下而上的推举，考核后授以官职。西晋时期，孝廉、秀才、贤良方正、直言之士等是察举的科目，有些被举荐之后任命为州郡等地方官员。除去上述途径，任子、纳赀、荐举也是地方政府选拔官员的途径。

西晋时期开始推行的"九品中正制"与官员选拔关系密切，《文献通考》卷 28 说九品中正之法："评论自是一人，提用自是一人……体统脉络各不相关。"按照制度，郡设大中正，州设小中正，由小中正品第人才上报大中正，大中正核实后上报司徒府，再交由尚书选用。最后的选人权依然在吏部。设置九品中正制的目的是通过乡里议论选拔到合格的人才，但随着时间的推移，逐渐失去公正性和公平性，催生了门阀士族的形成。西晋确立的选官制度被东晋南朝沿用，变化很小。

《晋书·刘弘传》记载，刘弘为荆州刺史，"时荆部守宰多阙，弘请补选，帝从之。弘乃叙功铨德，随才补授，甚为论者所称。乃表曰：'被中

---

① 《隋书》卷 25《刑法志》，中华书局 1997 年版，第 703 页。

诏，敕臣随资品选，补诸缺吏。夫庆赏刑威，非臣所专，且知人则哲，圣帝所难，非臣暗蔽所能斟酌。然万事有机，豪厘宜慎，谨奉诏书，差所应用。盖崇化莫若贵德，则所以济屯，故太上立德，其次立功也。'"刘弘按照上述选官原则，选拔陶侃先后任江夏太守、武昌太守，在武汉地区推行法制，成效卓著，成为一代名臣，一直到明清时期，武汉地方还在建庙祭祀陶侃。

（二）官吏考核制度

西晋政权的官员考核制度与汉代不同，缺少严格的上计制度。《晋书·杜预传》说：

> 今科举优劣，莫若委任达官，各考所统。在官一年以后，每岁言优者一人为上第，劣者一人为下第，因计偕以名闻。如此六载，主者总集采案，其六岁处优举者超用之，六岁处劣举者奏免之，其优多劣少者叙用之，劣多优少者左迁之。

按照杜预的设计，是由朝廷选派官员，统一考核全国官吏，一年一小考，六年总考一次，按照考核等级决定升迁。《通典》卷14载，散骑常侍傅玄认为："虞书曰：三载考绩，三考黜陟幽明，是为九年之后仍有叙迁也。故居官久则念立慎终之化不久则竞为一切之政，六年之限，日月浅近，不周黜陟……帝善之而不能用。"按照此一记载，则一年一小考，六年总考一次的制度是得到实行的。西晋泰始四年（268年）晋武帝诏书说：

> 郡国守相，三载一巡行属县，必以春……见长吏，观风俗，协礼律，考度量，存问耆老，亲见百年。录囚徒，理冤枉，详察政刑得失，知百姓所患苦……田畴辟，生业修，礼教设，禁令行，则长吏之能也。人穷匮，农事荒，奸盗起，刑狱烦，下陵上替，礼义不兴，斯长吏之否也。若长吏在官公廉，虑不及私，正色直节，不饰名誉者，及身行贪秽，谄黩求容，公节不立，而私门日富者，并谨察之。扬清激浊，举善弹违，此朕所以垂拱总纲，责成于良二千石也。①

---

① 《晋书》卷3《世祖武帝炎帝纪》，中华书局1997年版，第57页。

　　诏书规定了诸军政府考核属下各县的具体要求和详细科目，涉及辖区经济、民生、社会治安、官员廉洁等方面。同年十二月，"班五条诏书于郡国：一曰正身，二曰勤百姓，三曰抚孤寡，四曰敦本息末，五曰去人事"①。可以看作是地方官员考核的总纲领，涉及官员操行、政绩。《晋书·石苞传》载司徒石苞上奏武帝语："州郡农桑未有赏罚之制，宜遣掾属循行，皆当均其土宜，举其殿最，然后黜陟焉。"武帝接受这一建议，"增置掾属十人"，专职考核州郡农官的政绩，决定赏罚。

　　东晋元帝太兴元年诏书说："其有政绩可述，刑狱得中，人无怨讼，久而日新，及当官软弱，茹柔吐刚，行身秽浊，修饰时誉者，各以名闻。"②东晋政权延续了西晋时期的做法，不过自建立之初，清谈之风即盛行于官场，官吏考核也随之流于形式。南朝政权依然延续西晋形成的管理考核制度，并无过多创新。

　　（三）官吏犯罪的惩治

　　晋律规定了"谋反罪"，一旦发现阴谋推翻政权的行为，要处以夷三族的酷刑，曾经担任江夏太守的卫瓘就被楚王司马玮以"欲危社稷"的罪名，处死了卫瓘及其子孙九人。曾任荆州刺史，驻守江夏的桓玄因为"谋反"，被下诏处罚。晋律还有"不敬罪"，"亏礼废节谓之不敬"，举凡不奉诏书、有违人臣之礼，均处以"不敬罪"。《北堂书钞》引"晋律"云："凡诸侯上书言及诸侯不敬，皆赎论。"晋朝武汉地区一直有封君存在，也有因触犯"不敬罪"被处罚的。《晋书·刑法志》载张斐"注律表"云："逆节绝礼谓之不道，陵上僭贵谓之恶逆。""不道"即灭绝人伦；"恶逆"即欺凌尊上、乱尊卑之序的犯罪。《注律表》云："取非其物谓之盗，货财之利谓之赃。"则《晋律》有"盗罪"和"赃罪"，即盗窃罪和官员所犯的"贪赃罪"。《晋阳秋》辑本卷二记载："司隶校尉刘毅奏南郡太守刘肇以布五十匹杂物遗前豫州刺史王戎，请槛车征付廷尉治罪，除名终身。"王戎曾任江夏太守，后在豫州刺史任上因犯赃罪被人揭发受到处罚。《抱朴子·审举篇》说："其以贪浊赃污为罪，不足至死者，皆宜禁锢终身，轻者二十年。如此不廉之吏，必将化为夷齐矣。"反映了东晋政权对赃罪的规定。《晋书·刑

---

① 《晋书》卷3《世祖武帝炎帝纪》，中华书局1997年版，第58页。
② 《晋书》卷6《中宗元帝叡肃祖明帝绍帝纪》，中华书局1997年版，第150页。

201

法志》载："敛人财物积藏于官为擅赋。"即官员超出法律规定在辖区征收财物，是为"擅赋罪"。《晋书·王戎传》载，晋武帝时，王戎"坐遣吏修园宅，应免官，诏以赎论"。晋代各级官府都有供其役使的吏，但擅自使用这些服吏役者为自己修筑园宅，依然属于违法，是"擅役罪"，王戎因此受到处罚。上述与官吏职务相关的犯罪，被南朝政权继承，是惩治地方官员犯罪的法律依据。

地方官员必须遵纪守法，一旦犯罪，同样要受到严厉惩处。江夏相陶称"大司马侃之孽子，父亡不居丧位，荒耽于酒，昧利偷荣，擅摄五郡，自谓监军，辄召王官，聚之军府。故车骑将军刘弘曾孙安寓居江夏，及将杨恭、赵韶，并以言色有忤，称放声当杀，安、恭惧，自赴水而死，韶于狱自尽。将军郭开从称往长沙赴丧，称疑开附其兄弟，乃反缚悬头于帆樯，仰而弹之，鼓棹渡江二十余里，观者数千，莫不震骇。又多藏匿府兵，收坐应死。臣犹未忍直上，且免其司马。称肆纵丑言，无所顾忌，要结诸将，欲阻兵构难。诸将惶惧，莫敢酬答，由是奸谋未即发露"①。陶称在其父陶侃亡故服丧期间"不居丧位，荒耽于酒"，是为不孝；"自谓监军，辄召王官"，是为越权；逼死官员，是为杀人；虐待手下官员，是为"不道"；且图谋造反，是为"谋反"。诸罪俱发，被执政庾亮处死。东晋时期的桓振"转江夏相，以凶横见黜"②。"凶横"包含虐待下属、欺凌上司、不敬等行为在内。

《宋书·孔季恭传》之"史臣曰"："荆楚四战之地，五达之郊，井邑残亡，万不余一也。自义熙十一年（415 年）司马休之外奔，至于元嘉（424—453 年）末，三十有九载，兵车勿用，民不外劳，役宽务简，氓庶繁息，至余粮栖亩，户不夜扃，盖东西之极盛也。"魏晋南朝时期，武汉地区是东晋、南朝政权对抗北方政权、控制荆州地区的战略枢纽和军事重镇，地方法治也要服务于这一目标，各政权十分重视对武汉地区控制，防止军事将领的叛乱、投敌成为地方法治的重要内容之一。江夏太守、武昌太守、郢州刺史等的任职人选，多选派宗室皇子或深得信任的重臣担任此职，以确保地方政权的稳定。郡守、刺史均加将军衔，便于调动军队，指挥防务。同时，江夏太守、武昌太守、郢州刺史的任期一般都很短，以此预防主官与地

---

① 《晋书》卷 66《刘弘陶侃传》，中华书局 1997 年版，第 1780 页。
② 《晋书》卷 74《桓彝传附桓振传》，中华书局 1997 年版，第 1944 页。

方势力结合而坐大。

第二节　农业与赋役法律规定

农业、商业、手工业构成社会经济的基本内容，赋税征收、徭役征发也关乎地方经济和财政，是地方政府社会治理的重点所在。

一、农业法律规定

沈约对三国至南朝之间江南农业有一个概括评价：江南核心地带的荆、扬二州，自东汉末年以来，民户凋耗，荆楚四战之地，五达之郊，井邑残亡，万不余一也。自义熙十一年（415 年）司马休之外奔，至于元嘉末，三十有九载，兵车勿用，民不外劳，役宽务简，氓庶繁息，至余粮栖亩，户不夜扃，这是两晋时期荆州、扬州最繁荣的时期。

> 而田家作苦，役难利薄，亘岁从务，无或一日非农，而经税横赋之资，养生送死之具，莫不咸出于此。穰岁粜贱，粜贱则稼苦。饥年籴贵，籴贵则商倍。常平之议，行于汉世。元嘉十三年（436 年），东土潦浸，民命棘矣。太祖省费减用，开仓廪以振之，病而不凶，盖此力也。大明之末，积旱成灾，虽敝同往困，而救非昔主，所以病未半古，死已倍之，并命比室，口减过半。若常平之计，兴于中年，遂切扶患，或不至是。若笼以平价，则官苦民优，议屈当时。①

农业经营本来投入多，收获有限，即使是和平年代，农民安心农业，由于赋税沉重、徭役繁多、水旱灾害、商人盘剥，农业经济的发展水平和社会财富的蓄积都是十分有限的。

"饭稻羹鱼"是武汉地区特有的食物结构，支撑这一点的是丰富的渔业资源。《太平御览·地部·湖》所引《武昌记》记载："武昌长湖，通江，夏有水，冬则涸。于是靡所产植。陶太尉立塘以遏水于此，常自不竭。因取琅琊郡隔湖鱼、菱，以着湖内。菱甚甘美，异于他处，所产鲋鱼，乃长三尺。""陶太尉"即陶侃，曾任武昌太守、荆州刺史、都督，治所在武昌时

---

① 《宋书》卷 54《孔季恭传》，中华书局 1974 年版，第 1540 页。

间较长。陶侃遏塘养鱼，是见诸文献最早的人工养鱼记载。陶侃还特意从外地引入新的鱼、菱品种。① 人工养殖虽然已经开始，但从江河湖泊之捕捞鱼类依然是获取鱼类的主要手段，武昌鱼在此时已经成为名扬天下的美味。②

（一）"公田"管理

魏晋南朝时期武汉地区的农业经营形式分为军队屯田、军府即州郡公田（官府屯垦田）、地主庄田和自耕农小面积耕种等形式。军队屯田是出于军事的需要，与州郡公田一样，属于"公田"性质，归地方政府管理。三国鼎立局面形成后，三国之间的战争并未彻底消除，各方都在边境地区屯兵备战。而长期战争造成人口锐减，军粮供应已经难以从后方获取，所以各国都开展军屯来解决军粮问题。而地理位置重要的武汉地区，孙吴的军事屯田尤其发达。黄武五年（226年），吴国大将陆逊"以所在谷少，表令诸将增广农亩"，得到孙权首肯，孙吴的军事屯田规模迅速扩大，军士"春惟知农，秋惟收稻，江渚有事，责其死效"，军事屯田成为孙吴军事防御的重要组成部分。③《水经注》说："江之右岸有船官浦，历黄鹄矶西而南矣，直鹦鹉洲之下尾。江水迆曰洑浦，是曰黄军浦，昔吴将黄盖军师所屯，故浦得其名，亦商舟之所会矣。船官浦东即黄鹄山……南直武洲，洲南对杨桂水口，江水南出也，通金女、大文、桃班三治。吴旧屯所在（今武昌北湖即武钢一带），荆州界尽此。"④ 这是有关武汉地区军屯的清晰记载。孙吴的屯田，主要分布在长江两岸与军队驻扎所在地，不一定有现成的耕地可资利用，所以军事屯田的开展，是建立在对武汉地区农地开垦的前提下的。⑤ 与军屯对应的有民屯，分布区域与军屯接近，目的也是解决军粮供应问题。

《长沙走马楼三国吴简》中记录了孙吴屯田的具体制度。屯田的基本单位是"屯"，这在《三国志·魏书·满宠传》《吴书·太史慈传》《吴书·诸葛恪传》《吴书·蒋钦传》及《晋书·王浑传》中都有记载。军屯的管理与军队类似，劳动者称为"佃卒"，管理官员有"屯田司马""郡屯田掾"，

---

① 黄慧贤：《公元三至十九世纪鄂东南地区经济开发的历史考察》，载《古代长江中游的经济开发》，武汉出版社1988年版，第181页。

② 《三国志》卷61《潘濬陆凯传》，中华书局1982年版，第1401页。

③ 《三国志》卷47《吴主传》、卷61《潘濬陆凯传》，中华书局1982年版，第1132、1407页。

④ 陈桥驿注：《水经注》卷35《江水》，中华书局1990年版，第658—661页。

⑤ 丁毅华：《湖北通史（秦汉卷）》，华中师范大学出版社1999年版，第429页。

属于郡级农官——典农校尉的掾吏。① "督军粮都尉"或"军粮都尉"则属于督运军粮的机构与官吏。《三国志·吴书·蒋钦传》中有"屯吏"一词，也属于军屯管理官员。孙吴政权沿长江设立了近20个"都督"，每个都督分领数量不等的屯兵，分屯耕种，屯兵原则上"不给他役，使春秋惟知农，秋惟收稻，江渚有事，责其死效"②。在孙吴与曹魏和晋的对抗中，往往是屯田与军队驻扎并存，军屯与国防之间有着极为密切的关系，而武汉地区始终是孙吴对抗曹魏的前线阵地，这种依靠军事力量扩充耕地、发展农业的做法成为三国时期武汉地区农业发展的一大特色。

西晋初年，朝廷宣布废屯田为郡县。进入东晋时期，武汉地区的屯田再次兴起。东晋初年，晋元帝就"其非宿卫要任，皆宜赴农，使军各自佃作，即以为廪"③。随后，又有大臣建议在江南地广人稀之处，"广建屯田，又于征伐之中，分带甲之士，随宜开垦，故下不甚劳，而大功克举也……宜简流人，兴复农官，功劳报赏，皆如魏氏故事，一年中与百姓，二年分税，三年计赋税以使之，公私兼济，则仓盈庾亿，可计日而待也"④。即军屯、民屯同时开展，这一建议得到晋元帝的首肯，可以看到各地州郡开展屯田的记载。晋明帝时"天下凋弊，国用不足"，大臣温峤建议"司徒置田曹掾，州一人，劝课农桑，察吏能否，今宜依旧置之"。即设置劝农官员，劝课农桑；同时建议推行军屯，"诸外州郡将兵者及都督府非临敌之军，且田且守。又先朝使五校出田，今四军五校有兵者，及护军所统外军，可分遣二军出，并屯要处。缘江上下，皆有良田，开荒须一年之后即易。且军人累重者在外，有樵采蔬食之人，于事为便"⑤。温峤提出的七条建议被东晋政权采纳，地处沿江地带的武汉地区也是军屯存在地区。进入南朝，宋、齐、梁、陈不时有人提出兴建屯田，但付诸实施的不多，依靠军事力量开垦土地发展农业的做法逐渐废止。

孙吴、两晋、南朝一直存在州郡"公田"。三国时出现以郡国之"吏"耕种公田的农业经营模式，"诸吏家有五人，三人兼重为役，父兄在都，子

---

① 高敏：《长沙走马楼三国吴简中所见孙吴的屯田制度》，《中国史研究》2007年第2期。
② 《三国志》卷61《潘濬陆凯传》，中华书局1982年版，第1407页。
③ 《晋书》卷26《食货志》，中华书局1997年版，第971页。
④ 《晋书》卷26《食货志》，中华书局1997年版，第972页。
⑤ 《晋书》卷67《温峤郗鉴传》，中华书局1997年版，第1789页。

弟给郡县吏，既出限米，军出又从，至于家事无经护者，朕甚愍之。其有五人三人为役，听其父兄所欲留，为留一人，除其米限，军出不从"①。"给均线吏"即在公田上耕作的"吏"。西晋时期，"公田"经营更为广泛，西晋大臣应詹建议："都督可课佃二十顷，州十顷，郡五顷，县三顷。皆取文武吏医卜，不得挠乱百姓。三台九府，中外诸军，有可减损，皆令附农。市息末伎，道无游人，不过一熟，丰穰可必。然后重居职之俸，使禄足以代耕。"② 建议之一是对州郡县的"公田"数额施加限制，二是要求征发"文武吏医卜"耕种，而不能强迫农民耕种"公田"，干扰百姓的正常经营。东晋时期，陶潜为彭泽县令，"在县公田悉令种秫谷，曰：'令吾常醉于酒足矣。'妻子固请种粳，乃使一顷五十亩种秫，五十亩种粳。素简贵，不私事上官"③。陶潜作为县令的"公田"有二顷，由征发而来的吏耕种。东晋末年，刘裕执政时期，曾下令："州郡县屯田池塞，诸非军国所资，利入守宰者，今一切除之。"④"利入守宰"即政府官员侵占屯田作为"公田"，侵占国家收入的情形。南朝宋、齐、梁、陈地方长官又称"亲民职"，其俸禄来自于公田收入的，称之为"田禄""田秩""田米"，刘宋永光元年（465年）二月"减州、郡、县田禄之半"⑤。南朝泰始三年（467年）十月，"复郡县公田"。南朝泰始四年（468年）"夏四月己卯，复减郡县田禄之半"⑥。刘宋政权依然采用"公田"收入作为官员俸禄的做法，遇到政府财政危机时，则会发生"减半"来缓解危机，当然，很快就会恢复。南齐永明元年（483年）正月诏书说："经邦之寄，寔资莅民，守宰禄俸，盖有恒准。往以边虞告警，故沿时损益，今区宇宁晏，庶绩咸熙，念勤简能，宜加优奖。郡县丞尉，可还田秩。"⑦ 依据诏书内容来看，享有"公田"收入的包括郡县长官以及县丞、县尉。

梁大同七年（541年）十一月南梁武帝诏书说："凡是田桑废宅没入者，公创之外，悉以分给贫民，皆使量其所能以受田分。如闻顷者，豪家富室，

① 《三国志》卷48《三嗣主传》，中华书局1982年版，第1157页。
② 《晋书》卷70《应詹传》，中华书局1997年版，第1860页。
③ 《晋书》卷94《隐逸·陶潜传》，中华书局1997年版，第2461页。
④ 《宋书》卷2《武帝纪中》，中华书局1974年版，第29页。
⑤ 《宋书》卷7《前废帝纪》，中华书局1974年版，第143页。
⑥ 《宋书》卷8《明帝赜》，中华书局1974年版，第163页。
⑦ 《南齐书》卷3《武帝赜》，中华书局1972年版，第46页。

多占取公田，贵价傀税，以与贫民，伤时害政，为蠹已甚。自今公田悉不得假与豪家。已假者特听不追。其若富室给贫民种粮共营作者，不在禁例。"十二月诏书说："又复公私传、屯、邸、冶，爰至僧尼，当其地界，止应依限守视。乃至广加封固，越界分断水陆采捕及以樵苏，遂致细民措手无所。凡自今有越界禁断者，禁断之身，皆以军法从事。若是公家创内，止不得辄自立屯，与公竞作以收私利。至百姓樵采以供烟爨者，悉不得禁。及以采捕，亦勿诃问。若不遵承，皆以死罪结正。"① 诏书反映了南梁时期州郡县公田的具体经营情况，公田主要来自"田桑废宅"没收入官者，按照规定政府"公田"足额之后，要求地方政府将多余的无主田宅分给贫民，但在南梁却出现了"豪家富室"侵占公田，出租给贫民收取地租的情况。公田之外，还有"公创"，本意是将非私家占有的山林湖泊由社会成员自由利用，但由于"豪家富室"的侵占，公共资源转化成了私有资源，这是梁武帝第二道诏书所显示的内容。南陈后主诏书说："私业久废，咸许占作，公田荒纵，亦随肆勤。傥良守教耕，淳民载酒，有兹督课，议以赏擢。外可为格班下，称朕意焉。"② "公田"制度在南陈时期依然存在。

公田经营是一种制度性规定，但凡设有州郡县政权机构的地方，都会有公田经营存在，孙吴、两晋、南朝时期，武汉地区一直是州、郡、县政权的所在地，设有规模不小的公田经营农业，是制度落实的必然结果。

（二）"占田制"

西晋政权在土地管理上颁布过"占田令"。"男子一人占田七十亩，女子三十亩。其外丁男课田五十亩，丁女二十亩，次丁男半之，女则不课。"③ "占田令"本质不是国家向百姓授田，而是对百姓已经占有的土地在某种程度上的限制，或者说规定了私人可以占有田地的最高限额。其中，一般平民男子一人最多占70亩，女子一人最多占30亩，即一对夫妇最多可以占有土地100亩，这是法律规定的平民家庭占有耕地的最高限额。官吏占田的数额则与平民有很大的差别，最低10顷，最高50顷，允许占有的土地数量大大超过平民。"占田令"除了规定私有土地的限额之外，还在于确定租调、徭役的征收依据，以及官僚贵族荫蔽食客的数量和占有佃户的数量，即占田与

① 《梁书》卷3《武帝纪下》，中华书局1972年版，第86页。
② 《陈书》卷6《后主本纪》，中华书局1972年版，第106页。
③ 《晋书》卷26《食货志》，中华书局1997年版，第790页。

荫客、占客制的结合，或者说土地占有与劳动力占有的结合。"对于官吏来说，实行占田制的目的除了限田一面外，还在于确立国家同官吏之间如何分割国有土地与劳动力的分配体制。"① 对于地方政府而言，土地管理的核心在于限制品官占田、荫客过限，或者防止农民投靠豪门士族，逃逸出政府的户籍管辖，导致政府赋税征收的减少。土地管理的内容之一是防止官田被侵占，针对侵占官田的行为，晋武帝诏书说："法者，天下取正，不避亲贵，然后行耳，吾岂将枉纵其间哉。"② 要求地方官严格执法，防止官田被侵占。此外，侵占民田的行为，则构成民事纠纷或刑事犯罪，依法要受到处罚。

西晋政权统一全国后，地广人稀的状况并未改变，因此，地方政府肩负着劝民垦荒的任务。"郡国及县，农月皆随所领户多少为差，散吏为劝农。"③ 劝课农桑是基层政府的法定职责，这与传统的重农观念相一致。晋武帝泰始四年（468 年）正月诏书说："使四海之内，弃末反本，竞农务功，能奉宣朕志，令百姓劝事乐业者，其唯郡县长吏乎。先之劳之，在于不倦。每念其经营职事，亦为勤矣。其以中左典牧种草马，赐县令长相及郡国丞各一匹。"④ 郡县官员是劝农的主要力量。

二、赋役法律规定

魏晋南朝时期，孙吴、东晋、宋、齐、梁、陈政权都面临着外部强大的军事压力，长期在武汉地区驻扎大量军队，军费开支和战争费用巨大，故而赋税征收、徭役征发都较其他时期为剧，政府颁布的赋税、徭役法律，成为地方政府依法征收赋税和征发徭役的依据，地方政府的赋税征收、徭役征发构成赋役法治的基本内容。

（一）赋税法律

赋税是政权存在的基础，也是政权社会治理的重要内容之一。西晋时期，赋税征收包括田租和户调两种。田租的征收规定如下："男子一人占田七十亩，女子三十亩。其外丁男课田五十亩，丁女二十亩，次丁男半之，女则不课。"⑤ 西晋时期，田租的征收已经实行定额租制。《初学记》引《晋

---

① 高敏主编：《中国经济通史（魏晋南北朝经济卷）》，经济日报出版社 1998 年版，第 373 页。
② 《晋书》卷 41《李憙传》，中华书局 1997 年版，第 1189 页。
③ 《晋书》卷 24《职官志》，中华书局 1997 年版，第 746 页。
④ 《晋书》卷 26《食货志》，中华书局 1997 年版，第 786 页。
⑤ 《晋书》卷 26《食货志》，中华书局 1997 年版，第 790 页。

故事》说："凡民丁课田，夫五十亩，收租四斛。"《文献通考·田赋考二》说："两汉之制，三十而税一者，田赋也；二十始傅，人出一算者，户口之赋也。今晋法如此，则似合二赋为一。"晋的田赋征收已经定额化，百姓无论占田多少，都要按照法定数额纳税，即依丁纳税。

"户调"是田租之外的又一税种，《晋书·食货志》规定："丁男之户，岁输绢三匹，绵三斤，女及次丁男为户者半输。其诸边郡或三分之二，远者三分之一。夷人输賨布，户一匹，远者或一丈。"[1]《晋故事》记载："凡民丁课田，夫五十亩，收租四斛，绢三匹，绵三斤。"西晋户调征收采用"九品混通"的办法，在每户标准的基础上，是扯通计算的。[2]

西晋赋税每年定期征收，逃税者要受到严厉惩罚。

东晋的租调制规定如下："咸和五年（330年），成帝始度百姓田，取十分之一，率亩税米三升……咸康初（335年），算度田税米，空悬五十余万斛，尚书褚裒以下免官……哀帝即位（362年），乃减田租，亩收二升。孝武太元二年（377年），除度田收租之制，王公以下口税三斛，唯蠲在役之身。八年，又增税米，口五石。"[3] 咸和五年之前，东晋的田租制度延续了西晋的规定，咸和五年之后多次变动，变动后的田租制度被刘宋、萧齐政权所沿用。相比于西晋的田租制度，东晋在按丁征收田租之外，又新增按亩税米的附加税，丁租与亩税并存；按亩税米的税率由每亩税米三升降低到每亩税米二升；废除按亩税米，并改按丁收取田租为按口税米。西晋时期的丁租制改为口税制，扩大了田租的征收量。至于东晋、南朝刘宋、萧齐的户调，一直沿用西晋的制度，并无太大变化。[4]

梁陈时期租调制的内容在《隋书·食货志》中有所记载，"其课，丁男调布绢各二丈，丝三两，绵八两，禄绢八尺，禄绵三两二分，租米五石，禄米二石。丁女并半之。男女年十六已上至六十，为丁。男年十六，亦半课，年十八正课，六十六免课。女以嫁者为丁，若在室者，年二十乃为丁……其田，亩税米二斗。盖大率如此"[5]。与两晋相比，梁陈的户调由按户征收改

---

① 《晋书》卷26《食货志》，中华书局1997年版，第790页。
② 高敏主编：《中国经济通史（魏晋南北朝经济卷）》，经济日报出版社1998年版，第532页。
③ 《晋书》卷26《食货志》，中华书局1997年版，第792页。
④ 唐长孺：《魏晋南北朝史论丛》，中华书局2009年版，第65—71页。
⑤ 《隋书》卷24《食货志》，中华书局1997年版，第674页。

为按丁征收，称为"丁调"。《梁书·良吏传序》说："（梁武帝天监）元年，始去人赀，计丁为布。"将原来的计赀纳课改为按丁计算应纳布的多少。这种征收方式减少了计赀征户调过程中的资产计算弊端，便于操作。与此相对应，征收计算上的"九品混通"也随即取消。与此前相比，增加了禄绢、禄绵等附加税的征收。田租的按丁征收，是梁齐时期开始的变化。《陈书·宣帝纪》太建十二年（580年）十一月诏书说："其丁租半申至来岁秋登。"正式出现了"丁租"的名称，与"田税"并征。

征收租调是县级基层政权最重要的职能，也是保证国家财政收入稳定的基础。《晋书·刘弘传》记载，刘弘任荆州刺史近十年，其间他"劝课农桑，宽刑省赋，岁用有年，百姓爱悦"。"省赋"即减轻赋税征收。益州刺史向刘弘求援时，刘弘以"米三万斛给之"，做到了府库充盈。

（二）徭役征调

孙吴与西晋政权的徭役征收规定："男女年十六已上至六十为正丁，十五已下至十三、六十一已上至六十五为次丁，十二已下六十六已上为老小，不事。远夷不课田者输义米，户三斛，远者五斗，极远者输算钱，人二十八文。"[1] 法律依据年龄将人口分为正丁、次丁和老小三类，老小可以免于服役。西晋的徭役征收比较繁重，徭役加上兵役，民众"不得耕稼，当农者之半"[2]。徭役加上兵役，严重影响了百姓的正常生活和生产。

东晋时期的劳役制度与西晋有所不同，孝武帝时期的规定是"以二十为全丁，十六至十九为半丁"[3]。提高了开始服役的年限。义熙十年（415年）刘裕在江陵下令说："……荆、雍二州，西局、蛮府吏及军人年十二以还，六十以上，及扶养孤幼，单丁大难，愁仰谴之。"[4] "十二以还""六十以上"的记载说明依然在沿袭西晋的制度。从王弘的上书中也可以看到刘宋政权的服役年龄，即十三岁为次丁开始服役，十六岁正丁，十二岁以下和六十岁以上为老小，不用服役，"旧制：民年十三半役，十六全役，当以十三以上，能自营私及公，故以充役……今皇化惟新，四方无事，役召之宜，

---

① 《晋书》卷26《食货志》，中华书局1997年版，第790页。
② 《晋书》卷47《傅玄传》，中华书局1997年版，1319页。
③ 《晋书》卷75《范汪传》，中华书局1997年版，第1988页。
④ 《宋书》卷2《武帝纪中》，中华书局1974年版，第35页。

应存乎消息。十五至十六，宜为半丁，十七为全丁"①。王弘所言的"旧制"就是西晋太康元年（280年）的制度，王弘的建议得到采纳，刘宋元嘉之后，服役年龄一如王弘的建议。梁陈时期，服役年龄又有微小放宽，《隋书·食货志》说："男女年十六已上至六十，为丁。男年十六，亦半课，年十八正课，六十六免课。女以嫁者为丁，若在室，年二十乃为丁。其男丁，岁役不过二十日。又率十八人出一运丁役之。"② 梁陈时期服全役与服半役的年龄都有所降低。换言之，孙吴、西晋时期，正丁服役44年，梁陈时期减少到42年；西晋时期的次丁服役52年，梁陈时期减少到49年，服役者开始服役，且有年龄呈现出逐渐放宽的趋势。

魏晋南朝时期，服役者从事的徭役范围广泛，具体可分为如下几类：

正役。正役是指依据国家法律规定，每丁每年应服役，且有固定天数的劳役。《隋书·食货志》说："其男丁，每岁役不过二十日。又率十八人出一运丁役之。"这部分徭役就是正役。正役涉及范围广泛，为官府修建宫殿、城池、官廨、住宅、道路、水利工程、苑囿园池、佛寺、道观等土木工程都属于正役的范围。孙吴政权曾两次定都武昌，修筑城墙、宫殿，又修筑邾城、夏口城，都需要征发武汉地区的百姓服役。赤乌十年（247年）三月，孙权准备拆除武昌的宫殿，将材料运到京城扩建太初宫，《三国志·吴主传》注引《江表传》："有司奏言曰：'武昌宫已二十八岁，恐不堪用，宜下所在通更伐致。'权曰：'大禹以卑宫为美，今军事未已，所在多赋，若更通伐，妨损农桑。徙武昌材瓦，自可用也。'"拆除、运送武昌旧宫殿材料至建业，自然会征发武汉地区百姓服役。南齐海陵王延兴元年（494年）十月诏书说："正厨诸役，旧出州郡，征吏民以应其数，公获二句，私累数朔。"③ 为官府做饭的厨子也由正役征发，虽然规定只需要服役二句，实际耗费的时间长达数月，严重影响百姓生活，每年服役二十天只是规定，超期服役才是常态。

魏晋南朝时期，各政权在武汉地区驻有重兵，军队需要的物资需要从各地沿江运达，承担物资运输的劳役称为"运丁之役"，按照户籍，每18人

---

① 《宋书》卷42《王弘传》，中华书局1974年版，第1321页。
② 《隋书》卷24《食货志》，中华书局1997年版，第674页。
③ 《南齐书》卷5《海陵王昭文》，中华书局1972年版，第79页。

为一组轮番服役，每人每年的役期为 20 日，轮番承担运输任务，运输各类物资。"州郡县禄米、绢、布、丝、绵，当处输台传仓库。"① "运丁之役"首先是把当地人民缴纳的租调运送到附近中央台传的仓库里。为了供应京师消费，各地租调的很大部分还要辗转运到建康储存。《晋书·简文帝纪》载："诏以京都有经年之储，权停一年之运。"宋初范泰说："仓廪未充，转运无已。资食者众，家无私积。"② 范泰所言是说政府仓库空虚，救灾所需众多，一般民户家无存粮，物资转运无穷无尽。东晋到南朝，物资运输一直是徭役征发中的重要内容，而武汉地区是大量军需物资的运入地区，该地区百姓承担的"运丁之役"尤为沉重。"前后征伐，每兵运不充，悉发倩士庶，事既宁息，皆使还本。"③ 县级政权能在运输结束后让被征发的百姓尽快返回，已经属于德政。

被征发运输租调、军粮时，服役人员的牲畜和工具也被官府征发。刘裕曾下令："运舟材及运船，不复下诸郡输出，悉委都水别量。台府所须，皆别遣主帅与民和市，即时褾直，不复责租民求办。又停废房车牛，不得以官威假借。"④ 但到宋明帝时，吴喜为荆州刺史，"船车牛犊，应为公家所假借者，托之于喜，吏司便不敢问"⑤。"官威假借"依然存在。

刘裕在永初三年（421 年）下令道："初限荆州府置将不得过二千人，吏不得过一万人。"⑥ "置将不得过二千人"是对荆州府拥有军队数量的限制，而"吏不得过一万人"则与东晋南朝的劳役制度有关。据《晋书·职官志》，西晋时郡、县吏的数量是依据户口的多少按比例设置的，一般为数十人到百余人之间。东晋末年，"州、郡、县吏，皆依尚书定制实户置。"⑦《隋书》载梁陈制度说："郡县置吏，亦各准州法，以大小而制员。"⑧ 东晋南朝地方官府吏的设置仍是因袭西晋的规定。东晋应詹说："都督可课佃二十顷，州十顷，郡五顷，县三顷。皆取文武吏医卜，不得挠乱百姓。"⑨ 刘

---

① 《隋书》卷 24《食货志》，中华书局 1997 年版，第 675 页。
② 《宋书》卷 60《范泰传》，中华书局 1974 年版，第 1618 页。
③ 《宋书》卷 53《谢方明传》，中华书局 1974 年版，第 1524 页。
④ 《宋书》卷 3《武帝纪下》，中华书局 1974 年版，第 54 页。
⑤ 《宋书》卷 83《吴喜传》，中华书局 1974 年版，第 2119 页。
⑥ 《宋书》卷 3《武帝纪下》，中华书局 1974 年版，第 57 页。
⑦ 《宋书》卷 2《武帝纪中》，中华书局 1974 年版，第 29 页。
⑧ 《隋书》卷 26《百官志上》，中华书局 1997 年版，第 729 页。
⑨ 《晋书》卷 70《应詹传》，中华书局 1997 年版，第 1860 页。

裕桓玄檄文说："士庶疲于转输，文武困于造筑。父子乖离，室家分散。"①
"文武吏""文武"都是指文吏和武史。史书中有军吏、武射吏、弓马从事
称谓，应该属于武吏，书吏、典笔吏、医卜、门吏、鼓吏、库吏、监吏、迎
新送故吏、冶吏则属文吏之列。武吏是用于军事，文吏是用于政府机关的各
类公务服役，均属于官府的杂役。当然，各级官府中从事重要公务处理的
吏，地位则是相当高的，不过此类"吏"所占比重很小。

在南朝文献中，大部分"吏"属于杂役一类，"杂役"与"吏"含义
相同。"凡诸杂役，见在诸军带甲之身，克定之后，悉免为民。"② 吏所承担
的额外杂役，第一类是官府的生产劳动。刘宋时，"郡大田，武吏年满十
六，便课米六十斛，十五以下至十三，皆课米三十斛，一户内随丁多少，悉
皆输米"③。武吏演变成了国家佃客，服役义务转化成了直接缴纳地租。吏
要为各级官员服务，宋孝武帝在孝建三年（456 年）诏书说："内外官有田
在近道，听遣所给吏僮附业。"④ 这是给官员服役的吏已转化成了私人依附
者，受主人役使。"吏"作为一种身份具有世袭性和依附性，非经官府解除
吏籍，不能恢复平民的身份。

南朝时期还存在"修城钱"的征收。南齐武帝建元四年（482 年）诏
书说："城直之制，历代宜同……积年逋城，可悉原荡。自兹以后，申明旧
科，有违纠裁。"⑤ 诏书中的"城直之制"含义不清。《南齐书·海陵王纪》
延兴元年（494 年）十月诏："诸县使村长、路都，防城直县，为剧尤深，
亦宜禁断。""防城直县"是由村长、路都负责的劳役，这也是"城直之制"
的含义，是一种修筑城墙的劳役。"积年逋城，可悉原荡"，是说长期以来
积欠的"逋城"一概免除，这里的"逋城"只能是钱了。

据《南史》记载，南齐建元四年（482 年）三月"癸酉，诏免逋城钱，
自今以后，申明旧制。初晋、宋旧制，受官二十日，辄送修城钱二千。宋泰
始初，军役大起，受官者万计，兵戎机急，事有未遑，自是令仆以下并不输

---

① 《宋书》卷 1《武帝纪上》，中华书局 1974 年版，第 7 页。
② 《南齐书》卷 8《和帝纪》，中华书局 1972 年版，第 111 页。
③ 《宋书》卷 92《良吏传》，中华书局 1974 年版，第 2266 页。
④ 《宋书》卷 6《孝武帝纪》，中华书局 1974 年版，第 118 页。
⑤ 《南齐书》卷 3《武帝赜》，中华书局 1972 年版，第 45 页。

送。二十年中，大限不可胜计，文符督切，扰乱在所，至是除荡，百姓悦焉”①。"逋城"即"逋城钱"，且属于晋、宋"旧制"，免除积欠的"逋城钱"，所以才会有"百姓悦焉"的结果。从记载来看，"逋城钱"与"城直之役"是并存的，大概按照需要，或征发劳役修筑城墙，或折算货币征收。武汉地区作为战略要地，辖区内城市、屯兵堡垒一直存在，规模和数量都远大于其他地区，征收"逋城钱"自然难以免除，征发民众修筑城墙是武汉地方政府的责任，也是地方赋役法治的内容之一。

三、手工业法律规定

魏晋南朝的国土主要在江南，长江成为天然屏障，军队以舟师为主，武昌地处长江中游，历来是政权的水师造船基地。《三国志·吴主传》注引《江表传》说，黄武五年（226年），"（孙）权于武昌新装大船，名为'长安'，试泛之钓台圻……戏于猛浪之中，船楼装高"②。《太平御览·舟部·舟》引《武昌记》记载，"长安号"可"容敌士三千人"。形制十分高大。东晋时期，武昌地区依然设有船官管理造船，陶侃都督荆州、任荆州刺史时曾在武昌大造船舰，"时造船，木屑及竹头悉令举掌之，咸不解所以。后正会，积雪始晴，听事前余雪犹湿，于是以屑布地。及桓温伐蜀，又以侃所贮竹头作丁装船"③。夏口也有造船之所，陶侃曾命令朱伺在夏口"作大船"。④ 宋末沈攸之任郢州刺史，在夏口"缮治船舸，营造器甲"。⑤

魏晋南朝时期武汉地区是重要的矿冶业集中地区。《太平御览·兵部·刀剑》引陶弘景《刀剑录》称："吴主孙权黄武五年采武昌上铜铁，作十口剑，万口刀，各长三尺九寸，刀头方皆是南钢越炭作之，上有大吴篆字。"鄂州孙吴墓葬中出土了数量不菲的刀、剑、戟、弩等铜、铁兵器，1977年鄂城钢铁厂发掘的一口古井中，出土有罐形铜釜，釜肩铭文为"黄武元年（1228年）三千四百卅八枚"，说明此器是同类产品的第3438号，釜腹铭文为"武昌官"，即铸造机构为官府手工业作坊。⑥ 武昌城出土了大量的魏晋

① 《南史》卷4《高帝武帝纪》，中华书局1974年版，第117—118页。
② 《三国志》卷47《吴主传》，中华书局1982年版，第1134页。
③ 《晋书》卷66《刘弘陶侃转》，中华书局1997年版，第1774页。
④ 《晋书》卷81《朱伺传》；中华书局1997年版，第2120页。
⑤ 《宋书》卷74《沈攸之传》，中华书局1974年版，第1931页。
⑥ 鄂钢基建指挥部文物小组：《湖北鄂城发现古井》，《考古》1978年第5期。

南朝铜镜，其中孙吴墓葬中出土超过一百枚。其中一镜铭文为："黄武六年（227年）十一月丁巳朔七日丙辰会稽山阴作师鲍唐……家在武昌……"这位做镜子的工匠来自会稽阴山，现居武昌。铭文清晰记载了制作时间、工匠等信息，说明了武昌地区冶铸业的发达。《太平御览》卷48《地部》引《江夏图经》载，白雉山，其山上有芙蓉峰，前有狮子岭，后有金鸡石，西出金，南出铜矿，自晋、宋、梁、陈以来，常置立炉冶烹炼。魏晋南朝时期江南最大的铁冶基地"冶塘冶"就在武汉地区。

魏晋南朝政权设有专门的手工业管理部门，负责手工业管理。《宋书·百官志上》载："卫尉……晋江右掌冶铸，领冶令三十九，户五千三百五十。冶皆在江北，而江南唯有梅根及冶塘二冶，皆属扬州，不属卫尉。"[1] 东晋南朝时期，卫尉下属的"冶令"是专门主管地方冶铸的官员，设立在冶铸业发达的地方，武汉地区设有铸造作坊，铸造兵器，应该属于设置冶令的地方。

据《水经注》卷35《江水》载："（武口）南直武洲，洲南对杨桂水口，江水南出也，通金女、大文、桃班三冶，吴旧屯所在，荆州界尽此……江水右得樊口，庾仲雍《江记》云：谷里袁口，江津南入，历樊山上下三百里，通新兴、马头二冶。"樊口即在今湖北鄂州，武汉市东侧，新兴、马头二冶当在武汉地区。依据上述记载，在武汉地区至少有五处铁冶场所，金女、大文、桃班、新兴、马头等。

据《晋书·地理志》载，武昌郡鄂县"有新兴、马头铁官"。在冶铸集中设置铁官，正与新兴冶、马头冶相对应。《武昌记》系魏晋南朝地记，所载当是武昌一郡之地理，则此"新兴冶塘湖"必在武昌郡境内，与《晋书·地理志》所载对应。而新兴、马头铁官之目又恰与上文《江水注》所载新兴、马头二冶相合，是知郦注所载之新兴冶，即《武昌记》之新兴冶塘湖，当是一个通过兴修塘堰而形成的人工湖，《水经注·江水注》中所载五冶均是这样的"冶塘湖"，实际上是一种筑塘成湖以为铁冶的形态。

《太平寰宇记》鄂州江夏县条下云："冶唐山，在县东南二十六里。"《旧记》云："先是晋、宋之时，依山置冶，故以为名。""冶唐山"即"冶塘山"，当因冶获名，知此冶名冶塘，即《宋书·百官志》之"冶塘冶"。

冶唐山在北宋江夏县（今武汉武昌区）东南，则"冶塘冶"亦当在此。而根据《江水注》的记载，新兴等五冶塘湖亦在此处附近。诸冶塘生产方式相同，规模不大，分布集中，统设一冶令管辖是合理的。"冶塘"一名，既能够体现诸冶的形态，也是诸冶的通名，具有很强的概括性，故临近诸冶之山、诸冶所组成的矿冶群和统辖诸冶的冶令皆因之而获名。"冶塘冶"正是魏晋南朝时期武汉地区存在大规模冶铸业的证据。① 当时冶铁利用水利鼓风机械即"水排"冶铁，后因塘破失修，湖水冬涸，水排"难为功力"，只好改用人工及"步排"。②

魏晋南朝时期官营手工作坊内的劳动者以"刑徒"为主，对手工业劳动者的征调、管理是手工业法治的内容之一。两汉时期官府作坊的劳动者主要是奴隶和刑徒，此外还有招募到手工作坊服役的人员。犯罪者家属被没收为官奴婢，在政府主办的手工业作坊内服役是秦汉以来的传统。

三国时期延续了汉代法律规定，"黥面反者，其妻子没为官奴婢"③。建衡三年（271年），会稽太守郭诞触怒孙皓，"送付建安作船"④。三国时期囚犯及其家属在官府手工业生产场所长期从事生产，是非常普遍的。⑤ 罪行严重的罪犯，"母妻姊妹及应从坐弃市者，妻子女妾同补奚官为奴婢……遇赦降死者，黥面为劫字，髡钳，补冶锁士终身。其下又谪运配材官冶士、尚方锁士，皆以轻重差其年数。其重者或终身"⑥。"奚官"是主持官府手工业生产的官员，六朝时期，罪犯家属被没为官奴婢，在各类手工业作坊内服役是一般规定。北周建德六年（577年）诏书说："杂役之徒，独异常宪，一从罪配，百世不免。"⑦ 刑徒被罚作工匠后，世代不得放免也是六朝时期的普遍情况。

魏晋南朝的手工业劳动强度大，劳动者待遇低，故而多以逃亡来躲避苦役，南朝萧齐时，"旧郡界得亡奴婢，悉付作"⑧。"付作"就是交还手工业

---

① 黄学超：《冶塘考》，《自然科学史研究》2012 年第 4 期。

② 牟发松：《湖北通史（魏晋南北朝卷）》，华中师范大学出版社 1999 年版，第 453 页。

③ 《三国志》卷 12《崔毛徐何邢鲍司马传》，中华书局 1982 年版，第 376 页。

④ 《三国志》卷 48《三嗣主传》，中华书局 1982 年版，第 1170 页。

⑤ 魏明孔：《中国手工业经济通史（魏晋南北朝隋唐五代卷）》，福建人民出版社 2004 年版，第 172 页。

⑥ 《隋书》卷 25《刑法志》，中华书局 1997 年版，第 699 页。

⑦ 《周书》卷 6《武帝纪》，中华书局 2011 年版，第 103 页。

⑧ 《南史》卷 57《沈约范云传》，中华书局 1974 年版，第 1418 页。

作坊，继续从事劳动。抓捕从手工业作坊逃亡的"官奴婢"，是管理手工业生产的任务之一。

魏晋南朝对工匠的着装有限制性规定。"诸士卒百工以上，所服乘皆不得违制。若一县一岁之中，有违犯者三家，洛阳县十家已上，官长免。"[①]服饰、乘坐的交通工具与个人身份相关，对工匠服饰、乘坐交通工具的限制，是其身份低微的标志，同时也便于身份识别，防止其逃亡。《全晋文》载晋朝诏令："士卒百工履色无过绿青""士卒百工都得著假髻""百工不得服大绛紫褾""士卒百工不得服珍珠珰珥""士卒百工不得服犀玳瑁""士卒百工不得服越叠"等。[②] 按照规定，凡是有手工业作坊的地方，地方政府都必须落实这一规定，否则，要受到处罚，武汉地区存在造船、冶炼等作坊，对其中劳动的工匠的"服乘"进行监管，也是手工业法治的内容之一。

四、商业法律与管理

魏晋南朝时期，武汉地区作为长江中游的战略枢纽，在孙吴、东晋、南朝时期都屯有重兵，以扼守长江防线，牵制长江下游的建康。军队、政府官员及其家属聚居在武汉地区，产生了大规模的生活消费需求，这是商业贸易发生的主要条件。商税是政府的重要财政来源，要保持商税的征收，就必须对商业行为作出管控，以维护商业的正常开展。商业管控和商税征收，构成武汉地方商业法治的基本内容。

（一）商业发展

依托长江、汉水水道的贸易自古即存在，随着孙吴政权的建立，武汉地区的战略重要性凸显出来，以武汉为中心的贸易随之发展繁荣。孙休永安二年（260年）诏书说："自顷年已来，州郡吏民及诸营兵，多违此业，皆浮船长江，贾作上下，良田渐废，见谷日少……"[③] 孙吴时期长江贸易的发达超过前代。吕蒙袭击关羽时，"使白衣摇橹，作商贾人服，昼夜兼行，至羽所置江边屯候，尽收缚之，是故羽不闻知。遂到南郡，士仁、糜芳皆降"[④]。吕蒙藏军于船中，之所以能够瞒过关羽设置于沿江的守军，就是因为平时在长江上航行的商船太多，守军习以为常。

---

① 《晋书》卷46《刘颂李重传》，中华书局1997年版，第1310页。
② （清）严可均校辑：《全上古三代秦汉三国六朝文》第三册，中华书局1958年版，第2294页。
③ 《三国志》卷48《三嗣主传》，中华书局1982年版，第1158页。
④ 《三国志》卷54《周瑜鲁肃吕蒙传》，中华书局1982年版，第1278页。

东晋南朝时航行于江面上的商船更多，陶侃任武昌太守时，"时天下饥荒，山夷多断江劫掠。侃令诸将诈作商船以诱之。劫果至，生获数人，是西阳王羕之左右。侃即遣兵逼羕，令出向贼，侃整阵于钓台为后继。羕缚送帐下二十人，侃斩之。自是水陆肃清，流亡者归之盈路，侃竭资振给焉。又立夷市于郡东，大收其利"①。西阳王司马羕手下假扮夷人劫掠长江上的客商，是以长江武昌段过往客商繁多为前提的。陶侃在斩杀了司马羕的手下后，专门设立"夷市"，主要针对蛮族夷人与内地人口之间的贸易需求，扩大了武昌的贸易，也加速了夷人的汉化。

在荆州与扬州的对抗中，长江下游的扬州依赖于长江商路的畅通，一旦商路被堵塞，长江下游的物资供应则会受到影响，桓玄与司马元显对抗过程中，控制荆州的桓玄截断了长江运输，结果"扬土饥虚，运漕不继，玄断江路，商旅遂绝。于是公私匮乏，士卒唯给粞橡"②。南齐初年临川王萧映"为荆州刺史，加都督，封临川王。尝致钱还都买物，有献计者，于江陵买货，至都还换，可得微有所增。映笑曰：'我是贾客邪，乃复求利。'"③都城在建康（今南京），手下建议他从江陵购货，顺江而下，贩运牟利，这正是当时"贾客"即商人的正常经营方式。

魏晋南朝时期，政治上的南北对峙并未影响贸易的发展，除去民间商贸之外，不同政权之间也存在官方贸易。如蜀国的锦、战马都曾销往吴国。魏、吴均设置江夏郡，王经任江夏郡太守时（治所在上昶城，今云梦县南），魏执政大将军曹爽"附绢二十匹，令交市于吴。经不发书，弃官归"④。王经虽然没有完成曹爽交付的贸易活动，但曹爽的托付一定是以魏吴之间存在贸易往来为背景的。

贸易的发达，催生了武昌地区市场的发育。刘宋时期的郢州（今武汉）市场就很繁盛。南梁时期，曹景宗为郢州刺史时，"鬻货聚敛。于城南起宅，长堤以东，夏口以北，开街列门，东西数里，而部曲残横，民颇厌之"⑤。"开街列门"用以"鬻货聚敛"的就是设在郢州城中的商铺，依据

---

① 《晋书》卷66《刘弘陶侃传》，中华书局1997年版，第1770页。
② 《晋书》卷64《简文三子传》，中华书局1997年版，第1739页。
③ 《南史》卷43《齐高帝诸子传下》，中华书局1974年版，第1079页。
④ 《三国志》卷9《诸夏侯曹传》，中华书局1982年版，第304页。
⑤ 《梁书》卷9《曹景宗传》，中华书局1972年版，第179页。

其文字描述，市场规模是十分可观的。陆法和为郢州刺史，"又列肆之所，不立市丞，牧佐之法，无人领受。但以空槛篅在道间，上开一孔以受钱，贾客店人，随货多少，计其估限，自委槛中。所掌之司，夕方开取，条其孔目，输之于库"①。上述文字清晰反映了郢州城中市场的格局和管理模式。陆法和因为有"异术"，所以才有上述做法，正常情况下，市场应该设有市丞，负责征收贸易税。

据《宋书·良吏传·序》记载，元嘉年间（424—453 年），"凡百户之乡，有市之邑，歌谣舞蹈，触处成群。盖宋世之极盛也"②。显然，市场不仅设立在城市中，就是较大的乡邑，也可以设立市场，按照这一规定，设立在郢州城外的市场应该不少。《太平御览》卷479 引《续搜神记》曰："晋咸康中，豫州刺史毛宝戍邾城，有一军人于武昌市见人卖一白龟子，长四五寸，色白可爱。其人买取持归，着瓮中养之，日渐大。"③"邾城"在今武汉新洲区，从三国时期该地就是重要的屯兵之所，"武昌市"即设在武昌的市场，供军民等交易。

（二）商业法治

三国时期，孙吴延续了汉代以来的做法，征收关津之税，以此作为商业管理的措施。孙权死后，诸葛恪"更拜太傅。于是罢视听，息校官，原逋责，除关税，事崇恩泽，众莫不悦"④。"除关税"意味着吴国此前一直在征收关税，只是不清楚税率而已。废除关税显然是诸葛恪执政后笼络人心的措施，相信不久又会恢复。吕壹"为中书，典校诸官府及州郡文书……渐作威福，遂造作榷酤、障管之利"⑤。"榷酤"即政府对酒实行专卖或课取税收；"障管"即由政府控制山林川泽，从而收取鱼税、盐税及铁税的制度。吕壹所为，在孙权统治时期，是全国性行为，有的地方出现了"侵虐百姓，强赋于民，黄鱼一枚收稻一斛……百姓冤叛，山贼并出，攻州突郡"⑥ 的情形。可见"障管"包括了鱼税的征收，武汉地区渔业资源丰富，鱼税也是地方政府的税收来源之一。此外，孙吴政权还有征收"算缗"（财产税）的

---

①　《北史》卷 89《艺术传上·陆法和传》，中华书局 1974 年版，第 2943 页。

②　《宋书》卷 92《良吏传》，中华书局 1974 年版，第 2262 页。

③　(宋) 李昉等：《太平御览》卷 479《人事部 120·报恩》，中华书局 1960 年版，第 2197 页。

④　《三国志》卷 64《诸葛滕二孙濮阳传》，中华书局 1982 年版，第 1434 页。

⑤　《三国志》卷 52《张顾诸葛步传》，中华书局 1982 年版，第 1226 页。

⑥　《三国志》卷 53《张严程阚薛传》，中华书局 1982 年版，第 1252 页。

记载，天玺元年（276 年）："会稽太守车浚、湘东太守张咏不出算缗，就在所斩之，徇首诸郡。""徇首诸郡"的目的在于警告那些还未曾缴纳"算缗"的郡县长官，可见各地都要缴纳"算缗"。《三国志·孙皓传》注引《江表传》说："浚在公精忠，值郡荒旱，民无资粮，表求赈贷。皓谓浚欲树私恩，遣人枭首。"则孙吴政权确实在征收"算缗"。

西晋时期，士农工商的社会分工为人们所认同，傅玄上书皇帝说：

> 臣闻先王分士农工商以经国制事，各一其业而殊其务。自士已上子弟，为之立太学以教之，选明师以训之，各随其才优劣而授用之。农以丰其食，工以足其器，商贾以通其货。故虽天下之大，兆庶之众，无有一人游手。分数之法，周备如此。汉魏不定其分，百官子弟不修经艺而务交游，未知莅事而坐享天禄。农工之业多废，或逐淫利而离其事。徒系名于太学，然不闻先王之风。今圣明之政资始，而汉魏之失未改，散官众而学校未设，游手多而亲农者少，工器不尽其宜。臣以为亟定其制，通计天下若干人为士，足以副在官之吏；若干人为农，三年足有一年之储；若干人为工，足其器用；若干人为商贾，足以通货而已。尊儒尚学，贵农贱商，此皆事业之要务也。①

虽然有贵农贱商的说法，但对商业在社会经济中的重要性已经有了充分的认识，这成为西晋时期商业发展的政策性因素之一，也是政权商业管理政策的出发点。

市场是进行交易的场所，也是晋政府管理商业的场所。陶侃为武昌太守时，"立夷市于城东，大收其利"。"利"就是"市租"。《晋书·羊祜传》记载，羊祜为荆州都督时，祜卒，"南州人征市日闻祜卒，莫不号恸，罢市，巷哭者声相接"②。"征市月"即市场交易日；哭者众多，显示市场交易人口之繁多。市场有专门的管理官员，称为"市长"。《晋书·石苞传》记载，石苞贩铁于邺城，"市长沛国赵元儒名知人，见苞，异之，因与结交"③。《晋书·张轨传》记载，张轨之子张骏为凉州牧时，"骏境内尝大

---

① 《晋书》卷 47《傅玄传》，中华书局 1997 年版，第 1318 页。
② 《晋书》卷 34《羊祜杜预传》，中华书局 1997 年版，第 1021 页。
③ 《晋书》卷 33《石苞传》，中华书局 1997 年版，第 1000 页。

饥，谷价踊贵，市长谭详请出仓谷与百姓，秋收三倍征之"①。"市长"建议凉州牧出借官仓粮食赈济灾荒，约好秋收后灾民以三倍偿还，市场管理的职责应该包括市场的开市与闭市、交易税的征收、物价管理、度量衡器管理等，以此达到管理工商业、征收商税的目的。

西晋在地方上设有"司盐都尉"，以控制食盐的生产和销售。《晋书·王允传》说王允"讨贼有功，封番禺县侯，邑千六百户，除建武将军、钱塘令，领司盐都尉"。《晋令》有"凡民不得私煮盐，犯者四岁刑"的规定，属于对商品专营管理。《太平御览》卷699记载"锦帐为禁物"；卷715记载"步摇蔽髻皆为禁物"；卷816说"织成衣为禁物"，查处违法经营"禁物"应该是市长的职责之一。

西晋的商业税有关税和市场税两种。关税是货物通过关津时征收的过境税。《太平御览》卷598载《晋令》云："诸渡关及乘船筏上下经津者，皆有所写一通付关吏。"即自动申报，缴纳关税。市场税又称"市租"，《晋书·职官志》："置库曹，掌厩牧牛马市租。"西晋名士杜夷流落庐江，刺史刘陶告庐江郡曰："……常以市租供给家人粮廪，勿令阙乏。"②《晋书·甘卓传》记载，甘卓镇守襄阳时，为"抚绥"百姓，"酤税悉除，市无二价"。"酤税"即酒类交易税，属于"市租"的内容。

东晋南朝时期的商税，最主要的是"估税"，即契约税和贸易税。

> 晋自过江，凡货卖奴婢马牛田宅，有文券，率钱一万，输估四百入官，卖者三百，买者一百。无文券者，随物所堪，亦百分收四，名为散估。历宋齐梁陈，如此以为常。以此人竞商贩，不为田业，故使均输，欲为惩励。虽以此为辞，其实利在侵削。③

"估税"通行于东晋、南朝时期，分"文券估"与"散估"两种，前者依据大宗商品的交易凭证（券）征收，后者针对零散商品的交易。税额为4%，由交易双方分担，按照交易数量征收，属于交易税。"估税"同时

---

①　《晋书》卷86《张轨传》，中华书局1997年版，第2238页。
②　《晋书》卷91《儒林传》，中华书局1997年版，第2353页。
③　《隋书》卷24《食货志》，中华书局1997年版，第689页。

兼具交易契约的性质，征收"估税"同时也是地方政府依法对贸易进行管理的制度。"文券估"和"散估"的征收都是在市场进行的，也是政府市场管理的内容之一。

"关津税"，即流通税。"又都西有石头津，东有方山津，各置津主一人，贼曹一人，直水五人，以检察禁物及亡叛者。其获炭鱼薪之类过津者，并十分税一以入官。其东路无禁货，故方山津检察甚简。淮水北有大市百余，小市十余所。大市备置官司，税敛既重，时甚苦之。"①"石头津""方山津"是都城附近的两处主要关津，反映了东晋南朝关津征税的一般情况。关津设有"津主"，负责监察商贾、检查亡叛、征收关税。税率为过境货物总价的10%，征税商品除去大宗货物外，连"获炭鱼薪"等日用品也要征税。"桁渡"税，是一种额外的关津税。宁康三年（373年）三月，"诏除丹阳竹格等四桁税"。"桁"通"航"，即水上浮桥，"桁税"是商旅通过浮桥时缴纳的税。这次诏书只废除了丹阳郡的四处"桁税"，其他地方"桁税"征收依旧存在。《南齐书·东昏侯纪》永元三年（501年）说："京邑酒租，皆折使输金，以为金涂。"南齐时，都城既然征收"酒租"，其他地方也不应该例外。南陈文帝时，"太子中庶子虞荔、御史中丞孔奂以国用不足，奏立煮海盐赋及榷酤之科，诏并施行"。"榷酤之科"就是官营酒业或征收酒税。

东晋南朝时期，"市租"依然在征收。《晋书·职官志》说："及江左初，省课第曹，置库曹，掌厩牧牛马市租，后分曹，置外左库、内左库云。"②

《太平御览》卷74《地部》引《江夏记》曰：南浦，在县南三里。《离骚》曰："送美人兮南浦。"其源出京首山，流入大江，春冬涸竭，秋夏泛涨，商旅往来，皆于浦停泊，以其在郭之南，故称南浦。"南浦"就是武汉地区的重要渡口，商业繁荣，也是税关的所在地。武汉地区水网密布，渡口、关津、浮桥广泛存在，估税、关津税、桁税都不会少，地方政府通过津关设置，管理地方贸易，征收过境税，构成商业法治的基本内容。

---

① 《隋书》卷24《食货志》，中华书局1997年版，第689页。
② 《晋书》卷24《职官志》，中华书局1997年版，第738页。

第三节　户籍与流民管理法

东汉末年黄河流域战乱蜂起，破坏严重，长江中游的荆州地区在刘表的治理下，成为一个相对安定的地区，没有发生大规模的战乱，所谓"荆州丰乐，国未有衅"①。成为关中流民的流入地。建安四年（199 年）卫觊镇关中，与荀彧书曰："关中膏腴之地，顷遭荒乱，人民流入荆州者十万余家。"② 以五口之家计，有五十万流民进入荆州地区。此外，尚有河内、河东、颍川、妆南，以及荆州北部的南阳等地人口流入荆州。大量北方文化人士流落荆州，促进了当地文化的快速发展。③ 其中有佛教徒迁徙来武昌，如月氏人居士支谦及其乡人；来自交趾的印度僧人维祇难与竺将炎等迁徙来到武昌，在孙权的支持下翻译佛经，兴建寺院，宣传佛法。④ 加上军队、官员的家属，手工业作坊中的工匠，以及从建业迁徙而来的富户，武汉地区的人口快速增加。⑤ 这些迁入的人口虽然无法估算出准确数据，但武汉地区的人口数量有了快速增加是可以肯定的。

西晋时期，"武昌郡吴置。统县七，户一万四千八百"⑥。辖县分别为武昌、柴桑、阳新、沙羡、沙阳、鄂、官陵七县，其中沙羡县辖区在今武汉市。西晋后期八王之乱，北方地区陷入战火，流民纷纷涌向荆州地区，"于时流人在荆州十余万户，羁旅贫乏，多为盗贼"⑦。十万户人口在五十万左右，武昌郡自然会有流民落户。西晋灭亡，北方大乱，东晋政权控制的江南地区则保持了相对的安定，人口南迁浪潮之下，武汉地区的人口有所增加。

《宋书·州郡志三》江夏郡"领县七。户50072，口23810"。其中"汝南侯相，本沙羡土，晋末汝南郡民流寓夏口，因立为汝南县。沙羡令，汉旧县，吴省。晋武泰康元年（280 年）复立，治夏口。孝武太元三年（378

---

① 《三国志》卷 25《辛毗杨阜高堂隆传》，中华书局 1982 年版，第 695 页。
② 《三国志》卷 21《王卫二刘傅传》，中华书局 1982 年版，第 610 页。
③ 唐春生：《刘表时期避难荆州的北方名士》，《湖南大学学报（社会科学版）》2001 年第 2 期。
④ 任继愈主编：《中国佛教史》第一卷，中国社会科学出版社 1981 年版，第 167—179 页。
⑤ 宋杰：《孙吴武昌军镇的兴衰》，《军事历史研究》2015 年第 1 期。
⑥ 《晋书》卷 15《地理志》，中华书局 1997 年版，第 457 页。
⑦ 《晋书》卷 66《刘弘陶侃传》，中华书局 1997 年版，第 1766 页。

年)，省并沙阳，后以其地位汝南实土。"汝南、沙阳都在今武汉市辖区。
《宋书·州郡志》所载各郡户口数，不少地方存在无法解释的矛盾，有学者
对刘宋人口做了重新推断，"刘宋人口的最高峰可能超过东晋的人口上限，
达到1800—2000万，而大明八年（464年）的人口数也不会低于东晋人口
的下限，在1500—1700万之间"①。按照这一推断，刘宋时期武汉地区的人
口不能少于东晋时期，而且应该有所增加。

梁陈时期缺少直接材料来判断武汉地区的人口数，梁武帝在位期间，有
长达44年的稳定时期，农业生产有比较大的发展，如果以人口平均增长率
4‰来计算，44年可以增加1.19倍；以5‰计算，可以增长1.25倍。萧齐
政权存在的二十多年，社会基本稳定，人口数应该恢复到刘宋大明时期，在
梁武帝末年侯景之乱发生前，萧梁人口数达到1800万—2100万的新高峰。②
据此判断，武汉地区人口依然处于缓慢的上升过程中。

一定数量人口的存在，既是地方法治存在的基础，也是地方法治行为施
加的对象。地方政府通过户口编制、流民管理，实现政府对地方社会的有效
控制。《三国志》《晋书》《宋书》记载的武汉地区各州郡的人口数据，是
户籍管理法治在武汉地区实施的结果，也是肯定武汉地区存在户籍人口法治
的证据。

一、居民户籍管理制度

《太平御览》卷606引《晋令》："郡国诸户口黄籍，籍皆用一尺二寸
札，已在官役者载名。"③"黄籍分民户、士户、营户（营户亦名兵户）、杂
户（杂户分百工、商、贾、医、寺等名），又有冶户、杂胡户（分羌户、氐
户、鲜卑、胡、羯户、蛮户、獠户）。凡正户外，衣食客典客奴婢附于本户
曰支户。"④晋朝一般民籍叫作黄籍，登记在一尺二寸长（约30公分）的
"札"上，"已在官役者"即正在服役者还要特别注明。《说文解字》："札，
牒也。"段玉裁注："长大者曰椠，薄小者扎。"《释名·释书契》："札，栉
也，编之如栉齿相比也。"依据上述解释，在魏晋南朝时期，"札"是指用
来记载文字的小木片。"札"指纸质文书是南朝以后的事。"（宋）明帝即

---

① 葛剑雄：《中国人口史》第一卷，复旦大学出版社2005年版，第466页。
② 葛剑雄：《中国人口史》第一卷，复旦大学出版社2005年版，第468页。
③ （宋）李昉等：《太平御览》卷606《文部》，中华书局1960年版，第2726页。
④ 张鹏一编著：《晋令辑存》，三秦出版社1989年版，第8、13页。

位……以台军据褚沂，朝廷遣吏部尚书褚彦回就储沂行选，是役也，皆先战授位，檄板不供，由是有黄纸札。"① 一般认为这是以纸为札的开始。《晋令》中"籍皆用一尺二一寸札"之"札"，王国维和日本学者池田温教授都肯定为木简，这个观点是比较可信的。古代以男女始生为黄，《淮南子·泛论训》："古之伐国，不杀黄口。"同时，年老之人亦可称黄，《仪礼·士冠礼》："黄耇无疆，受天之庆。""黄"，黄发也。"耇"，老年斑。都是长寿的表现。"黄"字泛指人口，是先秦以来的传统。《晋令》"黄籍"的基本含义就是户口册。东汉以后，出现过纸简并用时期，元兴元年（402 年），桓玄反叛，攻入建康，不久称帝，在位期间颁布了一道诏令。《太平御览·文部·纸》引《桓玄伪事》说："古无纸，故用简，非主于敬也。今诸用简者，皆以黄纸代之。"虽然桓玄不久战败被杀，但黄纸取代木简却因此成为趋势，官府文书基本全用黄纸书写了。随着黄纸成为文书的主要材料，"黄籍"之得名就和黄纸联系在一起，南朝文献中的"黄籍"就已经是指那些登记在黄纸上的户口册了。

魏晋南朝户籍登记的内容主要包括以下数端：

一是户主姓名。《晋书·苻坚载记》："坚入邺宫，阅其名籍。"黄籍称之"名籍"，应是有姓名登记的。南朝的户籍中，也有不登记名而登记字的，由此导致称字的流行。《南史·孙处传》："孙处字季高，会稽永兴人也，籍注字，故以字行。"也就是说，户籍上的姓名具有法律效力，一旦登记，就成为个人的身份代表，不能随便更改，注字（登记了字），便只能以字作为名行世。

二是年龄。户籍年龄关系到地租、户调和徭役的征发，所以户籍编制过程中要严防"盗易年月"的情况。《南齐书·张岱传》："母年八十，籍注未满，岱便去官从实还养，有司以岱违制，将欲纠举，宋孝武曰：'观过可以知仁，不须案也。'累迁抚军咨议参军。"② 魏晋南朝户籍上登记的年龄是不能随便改动的，有时即使知道登记错了，也必须以户籍为标准。张岱按照母亲的实际年龄离职归养，政府官员竟以违制起诉，连宋孝武帝也认定张岱有错，只不过皇帝在这场伦理与法律的冲突中最终服从了伦理，张岱才没有受

① 《南史》卷 25《张兴世传》，中华书局 1974 年版，第 690 页。
② 《南齐书》卷 32《张岱传》，中华书局 1972 年版，第 580 页。

到处分。

三是籍贯。魏晋南朝时期，北方流民大量流入南方，籍贯问题变得十分复杂，一般情况下，由于侨州、侨郡、侨县的设立，户籍中登记的籍贯就是民户的实际籍贯，而不是祖籍何处的问题。① 有改籍以提高自己的社会地位者，《晋书·赵至传》："赵至字景真，代郡人也。寓居洛阳，缑氏令初到官，至年十三，与母同观。母曰：'汝先世本非微贱，世乱流离，遂为士伍耳。尔后能如此不？'至感母言，诣师受业……至诣魏兴见太守张嗣宗，甚被优遇。嗣宗迁江夏相，随到涢川，欲因入吴，而嗣宗卒，乃向辽西而占户焉。"② 赵至因为得到江夏地方官的赏识，就可以将户籍落在其辖区，以改变自己祖上出身寒微的背景。落籍江夏虽然失败，但为了获得仕宦的机会，不远千里到辽西落籍，最终在辽西郡被辟做官，说明更换籍贯是比较容易的。

四是家庭成员状况。包括家庭成员的姓名、性别、年龄及家庭成员的相互关系等。《晋书·礼志》："咸康二年，零陵李繁姊先适南平郡陈诜为妻，产四子而遭贼。姊投身于贼，请活姑命，贼略将姊去。诜更娶严氏，生三子。繁后得姊消息，往迎还诜，诜籍注领二妻。及李亡，诜疑制服，以事言征西大将军庾亮府平议，时议亦往往异同。"③ 此案的争议在于李氏去世后是否按照嫡妻服丧，最后以"李氏子为首嫡，列名黄籍"为理由，确定李氏为嫡妻。黄籍中登记的家庭成员年龄、性别、相互关系，是确定嫡庶资格，同时确定子女继承权的依据。

五是服役情况。魏晋南朝时期，兵役、徭役繁重，户籍作为征发徭役的依据，通过在户籍登记内容上作弊，成为躲避徭役的路径之一。齐高帝建元二年（480 年）诏书说："黄籍，民之大纪，国之治端，自顷氓俗巧伪，为日已久，至乃窃注爵位，盗易年月，增损三状，贸袭万端。或户存而文书已绝，或人在而反托死叛，停私而云隶役，身强而称六疾。编户齐家，少不如此。皆政之巨蠹，教之深疵。"④ 按照制度规定，举凡户主爵位、出生年月、身体状况、人口死亡、外逃、服役等都属于登记内容。利用户籍登记作弊，

---

① 傅克辉：《魏晋南朝黄籍之研究》，《山东大学学报（哲学社会科学版）》1989 年第 1 期。
② 《晋书》卷 92《文苑传·赵至传》，中华书局 1997 年版，第 2378 页。
③ 《晋书》卷 20《礼志中》，中华书局 1997 年版，第 642 页。
④ 《南齐书》卷 34《虞玩之传》，中华书局 1972 年版，第 608 页。

故意假托疾病、死亡、虚假登记服役情况以逃避兵役、徭役，是法律禁止的行为。

梁武帝时有官员上报说南徐州、江州、郢州连续两年没有上报黄籍，尚书令沈约为此上奏皇帝，描述了东晋南朝时期郢州地区户籍登记过程中的弊端。一是爵位登记过程中的弊端。"凡粗有衣食者，莫不互相因依，竞行奸货，落除卑注，更旧新籍，通官荣爵，随意高下。以新换故，不过用一万许钱，昨日卑微，今日仕伍。凡此奸巧，并出愚下，不辨年號，不识官阶。"户籍登记官员渎职枉法导致爵位、籍贯登记混乱。使爵位形同虚设。二是户籍人口出生年月、籍贯登记混乱。"或注义熙在宁康之前，或以崇安在元兴之后。此时无此府，此年无此国。元兴唯有三年，而猥称四年。又诏书甲子，不与长历相应。如此诡谬，万绪千端。"出生日期混乱，影响到地方政府的赋税徭役征收。所谓"巧伪既多，并称人士，百役不及，高卧私门，致命公私阙乏，是事不举"。三是士庶门第登记混乱。"臣谓宋齐二代，士庶不分，杂役减阙，职由于此。自元嘉以来，籍多假伪。景平以前，既不系检，凡此诸籍，得无巧换。今随遗落，所存尚多，宜有征验，可得信实。其永初、景平籍，宜移还上省。窃以为晋籍所余，须加宝爱，若不切心留意，则还复散失矣。不识胄胤，非谓衣冠，凡诸此流，罕知其祖。假称高曾，莫非巧伪，质诸文籍，奸事立露，惩复矫诈，为益实弘。"① 士人、庶人户籍不同，承担的徭役、赋税不同，享有的政治地位也不同，户籍登记是确认士庶的关键依据。沈约对郢州地区户籍登记过程中各种弊端的描述，证实了魏晋南朝时期武汉地方政府在户籍管理上的责任，以及户籍法治过程中出现的各种问题。

户籍登记过程中的混乱被视为"政之巨蠹"，即严重影响社会管理的行为。齐高帝建元二年诏书说：

> 黄籍，民之大纪，国之治端。自顷氓俗巧伪，为日已久，至乃窃注爵位，盗易年月，增损三状，贸袭万端。或户存而文书已绝，或人在而反托死叛，停私而云隶役，身强而称六疾。编户齐家，少不如此。皆政之巨蠹，教之深疵。比年虽却籍改书，终无得实。若约之以刑，则民伪

---

① 《通典》卷3《食货三》，中华书局1988年版，第59页。

已远。若绥之以德，则胜残未易。①

二、侨民户籍管理

面对大量的北方移民，东晋南朝政权设置侨州、侨县加以安置，同时，为了方便九品中正制下的官吏选拔，不定期实行"土断"，以解决北方移民的落籍问题。东晋南朝时期发生过十次"土断"。②《晋书·卫瓘传》："今九域同规，大化方始，臣等以为宜皆荡除末法，一拟古制，以土断，定自公卿以下，皆以所居为正，无复悬客远属异土者。如此，则同乡邻伍，皆为邑里，郡县之宰，即以居长，尽除中正九品之制，使举善进才，各由乡论。"③"土断"即在居住地登记户籍，作为推行九品选官的依据。李重"上疏陈九品"说："然承魏氏雕弊之迹，人物播越，仕无常朝，人无定处，郎吏蓄于军府，豪右聚于都邑，事体驳错，与古不同。谓九品既除，宜先开移徙，听相并就。且明贡举之法，不滥于境外，则冠带之伦将不分而自均，即土断之实行矣。"④"以土断定"，使客居他乡的士人能够在现居地登记户籍，参与当地的选举，是以解决移民参加选举而设置的户籍制度。《晋书·范宁传》说："以土断人户，明考课之科，修闾伍之法。"⑤"考课"指赋税征收，劳役征发；"闾伍之法"即乡里社会管理，则"土断"也承担着方便地方社会管理的制度内容。

涉及武汉地区的"土断"有如下几次：

《陈书·高祖纪》说陈霸先祖上本颍川人，"咸和中土断，故为长城人"。咸和（326—334 年）为晋成帝年号，此为最早见于记载的"土断"，即"咸和土断"。

咸康七年（341 年）四月，晋成帝下诏："实编户，王公已下皆正土断白籍。"⑥"土断"以国家法令的形式得以推行，通过核实编户，移民以所居为正，对"白籍"进行土断。

---

① 《南齐书》卷 34《虞玩之传》，中华书局 1972 年版，第 608 页。
② 胡阿祥：《论土断》，《南京大学学报（哲学·人文科学·社会科学版）》2001 年第 2 期。
③ 《晋书》卷 36《卫瓘张华传》，中华书局 1997 年版，第 1058 页。
④ 《晋书》卷 46《刘颂李重传》，中华书局 1997 年版，第 1309 页。
⑤ 《晋书》卷 75《范汪传》，中华书局 1997 年版，第 1986 页。
⑥ 《晋书》卷 7《显宗成帝衍康帝岳帝纪》，中华书局 1997 年版，第 183 页。

影响最大的是"庚戌土断"。《晋书·哀帝纪》载,兴宁二年(364年)"三月庚戌朔,大阅户人,严法禁,称为庚戌制"。刘裕说:"大司马桓温,以民无定本,伤治为深,庚戌土断,以一其业。于时财阜国丰,实由于此。"① 可见这次土断影响之大。

义熙九年(413年)刘裕主持进行"土断"。"请准庚戌土断之科……于是依界土断……诸流寓郡县,多被并省。"② 齐建元二年(480年)的土断则是专门针对郢州地区,"虏寇边,上遣安国出司州,安集民户。诏曰:'郢、司之间,流杂繁广,宜并加区判,定其隶属。参详两州,事无专任,安国可暂往经理。'"③ 次年,"虏退,上欲土断江北,又敕世隆曰:'吕安国近在西,土断郢、司二境上杂民,大佳,民殆无惊恐。'"④

最后一次全国性的土断见于《陈书·世祖纪》,天嘉元年(560年)诏:"自顷丧乱,编户播迁,言念余黎,良可哀悸。其亡乡失土、逐食流移者,今年内随其乐适,来岁不问侨旧,悉令著籍,同土断之例。"⑤ 东晋南朝时期,不断有原籍北方的人口流入江南,部分户籍登记在侨州郡县,即"白籍"之上,赋税上享受优复。也有部分"无贯之人,不乐州县编户者,谓之浮浪人,乐输亦无定数,任量,惟所输终优于正课焉";还有都下人,"多为诸王公贵人左右、佃客、典计、衣食客之类,皆无课役"。⑥ 同时存在土著人口为逃避赋役而投靠大族、逃亡他境或冒充"白籍"户者。由于"编户虚耗,南北权豪竞招游食,国弊家丰,执事之忧。且当征之势门,使返田桑,数年之间,欲令户给人足"⑦。所以,历代"土断"的核心目的在于阻止民户流入豪门、取消侨民减免赋役的特权,改变"闾伍弗修""租课不时"的问题,通过"大阅户人",区别户籍类型,"定其隶属",强制将"逐食流移者"著籍,即"土断白籍",以强化政府对民户的控制、管理,达到"宁民绥治""财阜国丰"的效果。

东晋时期,在江夏郡原沙羡县设置侨郡"汝南郡",后经过"土断",

---

① 《宋书》卷2《武帝纪中》,中华书局1974年版,第30页。
② 《宋书》卷2《武帝纪中》,中华书局1974年版,第30页。
③ 《南齐书》卷29《吕安国传》,中华书局1972年版,第538页。
④ 《南齐书》卷24《柳世隆传》,中华书局1972年版,第451页。
⑤ 《陈书》卷3《世祖本纪》,中华书局1972年版,第51页。
⑥ 《隋书》卷24《食货志》,中华书局1997年版,第674页。
⑦ 《晋书》卷88《孝友传·颜含传》,中华书局1997年版,第2286页。

实际设置为汝南县。东晋一度在江夏郡还设有"绥安郡"，何无忌在"义熙二年，迁都督江荆二州，江夏随义阳、绥安、豫州、西阳、新蔡、汝南、颍川八郡军事、江州刺史，将军、持节如故"①。刘宋时期绥安郡被取消，也是"土断"的结果。这一时期，专门针对郢州地区的"土断"政策之执行是这一时期户籍法治的内容之一，也就是全国性的"土断"行为郢州地区没有拒绝推行的理由，同样是侨民户籍管理的内容之一。

西晋时期，户籍统一为黄籍，在籍人口需要承担赋税徭役，永嘉之乱后，大量北方人口流入江南，谓之"侨人"，依据原籍，设立侨郡、侨县加以管理，设置守、令主持安置与管理"侨人"。侨州郡县登录的"侨人"户籍是为"白籍"，胡三省《通鉴释文辩误》卷4说："不以黄籍籍之，而以白籍，谓以白纸为籍，以别于江左旧来土著者也。"白籍即侨人户籍，归属侨郡县管辖，白籍登录的籍贯是原来北方的州、郡、县。注册白籍的侨人，因为长途迁徙，资材寡少，生计艰难，"凡诸流寓，本无定憩，十家五落，各自星处。一县之民，散在州境，西至淮畔，东届海隅。今专罢侨邦，不省荒邑，杂居舛止，与先不异。离为区断，无革游滥。谓应同省，随堺并帖。若乡屯里聚，二三百家，井甸可修，区域易分者，别详立……以散居无实土，官长无廨舍，寄止民村"②。流动、分散、无实土，使政府对"侨人"群体难以实现有效管理，更遑论向他们征收赋役了。"土断"的作用就在于通过裁撤侨州、侨县，以人口居住地为依据，登入黄籍之中，既便于人口管理，又可以征收赋税徭役。从南齐建元二年（480年）吕安国在郢州主持的"土断"来看，效果比较理想，既没有造成社会动乱，又顺利完成了户籍登记。

三、流民管理

《太平御览》卷648引《晋令》："奴婢亡，加铜青若墨，黥两眼。后再亡，黥两颊上。三亡，横黥目下，皆长一寸五分，广五分。"魏晋南朝时期存在大量奴婢，奴婢则通过逃亡来摆脱主人的控制，对奴婢的抓捕和惩治也就成为维护这一制度存在的必要手段。《晋书·王羲之传》记载："自军兴以来，征役及充运死亡叛散不反者众，虚耗至此，而补代循常，所在凋困，

---

① 《晋书》卷85《何无忌传》，中华书局1997年版，第2215页。
② 《南齐书》卷14《州郡志·南兖州条》，中华书局1972年版，第255页。

莫知所出。上命所差，上道多叛，则吏及叛者席卷同去。又有常制，辄令其家及同伍课捕。课捕不擒，家及同伍寻复亡叛。百姓流亡，户口日减，其源在此。"① 徭役、兵役繁重是引发百姓逃亡的主要原因，对逃亡人口的抓捕也是地方政府社会治理的任务之一。《晋律》有《捕亡律》，按照上述记载，"以官役逃亡者，其家及同伍课捕"。从"则吏及叛者席卷同去"的记载来看，基层政府有专门的追捕逃亡人口的官员，一旦追捕失败，要负连带责任，于是在追捕无望的情况下，就会出现这种情况。因为逃亡人口众多，家属、同伍、追捕官吏都会受到牵连，结果是逃亡人口越来越多。

逃亡人口之外，还有因为各种原因造成的流民。魏晋南朝时期，武汉地区是流民的流入地，地方政府需要对流民做出安排。流民又被称为"亡户"，即逃亡人户。《晋书·毛璩传》："亡户窘迫，悉出诣璩自首，近有万亡户。""乞活"，即到有粮之地去就食求生，也是流民的一种，《晋书·东海王越传》："初，东赢公腾之镇邺也，携并州将田甄……等部众万余人至邺，遣就谷冀州，号为乞活。"

流民的出现和自然灾害有着直接的关系，水灾、旱灾、蝗灾、地震等自然灾害都曾造成大量流民。据统计，魏晋南朝时期，黄河、长江流域连年发生灾害，二百年间，共计遇灾 304 次，密度远远超过前代，地震、水、旱、风、雹、蝗螟、霜雪、疾疫之灾，纷至沓来，其间发生火灾 56 次，旱灾 60 次，蝗灾 14 次，雹灾 35 次，风灾 54 次，疫灾 17 次，地震 53 次，歉饥 13 次。② 如咸宁二年（276 年）闰八月，"荆州五郡水，流四千余家"③。咸宁三年（277 年）九月，"兖、豫、青、徐、荆、益、梁七州大水，伤秋稼。诏振给之"④。上述水灾都是对荆州地区影响巨大的水灾。永嘉三年（309年）大旱，"江、河、汉、洛皆竭，可涉"⑤。水旱灾害使成千上万的编户齐民背井离乡，成为流民。

战争、叛乱引发的流民数量也十分巨大，太安年间，张昌在荆州地区叛乱，刘弘率军镇压叛乱后，"于时流人在荆州十余万户，羁旅贫乏，多为盗

---

① 《晋书》卷 80《王羲之王献之许迈传》，中华书局 1997 年版，第 2098 页。
② 邓云特：《中国救荒史》，上海书店 1984 年版，第 10 页。
③ 《晋书》卷 3《世祖武帝炎帝纪》，中华书局 1997 年版，第 66 页。
④ 《晋书》卷 3《世祖武帝炎帝纪》，中华书局 1997 年版，第 68 页。
⑤ 《晋书》卷 5《孝怀帝炽孝愍帝邺帝纪》，中华书局 1997 年版，第 119 页。

贼"①。而两晋之间的社会动乱更是造成数量巨大的流民。"及惠帝之后，政教陵夷，至于永嘉，丧乱弥甚。雍州以东，人多饥乏，更相鬻卖，奔进流移，不可胜数。幽、并、司、冀、秦、雍六州大蝗，草木及牛马毛皆尽。又大疾疫，兼以饥馑，百姓又为寇贼所杀，流尸满河，白骨蔽野。刘曜之逼，朝廷议欲迁都仓垣，人多相食，饥疫总至，百官流亡者十八九。"② 刘琨描述战乱引发的流民的惨况时说："臣自涉州疆，目睹困乏，流移四散，十不存二，携老扶弱，不绝于路。及其在者，鬻卖妻子，生相捐弃，死亡委危，白骨横野，哀呼之声，感伤和气。"③ 战乱主要发生在关中平原、黄河中下游地区，形成的流民主要流向江南，而武汉地区也是流入地之一。

东吴赤乌三年（240年）正月诏书说："盖君非民不立，民非谷不生。顷者以来，民多征役，岁又水旱，年谷有损，而吏或不良，侵夺民时，以致饥困。自今以来，督军郡守，其谨察非法，当农桑时，以役事扰民者，举正以闻。"④ 民众"饥困"是流亡的起因，而导致民众饥困的，除去自然灾害和战争等因素外，地方政府"侵夺民时""役事扰民"也是重要原因。

一旦形成一定规模的流民，国家都会要求地方政府进行赈济、安置，从三国孙吴政权到两晋南朝，朝廷赈济灾民的记录不绝于书，但效果却并不明显。一旦有大规模的流民进入，有见识的地方官会尽力安置，以防止酿成动乱。荆州刺史刘弘鉴于"益梁流人萧条狼集，无赖之徒，易相扇动，飘风骇荡，则沧海横波，苟患失之，无所不至"。所以他尽量采取措施，安抚流民，"流人在荆州十余万户，羁旅贫乏，多为盗贼，弘乃给其田种粮食，擢其贤才，随资叙用"。在刘弘任职期间，益、梁流民一直比较安定，直到王澄接任，荼毒流民，荆州的治安形势才转为紧张。

将流民简括为兵户和屯田户，纳入政权控制范围，成为国家的依附民，也是安置流民的办法之一。司马睿接受应詹"广建屯田"的建议，"简流人，兴复农官，功劳报赏，皆如魏武故事"。⑤ 据《华阳国志·后贤志·谯登传》记载，李特率领流民起义后，谯登向荆州刺史刘弘求救，授予谯登

---

① 《晋书》卷66《刘弘陶侃传》，中华书局1997年版，第1766页。
② 《晋书》卷26《食货志》，中华书局1997年版，第791页。
③ 《晋书》卷62《刘琨祖逖传》，中华书局1997年版，第1680页。
④ 《三国志》卷47《吴主传》，中华书局1982年版，第1144页。
⑤ 《晋书》卷26《食货志》，中华书局1997年版，第792页。

杨烈将军称号，命其在荆州募兵，"募巴蜀流士，得二千人"①。将流入荆州地区的流民募为兵户，也是解决流民问题的措施之一。江夏郡属于荆州辖郡，且是屯有重兵之所，也是接纳流民较多的地区。

设立侨郡侨县则带有政府和豪族争夺流民控制权的意味。晋室南渡时，北方人民也大批分散流移到南方。这些流民，随同豪强大族南下的自然就成为他们的依附人口，分散南下的也被豪强大族所兼并，当时"南北权豪，竞招游食"，"豪族多挟藏户口，以为私附"。东晋政府为了维护统治秩序，便在流民集中的地方，用他们原籍的名称，侨置州、郡、县，进行管理。"晋自中原丧乱，元帝寓居江左，百姓之自拔南奔者，并谓之侨人。皆取旧壤之名，侨立郡县，往往散居，无有土著。"② 侨立郡县的目的，是将南徙人口尽快稳定安置下来，防止酿成社会动乱。魏晋南朝政府通过一系列优待侨民的措施，使流民逐渐安定下来，从事各项生产活动。武汉地区就曾多次设立侨郡、侨县，以安置流民保证了社会秩序的稳定。

第四节　地方治安管理

魏晋南朝时期战乱频仍、兵连祸结、南北纷争旷日持久，社会治安形势十分严峻。各时期政权都将严格执法作为维护社会治安的指导方针。孙权认为"夫法令之设，欲以遏恶防邪，儆戒未然也，焉得不有刑罚以威小人乎？此为先令后诛，不欲使有犯者耳……于是令有司尽写科条，使郎中褚逢赍以就逊及诸葛瑾，意所不安，令损益之"③。面对严峻的治安形势，孙吴政权的指导思想是"以刑为先"，尽量通过严密的法律制度来维持社会秩序。

西晋刘颂上书皇帝，认为社会治安管理的原则是"纲举而网疏"，而当前社会治安中基本是"大纲不振而微过必举"，刘颂以为这是不恰当的，因为"微过不足以害政，举之则微而益乱。大纲不振，则豪强横肆，豪强横肆，则百姓失职矣，此错所急而倒所务之由也"。因为过分关注"碎密之案"，反而忽略了"大奸"之罪，"夫大奸犯政而乱兆庶之罪者，类出富强，

---

① （晋）常璩：《华阳国志校补图注》，任乃强校注，上海古籍出版社1987年版，第661页。
② 《隋书》卷24《食货志》，中华书局1997年版，第673页。
③ 《三国志》卷47《吴主传》，中华书局1982年版，第1133页。

而豪富者其力足惮，其货足欲，是以官长顾势而顿笔。下吏纵奸，惧所司之不举，则谨密网以罗微罪。使奏劾相接，状似尽公，而挠法不亮固已在其中矣。非徒无益于政体，清议乃由此而益伤……苟不至于害政，则皆天网之所漏。所犯在甚泰，然后王诛所必加，此举罪浅深之大例者也"①。在刘颂看来，维持社会治安的关键，在于严惩豪强犯罪，因为豪强富于财力，易于形成危及政权稳定的犯罪，以至引发政权更迭。只要控制了豪强犯罪，其他编户齐民的犯罪都不足以影响政权存在的根本。从两晋南朝的历史来看，刘颂的理论是十分深刻的。

张斐是西晋著名的律学家，《晋书·刑法志》收录了张斐的"进律表"，清晰表达了如何利用法律维持社会治安的观点。张斐认为"《刑名》所以经略罪法之轻重，正加减之等差，明发众篇之多义，补其章条之不足，较举上下纲领。其犯盗贼、诈伪、请赇者，则求罪于此，作役、水火、畜养、守备之细事，皆求之作本名。告讯为之心舌，捕系为之手足，断狱为之定罪，名例齐其制。自始及终，往而不穷，变动无常，周流四极，上下无方，不离于法律之中也"。任何犯罪行为一旦发生，都要依据法律规定定罪量刑，只有这样才能警醒普通社会成员，使之不违法犯罪。张斐重视礼乐的作用，主张"礼乐崇于上，故降其刑；刑法闲于下，故全其法。是故尊卑叙，仁义明，九族亲，王道平"②。即是说礼与刑结合，礼治为上，刑罚为下，礼刑结合，达到社会治安的目标。

社会治安管理的依据是法律，魏晋时期的律、令、格、式为地方政府的社会治安管理活动提供了依据。"贼""盗"犯罪是社会治安的重点防控对象。"无变斩击谓之贼"，即故意伤害他人身体的行为；"取非其物谓之盗"，即盗窃公私财产的行为，这些理论概括为地方政府准确判断治安犯罪行为的性质提供了依据。《晋书·武帝纪》说地方官应该"境内无盗贼，灾害不生，有逃亡，县司之"。如果有劫盗事发，地方官不能将犯人捉拿归案，或追捕不力，皆为不称职。《晋书》卷45《任恺传》载："然山涛明恺为人通敏有智局，举为河南尹。坐贼发不获，又免官。"《晋书》卷49《胡毋辅之传》载："复补振威将军、陈留太守。王弥经其郡，辅之不能讨，坐免官。"

① 《晋书》卷46《刘颂李重传》，中华书局1997年版，第1304页。
② 《晋书》卷30《刑法志》，中华书局1997年版，第929页。

叛乱首领王弥自然也属于"贼"的范围，有"贼"过境而地方官不能追捕，也属于失职。上述都是因为履行社会治安责任不力被免职。

一、治安管理机构

魏晋南朝时期，地方行政延续州、郡、县三级体制，地方政府依然总掌"兵刑钱谷"，行政与治安职能合一，行政长官同时也是治安总负责人。

（一）地方治安的管理机构

孙吴政权为了战争需要，以郡守统军，授以偏将军之号，"督军郡守，其谨察非法……诸郡县治城郭，起谯楼，穿堑发渠，以备盗贼"①。如朱绩"迁偏将军营下督，领盗贼事，持法不倾"②。朱绩的职责验证了加偏将军号的郡守的职责。《三国志·吴书·虞翻传》也有"门下督盗贼"官职的记载，郡守属官中有"督盗贼"一职，专门负责辖区治安管理。

两晋政权"府以统州，州以监郡，郡以临县"，州刺史加都督将军，领兵，刺史、州牧合军民政于一身，也是地方治安的负责人。刺史、州牧属下有各部从事，专门负责辖区治安管理。郡太守属官中有"门下贼曹"，应该是专门负责一郡治安的官员。晋代县大者为令，小者为长，不设县尉。县令长属官中有游徼、法曹门下、金仓贼曹掾史、兵曹史、狱小吏、狱门亭长、都亭长、贼捕掾等职吏，都是与基层治安相关的官员。

两晋政权地方治安制度最大的问题是领军都督对地方治安管理的影响。西晋时期，州刺史"内亲民事"，并不"外领兵马"，地方州郡依然是地方治安的主管机构，但西晋政权取消了归州郡统辖的军队，只在大郡置武吏100人，小郡50人，作为治安管理的基本武装。西晋政权的地方军队由各种不同名称的都督统帅，都督职在统帅军队，镇守地方，而诸侯王加都督衔，占都督总数的一半以上。诸侯王加都督衔统兵，容易产生觊觎皇位之心，八王之乱就是一例。本来率军镇守地方都督，反而使地方社会治安崩溃，这是西晋治安制度设置的失败。东晋建立后，改弦易辙，规定"王侯不之国"，取消了诸侯王的兵权，但保留了都督统率打辅助军这一制度，诸侯王叛乱的军事基础由此消失，但地方兵权落入世家大族之手，对政局稳定带来另外的影响。

---

① 《三国志》卷47《吴主传》，中华书局1982年版，第1144页。
② 《三国志》卷56《朱治朱然吕范朱恒传》，中华书局1982年版，第1308页。

南朝刘宋政权从荆州、江州、湘州、豫州分出八郡设立郢州（治所在武昌），这一设置一直延续到整个南朝。刘宋、萧齐政权为了加强对州的控制，实行"典签"制，由皇帝派亲信到各州出任典签，代替皇帝监视刺史镇将，把州中的情况及时汇报给皇帝。典签与州刺史的矛盾冲突时有发生，如南齐时期荆州刺史巴东王就曾杀典签叛乱。梁陈二代废除了典签制度，皇族出任州刺史的情况依然存在，州刺史叛乱一直是南朝中央政府挥之不去的梦魇。

南朝在州刺史的僚属中，有别驾从事史一人，随从刺史巡行州郡，处理治安案件；祭酒从事史一人，分掌州府诸曹，其中兵曹、贼曹、户曹都与地方治安管理有关，尤其是贼曹，事关贼盗的防治，与社会治安管理关系最为密切。

南朝州之下设郡，长官为太守，不掌军，也不设都尉。太守僚属有郡丞一人，协助郡太守负责治安管理。太守属官中有"录事参军"，"掌总录众曹文簿，举弹善恶"；"司法参军，主刑法"。① 郡府贼曹、法曹、户曹都是专门的治安管理机构。

南朝县中设有县尉、县丞，县尉"主盗贼，案察奸宄"；县丞"兼主刑狱囚徒"，两者均属于专职治安官员。县政府也设有户曹、兵曹、贼曹、法曹、贼捕掾等机构，共同承担县的治安管理任务。南朝各县都设有"典狱官"，主管监狱，也属于治安官员之列。南朝萧梁时期在津关还设有津尉和关尉、游军尉，② 这些机构设置在交通要道，与城邑内的治安机构一起，构成地方治安网络。

（二）乡里机构与地方治安管理

孙吴、两晋在县下设乡、里、亭，作为最基层的民政、治安管理机构，乡官里吏除了负责租税徭役的征派外，也负责地方治安。西晋地方置亭，文献多有记载，如谢鲲"行经空亭中夜宿，此亭旧每杀人"③。刘卞"补亭子，有祖秀才者，于亭中与刺史笺。卞教之数言，卓荦有大致"④。刘卞职位是

---

① 《通典》卷19《职官》，中华书局1988年版。

② 《隋书》卷27《百官志中》，中华书局1997年版，第770页；《梁书》卷30《江革传》，中华书局1972年版，第525页。

③ 《晋书》卷49《谢鲲传》，中华书局1997年版，第1377页。

④ 《晋书》卷36《刘颂李重传》，中华书局1997年版，第1078页。

"亭子"，应是亭的负责人，职责是在亭值守，故而有上述偶遇。

东晋建立之初，沿江盗贼猖獗，贺循建议朝廷：

> 沿江诸县各有分界，分界之内，官长所任，自可度土分力，多置亭侯，恒使徼行，峻其纲目，严其刑赏，使越常科，勤则有殊荣之报，堕则有一身之罪，谓于大理不得不肃。所给人以时番休，役不至困，代易有期。案汉制十里一亭，亦以防禁切密故也。当今纵不能尔，要宜筹量，使力足相周。若寇劫强多，不能独制者，可指其踪迹，言所在都督寻当致讨。今不明部分，使所在百姓与军家杂其徼备，两情俱堕，莫适任负，故所以徒有备名而不能为益者也。帝从之。①

贺循的建议得到皇帝采纳，亭侯设置被推行到长江沿岸地方，成为地方治安机构。武汉地区也不会例外，有专业人员不断巡逻，有利于治安犯罪控制。但效果如何，史无明载。

西晋《泰始律》颁布后，有人建议"抄《新律》诸死罪条目，悬之亭传，以示兆庶"②。西晋亭之设置遍于天下。东晋政权设有亭，负责一定区域内的社会治安，亭与亭之间守望相助，互通消息，形成体系化的治安机构。此外，两晋时期各地出现了自卫性质的"坞壁"，在一定范围内承担着社会治安的职能。南朝乡里机构基本沿袭汉晋制度，有伍、里、乡，五家为伍，有伍长；百户为里，有里司（或里魁）；里上为乡，有三老、有秩、啬夫、游徼各一人。乡游徼的治安功能最为明显。

（三）关津制度

三国两晋时期社会动乱，各政权都在交通要道和险要之处设立关津，作为社会治安管理的物质基础，关津同时承担着征收关税、军事防守的功能。西晋末年，司马睿回洛阳，成都王司马颖为防范政敌，下令"诸关无得出贵人，帝既至洛阳，为津吏所止"③。关津的治安功能在这一事件中得到充分体现。江南多江湖河汊，东晋时，"内外疑阻，津逻严急"，沿江河码头有津吏日夜巡逻，专门盘查罪犯。王恭起兵失败后，逃亡途中藏于船中苇席

---

① 《晋书》卷68《贺循传》，中华书局1997年版，第1827页。
② 《晋书》卷30《刑法志》，中华书局1997年版，第931页。
③ 《晋书》卷6《中宗元帝叡肃祖明帝绍帝纪》，中华书局1997年版，第143页。

之下，至长塘湖，被湖蒲尉捕获移送京师。①

关津的治安功能主要体现在查验行人的过所。《太平御览》卷 598 "过所"引《晋令》曰："诸渡关及乘船筏上下经津者，皆有所写一通付关吏。"既用征收过境税，同时也有检查行人的作用。秦汉时期，政府控制民众迁徙的措施之一就是使用"传"，行人所持之"传"也是合法外出的依据。劳干《流沙坠简补遗考释》中之 17 至 20 等四简，皆为过所内容：去三月一日，骑马诣元城收责，期行当还，不克期日，私行无过。（17 简）违会不还，或安别收，私行籴买，无过所启信，各私从吏□。（18 简）□右一人，属典客寄□铁钱佛屠中，自斋敦煌大守往还过。（19 简）过所行治生。（20 简）②以上四简，皆言过所之事实，非过所之移文。与晋令稽合，较两汉过所不同之点，一是过所与傅已合并为一；二是过所之勘核，着重于渡关津；三是写副本留存关吏；四是过所管往返路程；五是过所可以简称为过。③ 西晋之后，整个南朝都在沿用过所，直到唐代。

关津与过所结合，发挥着盘查过往行人的职能。行人要持有官方颁发的证件"符"。元嘉二十七年（450 年），柳元景北伐俘虏二千余人，"悉释而遣之，家在关里者，符守关诸军听出，皆称万岁而去"④。"符"是出关凭证，无"符"则不能出关。南朝法律规定行人不得携带兵器，津关盘查行人是否携带兵器也是社会治安的内容之一。南朝刘宋孝武帝大明八年（464 年）春诏书说："东境去岁不稔，宜广商货。远近贩鬻米粟者，可停道中杂税，其以杖自防，悉勿禁。"⑤ 特别下诏"其以杖自防，悉勿禁"，说明一般情况下，携带兵器上路是不允许的。津关有治安官员执行盘查任务。刘宋时期王华"随沙门释昙永逃窜。时牢之搜检觅华甚急，昙永使华提衣幞随后，津逻咸疑焉。华行迟，永呵骂云：'奴子怠懈，行不及我。'以杖捶华数十，众乃不疑，由此得免"⑥。"津逻"即在津关巡逻的官吏，搜查可疑人员是他们的职责。

---

① 《晋书》卷 84《王恭传》，中华书局 1997 年版，第 2186 页。
② 罗振玉、王国维编著：《流沙坠简》，中华书局 1993 年版，第 270 页。
③ 陈直：《汉晋过所通考》，《历史研究》1962 年第 6 期。
④ 《宋书》卷 77《柳元景传》，中华书局 1974 年版，第 1985 页。
⑤ 《宋书》卷 6《孝武帝纪》，中华书局 1974 年版，第 134 页。
⑥ 《宋书》卷 63《王华传》，中华书局 1974 年版，第 1675 页。

驿亭为官府所设，使用者必须具有官方证件；邸店兼有货物存储和旅客住宿双重功能，私人经营的旅店适应社会经济需要，同时又能为经营者带来丰厚的收入，所以从秦汉以来民间旅店经营一直存在。旅店在满足社会需要的同时，也为逃亡犯罪和武装匪盗活动提供了方便，以至于"为患遍天下"，所以在旅店管理中盘查过往成为政府唯一能够选择的办法。

二、地方治安管理

魏晋南朝地方政府的治安管理主要包括以下几个方面。

（一）流亡人口的简括

魏晋南朝时期的战乱引发人口大量死亡和逃亡，导致劳动力数量严重不足，为了不断增加劳动力数量，各政权都十分重视户籍管理，以此作为控制人口的具体措施。与在籍人口相对应的是流民，而规模巨大的流民对社会秩序和政权存在带来巨大威胁。控制流民与政权稳定有着密切关系，因而，户籍管理就带有清晰的治安管理的特色。西晋太安二年（303 年），发生在武汉地区的张昌叛乱，就是因为"是岁江夏大稔，流人就食者数千口"。地方政府极力驱赶流民返乡，流民转而成为张昌叛乱的主力。驱赶流民的基础是依据户籍排查没有户籍的人口，将之驱赶回原籍。

魏晋南朝时期各政权的州、郡、县政权机构均设有"户曹"专门管理户籍。脱籍人口的搜检是这一时期地方政权人口管理的核心任务，为了达到最大限度的人口登记，招诱流民、武装讨捕都是常用的手段，刘宋孝武帝为了惩治逃亡人口，曾命令地方"改用军法，得便斩之。莫不奔窜山湖，聚为盗贼"①。结果适得其反。更多的时候，是对流民的接纳和安置，流民愿意落籍，都会在当地安置；愿意还乡的，任其还乡。而每次"土断"活动，则是全国性或大范围的流民清理、安置、纳入政府管辖的过程，控制流民防止其扰乱地方治安的目的十分明显。

（二）镇压叛乱和盗匪

魏晋南朝时期，武汉地区发生过多次武装叛乱，从维护地方秩序稳定的层面来看，镇压叛乱构成地方政权最重要的治安管理活动。

西晋太安二年（303 年），蜀地发生流民叛乱，朝廷下令从荆州征兵入蜀镇压。《晋书·张昌传》载：

---

① 《宋书》卷 82《沈怀文传》，中华书局 1974 年版，第 2104 页。

会《壬午诏书》发武勇以赴益土，号曰"壬午兵"……百姓各不肯去。而诏书催遣严速，所经之界停留五日者，二千石免。由是郡县官长皆躬出驱逐，展转不远，屯聚而为劫掠。是岁江夏大稔，流人就食者数千口。太安二年，昌于安陆县石岩山屯聚，去郡八十里，诸流人及避戍役者多往从之。昌乃易姓名为李辰。太守弓钦遣军就讨，辄为所破。昌徒众日多，遂来攻郡。钦出战，大败，乃将家南奔沔口。镇南大将军、新野王歆遣骑督靳满讨昌于随郡西，大战，满败走，昌得其器杖，据有江夏，即其府库……群小互相扇动，人情惶惧，江沔间一时焱起，竖牙旗，鸣鼓角，以应昌，旬月之间，众至三万，皆以绛科头，撍之以毛。江夏、义阳士庶莫不从之。①

张昌击败了江夏太守弓钦，控制了整个江夏郡。随后立天子，置百官，自为丞相，四处攻城略地，西向襄阳，南及长沙，东到扬州，严重威胁到西晋政权的稳定。"昌虽跨带五州，树立牧守，皆桀盗小人而无禁制，但以劫掠为务，人情渐离。"等到江夏太守陶侃出兵，张昌叛乱才被平息，"侃等与昌苦战累日，大破之，纳降万计，昌乃沈窜于下儁山。明年秋，乃擒之，传首京师，同党并夷三族"②。这场叛乱的起因在于地方政府流入江夏的流民不能妥善安置，加上强制征兵引发地方百姓不满，被张昌加以利用，从安陆起兵，形成对抗国家政权的叛乱势力，最后在江夏太守陶侃的镇压下平息。

西晋永嘉三年（309年），发生了以王如为首的流民叛乱，叛乱波及武汉地区。永嘉三年，在荆州北部山区活动的北方流民因为"旧居人所不礼"而发生暴乱，朝廷下令流民返回关中。

王如，京兆新丰人也。初为州武吏，遇乱流移至宛。时诸流人有诏并遣还乡里，如以关中荒残，不愿归，征南将军山简、南中郎将杜蕤各遣兵送之，而促期令发。如遂潜结诸无赖少年，夜袭二军，破之。杜蕤悉众击如，战于涅阳，蕤军大败。山简不能御，移屯夏口，如又破襄

---

① 《晋书》卷100《张昌传》，中华书局1997年版，第2612页。
② 《晋书》卷100《张昌传》，中华书局1997年版，第2612页。

城。于是南安庞寔、冯翊严嶷、长安侯脱等各帅其党攻诸城镇，多杀令长以应之。未几，众至四五万，自号大将军，领司、雍二州牧。①

后来由于流民乏食，王如投降荆州刺史王敦，为王敦所杀。山简坚守夏口，"招纳流亡，江汉归附"②。山简的身份是征南将军，驻军襄阳，山简一度被流民势力击败，最后退守夏口，通过招降、安抚流民，使叛军队伍瓦解，部分流民归附，最终平息了流民叛乱，恢复了西晋政权在荆州地区的统治。

《晋书·陶侃传》记载，陶侃任武昌太守时，"天下饥荒，山夷多断江劫掠。侃令诸将诈作商船以诱之。劫果至，生获数人，是西阳王羕之左右。侃即遣兵逼羕，令出向贼，侃整阵于钓台为后继。羕缚送帐下二十人，侃斩之。自是水陆肃清，流亡者归之盈路，侃竭资振给焉。又立夷市于郡东，大收其利"③。"山夷"即东汉以来居住于江夏山中的蛮夷人口，因为饥荒而发生蛮夷武装沿江抢劫的治安事件。西阳王司马羕派手下假扮"蛮夷"抢劫，是以该地区长期存在山夷抢劫活动为基础的，清除辖区内武装抢劫势力，也是武汉地方政府的责任。武装劫匪抢劫长江商船的活动一直存在，南梁时期，"西阳马荣率众缘江寇抄，商旅断绝"④。地方政府清除了"沿江寇钞"的武装抢劫团伙，保证了武汉地方秩序的稳定。

西晋末年的暴动中，杜弢所部，四处活动，很快进入江夏郡辖界。《晋书·陶侃转》载，朝廷任命陶侃为"荆州刺史，领西阳、江夏、武昌，镇于沌口，又移入沔江。遣朱伺等讨江夏贼，杀之"。后来因为部下将领反叛，"击侃督护郑攀于沌阳，破之，又败朱伺于沔口……朱伺力战，仅而获免"。陶侃因此被免官，以白衣领职，继续指挥平叛。此后陶侃重新调整军力配置，加上叛军内部互相残杀，杜弢叛乱最终被平定。

永元（499—501年）年间，"巴陵马营蛮为缘江寇害，后军司马高江产以郢州军伐之，不克，江产死之，蛮遂盛。（安成王萧秀）遣防阁文炽率众讨之，燔其林木，绝其蹊迳，蛮失其险，期岁而江路清，于是州境盗贼遂

---

① 《晋书》卷100《王如传》，中华书局1997年版，第2618页。
② 《晋书》卷43《山涛传》，中华书局1997年版，第1230页。
③ 《晋书》卷66《刘弘陶侃传》，中华书局1997年版，第1770页。
④ 《梁书》卷10《邓元起传》，中华书局1972年版，第197页。

绝……夏口常为兵冲，露骸积骨于黄鹤楼下，秀祭而埋之。一夜，梦数百人拜谢而去"①。可见平叛战争之惨烈。

《梁书·邓元起传》记载："永元末，魏军逼义阳……蛮帅田孔明附于魏，自号郢州刺史，寇掠三关，规袭夏口，元起率锐卒攻之，旬月之间，频陷六城，斩获万计，余党悉皆散走。"② 这是武汉地方政府镇压武装叛乱的典型案例。

魏晋南朝时期，武汉地区既是流民的流入地，又存在数量不少的"蛮人"，大部分时期又是南北对峙的前沿地区，多重因素叠加，容易滋生地方武装叛乱，威胁地方政权的稳定，镇压地方叛乱，构成地方政权治安法治的内容之一。沿长江的水路交通因为地形复杂，为商业贸易提供了方便的同时，也为抢劫犯罪提供了条件，及时清除沿江武装抢劫团伙，也是武汉地方治安法治的主要内容之一。

（三）对蛮族人口的管控

南朝时期，荆州、郢州一带活动着"荆郢蛮"，因为不同政权的争夺，这一地区的蛮人也处于流动状态。"其种落繁盛，侵扰州郡，或移徙交错，不可得而详别。"其中活动于郢、司、豫等州（即今鄂东、豫东南、皖西南及赣东北等地）的称为"豫州蛮"，主要部分称"西阳蛮"或"五水蛮"，南朝时的西阳郡属郢州，"晋为西阳国，宋为西阳郡，齐又分为齐安郡"③。地望在今湖北黄冈、黄陂、麻城一带。"豫州蛮，禀君后也。盘瓠、禀君事，并具前史。西阳有巴水、蕲水、希水、赤亭水、西归水，谓之五水蛮。所在并深岨，种落炽盛，历世为盗贼。北接淮、汝，南极江、汉，地方数千里。"④"五水蛮"活动的区域正在武昌郡辖区。

南朝时的五水地区，尽是"蛮"人的聚屯地。"五水"是对江汉汇合处以东，江北支流巴水、蕲水、希水（今浠水）、西归水（今倒水）、赤亭水（今举水）的总称。因曾在西阳境内（今黄冈），故称"西阳五水"。"五水蛮"因居于五水流域而得名。"五水蛮"的分布，"北接淮、汝，南极江、

① 《梁书》卷22《太祖五王传·安成王秀传》，中华书局1972年版，第343页。
② 《梁书》卷10《邓元起传》，中华书局1972年版，第198页。
③ （宋）乐史：《太平寰宇记》卷131《淮南道九》，王文楚等点校，中华书局2007年版，第2580页。
④ 《南史》卷79《夷貊传下》，中华书局1974年版，第1982页。

汉，地方数千里"①。武汉地区正是"五水蛮"活动的区域之一。

东晋初，陶侃为武昌太守，治今鄂城，其北岸即为邾城。陶侃认为"我所以设险而御寇，正以长江耳。邾城隔在江北，内无所倚，外接群夷。夷中利深，晋人贪利，夷不堪命，必引寇虏，乃致祸之由，非御寇也。且吴时此城乃三万兵守，今纵有兵守之，亦无益于江南。若羯虏有可乘之会，此又非所资也"②。陶侃不主张派兵到江北驻守防控蛮人，而是将兵力集中在长江以南，依长江设防，正是因为"五水蛮"势力强大，加上受到北方政权的影响，羁縻不易，故而有此设置。后王敦于武昌"作逆"事败，其党邓撤、周抚"遂共入西阳蛮中，蛮酋向蚕纳之"③。以上正说明管理蛮人的重要性。

南朝政府为了增加服役人口，经常"伐蛮"，即武力驱赶活动于山区的蛮族出山成为编户齐民。《宋书·蛮夷传》序载"史臣曰"："自元嘉将半，寇慝弥广，遂盘结数州，摇乱邦邑。于是命将出师，恣行诛讨，自江汉以北，卢江以南，搜山荡谷，穷兵黩武，系颈囚俘，盖以数百万计。至于孩年鬐齿，执讯所遗，将卒申好杀之愤，干戈穷酸惨之用，虽云积怨，为报亦甚。""数百万计"是夸大的结果，《三国志·吴书·国渊传》载："破贼文书，旧以一为十，及渊上首级，如其实数。太祖问其故，渊曰：'夫征讨外寇，多其斩获之数者，欲以大武功，且示民听也。河间在封域之内，银等叛逆，虽克捷有功，渊窃耻之。'"夸大十倍是魏晋南朝时期将领上报战果的流行做法，以此推断，南朝"伐蛮"驱赶蛮族出山的人数当在数十万之众，其中居于大别山中的蛮人被驱赶到武汉地区居住，人数当不在少数。

被驱赶出山的蛮族因为生活习惯影响，加上地方政府的赋税征敛，常常激起蛮人叛乱。宋元嘉二十八年（451年），"西阳蛮"杀南川令刘台。次年，"新蔡蛮二千余人破大雷戍，略公私船舫，悉引入湖"④。据《宋书·州郡志》"宋分江夏郡置南新蔡郡"，所辖地域在今湖北黄梅、安徽望江等地，"新蔡蛮"当属"南新蔡郡"辖区的蛮人，应为西阳"五水蛮"人之一部。蛮人叛乱威胁到地方政权的存在，对之加以管控，确保地方秩序，是地方政

---

① 《宋书》卷97《蛮夷传·豫州蛮传》，中华书局1974年版，第2398页。
② 《晋书》卷66《刘弘陶侃传》，中华书局1997年版，第1778页。
③ 《晋书》卷58《周处周访传》，中华书局1997年版，第1582页。
④ 《宋书》卷97《蛮夷传·豫州蛮传》，中华书局1974年版，第2398页。

府蛮族人口管理的基本目标。

宋孝武刘骏以来，诸王先后起兵作乱。明帝刘彧即位，更是"四方反叛"。中央政权动荡时，地方蛮族往往乘机叛乱。宋明帝即位（466 年）不久，"西阳蛮田益之、田义之、成邪财、田光兴等起义，攻郢州克之。以益之为辅国将军，都统四山军事。又以蛮户立宋安、光城二郡。以义之为宋安太守，光兴为光城太守"①。宋安、光城二郡，故治在今湖北应山、河南光山等地。殷琰、刘勔等人率领朝廷大军，历时半年之久，才得以平息，郢州地区社会秩序才得以恢复。②

对于地方政府而言，"蛮人"归附，可以增加辖区内的人口，赋役征收和兵役征调的人口基数随即扩大，这是地方政府热衷于"伐蛮"的根本原因。但"蛮人"的整体发展水平、生产生活习惯都与久居此地的人口之间存在差异，适应全新的生产模式需要一个过程，而政府的横征暴敛，杀人邀功诸多弊政，成为激起"蛮人"起义的根本原因。管控辖区内的"蛮人"，维持社会秩序稳定，就成为地方法治的内容之一。

（四）城市治安

城市是区域人口汇集之处，"其民异方杂居，多豪门大族，商贾胡貊，天下四会，利之所聚，而奸之所生"③。城市是社会治安管理的关键区域，除驻扎军队外，还会采取一些措施，强化城市治安管理。

一是修筑城池、加固城门。孙权诏书说："诸郡县治城郭，起谯楼，穿堑发渠，以备盗贼。"④"城郭"即城墙，高大坚固的城墙可以抵抗外来军队的攻击，城门是城池的咽喉；"谯楼"即城门口的望楼，用于观察城外情况，指挥作战；"穿堑发渠"即修筑护城河，用来加强城市防御。城门开启有固定时间，城门口作为交通要道，盘查行人是重要的治安措施；刘弘为荆州刺史时，"弘尝夜起，闻城上持更者叹声甚苦，遂呼省之"⑤。打更之人就是城墙上巡逻执勤者，则城墙上夜晚也有人专门巡逻。南朝时期，出于军事防御的需要，各地城市都筑有城墙，作为城市治安的主要设施。魏晋南朝时

① 《南史》卷 79《夷貊传下》，中华书局 1974 年版，第 1982 页。
② 《宋书》卷 87《殷琰传》，中华书局 1974 年版，第 2209—2212 页。
③ 《三国志》卷 21《王卫二刘傅传》，中华书局 1982 年版，第 624 页。
④ 《三国志》卷 47《吴主传》，中华书局 1982 年版，第 1144 页。
⑤ 《晋书》卷 66《刘弘陶侃传》，中华书局 1997 年版，第 1765 页。

期，夏口作为军事重地，修筑有坚固的城墙，承担军事防御功能的同时，也是重要的治安措施。

二是城中巡逻，禁止夜行。孙吴两晋时期的城市依然延续两汉以来的街巷市里分隔的模式。民宅分布在里中，每里皆用高墙封闭，出入皆由里门，里门昼开夜闭各有定时。依据城市大小设置数量不等的都亭，都亭长负责监督地方，禁备盗贼，处理治安案件，维护地方治安。城中出现重大治安案件，尉要率领武卒快速赶到，处理事件。"周嵩嫁女，门生断道解庐，斫伤二人，建康左尉赴变，又被斫。"① "建康左尉"就是建康城中负责治安的官员，"都亭长"应该是其手下。城市之中实行禁夜制度，由"缴者"巡行，禁制无故夜行者，否则以奸人论处。"有犯夜者，为吏所拘，承问其故，答曰：'从师受书，不觉日暮。'"② 以上反映了巡夜的真实情况。南齐武帝时萧嶷陪同皇帝夜归，齐武帝说："今夜行，无使为尉司所呵也。"③ 可见夜禁在南齐时期执行之严格。南朝城市居民按照"里巷"编制，如王志"家居健康禁中里马粪巷"④。里有里司，负责一里治安。南朝城市内外皆有驻军，设城内都督、城主等军事职务管理，驻军协助行政官员维护城内治安。⑤

三是防火。城市之内人口密集，又是官府、仓库、兵营聚集之所，一旦发生火灾，往往造成严重的后果。《晋律》二十篇中有《水火》篇，是专门控制城市火灾的法令。州郡政府设有金仓贼曹掾史，专门负责城市消防。对地方官而言，城邑失火是严重的失职行为，要受到严惩。糜芳为南郡太守，因为城内失火受到关羽切责，惧而投降东吴，可见城内失火责任之重。《晋书·五行志上》载："元帝太兴中，王敦镇武昌，武昌灾，火起，兴众救之，救于此而发于彼，东西南北数十处俱应，数日不绝。"⑥ "兴众"即负责防火的机构发动百姓救火，结果"数十处俱应"，可见城市救灾的难度。

① 《晋书》卷69《刘隗传》，中华书局1997年版，第1837页。
② 《晋书》卷75《王湛传》，中华书局1997年版，第1961页。
③ 《南齐书》卷22《豫章文献王传》，中华书局1972年版，第414页。
④ 《南史》卷22《王昙首传》，中华书局1974年版，第608页。
⑤ 朱绍侯主编：《中国古代治安制度史》，河南大学出版社1994年版，第336页。
⑥ 《晋书》卷27《五行志上》，中华书局1997年版，第806页。

第五节　地方司法

西晋政权编纂了体系完整的《泰始律》，东晋政权沿用了西晋的法律，南朝宋、齐、梁、陈在《泰始律》的基础上加以损益，颁布了各自的法律。这一时期的地方司法机关适用法律"定分止争"，裁判各类案件，使抽象的法律条文具体化，使百姓感受到法律的存在和权威。地方司法构成魏晋南朝武汉地区法治的重要内容。

一、地方司法机构

魏晋南朝时期的县令长是一县的最高长官，作为基层行政官员，兼理司法，对辖区内发生的案件拥有管辖权，权力范围广泛。《抱朴子·百里卷》说："三台九列，坐而论道；州牧郡守，提纲举领，其官愈大，其事愈优。繁剧所钟，其唯百里，众役于是乎出，诛求之所从赴。牧守虽贤，而令长不堪，则国事不举，万机有阙，县其损败岂徒止乎一境而已哉，令长尤宜得才，乃急于台省之官也。"三国两晋时期的县令长作为司法长官，审理辖区内所有民事、刑事案件，案情重大的案件（包括死刑）需要上报上级官府。南朝各政权沿用了这一制度设计，以县为治理社会的最基层机构，也是承担所有案件初审的司法机关。

郡守是地方行政的重心所在，晋武帝诏书说：

> 郡国守相，三载一巡行属县，必以春，此古者所以述职宣风展义也。见长吏，观风俗，协礼律，考度量，存问耆老，亲见百年。录囚徒，理冤枉，详察政刑得失，知百姓所患苦……有不孝敬于父母，不长悌于族党，悖礼弃常，不率法令者，纠而罪之。田畴辟，生业修，礼教设，禁令行，则长吏之能也。人穷匮，农事荒，奸盗起，刑狱烦，下陵上替，礼义不兴，斯长吏之否也。若长吏在官公廉，虑不及私，正色直节，不饰名誉者，及身行贪秽，诌黩求容，公节不立，而私门日富者，并谨察之。扬清激浊，举善弹违，此朕所以垂拱总纲，责成于良二千石也。[1]

---

[1] 《晋书》卷3《世祖武帝炎帝纪》，中华书局1997年版，第57页。

郡守成为地方行政的重心，定期巡视辖区各县，考察民情，处理刑狱，督促农事，宣扬礼教等。就其司法权而言，郡守可直接审理辖区内的各类案件，对辖区内县级机关无法审结而上报的疑难案件进行审理，对下级审理的不合理、不合法案件可以直接改判。三国两晋时期，依然可以看到"督邮"活动的踪迹，汉代以来形成的督邮负责监督县的制度继续存在。

作为地方最高军政长官的州刺史审理州府所在地区的各类案件；审核郡县已经审结的案件；处理上诉类案件。州刺史作为地方监察官员，还要纠察官吏的违法行为，确保国家法律、政令的通行。两晋时期，政权逐步稳定，晋武帝罢州刺史将军职，刺史不掌兵权，"三年一入奏事"，专门负责监督地方。晋元帝诏书说："二千石令长当祗奉旧宪，正身明法，抑齐豪强，存恤孤独，隐实户口，劝课农桑。州牧刺史当互相检察，不得顾私亏公。长吏有志在奉公而不见进用者，有贪惏秽浊而以财势自安者，若有不举，当受故纵蔽善之罪，有而不知，当受暗塞之责。各明慎奉行。"① 依据上述诏书，刺史的职权主要在察举地方官员的违法犯罪行为，自然也包括司法活动中的贪赃枉法行为。

二、惩治犯罪

"大刑用甲兵"，对武装叛乱的惩治是犯罪控制中最为重要的一类，也是维护政权稳定，推行地方法治的基本保障。武装叛乱与"蛮人"叛乱不同之处在于武装叛乱以推翻中央政权为目的，有清晰的政治追求，是典型的政治犯罪；而"蛮人"叛乱多是迫于生计，以求得生存和劫掠财物为目标，并无明确的推翻现政权的政治追求，侵害的是社会治安秩序，故而放在社会治安法治部分论述。

1. 镇压武装叛乱

东晋元兴三年（404年）桓玄叛乱被杀后，刘道规以振武将军的身份，都督江夏、武昌诸军事，主持了对桓玄残部的清剿。"伪镇军将军冯该戍夏口东岸，扬武将军孟山图据鲁山城，辅国将军桓仙客守偃月垒。于是毅攻鲁山城，道规、无忌攻偃月，并克之，生禽仙客、山图……时荆州、湘、江、豫犹多桓氏余烬，往往屯结……随宜剪扑，皆悉平之。"② 当时桓玄称帝后

---

① 《晋书》卷6《中宗元帝叡肃祖明帝绍帝纪》，中华书局1997年版，第150页。
② 《宋书》卷51《宗室传·临川烈武王道规传》，中华书局1974年版，第1472页。

任命的将军继续率领叛军占据武汉地区，冯该占据夏口东岸，即武汉市武昌区，孟山图占据鲁山城，桓仙客占据偃月垒，控制武汉地区。刘道规率军一一攻克叛军据点，又逐一消灭了散布在周围的叛军，平定了武汉地区的叛乱，保持了东晋政权对武汉地区的有效控制。

刘宋政权时期，沈攸之为郢州刺史，"为政刻暴，或鞭士大夫，上佐以下有忤意，辄面加詈辱。将史一人亡叛，同籍符伍充代者十余人……赋敛严苦，征发无度，缮治船舸，营造器甲。自至夏口，便有异图……（升明元年）闰十二月四日至夏口……攸之尽锐攻郢州，行事柳世隆随宜距应，屡摧破之……攸之遣中兵参军公孙方平马步三千向武昌，太守臧焕弃郡投西阳太守王毓，奔于盆口，方平因据西阳……攸之攻郢城久不决，众心离沮。昇明二年（478年）正月十九日夜，刘攘兵烧营入降郢城，众于是离散，不可复制"①。沈攸之叛乱是南朝刘宋顺帝昇明元年（477年）发生的一场惨烈的军事叛乱，荆州刺史沈攸之假称奉太后密诏，从荆州起兵，讨伐司空萧道成。数万叛军沿江而下，占领夏口，围攻郢州，以致建康为之戒严。同时，朝臣中也有人图谋发动兵变，以策应叛军。最终因为郢州守军的顽强坚守，叛军无法攻克郢州，沈攸之兵败被杀。在夏口、武昌落入叛军之手的情况下，郢州（今武汉武昌区）控制着长江航线，使叛军无法顺流而下，地方政府镇压叛乱的活动影响到政权的安危。

东晋时期的王敦之乱也是以武汉地区为基地发动的一场政变。王敦时任荆州刺史，治所在武昌，永昌元年（322年）王敦以诛刘隗为名义，自武昌起兵，发兵建康，击败朝廷军队，控制了都城建康，在做了一系列人事安排后返回武昌，遥控朝廷。晋明帝太宁二年（324年），王敦病笃，明帝下诏讨伐，王敦不久病死。王敦虽然占领建康，但并未称帝，原因在于东晋朝廷内部其他势力对王敦的牵制和威胁。王敦事件是一场以武昌为据点的叛乱，镇压王敦叛乱，属于"大刑用甲兵"，也属于地方法治活动的内容。

2. 惩治刑事犯罪

依法惩治犯罪是地方政府治理社会的主要内容。"无变斩击谓之贼"，杀人和伤害他人身体是法律严厉禁止的行为。经过秦汉的长期发展，中国刑事立法对杀人罪、伤害罪的规定趋于严密。就行为的主观层面而言，晋代刑

---

① 《宋书》卷74《沈攸之传》，中华书局1974年版，第1940页。

法理论明确区分了各种杀人、伤害行为的主观内涵，"其知而犯之谓之故"（故意）、"意以为然谓之失"（过于自信的过失）、"两讼相趣谓之斗"（斗杀）、"两和相害谓之戏"（戏杀）、"无变斩击谓之贼"（贼杀）、"不意误犯谓之过失"（疏忽大意的过失）、"二人对议谓之谋"（谋杀），确定了故意杀人、过失杀人、戏杀人、斗杀人、误杀人、谋杀人、贼杀人以及伤害他人的主观认定标准，这是刑法学理论的巨大进步，也为司法实践中正确认定杀人、伤害，准确定罪量刑提供了依据。贼杀人一般处死刑，而"伤死人四岁刑"，"过误伤人三岁刑"。

晋代刑法理论特别注意到相似犯罪行为的区分，这为司法机关定罪量刑提供了理论依据。

> 夫律者，当慎其变，审其理。若不承用诏书，无故失之刑，当从赎。谋反之同伍，实不知情，当从刑。此故失之变也。卑与尊斗，皆为贼。斗之加兵刃水火中，不得为戏，戏之重也。向人室庐道径射，不得为过，失之禁也。都城人众中走马杀人，当为贼，贼之似也。过失似贼，戏似斗，斗而杀伤傍人，又似误，盗伤缚守似强盗，呵人取财似受赇，囚辞所连似告劾，诸勿听理似故纵，持质似恐猲。如此之比，皆为无常之格也。①

"慎其变"即仔细分析行为之间的差异，准确定性。其中列举了"不承用诏书"、不知情的谋反罪共犯以及特殊情况下斗杀、戏杀、贼杀、误杀、强盗、恐吓等行为的认定，达到了很精深的水平。

劫掠官府、公开杀害官吏、武装对抗巡逻盘查的犯罪行为，是地方政权重点控制的犯罪行为。南朝刘宋明帝泰始四年（468年）诏书规定："寻劫制科罪，轻重同之大辟，即事原情，未为详衷。自今凡窃执官仗，拒战逻司，或攻剽亭寺，及害吏民者，凡此诸条，悉依旧制。五人以下相逼夺者，可特赐黥刖，投畀四远，仍用代杀，方古为优，全命长户，施同造物。"② "旧制"指《晋律》的规定，宋明帝下令修改了"五人以下相逼夺"处以

---

① 《晋书》卷30《刑法志》，中华书局1997年版，第928页。
② 《宋书》卷8《明帝纪》，中华书局1974年版，第163页。

死刑的规定，以"黥刖"之后再流放的方式，代替死刑。

魏晋南朝时期，地方政府惩治"复仇"杀人，这也是社会秩序维护的重要内容。复仇是一种特殊的杀人行为，西汉后期政府已经开始用法律来规制"复仇"行为。《晋律》规定因为复仇而"杀人父母，徙之二千里外"①。梁武帝太清元年诏："并不得挟以私仇而相报复。若有犯者，严加裁问。"②《晋书·文苑传》载："李充字弘度，江夏人。父矩，江州刺史。充少孤，其父墓中柏树尝为盗贼所斫，充手刃之，由是知名。善楷书，妙参钟索，世咸重之。"③"复仇"杀人尽管受到法律禁止，但在"孝亲"观念的影响下，民间依然流行复仇杀人，规制"复仇"杀人，也是防控杀人犯罪的内容之一。傅岐任县令时：

> 县民有因斗相殴而死者，死家诉郡，郡录其仇人，考掠备至，终不引咎，郡乃移狱于县，岐即命脱械，以和言问之，便即首服。法当偿死，会冬节至，岐乃放其还家，使过节一日复狱。曹掾固争曰："古者乃有此，于今不可行。"岐曰："其若负信，县令当坐，主者勿忧。"竟如期而反。太守深相叹异，遽以状闻。④

这是基层政府处理杀人案件的基本程序。对于民间因斗殴引发的命案，郡县官府都要主动抓捕审理；对杀人案件审理要求证据充分、案犯认罪，在此基础上依法定罪量刑，所以才有对杀人者"考掠备至"的做法；杀人者"法当偿死"，是正常的量刑。放杀人者回家过节，绝非通常做法；因为处理杀人案件中做到人情法理兼顾，消除了死者子女复仇的理由，傅岐也被视为"循吏"。

3. 惩治盗犯罪

盗犯罪即以非法取得财物为目的的犯罪，西晋《泰始律》十二篇中有"盗律"，应该是专门规定"盗犯罪"的法律。程树德经过考证认为《泰始律》中的"盗律"包括受财枉法、掠人和卖、诱藏亡奴婢、持质、恐吓、

① 《宋书》卷55《傅隆传》，中华书局1974年版，第1550页。
② 《梁书》卷3《武帝纪下》，中华书局1972年版，第92页。
③ 《晋书》卷92《文苑传·李充传》，中华书局1997年版，第2389页。
④ 《梁书》卷42《傅岐传》，中华书局1972年版，第602页。

强盗、受求所监、犯陵上草木、盗发冢等九种。所见与盗有关的罪名有盗御物、盗官物、劫、主守偷、常偷、受故吏物等六种。① "取非其物谓之盗"是"盗犯罪"的基本特征；"加威势下手取才"是抢劫罪的行为特征。盗窃、抢夺、勒索他人财物的行为，也包括贩卖人口、贪污受贿等犯罪行为，其归类原则是具备"求财"这一共同的犯罪目的。《晋律》对"盗犯罪"的规定被南朝各政权多沿用。《泰始律》中还有"毁亡律"，对于官府财物毁伤丢弃或擅自"放散官物"的惩治都在此得到规范。"又主守偷五匹，常偷四十匹，并加大辟。"② 对监守自盗的惩罚更为严厉。南陈宣帝诏书说："旧律以枉法受财为坐虽重，直法容贿其制甚轻，岂不长彼贪残，生其舞弄？事涉货财，宁不尤切？今可改不枉法受财者，科同正盗。"③ 对官吏受财不枉法的处罚等同于盗窃罪的处罚。

《晋律》对聚众抢劫犯罪惩处严厉。"贼燔人庐舍积聚，盗赃五匹以上，弃市。即燔官府积聚盗，亦当与同。"④ 这是纵火抢劫的典型形态，无论是针对私人财产还是官府府库，一旦出现纵火抢劫，都要处以弃市之刑。《晋律》有"劫掠恐猲""和卖买人"等罪名规定，一旦发生劫持人质、敲诈钱财、劫掠贫民、贩卖人口、诱惑私藏他人奴婢等犯罪行为，地方政府也要尽力抓捕、侦破、审讯、定罪量刑，依法惩处。南朝刘宋、萧齐政权依然延续抢劫罪犯处死、家属没官的规定。南梁政权因为纵容权贵，"奸盗不止，暴掠繁多"，以至于"王侯骄横转甚，或白日杀人于都街，劫贼亡命，咸于王家自匿，薄暮尘起，则剥掠行路，谓之打稽"⑤。由于政权打击盗贼犯罪不力，使法律成为具文，梁朝的灭亡，与此有莫大关系。

三、处理户婚案件

魏晋南朝政府颁布的有关婚姻、家庭的法律是地方政府规范社会成员婚姻缔结、家庭关系的基本准则，也是司法官员判定婚姻、家庭犯罪的依据。魏晋南朝时期，婚姻家庭法规从形式到内容日趋完备和严密，地方政府对家庭婚姻关系的干预也逐渐深入。

---

① 程树德：《九朝律考》，中华书局 2003 年版，第 233 页。
② 《宋书》卷 42《王弘传》，中华书局 1974 年版，第 1371 页。
③ 《陈书》卷 5《宣帝纪》，中华书局 1972 年版，第 94 页。
④ 《晋书》卷 30《刑法志》，中华书局 1997 年版，第 930 页。
⑤ 《隋书》卷 25《刑法志》，中华书局 1997 年版，第 702 页。

　　婚姻合法的依据是"下聘"，《泰始律》规定："崇嫁娶之要，一以下聘为正，不理私约。"① 婚姻成立以"下聘"为准，先秦以来流行的婚姻"六礼"分为纳采、问名、纳吉、纳征、请期、亲迎等六个程序，其中"纳征"即男家向女家送聘礼，"下聘为正"即完成"纳征"程序，就视为婚姻成立。没有完成"纳征"程序的私下约定是不能成为合法婚姻的依据的。晋武帝泰始九年（273年）诏书说："女年十七父母不嫁者，使长吏配之。"② 十七岁为女子法定结婚年龄的上限，超过此限而未出嫁的女子，由基层长吏负责配嫁。如此之低的结婚年龄上限规定，与政府急于增加人口有莫大的关系。

　　社会动乱影响到婚姻家庭法律的实施。《晋书·孝幼·王裒传》记载，王裒与乡人管彦相友，其"男女各始生，便共许为婚"。正常情况下，婚姻沿用"六礼"，但因为战乱、生活的窘迫，一般百姓的婚姻很难遵守"六礼"，《通典》卷58载："时属艰虞，岁于良吉，急于嫁娶……因拜舅姑便成妇道，六礼悉舍。"对于基层政府而言，也无暇去追究婚姻缔结过程中的"违礼"现象。《晋律》规定"士庶不婚"，禁止士族与庶族之间相互通婚，但从史料来看，这一规定在南朝各个时期都一再被违反，并未受到法律惩处，只能看作一种流行的观念或习惯。但法律禁止丧期嫁女娶妇，对居丧婚嫁要"宜为其防"。③ 地方政府惩治此类"冒婚嫁娶"行为是其职责之一。

　　魏晋南朝法律规定，丈夫殴打妻子，轻者处以刑罚，重者处以死刑。南朝刘宋时，刘穆之重孙刘彤"坐刀斫妻"，被"夺爵土"。④ 刘宋宜都太守何铄，"素有风疾，无故残害妻子，被处以死刑"。⑤ 杀害妻子要处以死刑。

　　《晋律》承袭了汉婚律中有关家庭纠纷的规定。晋安帝时，"郭逸妻以大竹杖打逸前妻之子，子死，妻因弃市如常刑"⑥。严惩家族内部成员之间的淫乱行为是《晋律》的又一特色。"重奸伯叔母之令，弃市。淫寡女，三岁刑。"⑦ 南朝法律严惩家族内部成员之间的淫乱行为，刘宋山阴公主楚玉，

----

① 《晋书》卷30《刑法志》，中华书局1997年版，第927页。
② 《晋书》卷3《世祖武帝炎帝纪》，中华书局1997年版，第63页。
③ 《晋书》卷69《刘隗传》，中华书局1997年版，第1835页。
④ 《宋书》卷42《刘穆之传》，中华书局1974年版，第1308页。
⑤ 《梁书》卷51《处士何点传》，中华书局1972年版，第732页。
⑥ （宋）李昉等：《太平御览》卷511引《三十国春秋》，中华书局1960年版，第2329页。
⑦ 《晋书》卷30《刑法志》，中华书局1997年版，第927页。

"肆情淫纵"，太宗刘彧下令，"并可于第赐尽"。① 连公主"纵淫"都要被赐自尽，普通百姓的"纵淫"自然也难逃法网，这是"五服入律"之后，对定罪量刑的直接影响。

《晋律》规定的"不孝罪"，指子孙"违反教令，敬恭有亏"的行为，即不能够供养父母、违逆父母意志，甚至打骂父母的行为。"不孝罪"的具体行为有父母丧事违礼、父母丧期作乐等。父母丧期，子女必须守丧尽孝，若有违礼行为，就要受到法律的惩处。晋武帝诏书说："诸将吏遭三年丧者，遣宁终丧，百姓复其徭役。"② 遇到父母去世。普通百姓可以享受免其徭役的优待，当然前提是必须依据礼制规定"服丧"。

孙吴时期，要求官员为父母服丧必须先征得政府同意，否则要受到处罚。"其后吴令孟宗丧母奔赴，已而自拘于武昌以听刑。陆逊陈其素行，因为之请，权乃减宗一等，后不得以为比，因此遂绝。"③ 咸宁（275 — 280年）年间，大臣郑默"遭母丧，旧制，即葬还职。默自陈恳至，久而见许。遂改法立令，听大臣终丧，自默始也"④。此一规定一直被沿用，为父母守丧三年，是两晋南朝的法律规定，违反此一规定轻则受到斥责，重则受到法律惩治。

刘宋时期安陆应城曾发生一起不孝案件。刘宋大明（457 — 464 年），孔渊之任尚书礼部郎。

> 时安陆应城县民张江陵与妻吴共骂母黄令死，黄忿恨自经死，值赦。律文，子贼杀伤殴父母，枭首，骂詈，弃市，谋杀夫之父母，亦弃市。值赦，免刑补冶。江陵骂母，母以之自裁，重于伤殴。若同杀科，则疑重，用殴伤及骂科，则疑轻。制唯有打母，遇赦犹枭首，无骂母致死值赦之科。渊之议曰："……故殴伤咒诅，法所不原，詈之致尽，则理无可宥。罚有从轻，盖疑失善，求之文旨，非此之谓。江陵虽值赦恩，故合枭首。妇本以义，爱非天属，黄之所恨，情不在吴，原死补

① 《宋书》卷80《豫章王子尚传》，中华书局1974年版，第2059页。
② 《晋书》卷3《世祖武帝炎帝纪》，中华书局1997年版，第53页。
③ 《三国志》卷47《吴主传》，中华书局1982年版，第1141页。
④ 《晋书》卷44《郑袤传》，中华书局1997年版，第1252页。

冶，有允正法。"诏如渊之议，吴免弃市。①

案件事实清楚，关键是适用法律的争议。相关律文规定也很清晰，争议
在于律文中没有与案情对应的规定。"杀科"是关于杀人的"科"，问题在
于张江陵夫妻辱骂母亲，导致母亲愤而自杀，毕竟不同于普通的杀人。适用
关于辱骂、殴伤父母的"科"则显得过轻。孔渊之依据法条背后的法理，
做出了自己的分析，其建议得到采纳。

《折狱龟鉴》卷四"殷仲堪原情"条：

> 晋殷仲堪为荆州刺史，有桂阳人黄钦生二亲久没，诈服衰麻，言迎
> 父丧。府曹依律弃市。仲堪曰："原此法意，当以二亲生存而横言死
> 没，情理悖逆，所不忍言，故同于殴詈之科，正以大辟之刑。钦生徒有
> 诞妄之过耳。"遂活之。②

依据上述记载，在父母活着时，诈称父母死亡而服丧，要处以弃市之
刑，根源在于为父母服丧可以免去徭役。殷仲堪仔细分析案情，考较律义，
否决了下属对案件的有罪判决。晋武帝诏书规定："自今以后，皆不得登用
妾媵以为嫡正。"③即严格嫡庶之分，禁止以妾为妻。《太平御览》卷740引
《晋阳秋》说晋律有"杀子弃市"的规定，对家长权力作出了更多的限制，
一旦发生父母杀害子女的行为，地方政府也要及时侦破惩处。

---

① 《宋书》卷54《孔季恭传》，中华书局1974年版，第1534页。
② 《晋书》卷84《殷仲堪传》，中华书局1997年版，第2194页。
③ 《晋书》卷3《世祖武帝炎纪》，中华书局1997年版，第63页。

>>第四章　隋唐五代"东南巨镇"的
法律和治理<<

隋唐五代（581—959年）时期从隋朝建立（581年）开始，经过唐（618—907年）、五代（907—960年）两个阶段，是中国古代文明的高峰时期。隋唐时期国力强盛、经济发达、文化繁荣，有过"开皇之治""贞观之治""开元盛世"的辉煌。"安史之乱"后开始由盛转衰，经历了"五代"的分裂，最终统一于北宋。

隋唐政权制定了体系完备的法律，"礼法合一"作为基本精神贯彻在唐律之中，所谓"失礼之禁，著在刑法"，通过十恶、八议、存留养亲、官当制度、准五服以制罪等刑罚制度，将大量违反道德、伦理、礼制的行为规定为犯罪并施加惩罚，确立了君与臣、官与民、父与子、夫与妻、主与奴在法律上的不平等地位，并引用儒家学说对其合理性作出了论证，为古代社会的等级秩序提供了法律框架。《唐律疏议》的立法思想、法律制度、大部分法条设计都为宋元明清各政权的法典所继承，影响古代法律达一千多年。

"礼法合一"贯彻在司法活动中，官吏的"匿不举哀""府号官称犯名""委亲之官""冒哀求仕""居丧嫁娶"等违礼行为被定罪处罚。司法裁判文书以"情理"为依据，通过判词传播维护政权意识形态，法律、情理、社会习惯三者融汇在判词之中，维护、修补、塑造着社会秩序与社会意识。

隋唐时期，科举选官提升了官僚队伍的整体文化素质，而吏部诠选官员时的试判程序，通过撰写判词来考察任官者应用律令格式判决各类案件的能力，试判不合规定者不得为官，使精通法律成为官吏的基本素质。要求官员读律、讲律、精通法律，保证了官吏的法律素养，提升了地方法治的运行水平。唐代将地方官员处理行政事务不符合格、式的行为以犯罪惩罚；审理案件不引用律、令、格、式的行为视为违法；地方官员失误引用了不是"永格"的临时制敕，导致判决失误的，也要受到处罚，要求官吏"依法行政""依法判决"。地方政府依据国家法律管理地方事务的法治特征最终确立下来，为宋元明清政权沿用而成为传统。

隋唐的武汉地区已是东南巨镇，唐人舒元舆描述说："鄂实泽国，地连大别、云梦、洞庭、穆陵，控厄胜势，号为东南巨镇。"[①] 安史之乱后，鄂州成为江南财赋运往长安的中转站，关乎唐帝国的兴衰，武汉地方法治对政治格局的影响加大。

研究隋唐地方法治，除正史、政书、文集、类书之外，"判"或"判词"也是重要的史料。"判"是唐代官府公文案卷中的判词，本是断狱之词，后来成为同类案件或事件的判决、裁决、裁断之词。传世判文一部分是供考试参考用的范文或文人模拟性作业，唐代吏部诠选官员以身、言、书、判为基本科目，判文即属于"判"的范畴。"判文"有的是针对具体案件的裁决分析；有的是从司法实践中提炼出来的典型问题，虽然判文忽略了案件的具体情节和发生的地方，但作为带有普遍性的案件判决结论，可以适当采用以佐证武汉地方法治的内容。

第一节　政区设置与官吏法

隋唐时期，科举选官制度的推行，使地方政府官员的来源发生了变化；而官吏选任收归吏部的结果，州县主官"自辟僚属"的权力随即消失。《通典·选举志二》说："当时之制，尚书举其大者，侍郎诠其小者，则六品以下官吏咸吏部所掌。自是海内一命以上之官，州郡无复辟属也。"地方政府官吏的选人权全部收归吏部。"大小之官，悉由吏部，纤介之迹，皆属考功"[②]，对地方官吏的考核与监督趋于严密。官吏选拔与考核制度的变化，有利于提高地方法治主体的整体素质和管理水平，防止地方官员结党营私，危害地方法治。

一、三州共辖到鄂岳方镇：武汉地区的时空转变

隋唐时期武汉地区的政区设置依然延续了前朝数郡共辖的局面，江河阻

---

① （清）董诰等编：《全唐文》卷727《舒元舆：鄂政记》，中华书局1983年版，第7493页。
② 《隋书》卷75《儒林传·刘炫传》，中华书局1997年版，第1721页。

隔，南北联络不易的自然环境以及对前朝行政机构设置的历史传承，是形成三郡共治之行政格局的基本原因。安史之乱后，唐政权在武汉地区设置了鄂岳观察使，一度上升为武昌军节度使，统辖鄂州、黄州、沔州，形成管辖武汉地区的地方政权机关。

（一）隋朝三州共辖

隋文帝杨坚取代北周建立隋朝，并于开皇九年（589 年）灭陈，江南地区纳入隋政权管辖，隋朝对江南地区的行政区划做了大规模调整，以解决东晋以来州郡设置过滥、“十羊九牧”的问题，废除了南朝以来一直存在的郢州，设置沔阳郡、齐安郡、江夏郡共同管理武汉地区，大业时期又废郡设州，武汉地区形成三州共治的行政格局。

《隋书·地理志下》“沔阳郡”条：“沔阳郡统县五。”大业初改沔阳郡为“沔州”。所辖五县之中有“汉阳县”，在开皇十七年（597 年）曾设立“汉津县”，大业初年改为“汉阳县”，沌水流经汉阳县，经沌口入江。《隋书·地理志下》“永安郡”条：开皇五年（585 年）设“黄州”。辖县有黄冈、黄陂、木兰、麻城四县，其中黄陂县即今武汉黄陂区，黄冈县、木兰县辖区有部分在今武汉新洲区。《隋书·地理志下》“江夏郡”条：“江夏郡，统县四。”江夏郡在南朝时为郢州，隋朝改为鄂州。大业初年废州改为“江夏郡”。辖县有江夏、武昌、永兴、蒲圻四县，其中江夏县在今武汉武昌区，县内有烽火山，《舆地纪胜》卷 66“鄂州”条载，烽火山“在江夏东北四十里，高十五丈。《梁典》云：‘武帝征齐，顿军于此，举烽火相应，故名。’”据《隋书·裴蕴传》载，裴蕴曾“赐爵江夏郡公”。

以隋大业三年（607 年）的行政区划而言，今武汉地区分别由沔阳郡（辖汉阳县）、永安郡（辖黄陂、新洲）、江夏郡（辖武昌区、江夏区）三郡分别管理。隋炀帝废除州级建制后，形成郡、县二级地方行政体制，汉阳县、黄陂县、黄冈县、木兰县、江夏县五县构成武汉地区的县级政权。

（二）唐朝前期的三州共辖

唐代，地方政权设置前后变化较大，道的增减、州郡名称的变化、方镇辖区盈缩不定，不过武汉地区三州共治的局面一直没有发生大的变化，县的设置也基本稳定。

1. 黄州

黄州在唐代属淮南道管辖，黄陂、黄冈是其辖县。唐代经历了黄州（619—742 年）—齐安郡（742—758 年）—黄州（758—907 年）的政区设置变化。

隋末，起兵于江汉平原的周法明控制了黄州地区，后归属魏王李密，不久，黄州地区为朱粲占领，唐朝消灭朱粲，武德二年（619 年）黄州地区归属唐朝。① 武德三年（620 年），黄州地区归王世充政权，割黄陂县设置南司州，"武德四年（621 年）五月戊辰，王世充降。庚午，周法明降"②。黄州地区再次归唐。武德七年（624 年），改总管府为都督府，废南司州，所辖黄陂县归黄州。贞观元年（627 年），罢都督府，黄州直属安州大都督府。贞观六年（632 年），直属山南道。贞观十年（636 年），直属淮南道。贞观十三年（639 年），黄州领黄冈、黄陂、麻城三县，治黄冈县。唐玄宗天宝元年（742 年），改为齐安郡，辖县与治所仍旧。天宝十五年（757 年），隶淮南节度使。乾元元年（758 年），复为黄州。乾元二年（759 年），割隶属淮南西道节度使。永泰元年（765 年），割隶属江南西道鄂岳都团练观察使。贞元十五年（799 年），割隶安黄节度使。贞元十九年（803 年），隶奉义军节度使。元和元年（806 年），隶武昌军节度使。元和三年（808 年），隶鄂岳都团练观察使。元和十五年（820 年），黄州领县一如天宝十三载。宝历元年（825 年），复隶武昌军节度使。大和五年（831 年），隶鄂岳都团练观察使。大中元年（847 年），复隶武昌军节度使。大中二年（848 年），再隶鄂岳都团练观察使。大中四年（849 年），隶武昌军节度使。大中六年（851 年），又隶鄂岳都团练观察使。文德元年（888 年），隶武昌军节度使。天祐二年（905 年），黄州仍隶鄂岳都团练观察使。③ 黄州辖县有黄陂县，"黄陂汉西陵县地。后周于古黄城西四十里独家村置黄陂县。武德三年，置南司州。七年，州废，县属黄州"④，在今武汉市黄陂区。

---

① 《旧唐书》卷 53《李密传》："李密袭破黎阳仓，据之，永安大族周法明举江、黄之地附密。"《旧唐书·地理志》："武德三年，改为黄州，置总管，管黄、蕲、亭、南司四州。"《中国行政区划通史（隋代卷）》考订为武德元年剿灭朱粲，黄州归唐。

② 《新唐书》卷 1《高祖纪》，中华书局 1975 年版，第 12 页。

③ 郭声波：《中国行政区划通史（唐代卷）》，复旦大学出版社 2000 年版，第 447—448 页。

④ 《旧唐书》卷 40《地理志三》，中华书局 1975 年版，第 1580 页。

2. 沔州

沔州（619—742 年）—汉阳郡（742—758 年）—沔州（758—781 年，783—826 年）。武德二年（619 年），朱粲属部周法明以沔阳郡归唐，割汉阳县置沔州。① 以隋旧州为名，隶黄州总管府。武德三年（620 年），归王世充政权，割隶安州总管府。武德四年（621 年），归萧梁，很快归唐。武德五年（622 年），隶荆州总管府。武德七年（624 年），直属安州大都督府。贞观六年（632 年），直属山南道。贞观七年（633 年），隶安州都督府。贞观十三年（639 年），沔州领汉阳、汉川二县，治汉阳县。天宝元年（742 年），改为汉阳郡，以汉阳县为名，隶安陆郡都督府，领二县，治所汉阳。天宝十五年（756 年），隶淮南节度使。乾元元年（758 年），复为沔州。乾元二年（759 年），割隶江南西道鄂岳沔都团练使。是年，割隶淮南西道节度使。永泰元年（765 年），割隶鄂岳都团练观察使。大历十四年（779 年），隶河南道怀宁军节度使。建中二年（781 年），州废，汉阳、汉川二县隶黄州。建中四年（783 年），复割黄州汉阳、汉川二县置沔州，仍治汉阳县，隶淮西节度使。兴元元年（784 年），隶鄂岳都团练观察使。永贞元年（805 年），隶武昌军节度使。元和三年（808 年），隶鄂岳都团练观察使。宝历二年（826 年），州废，汉阳、汉川二县隶鄂州。"至太和七年，鄂岳节度使牛僧孺奏，沔州与鄂州隔江，都管一县，请并入鄂州，从之。旧属淮南道。"② 以上为沔州（汉阳郡）的设立情况。汉阳县是沔州的辖县，隋末，归复州；武德元年（618 年），隶沔阳郡。武德二年（619 年），割隶沔州，为州治。武德四年（621 年），移治凤栖山南（今武汉汉阳区翠微街道）。天宝元年（742 年），隶汉阳郡，为郡治。乾元元年（758 年），复隶沔州，为州治。建中二年（781 年），州废，改隶鄂州。建中四年（783 年）汉阳、汉川两县再次划归沔州直至唐末。

3. 鄂州

武德元年（619 年），沿用隋旧州为名设鄂州，治江夏，鄂州领江夏、武昌、永兴、蒲圻四县。天宝元年（742 年），改为江夏郡。天宝二年（743

---

① 《旧唐书》卷 40《地理志三》："汉阳，汉安陆县地，属江夏郡。晋置沌阳县。隋初为汉津县，炀帝改为汉阳。武德四年，平朱粲，分沔阳郡置沔州，治汉阳县。"中华书局 1975 年版，第 1610 页。

② 《旧唐书》卷 40《地理志三》，中华书局 1975 年版，第 1611 页。

年），置唐年县，为江夏郡属县。乾元元年（758 年），复为鄂州。有唐一代，江夏县一直存在，武德元年（619 年），隶鄂州，为州治，权寄治于沔州汉阳县鲁山城（今武汉汉阳区晴川街道）①；武德四年（622 年），还治江夏城（今武汉武昌区中华路街道）。贞观三年（629 年），移治所于城南平地（今武汉武昌区紫阳街道）②。天宝元年（742 年），隶江夏郡，为郡治。乾元元年（758 年），为州治。

（三）鄂岳方镇

唐代政区设置中，最高一级为道，贞观时期分天下为十道，武汉地区归属江南道；开元时期调整为十五道，武汉地区归属江南西道。道的行政长官经历了巡察使—观察使—节度使的变化，其职能也随之发生变化。"安史之乱"后形成"方镇"，成为地方政权机关。《新唐书·方镇表五》"鄂岳方镇"表详细记载了中唐以后"鄂岳方镇"的沿革变化。

《唐六典》记载："凡天下十道，任土所出而为贡赋之差。"③ 设置道的目的之一是因地制宜，确定各地向中央缴纳贡赋种类，《唐六典》所载各道的出产物品种类可以支持这一说法。《后唐书·中宗睿宗纪》说："遣十使巡察风俗"，"遣十使巡察天下"。巡察使流动巡察各道，"唯欲责其清勤……肃其侵渔"④。"巡察风俗"是秦汉以来常见的说法，实际是督查地方政府，防止其侵害百姓，违法犯罪。《新唐书·李峤传》记载了垂拱二年（686 年）的情况。"巡察使率是三月已后出都，十一月终奏事，时限迫促，簿书填委，昼夜奔逐，以赴限期。"诸道巡察使每年三月出发，十一月终回朝奏事。《资治通鉴》卷 208《唐纪三十四》"中宗神龙二年"条载此年朝廷选派二十人为十道巡察使，"委之察吏抚人，荐贤直狱，二年一代，考其功罪而进退之"。《唐会要》卷 77《诸使上》记载开元三年（715 年）敕说："巡察使出，宜察官人善恶，其有户口流散、籍账隐没、赋役不均者，

---

① （宋）乐史：《太平寰宇记》"鄂州江夏县"："大业十三年，州贼董道冲陷没，其县遂废。"《资治通鉴》武德四年十月："萧铣鄂州刺史雷长颖以鲁山来降。"胡三省注："隋平陈，以江夏郡置鄂州，治江南之江夏。大业初，复为郡。萧铣盖置州于鲁山。"《纪要》汉阳府汉阳县："鲁山城，在城东北大别山上，或谓今即鲁山城，误也。"江夏县曾寄治鲁山。

② （宋）乐史：《太平寰宇记》，王文楚等点校，"鄂州江夏县"，中华书局 2007 年版，第2277 页。

③ 《唐六典》卷 3《尚书户部卷》，陈仲夫点校，中华书局 1992 年版，第 64 页。

④ 《旧唐书》卷 78《高季辅传》，中华书局 1975 年版，第 2702 页。

不务农桑、仓库减耗者，妖讹宿宵、奸猾盗贼、不事生产、为公私蠹害者，德行孝弟、茂才异等、藏器晦迹、堪应时用者，并存访察闻奏。"对各道巡察使的职责规范得十分清楚。以道为巡查区划，专职负责巡察的官员名目有观风俗使、黜陟使、巡察使、按察使、巡抚使、存抚使等，名目不同，但都承担着巡察一道官员非法行为的职责。不过这种临时派遣使者督察官员的做法效果并不理想，督察效果有限，反而有骚扰地方之弊端。①

开元二十一年（733年），在原来十道的基础上将全国分为十五道，各道设置采访处置使，简称采访使，承担监察职责。黄州地区属淮南道；鄂州、沔州属江南西道。《唐会要》卷78《诸使中》"采访处置使"条载：开元二十五年（737年）十二月，"命诸道采访使考课官人善绩，三年以奏，永为例程"。开元二十九年（741年）七月，"敕采访等使，所资按部，恤隐求瘼，巡抚处多，事须周细，不可匆遽，徒有往来"。采访使有了固定治所，按照地方官的程序向朝廷奏事。采访使有判官2人，分判尚书省诸司及州郡簿书；支使2人，分使出入，其职任如节度使的随军；推官1人，掌推鞫狱讼。岁时遣朝集使朝觐皇帝，并向中书门下报告政务及岁计出入。实际上已具备了地方行政长官的规模。《唐令要》卷78"采访处置使"条载唐玄宗天宝九年（750年）敕令说："本置采访使，令举大纲，若大小必由一人，岂能兼理数郡。自今已后，采访使但察访善恶，举其大纲，自余郡务所奏请，并委郡守，不须干及。"诏书强调采访使要"举大纲"，正说明采访使职权已经扩张到地方具体行政事务，出现取代州级长官职权的趋势。洪迈《容斋随笔·三笔》卷七《唐观察使》中指出：

> 唐世于诸道置按察使，后改为采访处置使，治于所部之大郡。既又改为观察，其有戎旅之地，即置节度使。分天下为四十余道，大者十余州，小者二三州，但令访察善恶，举其大纲。然兵甲、财赋、民俗之事，无所不领，谓之都府，权势不胜其重，能生杀人，或专私其所领州，而虚视州郡。②

---

① 俞鹿年：《中国政治制度通史（隋唐五代）》，社会科学文献出版社2007年版，第226页。
② （宋）洪迈：《容斋随笔》，岳麓书社1994年版，第338页。

"安史之乱"后，设置于边境地区的节度使开始出现在内地，兼任本道的观察使及安抚、营田、招讨、经略等使，总管诸州军事、行政、财政，形成中央与州之间的一级行政实体，史称"方镇"，正式成为地方高级军政长官。《新唐书·方镇五》记载，永泰元年（765 年）"升鄂州都团练使为观察使，增领岳、蕲、黄三州"，即"鄂岳方镇"。鄂州观察使由鄂州刺史兼任，掌管辖区州县官员的政绩考核，这是巡察使、采访使职权的延续，是观察使的核心职权；观察使能自辟幕职官，这使观察使职权扩大，成为一道长官的基础；鄂州观察使多兼"团练""防御"职衔，使其可以掌控地方军权。《新唐书·方镇五》载，贞元十九年（803 年）"赐黄安节度观察使号奉义军节度使"。这是武汉地区设置节度使的开始。元和元年（806 年）"罢奉义军节度使，升鄂岳观察使为武昌军节度使，增领安、黄二州"。《新唐书·伊慎传》载，伊慎因为讨伐李希烈，战功卓著，拜为"安、黄州节度使"。武昌军节度使驻扎鄂州（今武汉武昌区）。元和五年（810 年）"罢武昌军节度使，置鄂岳都团练观察使"。大中元年（847 年）"复置武昌军节度使"。次年，罢武昌军节度使，大中四年（850 年）复置武昌军节度使。大中六年（852 年）"罢武昌军节度使"。大中十二年（858 年）"复以申州隶武昌军节度使"。武昌军节度使再次被设置。文德元年（888 年）"复置武昌郡节度使"。此前曾罢置武昌郡节度使，此次复置。鄂岳方镇的名称、辖区范围多次变化，直到唐朝末年，作为管辖武汉地区的一级行政机构的格局未曾改变。

（四）五代时期武汉地区的州县

五代时期，武汉地区先后归吴（902—937 年）和南唐政权（937—975 年）管辖。杨行密建立吴国后，延续了唐代的行政建制，置鄂州，辖县有江夏、武昌、蒲圻、永兴、唐年（杨吴改名崇阳）、汉阳、汉川七县。《宋寰宇记》卷 112 永安县："唐大历二年（767 年）割金城、丰乐、宣化等乡置镇，伪吴干贞元年（927 年）改为永安场……伪唐保大十二年（954 年）升为县。"鄂州治所在武昌（今武汉武昌区），其中江夏、武昌、汉阳、永安场辖区在今武汉地区。黄州辖黄冈、黄陂、麻城三县，治所在黄冈，其中黄冈县辖今武汉新洲区；黄陂县在今武汉黄陂区。《宋寰宇记》卷 113 大冶县："本鄂州武昌县地，天佑二年（905 年）伪吴析置大冶青山场院，主盐铁。干德五年（967 年），唐国升为大冶县。"北宋路振所撰《九国志》卷一《秦裴传》："开青山大冶，公家仰足。"《宋寰宇记》卷113兴国军："本鄂州永兴县，开宝七年（974年）伪唐建为制置院。"武昌县析出大冶县，永兴县改为制置院辖。958年，长达三年的后周与南唐之战，南唐战败，江北之地全为后周所有，鄂州辖县汉阳、汉川和黄州辖县黄陂、黄冈、麻城全部归后周统辖。陆游《南唐书·元宗纪》："三月，献江北郡县之未陷者，鄂州汉阳、汉川二县在江北，亦献焉。"两年后即归北宋管辖。975年，南唐政权灭亡，鄂州地区归北宋管辖。

政区设置的变化，会影响到地方法治主体隶属关系，对地方社会管理带来不同的影响。

二、地方行政机构及其职责

隋唐五代时期，郡、县、乡、里是最基本的地方行政机构。唐代中后期，方镇从主管军事逐渐过渡到地方行政管理，成为地方最高级别的行政机构。隋唐法律对各级行政机构的职责、权限有严密的规定，以确保其履行地方管理的职责，完成在地方社会推行国家法律和维持地方社会秩序的任务。

（一）鄂岳方镇及其职责

节度使在设置之初，定位在督察地方，《旧唐书·职官志三》载，节度使"得古刺史督郡之制也"。节度使在其驻地的州城之内，筑有牙城（衙城）为治所。节度使兼观察使及本州刺史，故而分别设有节度厅、观察厅与刺史厅，合署办公而分类处理政务。节度使属官有副使一人，行军司马一人，判官二人，掌书记一人，参谋，无员数。随军四人。[①] 节度使副使和行军司马最为重要，能够总揽全军政令，必要时代行节度使职权。掌书记多由文官充任。《新唐书·宰相世系三下》载，乐保衡曾任"鄂州节度判官"，是节度使属官之一。

《新唐书·百官四下》载：

> 节度使掌总军旅，颛诛杀……岁以八月考其治否，销兵为上考，足食为中考，边功为下考观察使以丰稔为上考，省刑为中考，办税为下考……罢秩则交厅，以节度使印自随，留观察使、营田等印，以郎官主

---

①　《旧唐书》卷44《职官志三》，中华书局1975年版，第1922页。

之。锁节楼、节堂，以节院使主之，祭奠以时。入朝未见，不入私第。①

节度使专掌军旅，观察使专注行政，各自职责不同，考核标准也不同。鄂岳观察使、武昌军节度使都兼任鄂州刺史，在全权管理鄂州地方政务的同时，兼管数州政务督察和军队调度。赵憬《鄂州新厅记》载：

> 天宝以前，四方无虞，第据编户众寡。等衰州望，鄂是以齿于下。后戎狄乱华，寓县沸腾，屯兵阻险，斯称巨防，朝廷寻州陟列，将寄勋贤之重。广德二年（764年），遂联岳沔事置三州都团练使，大历八年（773年），加观察处置使。十四年六月，二使废，特置当州防御使，且属于江西……是年十月，乃命秘书少监兼侍御史李公授之。公名兼，陇西人也。到官三年之五月，使改为三州防御使，江岳隶焉，仍领元戎之副，董江西诸军，锐师以伐叛于襄阳，既而克平。九月，就加散骑常侍，防御洎州如旧。公之莅鄂也，今兹四年……繇是所防二千余里，洞庭、彭蠡在其间，水舟陆车，山薮坞野，皆我长城之内……初，刺史有小大之厅，其度甚卑，或门屏迫近，或廊庑狭隘，将吏参集，回旋逼侧，绵历年代，未遑革之。厅之左二曰府舍，摧坏空旷，公乃划阔其地，作为新厅。大厦既立，长廊以二，则俭而规法，结构殊精……惟昔之公门，今为外入，而遂东广开崇墉，北达于里门。棨戟森列，戎徒俨卫，每飨士誓众，骈罗广庭，萧墙之阴……②

这里记载了鄂州在"安史之乱"后，政治军事地位上升，鄂岳方镇设置过程及其衙署的基本格局。

观察使、节度使、团练使名称虽异，均属于"方镇"，是地方最高军事、行政长官，尤其在唐代中后期，"方镇"在地方社会管理与国家法律、政令的推行上居于重要地位。阎伯理《黄鹤楼记》载："刺史兼侍御史、淮西租庸使、荆岳沔等州都团练使，河南穆公名宁，下车而乱绳皆理，发号而

---

① 《新唐书》卷49《百官四下》，中华书局1975年版，第1310页。
② （清）董诰等编：《全唐文》卷455，中华书局1983年版，第4652页。

庶政其凝。"① 时在永泰元年（765 年），穆宁是最早见于记载的鄂岳方镇团练使。穆员《秘书监致仕穆元堂志》载，代宗时，周、郑路塞，东南贡赋之入，漕汉江，转商山，诏择文武全才以守夏口，于是有专城连率之寄（鄂岳方镇、团练）。确保了长江和汉江水路的通畅，舟楫上下如行其家。② 穆宁镇守夏口是为了解决东南财赋沿汉江西运至关中的漕运问题。唐大历五年（770 年）独孤问俗出任鄂岳等州都团练使，《文苑英华》载常衮《授问俗鄂岳等州团练使制》③ 说，寿州刺史独孤问俗……外台雄镇，多所典领。寿春之课，尤最当时。守于一郡，未展其用。可使持节鄂州诸军事、鄂州刺史、兼御史中丞、充鄂岳沔等三州都团练守捉使。独孤问俗出任鄂州刺史与其高超的治理地方赋税的行政能力密切相关。

（二）州县行政机构及其职责

隋唐地方行政体制采用州县两级制，唐代中后期之后，"方镇"成为行政实体，节度使往往兼任驻地州的刺史，县以下则设有乡里组织。唐代武汉地区分别归黄州（黄冈、黄陂二县）、鄂州（武昌、江夏二县）、沔州（辖汉阳县）三州管辖，沔州在牛僧孺任武昌军节度使期间一度罢除，辖县划归鄂州，牛僧孺去职后再次恢复沔州建制，辖县如旧。

1. 州级政权机构及其职能

隋文帝开皇年间，沔阳郡辖汉阳县，江夏郡辖江夏县，永安郡辖黄陂、黄冈县。隋炀帝大业初年，三郡改为州，分别设立沔州、鄂州、黄州，辖县不变。各州"置刺史、长史、司马、录事参军事，功曹、户、兵等曹参军事，法、士曹等行参军，行参军、典签，州都光初主簿、郡正、主簿、西曹书佐、祭酒从事、部郡从事、仓督、市令、丞等员"④。"光初主簿"为隋初官名，后废。各州有佐史 300 人至 323 人。至开皇十五年（595 年）废乡官，对州县属官选拔机制进行了改革，"旧周、齐州郡县职，自州都、郡县正已下，皆州郡将县令至而调用，理时事。至是不知时事，直谓之乡官。别置品官，皆吏部除授，每岁考殿最。刺史、县令，三年一迁，佐官四年一

① （宋）李昉等编：《文苑英华》卷 810，中华书局 1982 年版，第 4279 页。
② （清）董诰等编：《全唐文》卷 784，中华书局 1983 年版，第 8201 页。
③ （宋）李昉等编：《文苑英华》卷 409，中华书局 1982 年版，第 2076 页。
④ 《隋书》卷 28《百官志下》，中华书局 1997 年版，第 783 页。

迁。佐官以曹为名者，并改为司……十五年，罢州县、乡官"①。开皇十五年（595年），"乡官"被彻底废除。隋炀帝即位，"罢州置郡，郡置太守……罢长史、司马，置赞务一人以贰之……次置东西曹掾……主簿，司功、仓、户、兵、法、士曹等书佐，各因郡之大小而为增减……后诸郡各加置通守一人，位次太守……又改郡赞务为丞，位在通守下"②。隋朝废郡设州，州级政权机构的设置趋于稳定，沔州、黄州、鄂州等州级政权的辖区变化不大，州政权中主官、属官、六曹、书佐等设置齐全，上承中央，下辖县，为唐代州府机构组织所沿用。

唐代沔州、黄州、鄂州的设置延续了隋朝的格局，州的行政长官为刺史，主要僚属有上佐、判司和录事参军。上佐指别驾（或长史）、司马，上州别驾从四品下，余均为五品。《新唐书·常山王承干传》载：李承干儿子李厥曾任"鄂州别驾"。《新唐书·宰相世系四上》载，道怿然曾任鄂州别驾。《新唐书·许王素节传》载，李瓘曾任鄂州别驾。《新唐书·宗室世系下》载，李之远曾任鄂州别驾；李诸曾任鄂州司马。《新唐书·宰相世系一上》载，裴弘本曾任"鄂州知院"。《新唐书·宰相世系二上》载，李光朝曾任鄂州司马。判司指（司功、司仓、司户、司兵、司法、司士）参军事，每司一般为一人，上州从七品下，中州正八品，下州从八品下，分掌州政；录事参军事上州从七品下，中州正八品上，下州从八品上，地位略高于判司，其执掌是分派吏员、检查文书办理、簿籍记录、审阅案卷等。此外，属官还有参军事、经学博士、医学博士、市令等《唐六典》卷30"州县官吏"条记载甚详。《新唐书·宰相世系二上》载，李璋、李谌曾任鄂州司户参军。唐玄宗"天宝元年（742年），改州为郡，刺史为太守。自是州郡史守更相为名，其实一也"③。唐代中后期，州、郡长官或刺史，或太守，或府尹，名称虽有差异，但职掌没有变化，即"掌宣德化，岁巡属县，观风俗、录囚、恤鳏寡。亲王典州，则岁以上佐巡县"④。

李白《天长节使鄂州刺史韦公德政碑并序》载曾任鄂州刺史的韦良宰事迹说：

---

① 《隋书》卷28《百官志下》，中华书局1997年版，第791—792页。
② 《隋书》卷28《百官志下》，中华书局1997年版，第802页。
③ 《通典》卷33《职官十五》"郡太守"条，中华书局1988年版，第908页。
④ 《新唐书》卷49《百官四下》，中华书局1975年版，第1311页。

移镇夏口，救时艰也。慎厥职，康乃人，减兵归农，除害息暴。大水灭郭，洪霖注川，人见忧于鱼鳖，岸不辨于牛马。公乃抗辞正色，言于城隍曰："若一日雨不歇，吾当伐乔木，焚清祠。"精心感动，其应如响。无何，中使衔命，遍祈名山，广征牲牢，骤欲致祭。公又盱衡而称曰："今皇上明圣，怀于百灵。此淫昏之鬼，不载祀典，若烦国礼，是荒巫风。"其秉心达诚，皆此类也。物不知化，如登春台。有若江夏县令薛公，挹四豪之风，当百里之寄。干蛊有立，含章可贞。遵之典礼，恤疲于和乐。政其成也，臻于小康。①

李白与韦良宰是好朋友，韦良宰曾出任鄂州刺史。李白在乾元二年（759 年）撰有《经乱后天恩流夜郎忆旧游书怀赠江夏韦太守良宰》诗，碑文当与此诗作于同时。减兵归农、除害息暴、赈济水灾、监督考核辖县官员、拒绝不合礼法的滥祀山川神灵的行为是韦良宰的主要事迹。

杜牧《黄州刺史谢上表》说："臣于此际为吏长人，敢不遵行国风，彰扬至化。小大之狱，必以情恕；孤独鳏寡，必躬问抚。庶使一州之人，知上有仁圣天子，所遣刺史，不为虚受。悉其和风，感其欢心，庶为瑞为祥，为歌为咏，以裨盛业，流乎无穷。"② 杜牧科举出身，任黄州刺史之前已经久历官场，对出任黄州刺史的职责有清楚的理解，所以在初任黄州刺史时撰写了这份"谢上表"，是在向朝廷表达自己的忠心，也清楚地表述了地方官的职责，地方官与朝廷的关系：朝廷设置地方政权，是要贯彻国家法律、政策、诏令于地方社会，即"彰扬国风"；地方政权要及时依法审理案件，修补被破坏的社会关系，使社会成员感受到公权力提供的秩序的力量；要及时救助"孤独鳏寡"，不至于因为求生无门，铤而走险，为盗为贼；核心在于维持朝廷在地方社会的威信，树立地方社会对公权力的认同。隋唐政府不但派出刺史、县令，还设置了州县两级地方政府，通过地方官僚队伍规范化的活动，以达成上述目标。

唐代著名诗人元稹曾任鄂州刺史。《旧唐书·元稹传》载，太和四年（830 年）正月，元稹出任鄂州刺史、武昌军节度使。次年七月二十三日卒

---

① （清）董诰等编：《全唐文》卷 350《李白：天长节度史鄂州刺史韦公德政碑并序》，中华书局 1983 年版，第 3548 页。

② （唐）杜牧：《樊川文集》，上海古籍出版社 1978 年版，第 218 页。

于任上，任鄂州刺史、武昌军节度使共一年半。白居易《元稹墓志》① 载元稹“在鄂三载，其政如越”，“三载”应为“二载”，“越政”即元稹此前任浙东观察使八年中的“政绩”。《元稹墓志》载元稹出任浙东观察使后，“辨沃瘠，察贫富，均劳逸，以定税籍。越人便之，无流庸，无逋赋。又明年，命吏课七郡人，冬筑陂塘，春贮水雨，夏溉旱苗。农人赖之，无凶年，无饿殍。在越八载，政成课高”。切实落实税收政策，兴修水利设施，发展农业生产，及时救助灾民，防止百姓流亡，是元稹“越政”的核心，按照白居易的说法，元稹在武昌的政绩也与此类似。

《文苑英华》卷83《土洑镇保宁记》记载了卢元卿任鄂州刺史时的情况：“元年夏四月，国家裂诸侯之地，俾大夫卢公藩壤沔鄂，以江蕲等六大郡属之。车始至而沴气肃清，令始设而轴辖满盈，和始扇而鱼鳖不惊，浃辰之下，旧染污俗，咸与保宁矣。昨野人出自山林，来谒上郡，帆次于槛侧，卒不识禁，将不嗬问，无逗遛于时，无衰敛于货。向至暮夜，则渔者唱，樵者和，荡荡然罢鸣柝吠犬之惊。”“元年”即贞元元年（785年），卢元卿任鄂州刺史，主要职责在于推行国家法律，依法澄清吏治，发展经济，改造风俗，推动地方社会的发展。

2. 县级政权机构及其职责

隋唐时期，黄陂县、汉阳县、江夏县、黄冈县（辖今武汉新洲区）的设置没有发生大的变化，隋代县级政权主官为县令，设有县丞、县尉，主簿，功曹，西曹，金、户、兵、法、士等曹佐，及市令等员，主官加属员合计一百人左右。② 隋炀帝即位，对县级政权机构的设置做了调整，“丞、主簿如故……县尉为县正，寻改正为户曹、法曹，分司以承郡之六司”③。大业时期县级政权机构的变化主要是改县尉为“县正”，并与郡的“六司”对口，县级政权的佐属之官大为精简，这一特征一直保持到唐代。

唐代县级政权机构设置与隋代相似。《旧唐书·职官三》记载，每县设县令一人，另有县丞一人，主簿一人，县尉二人，录事二人，史三人。司户、佐四人，史七人，帐史一人。司法，佐四人，史八人。仓督二人，典狱

---

① （唐）白居易：《白居易集》第四册，顾学颉校点，中华书局1979年版，第1466—1467页。
② 《隋书》卷28《百官志下》，中华书局1997年版，第783页。
③ 《隋书》卷28《百官志下》，中华书局1997年版，第802页。

十人，问事四人，白直十人，市令一人。佐史各一人，帅一人。博士一人，助教一人，学生四十人。各县因其辖区人口多寡属员设置稍有差异，但区别不大。

隋唐法律对县级政权的职责有明确规定，"天下诸县令之职，皆掌导扬风化，抚字黎氓，敦四人之业，崇五土之利，养鳏寡，恤孤穷。审察冤屈，躬亲狱讼，务知百姓之疾苦"①。县令主持劝课农桑、征收赋税、编造户籍、审理狱讼、分派差役，即"亲民之官"。"主簿掌付事钩稽，省署抄目，纠正非违，监印，给纸笔、杂用之事。录事掌受事发辰，句检稽失。县尉亲理庶务，分判众曹，割断追催，受率课调。博士掌以经术教授诸生。二分之月，释奠于先圣、先师。"② 县丞是县令副职，主簿主持文书的制作与检查，县尉主持各曹，催征课税，追捕盗贼。司户佐掌田、户、赋役，司法佐掌刑狱。此外，各县还设有经学博士、助教各一人，掌管地方教育。各县设有县仓，设"仓督"管理，收纳征租，是政府财政的主要来源。市场交易和商税征收则由市令负责管理。《新唐书·则天圣武皇后纪》载，任知古曾被贬为江夏县令。《新唐书·宗室世系下》载，李恬曾任江夏县令。

隋唐时期，地方政府员额设置有严格的规定，禁止超出规定设官，违反要受到处罚。《唐律疏议·职制律》规定："诸官有员数，而署置过限及不应置而置，谓非奏授者。一人杖一百，三人加一等，十人徒二年。后人知而听者，减前人署置一等；规求者为从坐，被征须者勿论。"唐代各级政府官吏设置人数在《通典》《唐六典》中都有记载，地方政府超过规定设置官吏，主管官员要受到处罚；继任者发现前任违规设置官吏而不揭发处理的，减一等处罚。

李白《武昌宰韩君去思颂碑并序》载："君自潞州铜鞮尉调补武昌令，未下车，人惧之；既下车，人悦之。惠如春风，三月大化，奸吏束手，豪宗侧目……兼操刀永兴，二邑同化。襁负云集。居未二载，户口三倍其初。铜铁曾青，不择地而出。大冶鼓铸，如天降神。既烹且烁，数盈万亿，公私其赖之。官绝请托之求，吏无丝毫之犯。"③ 唐肃宗至德二年（757年），李白

---

① 《旧唐书》卷44《职官志三》，中华书局1975年版，第1921页。
② 《唐六典》卷30《三府督护州县官吏》，陈仲夫点校，中华书局1992年版，第753页。
③ （清）董诰等编：《全唐文》卷350《李白：武昌宰韩君去思颂碑》，中华书局1983年版，第3549页。

在武昌遇到了韩愈的父亲韩仲卿。当时韩仲卿即将卸任武昌县令，新上任的县令以及当地民众邀请李白专门为韩仲卿撰写了一篇碑文，即《武昌宰韩君去思颂碑》，"去思颂"是地方对即将离职官员的称赞、怀念之文。上引文字为碑文序，"奸吏束手""豪宗侧目""户口三倍其初""大冶鼓铸"是韩仲卿作为县令的主要政绩，惩治官吏犯罪，控制地方豪强，招抚流民，发展地方经济，稳定地方秩序，按规定征收赋税，是隋唐时期县级政权的核心职责。

3. 乡里管理机构及其职责

隋开皇九年（589 年）二月"制五百家为乡，正一人；百家为里，长一人"①。这是隋代乡里社会管理制度确立的标志。乡正、里长成为行政制度中最基层的官员。《旧唐书·食货志上》载："武德七年，始定律令……百户为里，五里为乡。四家为邻，五家为保。在邑居者为坊，在田野者为村。村坊邻里，递相督察。"乡、里、村三级地方行政体制在唐代初步确立。

《唐六典》卷 3《尚书户部卷》载："百户为里，五里为乡。两京及州县之郭内分为坊，郊外为村。里及村、坊，皆有正，以司督察（里正兼课植农桑、催驱赋役）。四家为邻，五家为保。保有长，以相禁约。"②

《通典》载开元二十五年（737 年）"大唐令"：

> 诸户以百户为里，五里为乡，四家为邻，五家为保。每里置正一人（若山谷阻险、地远人稀之处，听随便量置），掌按比户口，课植农桑，检察非违，催驱赋役。在邑居者为坊，别置正一人，掌坊门管钥，督察奸非，并免其课役。在田野者为村，村别置村正一人，其村满百家增置一人，掌同坊正。其村居如［不］满十家者，隶入大村，不得别置村正……诸里正，县司选勋官六品以下白丁清平强干者充。其次为坊正。若当里无人，听于比邻里简用。其村正取白丁充，无人处，里正等并通取十八以上中男、残疾等充。③

依据上引各条律、令，县以下的基层社会设有乡、里、村等基层政权机

---

① 《隋书》卷 2《高祖纪下》，中华书局 1997 年版，第 32 页。
② 《唐六典》卷 3《尚书户部卷》，陈仲夫点校，中华书局 1992 年版，第 73—74 页。
③ 《通典》卷 3《食货志三》，中华书局 1988 年版，第 63—64 页。

构，是有法律依据的。坊、村是明确设立的两种基层组织，"郊外为村""田野者为村"说明村分布在郊外、田野；坊分布在郭、邑之内。乡、里管理机构的设置是以聚居户数达到"百户""五百户"为依据的，不会拘泥于一个自然村落，而是以地域为单位。而坊、村的设置则是基于村落的聚居户数，聚居户数在十户以上、百户以下者，设"村正""坊正"，政府对"村正""坊正"的人选有一定的要求。"按比户口，课植农桑，检察非违，催驱赋役"是其基本职责。

杜牧描述了黄州地区乡里管理机构的活动情况，"伏腊节序，牲醪杂须，吏仅百辈，公取于民，里胥因缘，侵窃十倍，简料民费，半于公租，刺史知之，悉皆除去"[①]。"吏"即基层官吏，"里胥"即乡正、村长之流，官吏向百姓征收过节费，乡正、村长借机加倍征收，说明按照规定征收赋税是其合法职责，只不过在具体运行过程中成为盘剥百姓的苛政。

三、官吏的选拔与考核

隋唐时期，科举选官逐渐成为地方官吏选拔的主渠道。《新唐书·石洪传》载，石洪有至行，举明经，为黄州录事参军。这是登科之后直接到鄂州任官。《新唐书·选举志上》："唐制，取士之科，多因隋旧，然其大要有三。由学馆者曰生徒，由州县者曰乡贡，皆升于有司而进退之……此岁举之常选也。其天子自诏者曰制举，所以待非常之才焉。"唐代科举分常举、制举，常举每年定期考试，州县学馆的生徒可直接参加，非学馆的读书人向州县报考，考核合格者由州县送中央参加考试。常举及第，即取得做官资格，再经吏部诠选，合格者授予官职。制举由皇帝临时定立名目举行选拔，官吏、士人均可参加，考试合格者即可任官。《唐摭言》卷一"贡举厘革并行乡饮酒"条载开元二十五年敕："敕应诸州贡士：上州岁贡三人，中州二人，下州一人；必有才行，不限其数。"制举选官在执行过程中弊端丛生。《龙筋凤髓判》卷一载有"诸州贡举悉有保明及其简试芜滥极多，若不量殿举主或恐奸源渐盛并仰折中处分"的判词，要求严惩地方官举士中出现的"举不求才，惟利是荐，贡不求器，惟赇是闻"的恶习。鄂州、黄州都负有向朝廷推荐人才的责任，自然也不免出现"惟赇是闻"的现象。唐代曾出任鄂州刺史的如杜牧、牛僧孺、元稹，都是通过科举获取做官资格的著名

---

① （唐）杜牧：《樊川文集》卷14《第二文》，上海古籍出版社1978年版，第203页。

文人。

门荫得官依然是唐代选拔地方官员的渠道之一。曾任江夏尉的窦参，"刑部尚书诞四世孙。学律令，为人矜严悍直，果于断。以荫累为万年尉……（因犯罪）贬江夏尉，人皆义之"①。窦参精于律令，以门荫得为县尉。李璥，"封为嗣郑王，官至鄂州刺史"②。李厥"至鄂州别驾"③。属于皇族子弟通过门荫取官，官至鄂州别驾、鄂州刺史。《新唐书·韩皋传》载韩皋"由云阳尉擢贤良科，拜左拾遗……出为鄂州刺史、鄂岳蕲沔等州观察使"。韩皋是先通过门荫任职县尉，再通过科举获得升迁，后来出任鄂州刺史。唐代门荫制度规定，高级官员和贵族可以依法不通过科举而获得做官资格。《唐会要》卷81《用荫》条记载：

> 诸用荫出身者，一品子正七品上，二品子正七品下，正三品子从七品上，从三品子从七品下，正四品子正八品上，从四品子正八品下，正五品子从八品上，从五品及国（公）子从八品下。三品以上荫曾孙，五品以上荫孙。孙降子一等，曾孙降孙一等，赠官降正官荫一等，死王事者与正官同。散官同职事。若三品带勋官者，即依勋官荫，四品降一等，五品降二等。四品、五品带勋官者，不在荫曾孙之限。郡、县公子准从五品荫，县男已上子降一等，勋官二品子又降一等，即二王后子孙，准正三品荫。

"品"即职事官本品。职事官品"以序才能，以位贤德"，唐令规定九品以上职事，皆带散位，谓之"本品"，"本品"是门荫的标准。从执行情况来看，五品以上散官即使没有确切的"职事"依然可以门荫子弟。④ 门荫为官者也会进入各级地方政权机构，《新唐书》所载《世系表》中出现的鄂州、黄州、江夏县等地方政权中的官员，出身官僚家庭，符合门荫为官的条件，其中不乏门荫出仕者。科举和门荫构成隋唐时期官吏选拔的主要途径，

---

① 《新唐书》卷145《窦参传》，中华书局1975年版，第4227页。
② 《旧唐书》卷64《郑王李元懿传》，中华书局1975年版，第2429页。
③ 《旧唐书》卷76《恒山王李承乾传》，中华书局1975年版，第2649页。
④ 孙俊：《唐代门荫制度诸问题再探讨》，《西北大学学报（哲学社会科学版）》2015年第6期。

不论是地方主官还是属吏，都需要经过相应的程序，经过吏部考核，才能为官任职。

唐代也有通过其他途径出任官职的，《新唐书·张浚传》载，张浚年轻时"倜傥不羁，涉猎文史，好大言，为士友之所摈弃……乾符中，枢密使杨复恭因使遇，自处士荐为太常博士，累转度支员外郎。（后出任）鄂州刺史、武昌军节度观察等使"。张浚是由处士得到推荐而为官，出任鄂州刺史。《全唐文》卷455载，赵憬"渭州陇西人。宝应中以褐衣上疏，试江夏尉，累拜给事中"。这是通过上书皇帝得到官职的案例。唐朝末年，天下大乱，出现地方军阀被任命为鄂州刺史的情形，《新唐书·杜洪传》记载，鄂州人杜洪在黄巢攻占鄂州期间"亡为盗"，后被鄂州刺史崔绍招募为部将，"中和末，闻绍卒，募士三千人入守鄂州，光启二年……洪乘虚入鄂，自为节度留后，僖宗即拜本军节度使"。这是朝廷不得已的做法。

隋唐时期，对地方官员的政绩考核有严格的法律规定。白居易《元稹墓志》载元稹在浙东观察使任上八年，"政成课高"，即考核级别为上等。《新唐书·高简传》载，高重"出为鄂岳观察使，以美政被褒"。"美政"是对其在鄂岳观察使任上政绩的考评结论。隋唐时期对官员的任职考核有详尽的规定，《旧唐书·职官志》记载了唐代考核官吏的"四善""二十七最"，是对所有行政官员的原则性要求，也是治理地方社会必须具备的操守。"四善"要求官员的德行高妙、操守清廉、执政公平、勤于职事，出色完成自己的职责。"二十七最"是法律规定的不同岗位履行职责的标准。涉及地方官审理案件的标准为："决断不滞，与夺合理，为判事之最……推鞫得情，处断平允，为法官之最。"对地方社会秩序的要求为"礼义兴行，肃清所部，为政教之最"；对地方监察的要求为"访察精审，弹举必当，为纠正之最……明于勘覆，稽失无隐，为勾检之最"；对地方财政管理的要求为"职事修理，供承强济，为监掌之最……功课皆充，丁匠无怨，为役使之最"；对地方农业管理的要求为"耕耨以时，收获成课，为屯官之最……谨于盖藏，明于出纳，为仓库之最……牧养肥硕，蕃息孳多，为牧官之最"；对地方治安和商业管理的要求为"讥察有方，行旅无壅，为关津之最……市廛不扰，奸滥不作，为市司之最"。[1] 上述标准作为考核官吏的依据，其

---

① 《旧唐书》卷43《职官志二》，中华书局1975年版，第1824页。

核心在于忠于职守，高效率完成本职工作。

唐律对地方官员的"考校"有严格规定。《通典·选举三》载：

> 诸州县官人，抚育有方，户口增益者，各准见户为十分论，每加一分，刺史县令各进考一等。其州户口不满五千，县户不满五百者，各准五千五百户法为分。若抚养乖方，户口减损者，各准增户法，亦每减一分降一等。其劝课农田能使丰殖者，亦准见地为十分论，每加二分，各进考一等。其有不加劝课以致减损者，每损一分，降考一等。若数处有功，并应进考者，并听累加。

在均田制下，人丁的多少，直接关系到租庸调的征发，所以，增加人口、劝课农桑依然是唐代地方官员考核的最核心指标。只要人口增殖超过10%，即可考绩加等，反之，则要降等；农业增产20%以上，亦可以加一等，反之，减一等。见于史料记载的黄州、沔州、鄂州人口数量记载，就是对地方官员考核的证据。

唐代法律规定了"勾检"制度，对政府机构内部文书下行进行监督。《唐律疏议·职制律》"稽缓制书官文书"规定了地方政府各类文书处理的期限："诸稽缓制书官文书者，一日笞五十（注：誊制、敕、符、移之类皆是）。一日加一等，十日徒一年。"按照《疏议》的解释，制书内容不满二百页的，要当日下发；其他"符、移、关、牒"满二百纸以下，二日内下发；超过二百页，加一日程，但最多不得过五日；遇到下发的"赦书"，无论多少页，不得过三日。一旦超过规定期限，就要受到处罚。该条《疏议》引《唐令》："小事五日程，中事十日程，大事二十日程，徒以上狱案辩定须断者三十日程。其通判及勾经三人以下者，给一日程；经四人以上，给二日程；大事各加一日程。若有机速，不在此例。"即制、敕之外的一般政府文书（包括徒刑以上犯罪案件的上报文书）的处理期限，超过规定期限，即属违法，要受到处罚。州级政府负责"勾检"的官员为司录参军，县级政府为主簿、录事。勾检官员负责稽查官文书处理是否超过期限，同时签署收文日期和发文日期，作为考核依据，并且登记收文发文目录，作为稽查的依据。此外，勾检官还负责本级政府机关的财务勾检，《旧唐书·杨炎传》："国家旧制，天下财赋皆纳于左藏库，而太府四时以数闻，尚书比部覆其出入，上下相辖，无失遗。"据《旧唐书·职官志二》载："诸州岁终而申省，比部总勾覆之。"比部郎中主持地方财务勾检，《新唐书·百官志一》载："比部郎中、员外郎，各一人，掌句会内外赋敛、经费、俸禄、公廨、勋赐、赃赎、徒役课程、逋欠之物，及军资、械器、和籴、屯收所入。"与中央勾检对应，州级勾检官于每年三月份将前一年的财务账目上报户部比部司，县级勾检则上报到州。

州刺史和节度使负责辖区官员的监督。唐代制度规定乡正、村长是按比例设置，杜牧任黄州刺史期间，发现黄州地区超过规定多设乡正、村长，类似于"多设吏员"，"乡正村长，强为之名，豪者尸之，得纵强取，三万户多五百人，刺史知之，亦悉除去"。基层官府巧立名目、盘剥百姓是中国古代常见的"苛政"，"茧丝之租，两耗其二铢，税谷之赋，斗耗其一升，刺史知之，亦悉除去"。黄州曾为藩镇李希烈占据，直至晚唐，豪强武夫依然横行地方，欺压百姓，"黄境邻蔡，治出武夫，仅五十年，令行一切，后有文吏，未尽削除"。杜牧出任黄州刺史后，依法惩治扰民恶吏，"吏顽者笞而出之，吏良者勉而进之，民物吏钱，交手为市"。彻底根除了武夫专擅政府的情况，"公庭昼日，不闻人声"①。从杜牧的所为，大概可以窥见唐代地方政府内部控制的一般情况。《文苑英华》卷522载有"刺史违法判"的判词："得景为录事参军，刺史有违法事，景封状奏闻，或责其失事长之道。景云不敢不忠于国。"录事参军承担监督刺史的职责。

四、法律体系与法律适用

《旧唐书·刑法志》载："唐之刑书有四，曰：律、令、格、式。令者，尊卑贵贱之等数，国家之制度也。格者，百官有司之所常行之事也。式者，其所常守之法也。凡邦国之政，必从事于此三者。其有所违及人之为恶而入于罪戾者，一断以律。"②《唐六典》载："凡律以正刑定罪，令以设范立制，格以禁违止邪，式以轨物程序。"③律、令、格、式构成唐代法律的基本形式，各种形式之间既有明确分工，又互相配合，构成严密的规范体系，为各级官员的行政行为提供规范依据。律即刑律，保存到现在的《永徽律》是唐高宗永徽二年（651年）颁布的法典，由长孙无忌等人在《武德律》

---

① （唐）杜牧：《樊川文集》卷14《第二文》，上海古籍出版社1978年版，第203页。
② 《新唐书》卷56《刑法志》，中华书局1975年版，第1407页。
③ 《唐六典》，陈仲夫点校，中华书局1992年版，第185页。

和《贞观律》的基础上加以修订而成，共十二篇，五百零二条，篇名依次为名例、卫禁、职制、户婚、厩库、擅兴、贼盗、斗讼、诈伪、杂、捕亡、断狱等，全文保存在《唐律疏议》中。唐律十二篇主要是对各种犯罪的规定，如"卫禁""职制""户婚""厩库""捕亡""断狱"等篇都是针对特定犯罪的规定，"擅兴""斗讼""诈伪""贼盗"本身就是以罪名为篇名。

《唐六典》卷六"刑部郎中员外郎"条载开元七年（719年）令共二十七种，一千五百四十六条，三十卷。宋人宋绶、宋敏求父子辑录成《唐大诏令集》，可以窥见"唐令"之面目。日本学者仁井田陞在《唐令拾遗》中，按照唐令旧目，分官品令、三师三公台省职员令、寺监职员令、卫府职员令、东宫王府职员令、州县镇戍岳渎关津职员令、内外命妇职员令、祠令、户令、学令、选举令、封爵令、禄令、考课令、宫卫令、军防令、衣服令、仪制令、卤簿令、乐令、公式令、田令、赋役令、仓库令、厩牧令、关市令、医疾令、捕亡令、假宁令、狱官令、营缮令、丧葬令、杂令三十三门，计七百十五条。可以窥见唐令的大概。令的范围涉及各个领域，其中有关于犯罪和刑罚的规定，但大部分与犯罪无关。

《唐六典》记载，格"二十有四篇"，"皆以尚书省二十四司为篇名"。式"三十有三篇"，"亦以尚书省列曹及秘书、太常、司农、光禄、太仆、太府、少府及监门、宿卫、计帐为其篇目。凡式三十三篇，为二十卷"①。格是整编公布的敕令，与令类似，涉及面广，格是"禁违止邪"，即对违法行为的预防性规范。式的内容常表现为一些关于时间、人数等的实施细则内容。在敦煌吐鲁番文书残卷及《唐律疏议》对式不多的引文中，可以看出绝大部分的式是正面制度性立法，而非定罪判刑的刑法条文。《新唐书·刑法志》说："凡邦国之政，必从事于此三者。""政"即行政，即令、格、式是各级国家机构实施政务行为的法律依据，这是令、格、式不同于刑律之处。

律、令、格、式构成地方政府履行职责、管理地方社会的活动依据，也是判断地方官员行为是否违法的准则。

《新唐书·选举志》载："凡择人之法有四：一曰身，体貌丰伟。二曰言，言辞辩正。三曰书，楷法遒美。四曰判，文理优长……六品以下始集而

---

① 《唐六典》，陈仲夫点校，中华书局1992年版，第185页。

试，观其书、判。已试而铨，察其身、言。"这里的"判"即判词撰写，即依据法律规定，对各类纠纷和犯罪作出判决。撰写判决书，需要对法律有精深的理解，并善于用来剖析事理，裁决纠纷，定罪量刑。之所以规定"六品以下"才考察书判撰写能力，是因为初始为官者只能出任六品以下的官职，尤其是地方官员。为了写好判决书，参加科举者需要事先练习，传世的白居易撰写的"百道判"（甲乙判）就是白居易早年为了应试而撰写的判词。精通法律、善书判词，是唐代地方官员的基本素养。地方官吏必须具备精深的法律素养，正是政权要求官员依据法律治理地方社会这一观念在选举制度上的集中反映。

隋唐时期，结束了东汉末年以来的分裂局面，重新建立大一统的政权。隋文帝开皇年间，对地方行政机构做了大规模裁撤，结束了地方政权设置上"十羊九牧"的现象，郡县政权设置趋于合理。"九品官人法"的弊端随着科举制度的确立被逐渐消除，大批儒学素养深厚的知识分子通过科举投身官僚队伍，地方法治主体的专业素养和对政权的忠诚度较之前代有很大程度的提升，高素质的官僚队伍在地方法治推行中能够自觉践行法治原则，出现了杜牧、元稹、牛僧孺等投身武汉地方社会治理的官员。

第二节　农业和商业法律

地方政府负责依法对辖区的农业、手工业、商业进行管理。劝课农桑、兴修水利、赈济灾害是其最基本的管理活动；隋唐五代时期，武汉地区一直存在政府主持的造船作坊，管理造船业和其他手工业也是政府的职责之一；管理商业活动、征收商税、缉拿茶盐走私，构成地方商业管理的基本内容。

一、农业法

隋唐时代，湖北地区的农业依然以水稻和小麦种植为主，政府重视农业发展，地方政府主持修筑了一些重要的堤坝和水利设施，杜牧《樊川文集》卷十四《礼部尚书崔公行状》载，崔郾任鄂岳观察使期间，主持修筑了捍御江水的"长堤"。农业生产工具得到改进。唐代中后期，常平仓、义仓在湖北地区逐步建立起来，有利于地方灾害救助。对地方政府而言，保持足够的劳动人口是保证农业生产正常进行的前提和基础；及时赈济灾害，防止灾民逃亡甚至酿成反政府武装，依然是地方政府农业法治的核心内容。唐代农业法治最特别之处在于"均田制"，在这一制度下，土地授受与百姓承担的赋役捆绑在一起，"租庸调"征收是"均田制"的制度内容之一，地方政府管理农业的内容包括了土地管理和赋役征收，故而，传统的赋役法治包括在农业法律制度之中。

《全唐文》第 801 卷收录了唐人陆龟蒙撰写的《耒耜经》，其中记载了曲辕犁的结构和使用方式，曲辕犁与牛耕结合，提高了江汉平原的农业生产效率。唐代长江流域大部分地区已经推行稻麦复种，[①] 诗人元稹曾任鄂岳观察使，其《竞舟》诗："年年四五月，蚕实麦小秋。积水堰堤坏，拔秧蒲稗稠。"小麦是四五月成熟。其《赛神》诗："年年十月暮，珠稻欲垂新。家家不敛获，赛妖无贫富。"[②] 水稻成熟是十月。小麦水稻的复种提高了土地利用效率，武汉地区的耕作技术进入一个新阶段。南朝以来，湖北地区的水稻种植已采用牛耕，《荆楚岁时记》"四月"条："四月也，有鸟名布谷……农人候此鸟，则犁耙上岸。"武汉地区水稻耕作采用牛耕也不会例外。

杜牧的堂弟杜铨，本长安人，出任江夏令，罢职后，"卜居于汉北泗水上，烈日笠首，自督耕夫，而一年食足，二年衣食两余，三年而室屋完新，六畜肥繁，器用皆具。凡十五年，起于耕荒，不假人之一毫之助，至成富家翁"[③]。《读史方舆纪要·湖广三》"京山县"记载："泗水，在县西南一百八十里，南去汉江十里，水溢而汇曰泗水，亦名泗汊湖。隆庆六年（1572年），议开泗港以杀汉水，即此。又县南七十里有土墙湖，下流通于泗水。"泗水为汉江支流，杜铨卜居之处当不会离江夏太远，从杜铨经营农业的情况大概可以判断唐代武汉地区农业生产的发展情况，"一年食足""二年衣食有余""三年而室屋完新"，是以较高的农业生产效率为前提的。

唐代诗人钱起《赠汉阳隐者》云："衡茅古林曲，粳稻清江滨。桂棹为渔暇，荷衣御暑新。"《太平广记》卷 425 "陆社儿"条称："陆社儿者，江夏民，常种稻于江际。"为与地理环境相适应，武汉地区的粮食作物以种植水稻为主。唐代诗人元结《漫歌八曲·大回中》："樊水欲东流，大江又北来。樊山当其南，此中为大回。回中鱼好游，回中多钓舟。漫欲作渔人，终

---

① 牟发松：《唐代长江中游的经济与社会》，武汉大学出版社 1989 年版，第 47 页。
② （唐）元稹：《元稹集》卷 3《古诗》，中华书局 1982 年版，第 29 页。
③ （唐）杜牧：《樊川文集》卷 9《唐故复州司马杜君（铨）墓志铭》，上海古籍出版社 1984年版，第 142 页。

焉无所求。"樊山、樊水在今湖北鄂州境内，"樊水东流""大江北来"使武汉至鄂州一带的长江和湖泊具备了丰富的渔业资源，成为当地开展渔业生产的基础。《漫歌八曲·小回中》："丛石横大江，人言是钓台。水石相冲激，此中为小回。回中浪不恶，复在武昌郭。来客去客船，皆向此中泊。""小回"即江水平缓之处，既是优良渔场，也是避风的港口。渔业是武汉地区主要的经济门类。

（一）均田制下的农业法与农业管理

唐代前期实行均田制，这是一种集农业管理、土地分配与赋税征收合而为一的制度设置。欧阳修说："故量人之力而授之田，量地之产而取以给公上，量其入而出之以为用度之数。是三者常相须以济而不可失，失其一则不能守其二。"① 均田制是租庸调征收的基础，而租庸调是均田制下税丁、税田的税制。

1. 武汉地区推行均田制的判断

隋朝沿用北齐制度，推行均田制，隋朝在武汉地区是否推行"均田制"缺乏确凿史料支撑，但"计户征税"即依据北齐时的租庸调制征收租赋力役则是全国范围内的政策，武汉地区自然也会执行。

唐代继承了隋朝的均田制，《旧唐书·食货志上》载：

> 武德七年（624年），始定律令。以度田之制：五尺为步，步二百四十为亩，亩百为顷。丁男、中男给一顷，笃疾、废疾给四十亩，寡妻妾三十亩。若为户者加二十亩。所授之田，十分之二为世业，八为口分。世业之田，身死则承户者便授之。口分，则收入官，更以给人。赋役之法：每丁岁入租粟二石。调则随乡土所产，绫绢絁各二丈，布加五分之一。输绫绢絁者，兼调绵三两。输布者，麻三斤。凡丁，岁役二旬。若不役，则收其佣，每日三尺。有事而加役者，旬有五日免其调，三旬则租调俱免。通正役，并不过五十日……男女始生者为黄，四岁为小，十六为中，二十一为丁，六十为老。每岁一造计帐，三年一造户籍。

---

① 《新唐书》卷51《食货志一》，中华书局1975年版，第1341页。

这是唐代均田制的基本规定，授田和租庸调征发结合在一起。

江南水乡的土地耕作制度不同于北方，五口之家是难以耕种百亩水田的。武则天时，狄仁杰谈及江西的情况，"彭泽九县百姓齐营水田"，地狭之处"无田百姓所营之田一户不过十亩五亩，准例常年纵得全熟，纳官之外半载无粮"①。湖北情况与江西相似，纳官之外够全年食用，必须耕种二十亩以上的水田，"在均田制和租庸调制度下，湖北的自耕农大量存在，他们所占有的土地虽然普遍低于北方，但其租庸调的负担却与北方相同，只是为了便于运输，常以丁租折布"②。也就是说，在江南水乡，五口之家耕作百亩之田是不现实的。

唐代均田制下的土地授受分为两类方式：一是簿籍授受、户内通分的方式，是以人户已经占有的土地为基准，在户籍上依田令进行登记、调整而实现对土地的授受，国家并不实际授予土地；二是官田授受，即国家直接给予一定数量的土地而实现土地的授受。两类授田的共同特点是授田都不按田令的规定应授田数额足额授田。③ 因田之在民者而均之，是均田制的核心内容。唐代的武汉地区，人口密度低于全国，属于地多人少之处，不存在官府授田的必要。简单说，就是武汉地区的耕地资源不具有足够的稀缺性，没有必要花费行政成本设置产权，均田制在武汉地区没有推行的必要性。

马端临说："大概计亩而税之令少，计户而税之令多。然其时户户授田，则虽不必履亩论税，只逐户赋之，则田税在其中矣。至唐始分为租、庸、调，田则出粟稻为租，身与户则出绢布绫锦诸物为庸、调。然口分、世业，每人为田一顷，则亦不殊元魏以来之法，而所谓租、庸、调者，皆此受田一顷之人所出也。"④ "户户授田"的目的是核准征税基数，确保租庸调的全额征收，至于是否足额授田，则不是制度的关注重点。《文苑英华》卷525载有"易田请加倍数判"："乙授易田请加倍数，所由以非宽乡不给，诉云三易以上。"是关于"易田"的纠纷判决。江南地区的水田，开垦不易，养成熟田更为不易，一旦丁老死亡，要交出八成的土地由官府再次授田，百姓是难以接受的，这是上述判词的发生背景。

① （清）董诰等编：《全唐文》卷169《狄仁杰：乞免民租疏》，中华书局1983年版，第1728页。
② 李文澜：《湖北通史（隋唐五代卷）》，华中师范大学出版社1999年版，第226页。
③ 武建国：《论均田制土地授受方式——兼论均田制实施范围》，《历史研究》1987年第5期。
④ （元）马端临：《文献通考》卷3《田赋考三》，中华书局1986年版。

唐代，武汉地区的"租庸调"征收并不以"授田"为基础，即地方政府不负责授田，只按照租庸调制规定，确定每户的租税额，加以征收。

2. 唐代武汉地区的农业管理

缺乏授田制推行基础的情况下，地方政府农业管理的重点在于督促百姓开垦土地，努力生产。《唐律疏议·户婚》"部内田畴荒芜"条规定："诸部内田畴荒芜者，以十分论，一分笞三十，一分加一等，罪止徒一年。州县各以长官为首，佐职为从。户主犯者，亦计所荒芜五分论，一分笞三十，一分加一等。"所谓"部内"，即州、县、里正所管田地。"荒芜"即没有耕作。若辖区内的授田，荒芜达到十分之一者，里正要笞三十；荒芜土地每增加一分，刑罚加重一等，直至徒一年。县以令为首，丞、尉为从；州即刺史为首，长史、司马、司户为从；里正一身得罪。每户授田荒芜 20%者，户主笞三十，荒芜越多，惩罚越重。《文苑英华》卷 523 载有六篇"初税亩判"，即对新开垦的土地是否征税的判决。征税是以对新开垦农田数量掌握为依据的，监管农田开垦数量是地方政府的职责，黄州、鄂州及其辖县是这一法律责任的具体承担者。

唐律规定了基层政府农业管理的内容和责任，《唐律疏议·户婚》"里正授田课农桑"条："诸里正，依令：'授人田，课农桑。'若应受而不授，应还而不收，应课而不课，如此事类违法者，失一事，笞四十；三事，加一等。县失十事，笞三十；二十事，加一等。州随所管县多少，通计为罪。州、县各以长官为首，佐职为从。"注曰："一事，谓失一事于一人。若于一人失数事及一事失之于数人，皆累为坐。"规定的核心是"授人田"与"课农桑"，不用"授人田"的情况下，重点就在"课农桑"即劝民力农、开垦荒地、发展农业生产，这是基层官员的主要职责。

《文苑英华》卷 525 载有"惰农判"："甲有田不耕，被罚三夫税粟，以质剂致人。甲告旅师施惠散利。法司科旅师罪，不服。"依据《周礼·地官·旅师》的记载，"旅师"是最基层农官，负责监督农业生产，处罚荒芜田土的行为。《文苑英华》卷 525 载有"弃农判"："乙农家子弃业从戎，县令捕而科之，词云：征税繁重，馁在其中，苟图庇身，非弃本也。"在地方官来看，农户逃避耕作也是犯罪，要受到处罚。

元稹《田中种树判》案情：乙在田中种树，邻长责备他妨碍五谷，乙不服。诉至官府。元稹认为乙在田中种树，虽然妨碍粮食种植，但不必承担责任，也不能继续其错误，应予制止。《汉书·食货志上》说"邻长位下士，自此以上，稍登一级，至乡而为卿也……春，将出民，里胥平旦坐于右塾，邻长坐于左塾。""邻长"是乡官的一种，负责监督乡里百姓的耕作，有劝农之责。在"课农桑"被规定为各级地方官员职责的背景下，"邻长"的责备就有了法律依据，但"邻长"毕竟不是政府官员，行为缺少公权力支持，因而才会发生"乙不服，诉至官府"的情况。元稹依据"课农桑"的基本精神，判定"邻长"无过，并制止了乙的行为，依然肯定了邻长"课农桑"行为的法律正当性，用法律维护了"邻长"的劝农权力。

"劝课农桑"是唐代地方官员的基本职责，但劝课对象是否接受劝告，直接影响到劝课的效果。县级以上政府官员"劝农"，不是经常性的，更无法长期在农田地头活动，而乡官生活于乡村，最适宜劝农活动的开展，是古代社会"劝农"的主要力量，乡官缺乏职权，其"劝农"活动缺少强制性，这一点从上面判词中可以得到佐证。

3. 租庸调征收

在隋、唐前期，均田制存在期间，县政府会同乡里机构，对辖区民众进行的"貌阅""计帐"等人口统计活动，统计人口、登录户籍是租庸调征收的基础，也是最重要的农业管理活动。计口授田，以户籍为依据；征发租庸调，也以户籍为依据。有了充足的在籍人口，农业生产的发展才有保证。

《唐六典》记载：

> 凡赋役之制有四：一曰租，二曰调，二曰役，四曰杂徭。课户每丁租粟二石；其调随乡土所产绫、绢、絁各二丈，布加五分之一，输绫、绢、絁者绵三两，输布者麻三斤，皆书印焉。凡丁岁役二旬，无事则收其庸，每日三尺；有事而加役者，旬有五日免其调，三旬则租、调俱免。凡庸、调之物，仲秋而敛之，季秋发于州。租则准州土收获早晚，量事而敛之，仲冬起输，孟春而纳毕；本州纳者，季冬而毕。①

"计户""计丁"为目标的人口统计依然是租庸调征发的基本依据。

地方政府要依据辖区户数多少足额征收租庸调，不得拖欠，否则要受到

---

① 《唐六典》，陈仲夫点校，中华书局1992年版，第76页。

法律惩罚。《唐律疏议·户婚》"输课税物违期"条:"诸部内输课税之物,违期不充者,以十分论,一分笞四十,一分加一等。州、县皆以长官为首,佐职以下节级连坐。户主不充者,笞四十。"注曰:"州、县皆以长官为首,佐职以下节级连坐。""课税之物"包括租、调、庸、杂税。要求地方政府按期、足额征收租庸调,并缴纳到指定地方,若征收不足额,上缴不及时,每欠缺应缴数额的十分之一,州、县长官即要笞四十,随拖欠租庸调数额的增加而依次递增刑罚,直至徒二年。

《唐律疏议·户婚》"差科赋役违法"秦:"诸差科赋役违法及不均平,杖六十。若非法而擅赋敛,及以法赋敛而擅加益,赃重入官者,计所擅坐赃论;入私者,以枉法论,至死者加役流。"唐代"赋役令"规定:"每丁,租二石;调绝、绢二丈,绵三两,布输二丈五尺,麻三斤;丁役二十日。"这是唐律规定的赋敛标准。若有临时的差科征发,则按照相关规定处理。地方官若不能依法征收赋役,而擅自加征,若加征入官,皆从"坐赃"科之。"入私者,以枉法论。"法律还规定了详细的量刑标准。

《文苑英华》卷523载有"莱田不应税判":"劝农使称莱田旧不应税,州县今有征纳为例,各自不同,或据亩数均收,或随上下加减。百姓纷诉:使司科均收,以不应为从重科,加减以非法均赋敛。州诉:恐年饥无以给贷。且使司法例不平,不伏处断。"莱田即新开垦的土地。诉讼的存在说明这是一个全国性的问题。对同一问题,不同的官员作出了不同的判词,但结论却高度一致:对刚开始耕种的土地,不应该征收租税。

"计户征税",即以户籍登记和人口统计为依据计算税额。依据武汉地区户口、人丁数量的统计数据,可以分析武汉地区租庸调的征收情况。《隋书·地理志》序:"炀帝嗣位……五年……大凡郡一百九十,县一千二百五十五,户八百九十万七千五百四十六,口四千六百一万九千九百五十六。"①这是大业五年(609年)的郡、县数和户口总数。《隋书·地理志》记载,沔阳郡统县五(沔阳、监利、竟陵、甑山、汉阳),户41714,县均8343户;永安郡统县四(黄冈、黄陂、木兰、麻城),户28398,县均7099.5户;江夏郡统县四(江夏、武昌、永兴、蒲圻),户13771,县均3442.75户。木兰县在今武汉黄陂区木兰山一带,该县在武德四年并入黄陂县,武昌

---

① 《隋书》卷29《地理志上》,中华书局1997年版,第808页。

县县治在今湖北鄂州，县内有樊山，苏轼《记樊山》有详细描述。故而能够全部算入现在武汉地区的县有汉阳、黄陂、木兰、江夏四县，共25984户。

《隋书·地理志序》记载全国人口8907546户，46019056口，户均口数为5.166口，以此为标准，隋朝大业五年（609年）武汉地区的户籍人口约为132234口。梁方仲先生根据《隋书·地理志》所载荆州各郡分户数据计算出的荆州地区各县的平均户数为4751.72户，全国各县的人口平均户数为7238.96户。[①] 则汉阳、黄陂、木兰各县的人口数高于荆州地区各县平均数，汉阳县户数略高于全国平均数，黄陂、木兰则略低于全国平均数，而江夏县的人口平均户数低于荆州地区的平均数，更低于全国县的人口平均户数。

依据《隋书·地理志》的数据，沔阳郡的人口密度为每平方公里23.47人，永安郡的人口密度为每平方公里23.76人，而江夏郡的人口密度仅为每平方公里2.84人。[②] 从人口密度来看，隋代武汉地区江北的人口密度远高于江南地区。户数、人口数是租庸调的征收基数，隋代武汉地区各县租庸调的征收总量低于全国平均数，而江夏县征收总量又低于汉阳、黄陂、黄冈等县。

唐代均田制在武汉地区的具体落实情况缺少史料证明，但赋税制度（租庸调制）是国家财赋征收的基本制度，是全国统一的赋役征收规定。武汉地区租庸调制的推行情况从人口统计数据中可以窥其一斑。

隋炀帝大业初全国人口八百余万户，隋末离乱，至武德时有二百余万户，贞观初户不满三百万户。[③] 依据《旧唐书·地理志三》所载十道各州人口户数，隶属于淮南道的黄州（齐安郡）下辖黄冈、黄陂、麻城三县，贞观十三年（639年）共有户4896，口22060；天宝初年共有户14787，口84182。沔州（汉阳郡）辖汉阳、汉川二县，贞观十三年有户1517，口6959；天宝初年有户6252，口38129。鄂州（江夏郡）辖四县（江夏、武昌、蒲圻、永兴），贞观十三年有户3754，口14615；天宝初年，有户19417，口113000。各州人口按县平均，则黄陂、汉阳、江夏三县，在贞观

---

① 梁方仲：《中国历代户口、田地、田赋统计》甲表22，上海人民出版社1980年版，第77页。

② 李文澜：《湖北通史（隋唐五代卷）》，华中师范大学出版社1999年版，第12页。

③ 《通典》卷7《食货志七》，中华书局1988年版，第184页。

十三年的人口总数为 1829 户，14822 人；三县人口在天宝初年总数为 12909 户，75376 人。得出上述数据的依据是官方的着籍户口数，与当时人口的实际状况有较大的出入。

杜佑指出，贞观中有户三百万，至天宝末一百三十余年，才如隋朝之数，即 890 万户。以唐代与西汉相比，西汉汉武帝时期人口锐减，经过七十余年，至汉平帝时，人口达于极盛，人口达到 1220 万户；"安史之乱"前，武汉地区未曾遇到人口损失巨大的战争，因此，经过 130 余年的发展，人口应该超过 1400 万户，[①] 即是说，有 500 多万户脱籍人口，占人口总数的 35% 左右。研究唐代人口的学者认为，天宝末期，逃亡户和隐匿户"按照最保守的估计，应占着籍总户口数的半数以上"[②]。按照这一估计，天宝末年武汉地区的人口在估计数的基础上增加一半，即 19360 户，113064 人。总量上依然没有达到大业五年的人口水平，租庸调的征收总量也未能达到隋大业五年的水准。

能否依法征收赋税，关乎地方稳定。元结《左黄州表》载，乾元时期（758—760 年），左振出为黄州刺史。到任时黄州人歌曰："我欲逃乡里，我欲去坟墓。左公今既来，谁忍弃之去？"天下兵兴，今七年矣，淮河之北，千里荒草。自关已东，海滨之南，屯兵百万，不胜征税，百姓只能以逃亡求生。[③] 黄州百姓苦于赋税沉重，因为刺史左振执法公平，消除了苛政，百姓不再逃亡。

（二）两税法下的农业法律实践

唐德宗建中元年（780 年），接受宰相杨炎的建议，唐政府颁行"两税法"，政府放弃"均田制"下的土地授受，统一租庸调征收为夏秋二税征收。

1. 两税法制度

租庸调制以均田制的推行为基础，征收租庸调只问丁身、不问财产。安史之乱以后，均田制废弛，户籍散乱，人口逃亡，已无法足额征收租庸调。加上国家财政开支增大，除实行榷盐法加大盐税征收外，在唐德宗建中元年（780 年）颁行了两税法。《新唐书·食货志》载：

---

① 《通典》卷 7《食货志七》，中华书局 1988 年版，第 157 页。
② 冻国栋：《唐代人口问题研究》，武汉大学出版社 1993 年版，第 123 页。
③ （清）董诰等编：《全唐文》卷 383《元结：左黄州表》，中华书局 1983 年版，第 3897 页。

自代宗时，始以亩定税，而敛以夏秋。至德宗相杨炎，遂作两税法，夏输无过六月，秋输无过十一月。置两税使以总之，量出制入，户无主、客，以居者为簿。人无丁、中，以贫富为差。商贾税三十之一，与居者均役。①

均田制破坏的根源在人口隐匿使授田对象减少，从而使租庸调的承担者减少，最终使国家收入减少；用于授受的公田减少，口分田大多私有，土地的授受难以为继。② 为解决均田制破坏带来的困境，新税制不再按丁口征税，改为按家庭资产和占有田亩计税，解决了土地私有和人口逃亡引发的租庸调无法征收的问题。

两税法中地税以民户占有的土地为征收依据；户税以民户的资产为核算标准先定户等，再按户等征收。征税时间为每年六月（夏税）和十一月（秋税），税收原则为"量出制入"，即根据国家财政需要，确定税收总额，再分摊各地。两税法在纳税对象为上"户无主、客，以居者为簿"，即不论主户、客户，一律以当时居住地登入户籍缴纳赋税。改变了租庸调制度下依据户籍征收赋役，以至逃亡户、浮浪户因为不在户籍而无法征税的弊端。取消了租庸调及一切杂徭、杂税，减少了征税环节。没有固定住处的行商纳税1/30，后增加为1/10。

两税的核算依据是民户的土地和资产，废除了以人丁为本核算赋税的制度。各州、县土地总数和民户家庭占有土地数均以大历十四年（779年）的数据为准，此后每三年评定一次。两税法推行的结果，逃亡、隐匿的民户得以着籍，赋税征收总额得以保障，及时化解了政府的财政危机。

两税法制度要顺利推行，基层政府必须按时、准确确定民户的土地占有数量和资产情况，以确定合理的纳税基准。但随着时间的推移，制度的弊端却越来越明显，"两税以资产为宗，不以丁身为本，资产少者税轻，多者税重。不知有藏于襟怀囊箧，物贵而人莫窥者。有场圃、囷仓，直轻而众以为富者。有流通蓄息之货，数寡而日收其赢者。有庐舍器用，价高而终岁利寡者。计估算缗，失平长伪，挟轻费转徙者脱徭税，敦本业者困敛求。此诱之

① 《新唐书》卷52《食货志二》，中华书局1975年版，第1351页。
② 杨际平：《北朝隋唐均田制新探》，岳麓书社2003年版，第376页。

为奸，驱之避役也。今徭赋轻重相百，而以旧为准，重处流亡益多，轻处归附益众。有流亡则摊出，已重者愈重。有归附则散出，已轻者愈轻"①。问题的症结就在于乡里机构、县级政府没有严格按照规定完成民户的资产估算与田土核算。

两税法规定每三年核定一次民户资产和占有的田工，以确定应该缴纳的税额，不同类型的资产要准确评估本身存在难度、更严重的是地方官在资产评估上的不作为。诏书说："比来州县多不定户，贫富变易，遂成不均，前后制敕，颇有处分，如闻长吏不尽遵行。宜委观察使与刺史、县令商量，三年一定，必使均平。"②"安史之乱"后，出现藩镇割据，中央政府对地方的控制力减弱，所以类似的诏令也不会有太明显的效果。

2. 唐代武汉地区的"两税"征收

文献记载唐代武汉地区的人口数据，可以证明两税法推行的情况。《元和郡县志》记载了元和年间各州的人口数据。其中鄂州辖县五（江夏、永兴、武昌、蒲圻、永年），元和二年有户38618，县均7724户；沔州，辖县二（汉阳、汉川），有户2262，县均1131户；黄州辖县三（黄冈、黄陂、麻城），有户5054，县均1685户。③黄陂、汉阳、江夏三县人口为10540户。费省在《唐代人口地理》中推定元和二年全国户均人口数为6.62人。④依据这一数据测算，元和二年武汉地区的人口数约为69775人。两税征收以户为单位，上述武汉地区的人口数中因为缺少资产信息，无法判断税额，但可窥见征税规模。

唐代，因为战争或自然灾害造成人口大规模迁移的情况一直存在，这种由北向南的大规模迁徙，终于在晚唐五代时期使中国人口分布格局发生了质的变化。

> 无论是南北各道的人口比重，还是各州府的人口比重，南方都占有绝对优势。北方黄河中下游地区自秦汉以来的人口重心已不复存在。这个变化大体自安史之乱开始，至中晚唐、五代时期最后完成，中国古代

---

① 《新唐书》卷52《食货志二》，中华书局1975年版，第1354页。
② （宋）王钦若等编：《册府元龟》卷89，中华书局1994年版，第991页。
③ （唐）李吉甫：《元和郡县图志》，中华书局1983年版，第644—651页。
④ 费省：《唐代人口地理》，西北大学出版社1996年版，第29页。

人口的分布格局至此便成为一个不可逆转的态势。①

这一变迁过程中，地处长江中游的武汉地区，一直属于人口迁入地区。②

"安史之乱"时，北方战乱频仍，人口纷纷南迁，韩愈之父韩仲卿为武昌令，"惠如春风，三月大化，奸吏束手，豪宗侧目……此邦晏如，襁负云集。居未二载，户口三倍。"③ 碑铭所记，不免夸张，但黄河流域的战乱引发人口大规模南迁至武汉地区，使该地区人口快速增加则是不争的事实。天宝元年（742 年）鄂岳采访使奏以"蒲圻梓洞中二千余户，去县六百余里，若不别置县则难以统摄。二年，敕于其洞桃花溪口置唐年县"④。唐年县在今湖北通山、崇阳县一带，析县安置的"洞户"基本都是外来移民。

"安史之乱"时，北方人口南迁，引发了武汉地区人口结构的变化。"自至德（756—758 年）后，中原多故，襄、邓百姓，两京衣冠，尽投江、湘、故荆南并邑，十倍其初，乃置荆南节度使。"⑤ 南迁的"衣冠"之中，多有"衣冠户"，"衣冠户以余庆所及，合守清廉，既恃其不差不科，便恣其无畏无忌"⑥。南迁而来的"衣冠户"可以"不差不科"，即享受经济特权，免除赋税徭役，"衣冠户"过多，会影响政府的财政收入。

唐武宗《加尊号后郊天赦文》中说："江淮客户及逃移规避户税等人，比来皆系两税，并无差役。或本州岛百姓，子弟才沾一官，及官满后移住邻州，兼于诸军诸使假职，便称衣冠户，广置资产，输税全轻，便免诸色差役。其本乡家业，渐自典卖，以破户籍，所以正税百姓日减，州县色役渐少。从今已后，江淮百姓非前进士及登科有名闻者，纵因官罢职，居别州寄住，亦不称为衣冠户，其差科色役，并同当处百姓流例处分。"⑦ 依据上述

---

① 唐长孺：《魏晋南北朝隋唐史三论》，武汉大学出版社 1992 年版，第 256 页。

② 费省：《唐代人口地理》，西北大学出版社 1996 年版，第 53 页。

③ （唐）李白：《李太白全集》卷 29《武昌宰韩君去思颂碑》，中华书局 1975 年版，第 1380 页。

④ （宋）乐史：《太平寰宇记》卷 112《江南西道》，王文楚等点校，中华书局 2007 年版，第 2286 页。

⑤ 《旧唐书》卷 39《地理志二》，中华书局 1975 年版，第 1552 页。

⑥ （清）董诰等编：《全唐文》卷 806《杨夔：加尊号后郊天赦文》，中华书局 1983 年版，第 9072 页。

⑦ （清）董诰：《全唐文》卷 78《武宗：加尊号后郊天赦文》，中华书局 1983 年版，第 816 页。

敕令，官方认定的"衣冠户"为"前进士及登科有名闻者"；江淮百姓中"子弟才沾一官，及官满后移住邻州，兼于诸军诸使假职，便称衣冠户"的现象是违法的，必须严厉禁止；因为这些冒充"衣冠户"者凭借特权"广置资产，输税全轻，便免诸色差役"。导致纳税百姓和服役人口减少，严重妨碍政府赋役的征派；明令规定官员中"非前进士及登科有名闻者，纵因官罢职，居别州寄住，亦不称为衣冠户"，要与百姓一样承担"差科色役"；敕令针对"江淮百姓"，武汉地区在敕令规制范围之内，显然该地区冒充衣冠户的现象比较严重，反证该地区有数量不菲的符合法律规范的"衣冠户"的存在。

均田制、租庸调制、两税法的实施，以对辖区户数、人口数、人口结构的准确掌握为基础，上述黄州、鄂州、沔州以及下辖各县的人口数据的存在，是地方政府实施农业管理、征收两税活动的证据。

唐代一直存在"杂徭"征发，唐敬宗宝历元年（825 年）起，牛僧孺任鄂州刺史、武昌军节度使，主政鄂州达五年之久。

> 江夏城风土散恶，难立垣墉，每年加板筑，赋菁茆以覆之。吏缘为奸，蠹弊绵岁。僧孺至，计茆苫板筑之费，岁十余万，即赋之以砖，以当苫筑之价。凡五年，墉皆甓葺，蠹弊永除。①

江夏城因为地势和土性问题，一直用土筑城墙，再覆盖青茅，每年的筑城费用和缴纳青茅的费用成为地方社会的一大负担，加上基层官吏从中盘剥，每年费用达到"十余万"之多。牛僧孺到任后，改为每年让百姓缴砖，作为青茅的替代品，五年之后，利用积累的砖把江夏城全部换成砖城，一劳永逸，百姓再不用每年缴纳青茅和筑城费用，减轻了百姓的赋税负担。筑城费一类的征收，属于地方政府加征的杂税，也是地方社会的一大负担。

（三）灾害救助

传统社会，一旦发生水旱灾害，就会影响百姓农业收获，灾民为求生，转而为流民。人口流出，影响地方农业劳动力。灾民的流动，影响社会治安。因此，及时对灾民加以救助，帮助灾民渡过难关，防止其流亡他乡，就

---

① 《旧唐书》卷 172《牛僧孺传》，中华书局 1975 年版，第 4470 页。

成为地方农业管理的重要内容之一。

隋唐法律规定，一有水旱灾害发生，地方政府必须及时、准确报告灾情，组织赈济，灾害救助是地方法治的内容之一。

隋唐时期武汉地区的水旱灾害按类型罗列如下。

1. 水灾

贞观八年（634年）七月，"山东、河南、淮南大水，遣使赈恤"①。管辖黄陂县、黄冈县的黄州属于淮南道，这是一次发生在武汉地区的水灾。

大历二年（767年）"秋，湖南及河东、河南、淮南、浙东西、福建等道州五十五水灾"②。这是一次包括淮南道在内波及五十五州的水灾，黄州属淮南道管辖，武汉地区也在灾区之内。

贞元八年（792年）秋"大雨，河南、河北、山南、江淮凡四十余州大水，漂溺死者二万余人"③。"江淮"指长江中下游及淮河下游地区，黄州包括在内。这次水灾涉及四十余州，损失严重，朝廷派出使者奔赴各地，会同地方官员查验灾情、慰问灾民之外，还下诏发放救灾粮食。"贞元八年，以水灾减税，明年，诸道盐铁使张滂奏：出茶州县若山及商人要路，以三等定估，十税其一。自是岁得钱四十万缗，然水旱亦未尝拯之也。"④给灾区减税的态势，加征茶税以筹措救灾资金。此次救灾持续到第二年，贞元九年（793年）"八月乙丑，以天下水灾，分命朝臣宣抚赈贷……十二月庚寅，诏赐遭水县乏绝户米三十万石"⑤。再次赈贷灾民，赐给灾民粮食，说明前一年的赈灾措施无法解除灾民的困境。

元和九年（814年）"秋，淮南及岳、安、宣、江、抚、袁等州大水，害稼"⑥。淮南道属于水灾灾区，黄州、沔州难以幸免。

《新唐书·五行志三》载，大和四年（830年）淮南、荆襄、鄂岳地区大水，黄州、鄂州均在受灾之列，武汉地区的农业生产受到严重影响，据《旧唐书·文宗纪下》载，大和四年"十一月，淮南大水及虫霜，并伤稼……（十二月），荆襄、鄂岳……等道大水，害稼，出官米赈给"。大和

---

① 《旧唐书》卷3《太宗本纪下》，中华书局1975年版，第44页。
② 《新唐书》卷36《五行志三》，中华书局1975年版，第929页。
③ 《旧唐书》卷37《五行志》，中华书局1975年版，第1359页。
④ 《新唐书》卷54《食货志四》，中华书局1975年版，第1379页。
⑤ 《旧唐书》卷13《德宗本纪下》，中华书局1975年版，第375页。
⑥ 《新唐书》卷36《五行志三》，中华书局1975年版，第920页。

五年（831 年）"是岁，淮南、浙江东西道、荆襄、鄂岳、剑南东川并水，害稼，请蠲秋租"。大和八年（834 年）"淮南、两浙、黔中水为灾，民户流亡"。连续多年的水灾，对武汉地区的农业造成巨大影响，政府减免秋税，作为救济措施，仍难以解决灾民的问题，最终出现了"民户流亡"的情况，灾民只能流亡求生。据《新唐书·五行志三》载，开成三年（838 年），"鄂州、襄州大水，江汉涨溢，民居及田产殆尽"。这是不多的直接载明灾区为鄂州的水灾，长江、汉水一起发生洪水，冲毁房屋、田产，对武汉地方社会造成致命伤害。

2. 火灾、旱灾

宝应二年（763 年）"十二月辛卯，鄂州大风，火发江中，焚船三千艘，焚居人庐舍二千家"。鄂州城滨江，江中停泊着大量的商船，商人在船上生活，容易引发火灾，船舶燃烧，火借风势，延烧至岸上居民房舍。大火一过，一切化为灰烬，对地方社会的伤害是致命的。

旱灾也是威胁武汉地区生产、生活的大灾。《新唐书·五行志三》载，贞元六年（790 年）"夏，淮南、浙西、福建等道大旱，井泉竭，人喝且疫，死者甚众"。这是一次范围很大的旱灾，黄州也在其中。《新唐书·五行志二》载："永贞元年秋，江浙、淮南、荆南、湖南、鄂岳陈等州二十六，旱。"这次旱灾黄州、鄂州均在受灾之列，是一次包括武汉地区在内的大面积旱灾。

元和三年（808 年）发生的大面积旱灾，是一次影响极大的灾害。《新唐书·五行志二》载："元和三年（808 年），淮南、江南，江西、湖南、广南、山南东西皆旱。四年春、夏，大旱；秋，淮南、浙西、江西、江东旱。"淮南，即淮南道；江南，即江南东道、江南西道地区，武汉地区包含在内。朝廷采取的救灾措施包括："元和四年闰（三）月己酉，以旱，降京师死罪非杀人者，禁刺史境内榷率、诸道旨条外进献……省飞龙厩马。"[1]白居易曾提出救灾建议："（元和）四年，天子以旱甚，下诏有所蠲贷，振除灾沴。居易见诏节未详，即建言乞尽免江淮两赋，以救流瘠，且多出宫人。宪宗颇采纳。"[2]"免江淮两赋"，即免除灾区灾民的两税征收。

---

① 《新唐书》卷 7《宪宗纪》，中华书局 1975 年版，第 210 页。
② 《新唐书》卷 119《白居易传》，中华书局 1975 年版，第 4300 页。

《资治通鉴》卷 237 记载了元和四年（809 年）赈灾情况，"南方旱饥。庚寅，命左司郎中郑敬等为江淮、二浙、荆、湖、湘、鄂等道宣慰使，赈恤之……闰月，乙酉，制降天下系囚，蠲租税，出宫人、绝进奉、禁略买（良人为奴婢）"。赦免死罪、蠲除灾区租税、放免宫人、禁止地方官在灾区采购物资、停止地方向朝廷的物资进贡等救灾措施，这是救灾措施最为多样化的一次灾害救助。

长庆二年（822 年）"闰十月……诏：江淮诸州旱损颇多，所在米价不免踊贵，眷言疲困，须议优矜。宜委淮南、浙西东……等道观察使，各于当道有水旱处，取常平义仓斛斗，据时估减半价出粜，以惠贫民"①。这是在黄州受灾地区启动常平仓救灾的具体案例。

《新唐书·五行志二》载："宝历元年（825 年）秋，荆南、淮南、江西、湖南及宣、襄、鄂等州旱。"

大中九年（855 年）的旱灾引发淮南郡出现饥荒，"七月，以旱遣使巡抚淮南，减上供馈运，蠲逋租，发粟赈民……罢淮南……冬至日、元日常贡，以代下户租税"②。因为淮南节度使杜悰救灾不力，被撤职。灾害引发了大规模的流民。蠲除灾民拖欠的租税、赈济灾民粮食、取消灾区给朝廷的上供以代替下等户的二税，这些措施都不能从根本上解决灾民的生存问题。

咸通三年（862 年）"夏，淮南、河南蝗旱，民饥"。

咸通九年（868 年）"江夏飞蝗害稼"。

大顺二年（891 年）"春，淮南大饥"。

旱灾与蝗灾之间有连带关系，如果旱灾加上蝗灾，对灾区农业的破坏性会更大，春天易于饥荒，是百姓储粮不足导致，一般很难得到政府的救助。

隋唐五代时期，武汉地区水灾、旱灾、火灾、蝗灾都曾发生过，一旦发生灾害，地方官员都要如实上报朝廷。《唐律疏议·户婚》"不言及妄言部内旱涝霜虫"条规定："诸部内有旱涝霜雹虫蝗为害之处，主司应言而不言及妄言者，杖七十。覆检不以实者，与同罪。若致枉有所征、免、赃重者，坐赃论。"唐令规定："十分损四以上，免租；损六，免租、调；损七以上，课、役俱免。若桑麻损尽者，各免调。"③ 主司，谓里正以上。里正须言于

---

① 《旧唐书》卷 16《穆宗本纪》，中华书局 1975 年版，第 500 页。

② 《新唐书》卷 8《宣宗纪》，中华书局 1975 年版，第 247 页。

③ 《唐律疏议》，刘俊文点校，法律出版社 1999 年版，第 270 页。

县，县申州，州申省，及时如实申报。唐代设有义仓、常平仓、正仓（州县储粮仓库）、转运仓、太仓等储备救灾物资的仓廪，用于救灾。一旦辖区发生灾害，地方官必须按照规定及时上报朝廷，启动救灾程序，发放救灾物资、安置灾民，依据受灾程度申请朝廷减免辖区民户的租庸调，这些活动是武汉地方社会管理的内容之一。

　　总体而言，武汉地方政府对各类自然灾害的应对是积极有效的，并未看到因为灾害而引发社会动乱或地方武装叛乱的事件发生，也未曾因为自然灾害导致地方社会经济发展的衰败。尤其是"安史之乱"后，中央政府赋税征收区域减少，财政依赖江南地区的情况下，武汉成为东南赋税转运长安的枢纽，在这样的背景下，武汉地区人口管理、灾害救助共同维持了武汉地方社会农业人口的稳定，保证了经济、社会的正常发展，对唐代后期中央政府的维持和运转就有了特殊政治意义。

二、商业法

　　唐代的交通以长安为中心辐射四方，其中从长安越秦岭，再沿丹江河谷过武关（今陕西丹凤县南），过邓州，抵达襄阳的驿路，是连接江汉平原与京师长安的主要通道。"安史之乱"后，由于藩镇割据，导致运河中断，长安至襄阳的通道成为联系京师与江南的唯一通道，武汉地区由此成为财赋转运的枢纽。"于时周、郑路塞，东南贡赋之人，漕汉江，转商山。诏择文武全才以守夏口。"[1]"穆宁为河南道转运租庸盐铁使，寻加户部员外，迁鄂州刺史，以总东南贡赋。"[2]东南地区的财赋通过长江、赣江、湘江汇聚武汉，再由汉江西上，到达江陵、襄阳，转运京师。以交通枢纽为依托，武汉地区作为长江中游地区商贸中心的地位得以确立，武汉地方政府依法管理商业的重要性得以提升。

　　（一）商业的概况

　　唐代，江汉平原的水稻生产技术逐渐发展起来，以曲辕犁为主，一人一牛耕作稻田成为主流，龙骨水车普遍应用，稻麦复种技术广泛应用，形成了稻麦复种、桑麻套种、蔬果种植和水产养殖并存的农业经营模式。江汉平原水稻亩产达到 300 斤左右，是全国粮食（粟）平均亩产量的 291%，唐后期

---

　　① （清）董诰等编：《全唐文》卷 784《穆员：秘书监致仕穆元堂志》，中华书局 1983 年版，第 8202 页。

　　② 《旧唐书》卷 49《食货志下》，中华书局 1975 年版，第 2117 页。

湖北的劳动生产率最高可达每人每年生产粮食 8000 斤上下。[①] 由于劳动生产率的提升，可以产出更多的粮食，进入流通领域的粮食随之增加，粮食成为商业贸易的主要物资之一。

唐代，民间饮茶之风渐盛，茶叶成为重要的经济作物。武汉地区的丘陵地带，恰好适合栽培茶叶。陆羽《茶经》列举的茶叶产地中，鄂州、黄州都是盛产名茶的地方。武汉地区的茶叶借助方便的水陆交通，成为当地重要的经济作物。唐大中年间（847—859 年）成书的杨晔《膳夫经手录》[②] 说："饶州浮梁茶，今关西山东、闾阎村落皆吃之。累日不食犹得，不得一日无茶也。其于济人，百倍于蜀茶，然味不长于蜀茶。蕲州茶、鄂州茶、至德茶，以上三处出处者，并方斤厚片，自陈、蔡已北，幽、并已南，人皆尚之。其济生、收藏、榷税，又倍于浮梁矣。"鄂州茶的形状是"方斤厚片"，主要销往淮河流域、黄河中下游地区，"榷税"即对营销茶叶征收的商税。蕲州茶、鄂州茶、至德茶总量是浮梁茶的两倍。浮梁"每岁出茶七百万驮，税十五余万贯"[③]。按鄂州茶占三分之一粗算，鄂州每年出茶在 230 万驮左右，征税五万贯左右。

《武昌宰韩君去思颂碑》记载武昌地区，"其初，铜铁曾青，未择地而出，大冶鼓铸。如天降神。既烹且烁，数盈万亿，公私其赖之"[④]。矿冶规模很大。武汉地区的唐人墓葬中随葬的青铜器可以作为唐代武汉地区金属制造业的证据。1997 年江夏流芳唐墓中出土有青铜的斗、盘、勺、洗各一件。[⑤] 此外，武汉地区的制瓷业也比较发达，建国以来，武昌地区先后发掘了百余座唐墓，出土瓷器总计 700 余件，其中有 88 件来自长沙的铜官窑，也有大量本地烧制的瓷器。[⑥] 武汉地区的唐代墓葬中也出土不少陶器，说明陶器在日常生活中依然占有主要地位，制陶业在武汉地区也有不小的规模。[⑦] 铁器、陶器、瓷器成为日常生活不可缺少的用具，也是商人贩运谋利的交易物资。

---

① 李文澜：《湖北通史（隋唐五代卷）》，华中师范大学出版社 1999 年版，第 260 页。
② （唐）杨晔：《膳夫经手录》，载《续修四库全书》，上海古籍出版社 2002 年版，第 1115 册。
③ （唐）李吉甫：《元和郡县图志》卷 28《江南道四》，中华书局 1983 年版，第 672 页。
④ （唐）李白：《李太白全集》卷 29《武昌宰韩君去思颂碑》，中华书局 1975 年版，第 1380 页。
⑤ 祁金刚、姚晶华：《武汉江夏流芳唐墓清理发掘简报》，《江汉考古》2003 年第 4 期。
⑥ 全锦云：《武昌唐墓所见铜官窑瓷器及其相关问题》，《考古》1986 年第 12 期。
⑦ 蓝蔚：《武昌东郊何家垅 188 号唐墓清理简报》，《文物参考资料》1957 年第 12 期。

鄂州在唐代已经是滨江重地，水上运输业十分发达。唐代宗广德元年（763 年）"十二月二十五夜，鄂州失火，烧船三千艘，延及岸上居人二千余家，死者四五千人"①。贸易发达、商旅云集的盛况可见一斑。唐监察御史符载在《土洑镇保宁记》中说：

> 夏口至东南四百里，其山曰西塞，其镇曰土洑，山镇相距可百余丈。崖岸中断，呀然摩霄，大江浩浩，横注其下。其余，控荆衡，走扬越，气势雄桀，冈连水汇者，盖数千里，此天用设险于吴楚也……江介之胜，吞八九于镇中矣……永泰中，代宗以董秦为淮西节度使，是镇隶焉。秦素凶憨，昧懵王度，乘先朝宽大之典，幸是地咽喉之固，虽无跋扈之志，而多割剥之暴。至于士民工商，连樯如云，必将沿于斯，泝于斯，主守者乃高其门闳，厉其威容，恣奸吏巧诬，听部伍强丐，误差毫厘，诱入罪地。输其缯钱鱼盐丹漆羽毛，小则半取之，大则竭索之。愁痛之声，雷动宇内，小人君子，咸谓为蛮貊之域。②

土洑镇是鄂州长江边上的一个重要码头，也是鄂州政府征收过税的关卡所在。"连樯如云"体现了武汉地区过往船舶数量之多；"缯钱鱼盐丹漆羽毛"说明过往货物的种类繁多；因为割据军阀的横征暴敛，以至于"愁痛之声，雷动宇内"，可见此处是关乎天下商贸的关口。

商业的发展，与地方政府对商人财产的保护密不可分。会昌年间（841—846 年）杜牧任黄州刺史，上报朝廷说黄州一年"税钱才三万贯"③。黄陂、汉阳两县的税收包含在内。仇士良"寻除鄂岳监军使。傍连荆楚，南接湖湘。闾阎皆土着之安，货贝有山积之富。兵不坚利，人皆惰游。公深赞训齐，同为勖勉。知方有勇，自我而能"④。"货贝有山积之富"是以当地发达的商业为基础的。崔郾为鄂州刺史、鄂岳观察使时，"五十余年，北有蔡盗，于是安锁三关，鄂练万卒，皆伧楚善战，浸战风，称为难治，有自往

① （清）董诰：《后唐书》卷37《五行志》，中华书局1975年版，第1367页。
② （清）董诰等编：《全唐文》卷689《符载：土洑镇保宁记》，中华书局1983年版，第7063页。
③ （唐）杜牧：《樊川文集》卷15《黄州刺史谢上表》，上海古籍出版社1978年版，第217页。
④ （清）董诰等编：《全唐文》卷790《内侍省监楚国公仇士良神道碑》，中华书局1983年版，第8271页。

矣。公始临之，简服伍旅，修理械用，亲之以文，齐之以武，大创厅事，以张威容。造蒙冲小舰，上下千里，武士用命，尽得群盗。公曰：'劫于水者，以尽杀为习，虽值童考而无舍焉。比附他盗，刑不可等。'于是一死之内，必累加之，盗相戒曰：'公之未去，勿触其境。'然后黜弃奸冒，用公法也；升陟廉能，用公举也；抚获穷约，用公惠也。富商大贾，不得轻役，不得隐田，父子兄弟，不得同贩。于阖境之内，有余不足，自公而均。复建立儒宫，置博士，设生徒，廪饩必具，顽惰必迁，敬让之风，人知家习。八年秋，江水涨溢。公曰：'安得长堤而御之。'言讫，军士齐民，云锸雨杵，一挥立就，令行恩结，有如此者。千里之内，如视堂屋，虽僻左下里，岁腊男子必以鸡黍贺馈，女子能以簪瑱相问遗，富乐安康，肩于治古"①。"富商大贾"的财产受到强盗、贪官侵害时，地方政府能够依法严惩盗匪，惩治贪官的勒索，依法保护其财产不受侵害，保证商人的财产安全，是地方商业法治的核心内容。

（二）商业管理制度

唐代均田制存在期间，按户等征税，商人户等较高，税收自然较重。按照规定，"乡成于县，县成于州，州成于户部。又有计帐，具来岁课役以报度支。国家所需，先奏而敛。凡税敛之数，书于县门、村坊、与众知之"②。此一制度适用于士农工商。大历四年（769年）正月十八日敕文规定："定天下百姓及王公已下每年税钱，分为九等：上上户四千文，上中户三千五百文，上下户三千文。中上户二千五百文，中中户二千文，中下户一千五百文。下上户一千文，下中户七百文，下下户五百文……其百姓有邸店行铺及炉冶，应准式合加本户二等税者，依此税数勘责征纳。"③ 这是按户收税即户税的基本标准，依据户等的不同，征收五百文至四千文不等的税金。此后，在推行两税法的诏书中规定："户无主客，以见居为簿。人无丁中，以贫富为差。行商者，在郡县税三十之一。居人之税，秋夏两征之。"④ 对商人征收的户税比例为财产的三十分之一。

唐代前期，国家没有专门的商税征收规定，地方富商大贾也是按照户等

① （唐）杜牧：《樊川文集》卷14《崔公行状》，上海古籍出版社1978年版，第210页。
② 《新唐书》卷54《食货志》，中华书局1975年版，第1340页。
③ 《旧唐书》卷48《食货志上》，中华书局1975年版，第2091—2092页。
④ 《旧唐书》卷48《食货志上》，中华书局1975年版，第2093页。

缴纳户税、地税，江南地区因袭南朝做法，征收过税和交易税作为地方财政的补充。"安史之乱"后，中央政府和各地藩镇巧立名目，征收各种类型的商税。杜佑说："自天宝末年盗贼奔突，克复之后，府库一空。又所在屯师，用度不足，于是遣御史康云间出江淮，陶锐往蜀汉，豪商富户，皆籍其家资，所有财货畜产，或五分纳一，谓之'率贷'，所收巨万计，盖权时之宜。其后，诸道节度使、观察使多率税商贾，以充军资杂用，或于津济要路及市肆交易之处，计钱至一千以上者，皆以分数税之。自是商旅无利，多失业矣。"① 前述董秦占据土洑镇，横征暴敛商贾，就是在这一背景下发生的。

征收商税是目的，但商税的征收是以商业的存在和发展为基础的。地方政府依法管理商业，确保商业贸易正常发展，是保障政权持续征收商税的基础，也是政权自身担负的社会责任。隋唐时期武汉地区的商业法治，就是地方政府将国家商业法律制度落实于武汉地区的过程，具体细节虽然难以再现，但隋唐时期武汉地区商业发达，地方政府必须落实各种与商业有关的法规，就一定会有商业法治。

1. 市场管理

唐代对市场的设置有专门规定："诸非州县之所，不得置市。其市当以午时击鼓二百下，而众大会；日入前七刻击钲三百下，散。其州县领务少处，不欲设钲鼓，听之。车驾行幸处，即于顿侧立市，官差一人权检校市事。"② 依据敕文，唐代地方"市"设置于州、县的治所，由相应的政府机构或官员对其进行管理。

> 中县户满三千以上，置市令一人，史二人；其不满三千户以上者，并不得置市官。若要路须置，旧来贸易繁者，听依三千户法置，仍申省。诸县在州郭下，并置市官。若要路须置，旧来交易繁者，听依二千户法置，仍申。诸县在州郭下，并置市官。又准户部格式，其市吏壁师之徒，听于当州县供官人市买。③

依据规定，只有户口满三千以上的县，才可设市令一人、史二人，不满

---

① 《通典》卷11《赋税》，中华书局1984年版，第132页。
② 《唐会要》卷86《市》，中华书局1955年版，第1874页。
③ 《唐会要》卷86《市》，中华书局1955年版，第1876页。

三千户者一概不得设置市官。地处交通要道或商贸繁荣之处，可以按照人口满三千户的标准设置市官。或者该县位于州治所内，也可以置市令。法律规定，州、县市令不得由本州、本县人担任。① 市令每年都要接受考核。②

市令的职责之一是为商铺"建标立候"。《新唐书·百官志三》载："市肆皆建标筑土为候，禁榷固及参市自殖者。"唐代市场的物品必须按行排列，各级市司不仅要辨别物品以陈肆，还要为每肆建标立候，并在行上题写不同的行名。

管理度量衡也是市令的职责之一。《唐律疏议》卷 26《杂律》"校斛斗秤度不平"条规定，市场上使用的度量衡具必须定期检验，保证其准确性，违反检验规定，相关人员要受到处罚。唐代，私人也可以制作度量衡具，但必须经过官府的验收，确认合格，予以盖印批准，方可使用，负责审核的，应该就是市令。

市令还负责监督交易商品的质量。《唐律疏议》卷 26《杂律》"器用绢布行滥"条："诸造器用之物及绢布之属，有行滥、短狭而卖者，各杖六十；不牢谓之行，不真谓之滥。即造横刀及箭镞用柔铁者，亦为滥。得利赃重者，计利，准盗论。贩卖者，亦如之。市及州、县官司知情，各与同罪；不觉者，减二等。""行滥"即器物不牢、不真；"短狭"，即绢疋不足四十尺，布端不满五十尺，幅阔不足一尺八寸之类商品而出售者，各杖六十。质量低劣、规格不合要求之商品不得在市场上交易，一经发现，出售伪劣商品者要受到处罚，就是州县市令也要一并处罚。

市令有制定物价的权力，若以此权谋取私利，则要受到严惩。《唐律疏议》卷 26《杂律》"市司评物价不平"条："诸市司评物价不平者，计所贵贱，坐赃论；入己者，以盗论。其为罪人评赃不实，致罪有出入者，以出入人罪论。"即市场交易中，若主管部门确定物价时，故意抬高或压低物价使之偏离正常水平时，官员要以加减之价"坐赃论"；通过故意使物价不正常而获利的，"以盗论"；对赃物估价不正常的，也要受到处罚。市令官"评物价"发生于"官私"交易和赃物估价两种场合。在"官私"贸易中，市

① 《唐六典》卷 30《三府都护州县官吏》："州市令不得用本市内人，县市令不得用当县人"。陈仲夫点校，中华书局 1992 年版，第 748 页。

② ［日］仁井田陞：《唐令拾遗》第十四《考课令》"市司之最"条，霍存福等编译，长春出版社 1989 年版，第 247 页。

令故意使价格偏离市场价格，从而从中谋取私利者，以盗窃罪计赃论处；在评估赃物时，故意使赃物价值过高或过低，以达到"出入人罪"之目的的，也要受到处罚。

市令负责交易契约的办理。《唐律疏议·杂律》"买奴婢牛马立券"条："诸买奴婢、马牛驼骡驴，已过价，不立市券，过三日笞三十；卖者，减一等。立券之后，有旧病者三日内听悔，无病欺者市如法，违者笞四十。即卖买已讫，而市司不时过券者，一日笞三十，一日加一等，罪止杖一百。"即是说，买卖奴婢、牛马驴骡等大宗商品时，需要有市令出具"市券"，即交易契约，用来规范交易，并作为解决交易纠纷的依据。若市令拖延不予办理"市券"，则要受到严惩。

禁止商人在市场交易中欺行霸市，垄断价格，也是市令的职责之一。《唐律疏议·杂律》"买卖不和较固"条："诸买卖不和，而较固取者；及更出开闭，共限一价；若参市，而规自入者：杖八十。已得赃重者，计利，准盗论。"即是说在市场交易过程中，垄断交易，迫使对方交易；或互相勾结，垄断交易价格；或互相勾结，烘托交易，欺诈消费者。通过以上三途获取高额利润，额达到一定程度，要以盗罪论处，杖八十。

惩治扰乱市场的行为，也是"市令"的职责之一。《唐律疏议·杂律》"在市人众中惊动"条："诸在市及人众中，故相惊动，令扰乱者，杖八十；以故杀伤人者，减故杀伤一等；因失财物者，坐赃论。其误惊杀伤人者，从过失法。"《疏议》曰："在市内及众聚之处，'故相惊动'，谓诳言有猛兽之类，令扰乱者，杖八十。若因扰乱之际而失财物，坐赃论；如是众人之物，累并倍论，并倍不加重于一人，失财物者即从重论。因其扰乱而杀伤人者，'减故杀伤一等'，惊人致死，减一等流三千里；折一支，减一等徒三年之类。其有误惊，因而杀伤人者，从'过失'法收赎，铜入被伤杀之家。"传播妖言，动摇人心者；因为造成混乱以至造成市场上财物丢失的；趁乱伤害他人的，都要处以程度不同的刑罚。

唐代市场上进行交易是通过邸、店进行。《唐律疏议》卷四《名例》"平赃者"条《疏议》："居物之处为邸，沽卖之所为店。"就法律层面的解释而言，邸是储藏货物之处，店是用来交易之处，二者只是用途不同而已。但从中可以窥见隋唐时期商业贸易的一般情形，即长途贩运而来的货物被储存在"邸"中，等待出售。经营"邸"也是商业活动的一个环节。《新唐书》卷54《食货志》说："茶商所过州县有重税……诸道置邸以收税，谓之揭地钱。"为商品中转提供服务并从中获利是"邸"的基本功能。由于邸有这样的功能，地方政府也开始插足"邸"的经营，以获取利润。《新唐书·裴休传》记载："时方镇设邸阁居茶取值，因视商人它货横赋之……（裴休建议朝廷）许收邸直，毋擅赋商人。""邸直"成为政府的商税收入之一，而"邸"也成为政府商业管理的对象之一。

2. 商税征收

"安史之乱"前，唐朝政府没有系统的商业税征收规定。

> 自天宝末年，盗贼奔突，克复之后，府库一空。又所在屯师，用度不足，于是遣御史康云闲出江淮，陶锐往蜀汉，豪商富户，皆籍其家资，所有财货畜产，或五分纳一，谓之"率贷"，所收巨万计。盖权时之宜。其后诸道节度使、观察使多率税商贾，以充军资杂用，或于津济要路及市肆闲交易之处，计钱至一千以上者，皆以分数税之。自是商旅无利，多失业矣。上元中，敕江淮堰埭商旅牵船过处，准斛斗纳钱，谓之埭程。①

严格来说，向商人征收财产的20%，即"率贷"属于财产税而非商税。此后于"津济要路"征收的税以及"埭程"均为"过税"或"关市之税"，"市肆闲交易之处"征收的税钱则属于交易税，两者属于典型的商税。根据学术界的研究，"在唐后期的百余年间，经中央政府批准而征收的'关市之征'在地区范围和课征商品都相当有限，商税在财政收入中的地位尚不突出"②。武汉地区商业贸易发达，货物流通量大，商税是地方政府的重要税收来源之一。

3. 茶税、食盐专卖管理

茶叶在唐代人的生活中占有重要地位，是一种生活必需品，"茶为食物，无异米盐，于人所资，远近同俗。既祛竭乏，难舍斯须，田间之间，嗜好尤切"③。随着国家财政的紧张，唐政府开始对茶叶销售征税。贞元九年

---

① 《通典》卷11《食货十一》，中华书局1984年版，第250页。
② 郑学檬等：《中国经济通史》第四卷，湖南人民出版社2002年版，第745页。
③ 《旧唐书》卷173《李钰传》，中华书局1975年版，第4503页。

（793 年）"张滂奏立税茶法，郡国有茶山及商贾以茶为利者，委院司分置诸场，茶之有税，自滂始也"①。《全唐文》记载："伏以去秋水灾，诏令减税，今之国用，须有供备。伏请出茶州县及茶山外商人要路，委所由定三等时估，每十税一价钱，充所放两税，其明年已后所得税外收贮，若诸州遭水旱，赋税不办，以此代之。"② 张滂的建议得到执行，政府以茶厂、茶商所有的茶叶为课税对象，以 10% 为税率征收茶税。

随着时间的推移，偷税的私茶开始泛滥，为此朝廷加重了对私茶的惩治。唐玄宗开城五年盐钱司上奏说："自今后应轻行贩私茶，无得杖伴侣者，从斤至百斤，决脊杖五十，其茶并随身物俱没，纳给纠告及捕捉所由，其囚牒送本州县置历收管，使别营生，再犯不问多少，准法处分，三百斤以上即是恣行凶狡，不惧败亡，诱扇愚人，悉皆屏绝，并准法处分，其所没纳，也如上例。从之"③。《旧唐书·文宗纪》记载，太和九年（835 年）王涯任盐铁使时，"献榷茶之利，乃以涯为榷茶使，茶之有榷税，自涯始也"。"榷茶法"规定茶场由官府管理，民间茶园的茶树一律移栽至官府茶园，不能移栽的，一律毁坏。茶树种植、茶叶采摘、加工、销售一律由官府经营。这些规定给茶叶带来严重打击，随着王涯被处死而废除。此后恢复到茶税制，茶叶专卖制度再未恢复。

杜牧任黄州刺史时，"许、蔡、申、光周贼，多劫荆襄、鄂岳等道，劫得财物，皆是博茶，北归本州岛货卖，循环往来，终而复始……更有江南士人，相为表里，较其多少，十具其半。"④ "江南士人"实际是蕲州、鄂州等地的茶农，他们与"江贼"即私茶贩子互相配合，躲避官府、私自销售茶叶，从一个侧面反映出鄂州地区茶叶生产与茶税征收任务的艰巨。

第三节　户籍、宗教管理法规与移风易俗

隋唐政权对地方社会的管理，沿用了秦汉以来的做法，即通过户籍登记，将人口固着于乡土社会，防止其逃亡他乡。户籍登记是地方政府征收赋

---

① （宋）王钦若等编：《册府元龟》卷 483，中华书局 1994 年版。
② （清）董诰等编：《全唐文》卷 612《张滂：请税茶奏》，中华书局 1983 年版，第 6185 页。
③ （宋）王若钦等编纂：《册府元龟》（校订本）卷 494，凤凰出版社 2006 年版，第 603 页。
④ （唐）杜牧：《樊川文集》卷 11《上李太尉论江贼书》，上海古籍出版社 1978 年版，第 169 页。

税、管理农业、维持地方治安的基础性措施。鉴于户籍登记的重要性，隋唐法律对户籍管理作了严密规范，成为地方政府户籍管理的法律依据。南朝以来，佛教、道教的传播，开始影响地方社会的社会意识和风俗习惯，在利用宗教信仰规制社会意识的同时，防止利用宗教产生反政权的社会意识，成为地方政府宗教管理的主要内容。户籍管理与宗教管理共同作用于地方社会成员，一是为了防止百姓的无序流动，冲击社会秩序；二是为了防止社会成员受宗教影响产生反政府的思想意识，两者互相配合，共同承担维护地方秩序稳定的任务。通过政府力量，推行房屋改造和城市改造，也是政府管理地方社会的内容之一。

一、户籍管理制度

《隋书·地理志下》"沔阳郡"条："沔阳郡（后周置复州，大业初改曰沔州）。统县五，户 41741。"五县之一为汉阳县。"永安郡"条："永安郡（开皇五年改曰黄州）。统县四，户 28398。"黄冈（治所在今武汉新洲区）、黄陂（今武汉黄陂区）为其辖县。"江夏郡"条："江夏郡（大业初改置鄂州）。统县四，户 13771。"江夏为其辖县。《旧唐书·地理志三》载：黄州领黄冈、麻城、黄陂三县，唐贞观十三年，4896 户，22060 口；天宝十一年，15512 户，96368 口。鄂州江夏郡，贞观十三年领县四，3754 户，14615 口。天宝十一年领县五，19190 户，84653 口。《新唐书·地理志》所录数据与此相同。《通典·州郡典》载开元元年各郡户口，其中，黄州齐安郡（黄冈、黄陂两县在该郡）14787 户，84182 口；沔州汉阳郡（汉阳县在该郡）6252 户，38129 口；鄂州江夏郡（江夏县在该郡）19417 户，113000 口。《太平寰宇记·淮南道·黄州》载：黄州领县三，黄冈、麻城、黄陂。唐开元年间人口 15512 户；《江南西道·鄂州》载：鄂州领县六（江夏县、汉阳县属改州），唐开元年间 29700 户。加上《元和郡县图志》所载的武汉地区各郡户数，这些人口数据是隋唐时期武汉地方法治中户籍法治实施的结果。

（一）户籍登记制度

隋朝建立之初，就开始大规模的户口登记。《隋书·食货志》载："开皇三年（583 年）正月，帝入新宫。初令人以二十一成丁……高祖令州县大索貌阅，户口不实者，正长远配，而又开相纠之科。大功已下，兼令析籍，各为户头，以防容隐。于是计帐进四十四万三千丁，新附一百六十四万一千五百口……每年正月五日，县令巡人，各随便近，五党三党，共为一团，依样定户上下。"① 所谓"大索貌阅""输籍定样"即全面检查人口，登记户口。开皇十年（590年）诏书说："凡是军人，可悉属州县，垦田籍帐，一与民同。军府统领，宜依旧式。"② 军人户籍纳入民户之中一并统计。

《通典》记载："高颎覩流冗之病，建输籍之法。"③"输籍定样""大索貌阅"的目的在于通过人口登记，将隐匿于豪强大户之家的民户纳入政府管辖之下，扩大赋役征收的基数。《隋书·裴蕴传》载："于时犹承高祖和平之后，禁网疏阔，户口多漏。或年及成丁，犹诈为小，未至于老，已免租赋。蕴历为刺史，素知其情，因是条奏，皆令貌阅。若一人不实，则官司解职，乡正里长皆远流配。又许民相告，若纠得一丁者，令被纠之家代输赋役。是岁大业五年也。诸郡计帐，进丁二十四万三千，新附口六十四万一千五百。"④ 为了把隐匿的户口简括出来，规定由基层政府通过"貌阅"即逐人当面登记，确保不遗漏人口。一旦发现基层政府作弊，要处以严惩；并悬赏告发逃避"貌阅"的行为。

据武德六年（623年）三月令，唐初的人口统计标准是："以始生为黄，四岁为小，十六岁为中，二十一为丁，六十为老。"登记程序为："每岁一造帐，二年一造籍；州县留五比，尚书省留二比。"⑤"五比"即十五年，"二比"即十年。"凡天下之户，量其资产，定为九等（原注：每三年，县司注定，州司覆之，然后注籍而申之于省）。每定户以仲年（原注：子、卯、午、酉），造籍以季年（原注：丑、辰、未、戌）。"⑥ 规定了编制户籍的具体时间和内容，唐政权通过户籍编制，重新确立了政权对社会的有效控制。以租庸调制为核心，通过均田制保障课丁有生产资料，以农业生产保障国家税收；以户籍计帐制保证政府对丁口的严密控制，掌握了课丁即可算出应收的租庸调数，国家收入能够一目了然。户籍计帐制度是唐代基层社会管理的重要制度。⑦

---

① 《隋书》卷24《食货志》，中华书局1997年版，第681页。
② 《隋书》卷2《高祖纪下》，中华书局1997年版，第34—35页。
③ 《通典》卷7《食货七》，中华书局1988年版，第156—157页。
④ 《隋书》卷67《裴蕴传》，中华书局1997年版，第1575页。
⑤ 《唐会要》卷85《团貌》、《定户等》、《籍账》，中华书局1955年版，第1559页。
⑥ 《唐六典》卷3《尚书户部卷》，陈仲夫点校，中华书局1992年版，第74页。
⑦ 李锦绣：《隋唐审计史略》，昆仑出版社2009年版，第12页。

唐代的户籍登记分三个环节：一是以居民手实为依据，编制汇总完成户籍簿册；二是以户籍为依据，对户口进行分类和综合统计以便预算来年的财政收入；三是记账，"又有记帐，具来岁课役以报度支。国有所须，先奏而敛"①。《唐会要》卷85《籍帐》载唐开元十八年（730年）十一月敕："诸户籍三年一造，起正月上旬，县司责手实计帐，赴州依式勘造。乡别为卷，总写三通。其缝皆注某州某县某年籍。州名用州印，县名用县印。三月三十日纳讫，并装潢一通，送尚书省，州县各留一通。所须纸笔装潢，并皆出当户内口，户别一钱。其户每以造籍年预定为九等，便注籍脚，所析生新附者，于旧户后，以次编附。"这里将造籍的年份、完成的具体时间、保存机构与保存年限、造籍费用分担、户籍的具体格式都作了明确的规定，这也得到了"吐鲁番文书"中发现的籍帐实物的验证。《全唐文》卷995《唐故朗州武陵县令博陵瞿府君墓志铭》中有"归祔于鄂州江夏县长乐乡顺化里黄鹤西山之原"②的文字，清晰显示隋唐地方行政区划，户籍登记中的住址登记也应该如此。

唐前期户籍统计以"手实"为核心，手实均以户主名义申报，要求在规定时间内如实填写家口、田地数目并申报官府。民户申报手实的时间，一般与造户籍的时期一致。③"凡里有手实，岁终具民之年与地之阔狭，为乡帐。乡成于县，县成于州，州成于户部。又有计帐，具来岁课役以报度支。"④诸乡申报的户口分类统计是当时一项经常性的制度，而统计诸色户口数字是计帐的主要组成部分。它是基础性的户口统计，为各级计帐的编制提供原始资料：先是县据各乡呈报的乡帐，编制成县计帐；再由州汇总诸县计帐，制成州计帐；最后户部总合成全国计帐。⑤户籍统计过程中的土地占有情况是统计内容之一。《天圣令·田令》"唐12条"："诸请永业者，并于本贯陈牒，勘验告身，并检籍知欠。然后录牒管地州，检勘给说，具录顷亩四至，报本贯上籍，仍各申省计会附簿。其有先于宽乡借得无主荒地者，亦听回给。"永业田的申请、审核、给授、登记，乃至上报汇总诸环节规定甚

---

① 《新唐书》卷51《食货志一》，中华书局1975年版，第1340页。
② （清）董诰等编：《全唐文》卷995阙名《唐故朗州武陵县令博陵瞿府君墓志铭》，中华书局1983年版，第10315页。
③ 宋家钰：《唐朝户籍法与均田制研究》，中州古籍出版社1988年版，第77—79页。
④ 《新唐书》卷51《食货志一》，中华书局1975年版，第1341页。
⑤ 张荣强：《汉唐籍帐制度研究》，商务印书馆2010年版，第282页。

为严密。所谓"检籍知欠""具录顷亩四至，报本贯上籍"，可见当时户籍和田籍是一起制作的。①

为了确保"租庸调"或"两税"的征收，"就必须在户籍上同时登记民户的土地和户口，以备审核"②。承担乡里社会户籍、土地登记的是里正，《唐律疏议》卷十二说："里正之任，掌按比户口，收手实，造籍书。"依据学术界有关唐代籍帐研究的成果，唐代户籍登记的内容包括户的基本情况，包括户主的姓名、年状、身份、年龄、家庭结构等；户在造籍之后三年内的异动情况，如新附、迁移以及死亡等；依据资产划分的户等；根据人口田亩数确定的应纳的租调数额；户的受田情况，包括应受田、已受田、未受田、田地四至以及居住的园宅面积；户籍印章，州籍上用州印，县籍上用县印。"乡（里）户口帐对人口的统计是十分细密的，诸乡向县司申报各项户口，至少在唐前期一个较长的时段内是作为一种经常性的制度予以实施的。这里也可以看出大唐帝国通过基层行政组织严密而忠实地贯彻其集权精神的实况。"③

（二）籍帐制度

户籍关系重大，唐代法律对户籍的造帐时间、户籍保管、更新等都有详细规定，形成唐代特有的"籍帐"制度。

《唐六典》卷3《尚书户部》"户部员外郎"条记载："每一岁一造计帐，三年一造户籍。"④"计帐"的数据来源于统计户口的数据，各乡之户口帐汇总于县，县再呈报于州，诸州之"记帐使"于每年六月一日以前纳于尚书省"对覆"。⑤ 确定户籍"三年"一造。

户籍攒造的主管官员是县令。县令"所管之户，量其资产，类其强弱，定为九等。其户皆三年一定，以入籍帐。若五九（谓十九、四十九、五十九、七十九、八十九），三疾（谓残疾、废疾、笃疾），及中、丁多少，贫富强弱，虫霜旱涝，年收耗实，过貌形状及差科簿，皆亲自注定，务均齐焉。若应收授之田，皆起十月，里正勘造簿历；十一月，县令亲自给授，十

---

① 戴建国：《唐〈开元二十五年令·田令〉研究》，《历史研究》2000 年第 2 期。
② 宋家钰：《唐代户籍上的田籍与均田制——唐代均田制的性质与施行问题研究》，《中国史研究》1983 年第 4 期。
③ 冻国栋：《中国人口史》第二卷，复旦大学出版社 2002 年版，第 80 页。
④ 《唐六典》，陈仲夫点校，中华书局 1992 年版，第 74 页。
⑤ 《唐六典》卷 1《三师三公尚书都省》，陈仲夫点校，中华书局 1992 年版，第 13 页。

二月内毕。至于课役之先后，诉讼之曲直，必尽其情理。每岁季冬之月，行乡饮酒之礼。六十已上坐堂上，五十已下立侍于堂下，使人知尊卑长幼之节。若籍帐、传驿、仓库、盗贼、河堤、道路，虽有专当官，皆县令兼综焉。丞为之贰。"①貌阅民户、注定户籍、亲自授田都是由县令主持的。户籍编制过程中的"貌定"环节，即通过"貌阅"确定"五九""三疾"。"五九"即年龄，"三疾"即"残疾、废疾、笃疾"的具体情形。至于"乡饮酒礼"的规定，更多是出于教化地方的需要，与户籍管理关系不大。

《资治通鉴》卷349《唐纪》宣宗大中九年（855年）夏闰四月记载宣宗诏书说："以州县差科不均，自今每县据人贫富及役轻重作差科簿，送刺史检署讫，锁于令厅。每有役事委令，据簿定差。"胡三省注曰："今之差役簿始此。"结合《唐六典》县令亲自定"差科簿"的记载，有学者推定差科簿的编订中间一度停止，唐宣宗以后又再次恢复。②

唐代前期，以乡、里、县为基础，基层官员负责编制以户籍、手实为主体，包括乡户口帐（或乡帐）、计帐、"户等簿"、"貌定簿"、差科簿等籍帐类型，目的都是保障国家赋税、徭役（包括兵役）的征收有足够的人丁。户籍还是判定犯罪嫌疑人刑事责任年龄的基本依据。《唐律》规定："年七十以上十五以下及废疾，犯流罪以下，亦听赎。八十以上十岁以下及笃疾，犯反逆杀人应死者，上请，盗及伤人，亦收赎，余皆无论。九十以上七岁以下，虽有死罪，不加刑。"③要准确判定犯罪嫌疑人的年龄，只有依据户籍登记。此外，罪犯的服制关系、亲属关系、良贱身份等也要依据户籍档案登记的内容来作出判断。户籍登记是地方社会治理的基础性制度。

《文苑英华》卷529载有"造籍帐判"："户部符下诸州，令造籍帐，州司以百姓艰辛，人未归役，请待兵散后造。省司不许，云人为国本，赋在均平。若不知，军何取给。"即使战乱时期，也要及时统计户籍，作为赋役征收的依据，可见户籍统计之重要。

隋唐时期保留的有关武汉地区黄州、鄂州、沔州以及各县的人口数据，就是武汉地方政府依据法律规定落实人口统计制度、定期编制户籍、统计人口、确定各户资产户等的结果，也是武汉地方户籍管理法治实施的证据。

① 《唐六典》卷30《三府督护州县官吏》，陈仲夫点校，中华书局1992年版，第753页。
② 冻国栋：《中国人口史》第二卷，复旦大学出版社2002年版，第88页。
③ 《旧唐书》卷50《刑法志》，中华书局1975年版，第2138页。

二、宗教管理制度

隋唐五代时期，佛教、道教已经在武汉地区广泛传播，依据法律规定，对地方佛教、道教的寺观、教徒活动加以管理，使其活动符合法律规定，符合地方社会秩序正常运转的需要，构成地方宗教法治的基本内容。

（一）唐代武汉地区的宗教形态

佛教经过南朝的发展，社会影响进一步扩大，进入隋唐，又得到统治阶层的支持。隋文帝开皇元年（581 年），"高祖普诏天下，任听出家，仍令计口出钱，营造经像……天下之人，从风而靡，竞相景慕，民间佛经，多于六经数十百倍"①。佛经的多寡，最能反映佛教理论的发展情况。与此对应的是天下寺观的增多。隋朝建立后，隋文帝下令各州立寺，据《佛祖历代通载》卷十记载，隋文帝时期"大度僧尼，将三十万。崇缉寺宇，向有五千。翻译道俗，二十四人。所出经论，垂五百卷"②。仁寿大业之际，全国有寺庙 3792 所；大业末增至 3985 所。③ 唐代全国五千余寺，二十万僧尼，是五千余万人口所能容纳的佛教徒的极限值，其中鄂州佛寺 43 处，黄州佛寺 17 处，构成江汉佛寺群，与江陵、岳阳佛寺群落一起，构成江汉平原的三大佛寺群。④ 唐代政府对佛寺兴建的定量规定，标志着佛教自传入中国后，经过长期演变，已经完全融入中华帝国的政治、经济、文化和社会秩序之中，成为隋唐文化的有机组成部分。

李白在流放途中，经过江夏，有《流夜郎至江夏陪长史叔及薛明府宴兴德寺南阁》诗，这里的"兴德寺"也是江夏境内的寺庙。《全唐文》卷920 载有《江夏县缘果道场七层砖塔下舍利铭记》，"缘果道场"也是一处佛教修行之地。舒元舆《唐鄂州永兴县重岩寺碑铭并序》载，重岩（寺）建于山川秀绝之地，统江夏之永兴。宝应元年（762 年）秋七月，获名重岩寺。大历十三年（778 年），迁县于长庆乡，寺亦与迁。贞元八年（792年），县又迁之长乐深口，寺亦随动。邑人叶望出其地二百亩修建，有僧曰谦、曰讽，手开榛芜，主持修建而成。长庆三年（823 年）春三月，上座僧良鉴被推举为主持。重岩寺"树宇之为殿者其间五，扶土而为像者其形七。

---

① 《隋书》卷 35《经籍四》，中华书局 1997 年版，第 1099 页。
② （元）念常：《佛祖历代通载》，北京图书馆出版社 2000 年版，第 151 页。
③ 张弓：《汉唐佛寺文化史》，中国社会科学出版社 1997 年版，第 93 页。
④ 张弓：《汉唐佛寺文化史》，中国社会科学出版社 1997 年版，第 109 页。

帐之饰宝者如殿间焉。乃凿门而三，张翼而廊。殿阴有北方挂金革天神之官，东北有禅氏七代祖。沙门栖心之室也，凡二十四。曲突而能庖，筑堂而会食。拓庭而宽，植木而阴。河山参差，金碧相错。舍舟车而极其心相者，宜化成焉"①，是鄂州境内规模比较大的一座寺庙。

　　唐代，还有人在武汉翻译佛经。《全唐文》载阙名《法句经序》说有天竺僧人来到武昌，"仆从受此五百偈本，请其同道竺将炎为译。将炎虽善天竺语，未备晓汉，其所传言，或得梵语，或以义出音近质直。仆初嫌其为词不雅。维祇难曰：'佛言依其义不用饰，取其法不以严。其传经者，令易晓勿失厥义，是则为善。'"② 作者从天竺僧人那里接受了梵语佛经，又请另一位僧人竺将炎帮助翻译，只是竺将炎精通梵语，但汉语修养欠佳，翻译出的佛经缺少文采。武汉地区有人翻译佛经，验证了隋唐时期武汉地区佛教的兴盛。

　　见于文献记载的武汉地区的著名佛寺还有莲溪寺，在武汉武昌大东门外7.5公里的蟠龙山，今傅家坡涂家岭，是武汉四大佛教丛林之一的尼众丛林。据1921年所立《武昌莲溪寺记》碑记载："莲溪寺者，武昌附郭东南之胜境也……自唐宋以来，称曰盘龙山莲溪寺者久矣。"据此，则莲溪寺是唐代所建。③ 据康熙《武昌府志》卷三记载，江夏县建于唐代的佛寺有：铁佛寺，文昌门内，旧名"报恩"，梁天监中，邵陵王舍宅建，唐天宝中，有红、白二蜘蛛，出入井中为祟，铸铁佛镇之。洪山寺，原在随州大洪山，名"宝通寺"。唐宝历中，灵济慈忍禅师祈雨，断足报龙。后移此，因名洪山寺。小塔寺，古"兴福寺"，隋仁寿年间建。灵山寺，相传汉时建，元至正间重建。东岩寺，在洪山之东，唐贞观中所建。现华寺，在新南门外，唐为"青莲庵"，中有"青莲井"遗迹。黄龙山如意寺，唐黄龙诲机禅师开法道场。清净寺，在望山门内，创于唐贞观年间。④ 据康熙《黄陂县志》记载，黄陂县建于唐代的佛寺有：木兰寺，一名西寺，在县西，唐贞观时建。上古寺，在县东北六十里，在木兰山上，唐贞观中建。下古寺，在县东北六十

---

　　① （清）董诰等编：《全唐文》卷727《舒元舆：唐鄂州永兴县重岩寺碑铭》，中华书局1983年版，第7499页。

　　② 〔清〕董诰等编：《全唐文》卷986阙名《法句经序》，中华书局1983年版，第10203页。

　　③ 皮明麻主编：《武汉通史》，武汉出版社2006年版，第334页。

　　④ 《康熙湖广武昌府志校注》，武汉出版社2011年版，第198—200页。

里，在木兰山上，唐贞观中建。滠口寺，在县西南四十五里，系唐朝敕建。① 汉阳县有褒忠寺，在县治西南六十里，相传唐时有李太尉，封褒忠，卒葬于此，因建寺。②

符载《送崔副使归洪州幕府序》③ 中有"江夏郡东有黄鹤山，山中头陀大云精舍，颢师竹院，惟一师茶圃"的句子，"头陀大云精舍"当是佛教徒修行的地方，"精舍""竹院""茶圃"反映了唐代武汉地区佛教徒生活的一个侧面。撰写《庐山东林寺观音方丈记》一文的作者署名为"江夏僧元楚记"，其人当是在江夏修行，且文学修养很好的佛教徒。唐代李邕所撰《岳麓寺碑》中有"有若法愍禅师者，江夏人也，空慧双铨，寂用同彀，慈目相视，净心相续，综覈万法，安住一归，注大道经，究上乘理，永托兹岭，克终厥生"④。李邕是江夏人，碑文中提到的"法愍禅师"也是江夏人，在岳麓寺出家成为一代名僧。严挺之《大智禅师碑铭》中有"览江夏立铭，涕增横坠"⑤ 的句子，则大智禅师曾云游江夏，交流佛法。

佛教之外，道教也在武汉地区有所传播。隋文帝曾下诏保护佛、道二教，唐代开国皇帝自认老子为自己的祖宗，大力提倡道教，唐高宗册封老子为"太上玄元皇帝"，各地修建玄元皇帝庙，唐玄宗则加封老子为"大圣高祖上大道金阙玄元天皇大帝"。与此相对应，每州皆兴建道观，谓之"紫极宫"，各州设崇玄学，设玄学博士一人，讲授道教经典。唐玄宗还派人搜求道教经典，编成3944卷的《三洞琼纲》，分送诸道采访使，以光大道教。⑥ 唐代，以武当山为基地的道教已经初步发展起来，影响整个湖北地区，武汉地区自然也是道教活动频繁的地区。

隋唐时期，随着佛、道的传播，"顿悟成佛""修炼成仙""长生久视"的宗教信条逐渐扩展，与江汉平原原有的鬼神观念相结合，转化成通过自身的修炼成佛成仙，至少益寿延年的社会意识，这是宗教吸引各层次社会成员

---

① 《黄陂县志——清康熙、道光、同治本合集》（校注本），武汉出版社2015年版，第53—56页。
② 《嘉靖汉阳府志》，武汉出版社2015年版，第215页。
③ （清）董诰等编：《全唐文》卷690《符载：送崔副使归洪州幕府序》，中华书局1983年版，第7070页。
④ （清）董诰等编：《全唐文》卷263《李邕：岳麓寺碑》，中华书局1983年版，第2670页。
⑤ （清）董诰等编：《全唐文》卷280《严挺之：大智禅师碑铭》，中华书局1983年版，第2843页。
⑥ 《旧唐书》卷9《玄宗李隆基下》，中华书局1975年版，第227页。

的地方。此外，僧尼、道士隐身寺观，可以躲避徭役、兵役，也是吸引底层社会成员信奉宗教的原因。佛教对社会的影响，在傅弈的《请废佛法表》中有集中的表述。一是众僧剃发染衣，不谒帝王，违离父母，不忠不孝，与传统的儒家忠孝伦理相悖；僧尼不婚，违礼逆天，减损户口，背离阴阳和合之道。二是大唐丁壮僧尼二十万，一旦受到蛊惑叛乱，国将不国。三是州县寺塔聚集僧众，"佛是妖魅之气，寺是淫邪之祀"，是社会动乱的根源。四是僧尼不劳而获，不纳税服役，浪费资源，建议断僧尼之贮，散其财于天下，则百姓丰满，将士皆富。① 佛教、道教作为影响巨大的宗教团体，与政权的社会治理观念存在冲突，但作为一种流传数百年，信众众多的客观存在，要想废除显然不太可能。隋唐政府对佛教、道教在支持其活动的同时，通过法律加以限制，使其在政府许可的范围内活动，此即宗教法治。

（二）宗教管理法规

唐政权对宗教的管理是全方位的——有专门的管理机构和僧道官制度，通过"敕度"控制僧道总数，对各地寺观设置数量也有清晰规定，并利用世俗礼法规制道士的活动。武汉地区既有寺庙，又有道观，地方政府依法对佛教、道教施加管理，构成武汉地方宗教管理的内容。

1. 管理机构

隋文帝时期，中央政府在鸿胪寺下置"崇玄署"掌佛道事务，并设令、承二官，管理道、佛二教。隋炀帝时，"郡县佛寺改为'道场'，道观改为'玄坛'，各置监、丞"②。制度规定在郡县的道观里设置专司管理的监、丞，说明政府公权力深入到佛寺、道观内部具体事务的管理之中，中央设崇玄署、郡县设玄坛监、丞，构成隋代宗教管理的基本制度框架。

唐初的管理体制沿袭隋朝，崇玄署是最高管理机构，官员有"令一人，正八品下；丞一人，正九品下。府二人，史三人，典事六人，掌固二人，令掌京都诸观之名数，道士之帐籍与其斋醮之事。丞为之贰……置诸寺、观监，隶鸿胪寺，每寺、观，各监一人"③。崇玄署之令（正八品下），丞（正九品下）是有俸禄、有级别的朝廷官员，代表国家行使管理权。敕令中的诸"寺观监"即"诸州、县的寺观监"，每"寺、观各监一人"，即每州

---

① （清）董诰等编：《全唐文》卷133《傅弈：请废佛法表》，中华书局1983年版，第1345页。
② 《隋书》卷28《百官志下》，中华书局1997年版，第802页。
③ 《旧唐书》卷44《职官志三》，中华书局1975年版，第1881页。

县，置寺监、观监各一人。唐代是因袭隋大业时的郡县玄坛的监、丞制度，专门管理地方宗教事务。唐初的州县寺监、观监，任官在州县，却直接隶属鸿胪寺，不归地方州县辖制，这是其特殊之处。

唐玄宗开元二十五年（737年）至天宝二年（743年），崇玄署隶宗正寺。《旧唐书·玄宗本纪》载，开元二十五年春正月壬午，制"道士、女冠宜隶宗正寺，僧尼令祠部检校"。道教、佛教由不同机构分别管理。《唐六典·尚书礼部》"祠部郎中"条规定："祠部郎中、员外郎，掌祠祀、享祭……道佛之事。"由祠部与宗正寺下的崇玄署共同管理道教事务，祠部管理佛教事务。

天宝二年至唐肃宗至德二年（757年），崇玄署隶吏部司封管辖。《通典》卷23《职官五》"尚书吏部司封条"条载，"掌封爵、皇之枝族及诸亲，内外命妇告身及道士、女冠等"。"司封"掌管道教持续到唐肃宗时期，唐肃宗二年（757年）重申"道士、女冠宜依前属司封"①。唐宪宗元和二年（807年）二月至唐末，"僧尼、道士，全隶左右街功德使"。"左右街功德使"成为唐政府的宗教管理机构。两街功德使管理宗教的权限延续至唐末。

唐代具体承担道教管理任务的是道官。道官是由朝廷任命道士、女冠担任管理道教的各级官员。道官在唐代称为"道门威仪"或"道门威仪使"，由德行优良的道士担任。"道、释二教，必在护持，须置威仪，令自整肃。"② 道门威仪负责"监领诸道士"。③ 最基层的道官是道观的三纲，具体负责管理宫观的宗教活动。唐代道观"每观观主一人，上座一人，监斋一人，共纲统众事"④。《旧唐书·职官三》"尚书吏部司封郎中"条载："每观立三纲，以道德高者充。"《唐六典》卷18"鸿胪寺"条亦云："凡天下寺观三纲及京都大德，皆取其道德高妙为众所推者补充，上书祠部。""三纲"由众人举荐，政府选拔"道德高妙"者充任。从中央到地方，设置有体系化的宗教管理机构，执行着政权管理宗教的职责。

---

① 《唐会要》卷50《杂记》，中华书局1955年版，第881页。

② （清）董诰等编：《全唐文》卷310《停京都检校僧道威仪敕》，中华书局1983年版，第3154页。

③ （宋）王若钦等编纂：《册府元龟》（校订本）卷54《帝王部·尚黄老第二》，凤凰出版社2006年版，第570页。

④ 《唐六典》卷4，陈仲夫点校，中华书局1992年版，第125页。

2. 敕度制度

唐代制度规定，一个人要想出家成为僧道，首先必须拜师精勤修行，然后经师推举，由政府考核合格者，得到敕度后方能出家。敕度，又称官度或正度，即按照规定度人入道。唐高宗永淳二年（683 年）二月四日诏："仍令天下诸州置道士观，上州三所，中州二所，下州一所，每观各度道士七人。"[①] 对道观数量、道士人数均有限制。皇帝以敕令规定度人入道的同时，也通过诏书控制僧道的规模。唐玄宗开元二十六年（738 年）下令："其天下观寺，大小各度十七人。简择灼然有经业戒行，为乡间所推，仍先取年高者。"[②] 天宝六载又诏："天一诸观道士等，如闻人数全少，修行多阙，其欠人处，宜度满七人。并取三十已上，灼然有道行经业者充，仍令所繇长官精加试练，采访使重覆，勿使逾滥。度迄，挟名奏闻。其诸观有绝无人处，亦量度三两人，准此简试选贤择能。"[③] 上述诏令的目的都在于限制僧道的数目，防止滥竽充数。

"安史之乱"后依然执行以敕令度人入道的做法，由政府批准入道者，最后领取由尚书省祠部颁发的度碟，才算成为合法的道士，称为正名道士。度碟是官府颁给合法出家道士、女冠的身份证明书。由于度碟由尚书祠部颁出，故又称祠部碟。道士还俗或死后，由州或县将已度道士、女冠的姓名、乡贯、户头所习经业及配住宫观等项填表送本司，其度碟由本观三纲封送本司，严禁转让，僧人剃度办法与之类似。

唐代法律严惩私自度人为道、为僧的行为，"诸私入道及度之者，杖一百，若由家长，家长当罪。已除贯者，徒一年。本贯主司谓私入道者所属州县官及观寺三纲知情者，与同罪。若犯法合出观寺，经断不还俗者，从私度法。即监临之官，私辄度人者，一人杖一百；二人加一等。"[④] 法律明确规定，成为道士必须"敕度"，即依据敕令，获得政府批准，取得相关手续，否则即是犯法，一旦出现私度为僧道者，相关人员都要受到程度不等的处罚。唐代政府的这一管理原则为此后的政权所沿袭，即任何人要想合法取得

---

① （清）董诰等编：《全唐文》卷 13《改元弘道大赦诏》，中华书局 1983 年版，第 162 页。

② （宋）王若钦等编纂：《册府元龟》（校订本）卷 53《帝王部·尚黄老第一》，凤凰出版社 2006 年版，第 593 页。

③ （宋）王若钦等编纂：《册府元龟》（校订本）卷 54《帝王部·尚黄老第二》，凤凰出版社 2006 年版，第 601 页。

④ 《唐律疏义》卷 12《户婚》，刘俊文点校，法律出版社 1999 年版，第 325 页。

僧道资格,都必须得到政府的批准。严禁私度成为政府宗教管理的重要手段。唐睿宗诏令:"私度之色,即宜禁断。"① 唐宪宗元和二年(807年)正月下令:"天下百姓不得冒为僧尼、道士以避徭役,其创造寺观,广兴土木者,举前敕处分。"②"安史之乱"后,大量人口隐匿寺观,逃避徭役,对政府赋税徭役征收带来重大影响,这是政府一再下诏禁止私度入道的根本原因。

大和四年(830年),有人上奏说:"缁黄之众,蚕食生人,规避王徭,凋耗物力,应诸州府度僧尼道士及创造寺观,累有禁令……自今以后,非别敕处分,妄有一奏请者,委宪司弹奏。量加贬责。于百姓中苟避徭役,冒为僧道,所在长吏,重为科禁者。"③ 上奏所表述的观点,可以作为唐朝后期政府的宗教管理政策理解。《龙筋凤髓判》卷2载有"祠部郎中孙佺状称往年度人多用财贿,递相嘱请,元无经业,望更诠试,不任者退还本邑"的判词,受到朝廷的肯定。

控制僧道数量的关键是朝廷颁发的"度牒",因此,有私下倒卖度牒以谋利者。魏元忠说:"今度人既多,缁衣半道,不本行业,专以重宝附权门,皆有定直。昔之卖官,钱入公府,今之卖度,钱入私家。以兹入道,徒为游食。"④"度"即度牒。魏元忠是唐中宗时期人,此前已有地方官、有权僧人倒卖度牒中饱私囊的行为。官方大规模出卖度牒敛财出现在"安史之乱"后。"及安禄山反,司空杨国忠以为正库物不可以给士,遣侍御史崔众至太原,纳钱度僧尼道士,旬日得百万缗而已……明年,郑叔清与宰相裴冕建议,以天下用度不充,诸道得召人纳钱,给空名告身,授官勋邑号,度道士僧尼不可胜计……及两京平,又于关辅诸州,纳钱度道士僧尼万人。"⑤ 唐政府曾三次出卖度牒敛财,"安史之乱"发生当年,杨国忠为筹措军费而"纳钱度僧尼道士",地点是太原地区;第二年,宰相裴冕主持各地"召人纳钱","度道士僧尼不可胜计",这次是全国范围内,武汉地区自然不能缺少;第三次是唐军收复两京[至德二年(584年)收复洛阳],这次主要在

---

① (清)董诰等编:《全唐文》卷19《申劝礼俗敕》,中华书局1983年版,第232页。
② (宋)宋敏求编:《唐大诏令集》卷70《元和二年南郊赦》,中华书局2008年版,第391页。
③ (清)董诰等编:《全唐文》卷966《请申禁僧尼奏》,中华书局1983年版,第10032页。
④ 《新唐书》卷122《魏元忠传》,中华书局1975年版,第4346页。
⑤ 《新唐书》卷51《食货志一》,中华书局1975年版,第1344页。

关辅地区。政府在很短的时间内三次出售度牒，说明社会上对度牒的需求量很大或者说愿意成为僧尼道士的人数量很多。

为控制僧尼数量，规定了严密的僧道簿籍制度。"凡道士、女道士簿籍，三年一造。"① 《新唐书》记载："崇玄署……掌京都诸观名数与道士帐籍、斋醮之事……每三岁州、县为籍，一以留县，一以留州。僧、尼，一以上祠部，道士、女官，一以上宗正，一以上司封。"② 依此可知，由州县负责每3年编订一次僧尼、道士的名簿籍册，一式三份，县、州各留一份，上报祠部一份，道士、女官名册上报司封一份。《通典》卷23"司封郎中"条："天宝八载（749年）十一月，敕道士女冠籍每十载一造，永为常式。至德二年（757年）十一月，敕道士女冠等宜依前属司封曹。"天宝以后改为十年一造册。唐文宗大和四年（830年），敕僧尼籍帐五年一造。按照大和四年祠部的奏文所称，僧尼籍帐要写清楚其法名、俗姓、乡贯、户头、所习经业及居住寺人数等。③ 僧尼身死或还俗，要申报祠部进行"注毁"，④ 防止冒名顶替，私度僧尼、道士。

3. 僧道行为的规制

政府对僧道的修行也有规定。

> 诸僧、尼、道士、女冠等，有精勤练行、守戒律者，并令就大寺观居住，给衣食，勿令乏短。其不能精进、戒行有阙者、不堪供养者，并令罢退，各还桑梓。所司明为条式，务依法教，违制之事，悉宜停断。⑤

僧尼、道士通过自身的修行，履行为社会提供宗教产品的责任，以此换取相应的社会地位和经济报酬，这是法律要求僧尼修行精进的原因之一。防止他们在宗教戒律规定的范围之外活动，出现"邪教"行为，蛊惑百姓，危害社会，也是这一规范的制定目的之一。

---

① 《旧唐书》卷43《职官志二》，中华书局1975年版，第1821页。
② 《新唐书》卷48《百官志三》，中华书局1975年版，第1252页。
③ （清）董诰等编：《全唐文》卷966《请申禁僧尼奏》，中华书局1983年版，第10032页。
④ （清）董诰等编：《全唐文》卷966《请申禁僧尼奏》，中华书局1983年版，第10032页。
⑤ 《旧唐书》卷1《高祖本纪》，中华书局1975年版，第17页。

　　具体而言，要求道士、女冠"除三纲并老病不能支持者，余并仰每日两时行道礼拜，如有弛慢，并量加科罚"①。这是对僧尼、道士修行活动的具体要求。此外，"兴贩经纪，行船驾车，擅离本寺，于公廨论竞，及在俗家，夜结戒坛，书符禁咒，阴阳术数，占相吉凶，妄陈祸福者"都在严禁之列。② 高宗永徽四年（653 年）四月敕："道士、女冠、僧、尼等，不得为人疗疾及卜相。"③ 至于"公讼私竞，或饮酒食肉，非处行宿，出入市廛，罔避嫌疑"者，令所在州县官"严加捉搦禁止"。④ 还规定"僧道不得乘马"⑤。限制僧道在外逗留时间，"凡止民家，不过三夜出逾宿者，立案连署，不过七日。路远者州县给程"⑥。道众离宫观外出超过三天就要申报政府立案，离开时间不得超过七日。

　　开元二年（714 年）七月十三日敕："如闻百官家，多以僧尼、道士等为门徒往还，妻子等无所避忌，或诡托禅观，祸福妄陈。事涉左道，深斁大猷。自今已后，百官家不得辄容僧尼等至家，缘吉凶要须设斋者，皆于州县陈牒寺观，然后依数听去。"⑦ 禁止百官接纳僧道，进行法事活动一律去寺观。唐政府对僧道之间的往来也有严格的规定，道士"非本师教主及斋会礼谒，不得妄托事故，辄有往来，非时聚会"，犯者，"准法处分"。⑧ 唐政府一再颁布敕令，"务令清肃寺观"，寺观内"不得俗客居住"，"公私借寺观居止，因兹亵渎，切宜禁断"。⑨ 其目的是杜绝寺观"宿宵妖讹，亡命聚会"。此类规定的目的在于防止宗教势力过分扩张，威胁政权的稳定。

　　隋唐政府在承认之前已经存在的寺观的基础上，统一规定各地新设立寺观数量。唐高宗乾丰元年（666 年）正月诏书："天下诸州皆置观、寺一所。"⑩ 明确规定各地设立道观寺庙各一处。永淳二年（683 年）诏书说：

---

① （清）董诰等编：《全唐文》卷 46《禁断公私借寺观居止诏》，中华书局 1983 年版，第 508 页。
② （清）董诰等编：《全唐文》卷 966《请申禁僧尼奏》，中华书局 1983 年版，第 10032 页。
③ 《唐会要》卷 50《尊崇道教》，中华书局 1955 年版，第 878 页。
④ （清）董诰等编：《全唐文》卷 29《禁僧道不守戒律诏》，中华书局 1983 年版，第 327 页。
⑤ 《新唐书》卷 24《车服志》，中华书局 1975 年版，第 511 页。
⑥ 《新唐书》卷 48《百官志三》，中华书局 1975 年版，第 1252 页。
⑦ 《唐会要》卷 49《杂录》，中华书局 1955 年版，第 860 页。
⑧ （清）董诰等编：《全唐文》卷 46《禁僧尼道士往来聚会诏》，中华书局 1983 年版，第 508 页。
⑨ （清）董诰等编：《全唐文》卷 46《禁僧尼道士往来聚会诏》，中华书局 1983 年版，第 508 页。
⑩ 《旧唐书》卷 5《高宗本纪下》，中华书局 1975 年版，第 90 页。

"仍令天下诸州置道士观，上州三所，中州二所，下州一所，每观度道士七人。"① 各地新设寺观数量有所增加。唐中宗复位之后，"天下诸州各置寺、观一所，咸以'中兴'为名"②。唐玄宗开元二十九年（741 年）"正月己丑，诏两京及诸州各置玄元皇帝庙一所，并置崇玄学……九月，两京玄元庙改为太上玄元庙，天下准此"③。次年，地方各州的"太上玄元庙"改为"紫极宫"。唐玄宗时期是各地道观、道士数量快速增加的时期。"安史之乱"后，再未见到大规模兴建寺观的诏书和敕令，反而是限制道观数量的诏书较为常见。

唐政府明确规定道士、女冠及僧尼"不得受父母及尊者礼拜"④。并令僧尼、道士跪拜父母，通过法律调整宗教规范与世俗伦理之间的冲突。唐政权还多次下诏，要求僧尼、道士礼拜天子、父母及尊者。⑤

唐代法律规定对违反教规的僧道进行处罚。僧尼、道士"若服俗衣及绫罗、乘大马、酒醉、与人斗打、招引宾客、占相吉凶、以三宝物饷馈官僚、勾合朋党者，皆还俗；若巡门教化、和合婚姻、饮酒食肉、设食五辛、作音乐博戏、毁骂三纲，凌突长宿者，皆苦役也"⑥。勒令还俗的原因在于违反宗教清规，罚作苦役是因为不遵守寺观管理。道士、女官盗毁天尊像，僧、尼盗毁佛像者，加役流。盗毁真人、菩萨者，各减一等（流三千里）。⑦这是对僧尼、道士盗窃行为的惩治规定。"道士、女官奸者，又各加一等……道士、女官、僧、尼同。"⑧ 凡人"和奸"，徒一年半，道士、女官和奸，要加重处罚，徒二年。这是对不守教规的道士的惩罚规定。

三、地方风俗的改造

地方政府在依法管理宗教活动的同时，儒学出身的地方官员还致力于在地方社会移风易俗，教化百姓。

---

① （清）董诰等编：《全唐文》卷 13《改元弘道大赦诏》，中华书局 1983 年版，第 162 页。

② 《旧唐书》卷 7《中宗本纪》，中华书局 1975 年版，第 137 页。

③ 《旧唐书》卷 24《礼仪志四》，中华书局 1975 年版，第 926 页。

④ （宋）宋敏求编：《唐大诏令集》卷 113《僧尼不得受父母拜诏》，中华书局 2008 年版，第538 页；（清）董浩等编：《全唐文》卷 12《令僧道致拜父母诏》，中华书局 1983 年版，第 148 页。

⑤ （宋）宋敏求编：《唐大诏令集》卷 113《令僧尼道士女冠拜父母敕》，中华书局 2008 年版，第 539 页．

⑥ 《唐六典》卷 4《尚书礼部》，陈仲夫点校，中华书局 1992 年版，第 126 页。

⑦ 《唐律疏议》卷 19《贼盗》，刘俊文点校，法律出版社 1999 年版，第 384 页。

⑧ 《唐律疏议》卷 19《贼盗》，刘俊文点校，法律出版社 1999 年版，第 534 页。

（一）元稹对武汉地区赛龙舟风俗的改造

元稹《竞舟》诗云：

> 楚俗不爱力，费力为竞舟。买舟俟一竞，竞敛贫者赇。年年四五月，茧实麦小秋。积水堰堤坏，拔秧蒲稗稠。此时集丁壮，习竞南亩头。朝饮村社酒，暮椎邻舍牛。祭船如祭祖，习竞如习雠。连延数十日，作业不复忧。君侯馈良吉，会客陈膳羞。画鹢四来合，大竞长江流。建标明取舍，胜负死生求。一时欢呼罢，三月农事休。岳阳贤刺史，念此为俗疣。习俗难尽去，聊用去其尤。百船不留一，一竞不滞留。自为里中戏，我亦不寓游。吾闻管仲教，沐树惩堕游。节此淫竞俗，得为良政不。我来歌此事，非独歌此州。此事数州有，亦欲闻数州。①

赛龙舟是唐代江南地区十分普遍的活动，时间在四五月间，但元稹所见的"楚俗"则有些不同：一是竞渡与祭祀神灵相结合，是一场盛大的民间集会；二是持续时间长，丁壮齐聚，"连延数十日"；三是赌注大，"建标明取舍，胜负死生求"，是一场生死相搏的竞渡；四是耗费巨大，对穷人而言是一项不小的支出；五是影响农业生产，数十日的狂欢，使人们无心收获已经成熟的麦子，修筑已经损坏的堤堰，严重影响收成和农业生产的顺利进行，因而竞舟被视为"淫竞俗"，极力劝勉百姓改造这一风俗。

（二）元稹对武汉地区结社饮酒恶俗的改造

元稹《赛神》诗云：

> 楚俗不事事，巫风事妖神。事妖结妖社，不问疏与亲。年年十月暮，珠稻欲垂新。家家不敛获，赛妖无富贫。杀牛贳官酒，椎鼓集顽民。喧阗里间隘，凶酗日夜频。岁暮雪霜至，稻珠随陇湮。吏来官税迫，求质倍称缗。贫者日消铄，富亦无仓囷。不谓事神苦，自言诚不真。岳阳贤刺史，念此为俗屯。未可一朝去，俾之为等伦。粗许存习俗，不得呼党人。但许一日泽，不得月与旬。吾闻国侨理，三年名乃

---

① （唐）元稹：《元稹集》卷3《古诗》，中华书局1982年版，第29—30页。

振。巫风燎原久，未必怜徙薪。我来歌此事，非独歌政仁。此事四邻有，亦欲闻四邻。①

"巫风"盛行是武汉地区自先秦以来的传统，在唐代的表现之一是民间社会的"结妖社""事妖神"。时间是每年十月，不问亲疏贫富，乡民敲鼓聚集，在乡间闾里，喝酒吃肉，日夜不息。活动的结果是耽误了水稻的收获，"岁暮雪霜至，稻珠随陇湮"，无法缴纳赋税，只好忍受高息借贷交税，导致民间社会普遍的贫困化，严重影响生产生活的正常进行。元稹视为"结妖社""事妖神"即根源于此。虽然地方官屡次加以禁制，但效果甚微。

元结《左黄州表》载，乾元时期（758—760年），左振出为黄州刺史。当时黄州流传歌谣说："吾乡有鬼巫，惑人人不知。天子正尊信，左公能杀之。"当时黄州地区以"阴阳变怪将鬼神之道，罔上惑下，得尊重于当时者，日见斯人。黄之巫女，亦以妖妄得蒙恩泽，朝廷不问，州县惟其意。公忿而杀之"②。"怪力乱神"危害地方，蛊惑民众，骗取钱财，地方官对"巫女"的斩杀，消除了"怪力乱神"之危害，也属于对地方风俗的管控。

（三）推广瓦屋，改造建房习俗

太和四年至太和五年（830—831年），元稹任鄂州刺史、武昌军节度使，其《茅舍》一诗可以反映元稹在鄂州的所为：

> 楚俗不理居，居人尽茅舍。茅苫竹梁栋，茅疏竹仍罅。边缘堤岸斜，诘屈檐楹亚。篱落不蔽肩，街衢不容驾。南风五月盛，时雨不来下。竹蠹茅亦干，迎风自焚炸。防虞集邻里，巡警劳昼夜。遗烬一星然，连延祸相嫁。号呼怜谷帛，奔走伐桑柘。旧架已新焚，新茅又初架……我欲他郡长，三时务耕稼。农收次邑居，先室后台榭。启闭既及期，公私亦相借。度材无强略，庀役有定价。不使及僭差，粗得御寒夏。火至殊陈郑，人安极嵩华。③

"居人尽茅舍"，以茅草和竹子作为材料，容易发生火灾。房屋沿江堤

---

① （唐）元稹：《元稹集》卷3《古诗》，中华书局1982年版，第29页。
② （清）董诰：《全唐文》卷383《元结：左黄州表》，中华书局1983年版，第3897页。
③ （唐）元稹：《元稹集》卷3《古诗》，中华书局1982年版，第30页。

搭建，缺少规划，街道狭窄，不利于通行。为减少火灾和改善城市环境，元稹在鄂州呼吁百姓在农闲时间以瓦屋代替草房。《新唐书·韦丹传》载："（韦丹）徙为江南西道观察使……始，民不知为瓦屋，草茨竹椽，久燥则爇而焚。丹召工教为陶，聚材于场，度其费为估，不取赢利。人能为屋者，受材瓦于官，免半赋，徐取其偿；逃未复者，官为为之；贫不能者，畀以财。"① 元稹在鄂州的做法与韦丹一样，从《茅舍》诗"五袴有前闻，斯言我非诈"的描述来看，元稹在鄂州推行瓦屋的效果是十分明显的。地方百姓一旦体会到瓦屋的优势，就会逐渐适应修建瓦屋，以至相沿成习，居住风俗随之改变。

（四）郗士美对鄂州城内居住环境的改良

郗士美（高平金乡人）在元和三年（808年）至元和五年（810年）任"鄂岳观察使"。舒元舆《鄂政记》② 载，鄂州常年驻军有三万多人，军需供应来自地方，军民关系成为地方政府需要解决的一大难题，"苟能惠百姓，军旅必咨怨；苟能富军旅，百姓不堪命"。一是因为军队扰民，百姓痛恨；二是军需供应加大了地方百姓的负担，引发百姓不满。"自高平公为政，颛以诚信惠和抚下，军旅受其抚，勇知方；百姓受其抚，耻且格。"郗士美一方面严格约束军队，另一方面致力于地方经济发展，有效化解了长期以来军队与百姓关系紧张的局面，形成了全新的军民风气。

军队与驻地百姓的对立，主要在于军队营房与百姓住宅混在一起，为了彻底解决问题，郗士美对鄂州城市格局重新做了规划。"治本鄂城，置在岛渚间，土势大凹凸。凸者颇险，凹者潴浸，不可久宅息，不可议制度。公命削凸堙凹，廓恢闾巷，修通衢，种嘉树，南北绳直。拔潴浸者升高明，湖泽瘴疠，勿药有愈。"发动民力，垫高许多低洼地带，拓展了街道，在街道两旁种植树木。城市环境的治理，有效改变了百姓的生存环境，多年危害百姓健康的"瘴疠"不治而愈，此举深得百姓人心。

郗士美通过城市改造，解决了军队营房分散和政府衙署老旧破败问题。

郡城旧制，陋屋骈联，自十二载南直，土地隘塞，若人胸次不开。

---

① 《新唐书》卷197《循吏传·韦丹传》，中华书局1975年版，第5630页。
② （清）董诰等编：《全唐文》卷727《舒元舆：鄂政记》，中华书局1983年版，第7494页。

将佐序宇，次第甚牢落，州佐掾署，亦牢落。公正立戟间，指吏徒拆去陋屋，南抵城墉下，南面北向立射侯军容佐，西翼东向立牙门料将院，东翼西向立州佐六掾院。长廊联轩，万门呀呀。中央广除得以讲校戎律，班布等列，霜戟洞启，公堂耽耽……鄂之军实三万，先时营宇皆曲陋低下，岁有垫溺，师徒患之。公心亦患之。引车出郡垒东门之外，良地伏在莽下，公自得心识，手开画之，创新营凡一十五所，合三千间……居人庐舍先不如法者，皆自我如法。①

　　经过系统的设计和改造，军营与百姓居住区隔离开来，既改善了军队住宿环境，又消除了军队扰民的客观环境，同时改善了政府机关的办公条件。

　　对于军事重镇的鄂州而言，军民关系是社会风气的重要内容，郗士美以诚信待人，教化百姓，严格军纪，消除了军队对地方的侵扰，改善了鄂州的军民关系，推动了地方社会的发展。通过改造兵营，改善了驻军的住宿条件，获得了军队对政府的拥护。将兵营与百姓分开驻扎，减少了驻军危害地方的机会，改善了军民关系，得到了地方民众的拥护，一改地方驻军与百姓互相仇视的风气，为社会秩序稳定创造了条件。

第四节　社会治安管理法规

　　地方治安关乎社会秩序的稳定，维护社会治安更是地方政府塑造政权合法性的重要途径：社会秩序稳定，社会成员的生命、财产才能得到保障，人们才能感受到政权治理社会的价值；反之，犯罪丛生，盗匪横行，社会成员的生命、财产不能得到保障，正常的生产、生活无法开展，人们就会对政权失望，政权存在的合法性就此丧失。唐代统治者对此有清醒的认识，《全唐文》卷6唐太宗《禁讳盗诏》说："盗贼之作，为害实深。州县官人，多求虚誉，苟有盗发，不欲陈告。乡村长正，知其此情，遽相劝止，十不言一。假有披论，先劫物主，爰及邻伍，久婴缧绁。有一于斯，甚亏政化，自今以后，勿使更然，所司明加采察，随事绳纠。""甚亏政化"是对地方盗贼危害的深刻认识。《全唐文》卷19唐睿宗《诫励风俗敕》说："建立州县，列

---

① （清）董诰等编：《全唐文》卷727《舒元舆：鄂政记》，中华书局1983年版，第7494页。

树官司，所以导俗宣风，惩奸息暴……所在州官县僚，各宜用心检校……勿许藏匿。"将社会治安管理列为地方政权的核心职责。

隋唐时期，随着社会经济的发展，以武汉地区为枢纽的长江、汉水水路运输逐渐发达，尤其是"安史之乱"后，武汉地区更成为东南财赋运往关中的咽喉地带，由此滋生以江河湖汊为依托的"江贼"，专以抢劫水路货运船和沿江市镇为业，成为武汉地区最为严重的治安打击对象。地方政府对"江贼"防控的效果，不但关乎地方社会秩序稳定，更关系到中央政府的财政状况，这是隋唐武汉地方治安法治的政治意义所在。

一、治安管理制度

唐代地方治安制度包括治安机关的设置、人员构成、具体职责、运行程序等。关津制度在盘查可疑人员、追捕盗匪方面发挥作用，也包含在治安制度之内。

（一）地方治安管理机构

地方各级政权都对辖区治安负有责任，唐律规定了各级政府的治安责任。《唐律疏议·贼盗》"部内容止盗者"条："诸部内有一人为盗及容止盗者，里正答五十（坊正、村正亦同），三人加一等。县内，一人答三十，四人加一等（部界内有盗发及杀人者，一处以一人论，杀人者仍同强盗之法）。州随所管县多少，通计为罪。各罪止徒二年。强盗者，各加一等（皆以长官为首，佐职为从）。即盗及盗发、杀人后，三十日捕获（他人、自捕等），主司各勿论；限外能捕获，追减三等。若军役所有犯，队正以上、折冲以下，各准部内征人冒名之法，同州、县为罪。"

所谓"部内"，指州、县、乡、里机构对应的辖区，依据律文规定，郡、县、乡、里各级组织都要对辖区内发生的治安案件负责，要在规定的期限内破案并抓获罪犯。

隋唐县级政府是辖区治安的主要负责机构。县设有县尉，则是一县治安的主要负责官员。《入唐求法巡礼记》载："县令：通直郎、守令李夷甫，县丞：登仕郎、前试太常寺奉礼郎、摄丞崔君原，主簿：将仕郎、守主簿李登，县尉：文林郎尉花达，捕贼官：文林郎尉陆僚等，相随押衙来看，共僧等语话。"[1] 这

---

① 《入唐求法巡礼记校注》，白化文、李鼎霞、许德楠校注，花山文艺出版社1992年版，第142页。

里的"捕贼官"是县尉中的一员，从称谓来看，是专职捕捉盗贼的官员。

《旧唐书·罗立言传》载，罗立言曾召集长安、万年两县"捕贼官"协助郑训发动政变，可见"捕贼官"可以指挥一县兵卒，有一定的战斗力，正是捕贼所需要的。《旧唐书·王鉷传》也有王鉷命令"捕贼官"侦破盗窃案的记载。侦破、追捕盗贼是县尉的基本职责。

唐代社会治安管理的基层组织是乡里机构。《通典》卷3《食货三》说："大唐令：诸户以百户为里，五里为乡，四家为邻，五家为保。每里置正一人（若山谷阻险、地远人稀之处，听随便量置），掌按比户口，课植农桑，检查非违，催驱赋役。在邑居者为坊，别置正一人，掌坊门管钥，督察奸非，并免其课役。在田野者为村，别置村正一人，其村满百家，增置一人，掌同坊正。""检查非违""督察奸非"是乡里机构的治安管理职责。这是隋唐时期基层治安机构的基本情况。

一般治安案件由乡里机构负责管控。《唐律疏议·贼盗》"造蓄蛊毒"条："诸造畜蛊毒及教令者，绞；造畜者同居家口虽不知情，若里正（坊正、村正亦同）知而不纠者，皆流三千里。"依据这一规定，里正、坊正、村正是地方治安的直接责任人。当然，全力维护社会治安，也是州县政府的责任。《旧唐书·忠义传·张善相传》载，张善相在"大业末，为里长，每督县兵逐小盗，为众所附"。"小盗"即属逃亡罪犯。

《太平广记》记载的故事可以看到唐代治安机构的运行程序。

> 天后时，尝赐太平公主细器宝物两食盒，所直黄金千镒。公主纳之藏中，岁余取之，尽为盗所将矣。公主言之，天后大怒。召洛州长史谓曰："三日不得盗，罪。"长史惧，谓两县主盗官曰："两日不得贼，死。"尉谓吏卒游徼曰："一日必擒之，擒不得，先死。"吏卒游徼惧，计无所出。[①]

称追捕盗贼人员为"吏卒游徼"，沿用的是汉代旧称，州长史、县主盗官（县尉）、吏卒（县尉领导下的基层捕盗小吏）构成完整的地方治安系统。

晚唐五代时期，方镇势力强大，节度使派出驻扎地方的军镇成为地方治

---

① （宋）李昉等编：《太平广记》卷171《精查一·苏无名》，中华书局1961年版，第1258页。

安的主要力量。开平四年（910年），梁太祖经朝邑，"见镇将位在县令上，问左右，或对曰：'宿官秩高。'帝曰：'令长字人也，镇使捕盗耳。且镇将多是邑民，奈何得居民父母上，是无礼也。'至是敕天下镇使官秩无高卑，位在邑令下"①。作为节度使派驻县的镇将，成为专职地方治安的官员。《资治通鉴》"僖宗中和三年九月"条胡注云："是后方镇率分置镇将于诸县，县令不得举其职矣。"② 唐末五代，基层政权几乎为镇将把持，军镇不仅管理地方治安，而且插手地方政务，大有取代县级政府的趋势。

除了州县与军镇，唐末五代还开始设置巡检，作为主管地方治安的机构，巡检出现在唐后期的财政使职系统，是负责财务安全方面的使职差遣。随着财政官吏的军将化，唐后期的地方巡检官员多由武将充当。③ 经过五代的发展，巡检一职突破财政领域，成为带兵驻守京城或地方以维护治安和社会秩序的差遣。④ 巡检作为中央派出的维护地方治安一类的使职，某种程度上反映出晚唐五代以来中央力图和方镇争夺地方控制权的努力。在基层治安管理方面，县尉逐渐闲散罢废，失去了对基层治安的控制权；巡检系统还有待进一步制度化和常规化；镇将基本获得了基层治安管理权，在三方力量中处于主导地位。

（二）关津制度

《唐会要》卷68"关市"条载唐高祖武德九年（626年）八月十七日诏云："关梁之设，襟要斯在，义止惩奸，无取苛暴。"在交通要道和边防地区设置关卡的主要目的在于"惩奸"，即社会治安管理。武则天长安二年（702年）正月，有大臣上表请税关市，凤阁舍人崔融上疏曰："四海之广，九州岛之杂，关必据险路，市必凭要津……且如天下诸津，舟航所聚，旁通巴、汉，前指闽、越，七泽十薮，三江五湖，控引河洛，兼包淮海。弘舸巨舰，千轴万艘，交贸往还，昧旦永日……关为御暴之所，市为聚人之地。"⑤ 崔融的奏章主要是论证在关津征商税的危害性，皇帝接受了他的建议，取消

---

① （宋）王钦若等编：《册府元龟》卷191《闰位部·法制·政令》，中华书局1994年版，第2340页。

② 《资治通鉴》卷255"僖宗中和三年九月"，胡三省音注，中华书局1956年版，第8299页。

③ 李锦绣：《唐代财政史稿》，北京大学出版社2001年版，第589页。

④ 刘琴丽：《五代巡检研究》，《史学月刊》2003年第6期；苗书梅：《宋代巡检初探》，《中国史研究》1989年第3期。

⑤ 《旧唐书》卷94《崔融传》，中华书局1975年版，第2997页。

了在关津置铺征税的建议，但从上述文字中可以看到，关、津的设置遍布全国，主要目的在于"御暴"，是社会治安管理的重要设施。

关、津都是地方治安机构，前者置于陆路要隘处，后者置于江河要冲，职掌相同，即"禁暴"，依据通行者的"过所"稽查过往行人，辨明是守法百姓还是作奸犯科的盗匪，是编户还是逃户、逃奴，一旦查出逃亡罪犯，即可抓捕。

关、津作为治安设施，"禁暴"是其核心功能，直到唐末依然如此。《资治通鉴》卷266"梁太祖开平元年（907年）十一月"条："军士或思乡里逃去，关津辄执之送所属，无不死者，其乡里亦不敢容。"故意借盘查行人的机会留难他人的，也要受到处罚。《唐律疏议·卫禁律》"关津留难"条规定："诸关、津度人，无故留难者，一日主司笞四十，一日加一等，罪止杖一百。"按照规定，关司负责查验过所，要津设有政府管辖的渡口，不需要检查过所，但要及时运送行人。若无故留难行人，一日主司笞四十。一日加一等，七日罪止杖一百。以上是就普通行人而言，若是无故留难传递军务以至耽误军事行动者，以军法处罚。

唐代武汉地区的江夏县、汉阳县、黄冈县等县级政权所在地大都筑有城墙，城门由专人管理，检查制度与关、津一致。《唐律疏议·卫禁律》"越州镇戍等城垣"条规定："诸越州、镇、戍城及武库垣，徒一年；县城，杖九十；皆谓有门禁者……即州、镇、关、戍城及武库等门，应闭忘误不下键，若应开毁管键而开者，各杖八十；错下键及不由钥而开者，杖六十。余门，各减二等。若擅开闭者，各加越罪二等；即城主无故开闭者，与越罪同；未得开闭者，各减已开闭一等。"唐代，诸州、镇、戍各自有城，若非法越城者，处徒一年的刑罚；越县城，杖九十。越城是指不由城门出入的情况，属于非法出入，有作奸犯科的嫌疑，故而受到处罚。

柳公绰于长庆三年（823年）出任襄州刺史、山南东道节度使。

　　　　岁歉，邻境尤甚。有齐衰者，哭且献状曰："迁三世十二丧于武昌，为津吏所遏，不得出。"公绰览之，即命军候擒其人，破其柩，皆实以稻米。盖葬于歉岁，不应并举三世十二丧，故知其诈耳。[1]

---

① （宋）郑克编撰：《折狱龟鉴译注》，刘俊文译注点校，上海古籍出版社1988年版，第438页。

这是武汉地方政府在渡口盘查行人的案例，提供了唐代武汉地区关津制度的具体运行情况。

二、治安管理内容

维护辖区社会秩序的稳定，保护社会成员生命、财产不受侵犯，保证正常的生产、生活的顺利进行，是地方政权必须提供的公共服务产品，也是政权合法性的根源所在。隋唐时期地方治安法治内容庞杂，重点是对流民的控制和盗匪的防控。辖区百姓流出达到一定规模，农业生产会受到严重影响，政府的赋税、徭役征收都会落空。外来流民一旦形成规模，盗匪犯罪、武装叛乱就会出现。流民群体是滋生盗匪的渊薮，控制流民和防控盗匪之间存在密切关系。

（一）流民管理

《资治通鉴》卷206载狄仁杰语："江淮以南，征求不息，人不复业，相率为盗。"据《新唐书·五行志二》，神功元年（697年），黄州、隋州（今湖北随州）发生了严重旱灾，旱灾影响农业收获，加上租庸调的征收，百姓不堪重负，不得已流动求食，进而演化为"盗"，抢劫求生。因为天灾、人祸引起的流民在武汉地区不断出现，妥善安置流民，成为地方社会治安管理的重要内容。

户籍登记是管理流民的基础措施。政府通过户籍制度使民众附着于固定处所，并限制其迁徙流动，只允许从人多地少的狭乡迁往人少地多的宽乡，从役轻的地区迁往役重的地区，从无军府的地区迁往有军府的地区，从边远地区迁往内地，不能逆向流动。隋唐政府正是通过户籍登记来限制民众的非法流动。证圣元年（695年），凤阁舍人李峤上表说大批逃户"或出入关防，或往来山泽"，"诱动愚俗，堪为祸患"。他建议朝廷，"使闾阎为保，递相觉察，前后乖避，皆许自新，仍有不出，辄听相告，每纠一人，随事加赏，明为科目，使知劝沮"[1]。唐代中后期，逃户问题一直困扰政府，成为社会治安的重大问题。"安史之乱"后，均田制破坏，人口逃散，政府不得不在全国范围内大规模地进行括户，清查逃户，使之着籍，但效果不佳。建中元年（780年）达到"是以天下残瘁，荡为浮人，乡居地著者百不四五，如是

---

[1]　《唐会要》卷85《逃户》，中华书局1955年版，第1560—1561页。

者殚三十年"① 的地步，户籍登记虽是解决这一问题的基本办法，但并不能彻底根除民户流亡。

出现流民的主要原因是自然灾害。唐代，武汉地区发生过多次严重的水旱灾害，但从文献记载来看，地方政府能够及时救助灾民，或减免赋税，或开仓赈济，并未因为水旱灾害造成大规模的灾民流动。从这一层面来看，灾害救助是防控流民形成的主要措施。"安史之乱"期间，黄河中下游地区和关中地区陷于战乱，武汉地区所在的江汉平原成为流民流入地区，因为这一地区地广人稀，加上地方政权的有效管理，也未曾出现流民武装，地方政府"招抚流民"的成果比较明显。

（二）"江贼"的抓捕

唐律中，"盗"指强盗和窃盗；"贼"指杀人、叛乱之类的犯罪，"盗贼"犯罪后又会逃亡，逃亡过程中又会重新犯罪，这是盗贼犯罪的基本特点。翻检两唐书，有关"盗贼"的记载极多，杀害宰相、杀伤大臣、抢劫官府粮仓、焚烧政府仓库、劫掠市镇，都是严重危害社会治安的行为。"盗贼"在武汉地区又被称为"江贼"，防控"江贼"是唐代武汉地方政府最重要的治安管理任务。

《唐律疏议》卷28《捕亡》共18个法条，详细规定了地方政府在捕捉盗匪方面的职责以及违反职责要求应该受到的惩罚，这是武汉地方政府防控"江贼"的法律依据。

"将吏捕罪人逗留不行"条规定："囚及征人、防人、流人、移乡人逃亡，及欲入寇贼，若有贼盗及被伤杀，并须追捕。""囚"，指在押囚犯；"征人"和"防人"都是征发服兵役的人员；"流人""移乡人"是逃避赋税徭役脱离户籍私自迁徙的人员；"寇贼""贼盗"则是各类刑事犯罪人员。判断是否是"罪人"的标准是犯罪行为已经被发觉，或者说已经立案追查，不论是囚禁后逃亡还是未曾捕获时逃亡，都属于"罪人逃亡"的范畴。一旦有罪犯逃亡，相关的将吏必须全力追捕；遇到武装抵抗，也不能逃避退缩。②

追捕逃犯的主体是"将吏"，"见任武官为将，文官为吏"，各地驻扎的

---

① 《旧唐书》卷118《杨炎传》，中华书局1975年版，第3421页。
② 《唐律疏议》，刘俊文点校，法律出版社1999年版，第564—568页。

府兵负有追捕逃犯的职责，一旦地方政府有所请求，府兵就要出兵协助追捕；辅助追捕人员是"非将吏"部分，即临时受州县差遣追捕逃犯的人员。

开元二十五年（737年）的"捕亡令"规定："诸囚及征人、防人、流人、移乡人逃亡及欲入寇贼者，经随近官司申牒，即移亡者之家居所属，及亡处比州、比县追捕。承告之处，下其乡、里、村、保，令加访捉。若未即擒获者，仰本属，录亡者年纪、形貌可验之状，更移比部切访。捉得之日，移送本司科断。其失处、得处并申尚书省。若追捕经三年，不获者停。"①依据诏令，一旦出现逃亡人口，经过地方政府申报后，就会通知逃亡人员原籍政府，以此为基准，在周围州县追捕，一旦逃亡超过三年，政府就不再追捕。

"罪人持杖拒捕"条规定逃犯武力抗拒追捕或不服从抓捕时，一旦逃犯被杀，追捕者不负任何责任；若是逃亡者徒手抗拒被杀，追捕者要处以"徒二年"的刑罚；伤害已经被控制的犯罪嫌疑人，则要依据伤害罪的相关规定处罚。②

追捕盗贼存在巨大的风险，法律规定了"悬赏捉拿"制度。

> 诸纠捉盗贼者，所征倍赃，皆赏纠捉之人。家贫无财可征及依法不合征倍赃者，并计得正赃，准五分与二分，赏纠捉人。若正赃费尽者，官出一分，以赏捉人。即官人非因检校而别纠捉，并共盗及知情主人首告者，亦依赏例。③

《唐律》规定的"倍赃"罪主要是计赃定罪的犯罪类型，"倍赃"即赃物要返回原主人或官府，另外征收一分财产作为处罚。所以，在捕获犯"倍赃"罪的逃犯时，捕捉者可以得到与赃物同样价值的奖赏；即使捕获不属于犯"倍赃"罪的罪犯，也可以得到2/5即40%的赃物作为奖励；若是捕获没有赃物的罪犯，则由政府出资奖励。

"被殴击奸盗捕法"条："诸被人殴击折伤以上，若盗及强奸，虽傍人皆得捕系，以送官司。若余犯，不言请而辄捕系者，笞三十；杀伤人者，以

① ［日］仁井田陞：《唐令拾遗》，霍存福等编译，长春出版社1989年版，第657页。
② 《唐律疏议》，刘俊文点校，法律出版社1999年版，第566页。
③ ［日］仁井田陞：《唐令拾遗》，霍存福等编译，长春出版社1989年版，第658页。

故杀伤论；本犯应死而杀者，加役流。"① 这是对普通社会成员遇到犯罪时必须捉拿罪犯送官的要求。具体规定是：对于伤害他人、盗窃犯、强奸犯一旦遇到，都可以将主犯扭送到官；对于从犯，则要报请官府同意，再行捉拿，若是擅自捕捉从犯，要笞三十；伤害、杀死从犯者，按伤害罪规定处罚。

"容止他界逃亡浮浪"条规定，若是辖区之内"容止他界逃亡浮浪者，一人里正笞四十"，辖区内留住逃亡者一人超过十五日以上，里正、坊正、村正都要受处罚。容止逃亡人一户比照一人定罪，每增加五人处罚加重一等；"县内，五人笞四十，十人加一等"，州县主官依据辖区内容止逃亡浮浪人口的多寡接受处罚。驻地府兵逃亡，各级军官要受到处罚。②

唐代社会奴婢逃亡较多，一旦抓获逃亡奴婢，必须在规定时间内移送官府，"诸捉得逃亡奴婢，五日内合送官司"③。一旦超过期限不送官府，以致奴婢死亡者，不能得到奖赏。

唐贞元年间（785—805 年），吕元膺出任鄂岳观察使，"镇岳阳。因出游览，有丧舆驻道左，男子五人，衰服随之。元膺曰：'远葬则汰，近葬则简，此必诈也。'亟令左右搜索棺中，皆兵刃，乃擒之。诘其情，对曰：'欲过江劫掠，故假为丧舆，使渡者不疑。又有同党数辈，已在彼岸期集。'悉捕获以付法"④。吕元膺所捕获的罪犯，就是活动在鄂州周围、团伙作案、武装抢劫的江贼。

杜牧在任黄州刺史期间，撰有《上李太尉论江贼书》⑤ 一文，详细描述了当时黄州周围的江贼情况。鄂岳地区江河纵横，人赖舟楫通行，"江贼"活动于水路交通线，利用舟楫作案，劫掠客商，甚者上岸抢劫市镇，残害人命。"夫劫贼徒，上至三船两船百人五十人，下不减三二十人，始肯行劫，劫杀商旅，婴孩不留。""江贼"截杀客商，一旦得手，尽数杀害商人，妇孺难免。劫到财物后，便携带赃物到产茶地区换取茶叶，走私销售，防止在

① 《唐律疏议》，刘俊文点校，法律出版社 1999 年版，第 569 页。

② 《唐律疏议》，刘俊文点校，法律出版社 1999 年版，第 580 页。

③ ［日］仁井田陞：《唐令拾遗》，霍存福等译，长春出版社 1989 年版，第 659 页。

④ （宋）郑克编撰：《折狱龟鉴译注》，刘俊文译注点校，上海古籍出版社 1988 年版，第438 页。

⑤ （唐）杜牧：《樊川文集》，上海古籍出版社 1978 年版，第 168—171 页。

市场上出手赃物被人发现。"盖以茶熟之际，四远商人，皆将锦绣缯缬、金钗银钏，入山交易，妇人稚子，尽衣华服，吏见不问，人见不惊。"江贼将劫到的财物换得茶叶后，开始武装运输，"三二十人，挟持兵仗。凡是镇戍，例皆单弱，止可供亿浆茗，呼召指使而已。镇戍所由，皆云'赊死易，就死难'。纵贼不捕，事败抵法，谓之赊死；与贼相拒，立见杀害，谓之就死。若或人少被捉，罪抵止与私茶，故贼云：'以茶压身，始能行得。'（言随身有茶，即人不疑是贼）凡千万辈，尽贩私茶"。杜牧调查的结果，"江贼"横行的原因在于设置在各地的"镇戍"兵力单弱，不足以对抗成群结队的"江贼"势力。

"江贼"除在水路抢劫之外，"亦有已聚徒党，水劫不便，逢遇草市，泊舟津口，便行陆劫，白昼入市，杀人取财，多亦纵火，唱棹徐去……自迩已来，频于隣州，大有劫杀，沉舟灭迹者，即莫知其数。凡江淮草市，尽近水际，富室大户，多居其间。自十五年来，江南、江北，凡名草市，劫杀皆徧，只有三年再劫者，无有五年获安者"。江贼犯罪，严重影响到长江中游地区的社会秩序。为镇压"江贼"，州县治安人员四处捕拿，为了获取线索，也为了贪功邀赏，"凡是平人，多被恐胁，求取之外，恩仇并行，追逮证验，穷根寻叶，狼虎满路，狴牢充塞"。大量嫌疑人被关押狱中，真贼却"十不得一"，对社会稳定造成巨大影响。

面对空前严重的"江贼"犯罪，杜牧建议："今若令宣、润、洪、鄂各一百人，淮南四百人，每船以三十人为率，一千二百人分为四十船，择少健者为之主将。仍于本界江岸创立营壁，置本判官专判其事，拣择精锐，牢为舟棹，昼夜上下，分番巡检，明立殿最，必行赏罚。江南北岸添置官渡，百里率一，尽绝私载，每一宗船上下交送。是桴鼓之声，千里相接，私渡尽绝，江中有兵，安有乌合蚁聚之辈敢议攻劫。"这是杜牧提出的沿江政府联合控制"江贼"的具体措施。

杜牧分析了联合控制"江贼"的重要性，他说：

> 况长江五千里，来往百万人，日杀不辜，水满冤骨，至于婴稚，曾不肯留……今长江连海，群盗如麻，骤雨绝弦，不可寻逐，无关可闭，无要可防。今者自出五道兵士，不要朝廷添兵，活江湖赋税之乡，绝寇盗劫杀之本，政理之急，莫过于斯。若此制置，凡去三害，而有三利。

人不冤死，去一害也；乡间获安，无追逮证验之苦，去二害也；每擒一私茶贼，皆称买卖停泊，恣口点染，盐铁监院追扰平人，搜求财货，今私茶尽黜，去三害也。商旅通流，万货不乏，获一利也；乡间安堵，猰犴空虚，获二利也；撷茶之扰，尽入公室，获三利也。三害尽去，三利必滋，穷根寻源，在劫贼耳。

地方政府面对"江贼"，曾采用招抚的办法，以贼治贼，"故江西观察使裴谊召得贼帅陈璠，署以军中职名，委以江湖之任。陈璠健勇，分毫不私，自后廉察，悉皆委任。至今陈璠每出彭蠡湖口，领徒东下，商船百数，随璠行止，璠去之后，惘然相吊"①。但在杜牧看来，这种做法并非长久之计。

杜牧指出："许、蔡、申、光州贼，多劫荆襄、鄂岳等道，劫得财物，皆是博茶，北归本州货卖，循环往来，终而复始。更有江南土人，相为表里，校其多少，十居其半。盖以倚淮介江，兵戈之地，为郡守者，罕得文吏，村乡聚落，皆有兵仗，公然作贼，十家九亲，江淮所由，屹不敢入其间。所能捉获，又是沿江架船之徒，村落负担之类，临时胁去，分得涓毫，雄健聚啸之徒，尽不能获。为江湖之公害，作乡间之大残，未有革厘，实可痛恨。"许州（今河南许昌）、蔡州（今湖北枣阳西南）、申州（今河南信阳）、光州（今河南潢川县境）等地的"江贼"南下抢劫鄂岳地区的客商，然后以赃物换取茶叶，再武装贩运。"江贼"与江南本地士人相勾结，加上地方郡守、刺史多为武人，部分地方官员受利益诱惑，成为"江贼"的保护伞。江贼成为长江中游地区社会治安的巨大威胁。

杜牧所言的"江贼"与唐政府推行的茶叶专卖关系密切，建中四年（783年）开始征收茶税，且税率不断上调，走私贩茶成为有利可图之事，茶贩们结成群党，"兼持兵杖"，利用江、河、湖、泽之利，往返转运，为了抵御官府的稽查与追捕，发展到武装走私，由武装走私发展而为武装抢劫，此即"江贼"。《资治通鉴》卷244载，公元831年，"崔郾为鄂岳观察使。鄂岳地襄山带江，处百越、巴、荆、汉之会，土多群盗，剽行舟，无老

---

① （唐）杜牧：《樊川文集》卷1《上李太尉论江贼书》，上海古籍出版社1978年版，第169—170页。

幼必尽杀乃已。郾至，训卒治兵，作蒙冲追讨，岁中，悉诛之"。《新唐书·崔郾传》载："改鄂、岳等州观察使。自蔡人叛，鄂、岳常苦兵，江湖盗贼显行。郾修治铠仗，造蒙冲，驶追穷蹠，上下千里，岁中悉捕平。"杜牧出任黄州刺史在会昌二年（842年），被崔郾严刑镇压的"江贼"再次猖獗。

《太平广记》"谢小娥传"可以验证杜牧关于"江贼"的说法，谢小娥是豫章人，丈夫段居贞为历阳（今安徽和县）人，其父蓄巨资，常与女婿往来江湖，"父与夫俱为盗所杀，尽掠金帛。段之弟兄，谢之生侄，与童仆辈数十悉沉于江。小娥亦伤胸折足，漂流水中，为他船所获。经夕而活"。此后，谢小娥历经艰辛，最终在浔阳郡（今江西九江）找到强盗申兰、申春，"兰与春，宗昆弟也，时春一家住大江北独树浦，与兰往来密洽。兰与春同去经月，多获财帛而归"。手刃仇人，"春擒于内，兰死于外，获赃收货，数至千万。初，兰、春有党数十，暗记其名，悉擒就戮。时浔阳太守张公，善娥节行，为具其事上旌表，乃得免死。时元和十二年夏岁也"①。段成式《酉阳杂俎》卷二《壶史》记载，"卢生到复州，又常与数人闲行，路遇六七人，盛服俱带，酒气逆鼻。卢生忽叱之曰：'汝等所为不悛，性命无几！'其人悉罗拜尘中。曰：'不敢，不敢。'其侣讶之，曰：'此辈尽劫江贼也。'"唐代复州辖今天门、监利等地，在武汉附近，"江贼"招摇过市，术士卢生一眼就能看穿，可见其常见"江贼"。"江贼"危害地方，一直是武汉地方社会治安重点防范的问题。

"安史之乱"后，淮河以北落入藩镇之手，东南地区成为政府财政的主要来源，沿江西上至武汉地区，再沿汉江的水路交通成为东南财赋输送至长安的主要通道，武昌地区以防控"湖盗""盗贼"为核心的地方社会治安管控由此具备了重大的政治意义。

第五节　地方司法

基层政权对民间社会发生的民事、刑事案件的处理也是维护社会治安的主要内容之一。《新唐书·崔郾传》载，崔郾由虢州观察使转任鄂州刺史、

---

① （宋）李昉等编：《太平广记》卷491《谢小娥传》，中华书局1990年版，第4030页。

鄂岳观察使，"治虢以宽，经月不笞一人。及涖鄂，则严法峻诛，一不贷。或问其故，曰：'陕土瘠而民劳，吾抚之不暇，犹恐其扰；鄂土沃民剽，杂以夷俗，非用威莫能治。政所以贵知变者也。'"武汉地区的民风影响到地方司法的面貌。

一、地方司法机关

隋唐时期，延续秦汉以来的传统，府州县等地方政权机关同时是基层司法机关。"安史之乱"前，地方政权为州、县二级，对应的司法机关也是二级。"安史之乱"后，藩镇开始有固定治所，设置副使、判官、推官等僚属，在天宝之后，道成为高于州之上地方司法机构，地方司法转为三级。鄂岳方镇、武昌府、黄州府加上辖县，构成武汉地方司法机关系统，共同承担武汉地区司法职能。

唐朝前期对地方政权的巡查方式分为两种，一是派遣御史巡察，二是设置"道"作为巡察单位，派遣观察使巡察地方。地方司法是巡察的重要内容，巡察御史或巡察使也会参与地方大案要案和疑难案件的审理。开元二十一年（733 年），设十五道采访处置使，各自配置僚佐，形成领一州而察数郡的地方监察机构，地方监察由临时差遣转化成固定机构。《唐六典》载："凡别敕差使事务繁剧要重者，给判官二人，每判官并使及副使各给典二人；非繁剧者，判官一人、典二人，使及副使各给典一人。"① 《通典》载，采访使之下设有"判官二人，兼判尚书六行事及州县簿书。支使二人，分使出入，职如节度使之随军。推官一人，掌推鞫狱讼"②。其中，判官"位次副使，尽总府事"。③ 采访使之职责，按照《敕置十道使》的记载，主要在于监察地方政府的行政管理效率、是否依法公平征收赋税、地方官吏贪污侵占等犯罪情况。与汉武帝赋予刺史的职责类似。④ 唐代前期，主要由山南东道观察使负责对武汉地区的巡察，韩朝宗曾任山南东道采访使，韦虚心曾任淮南道采访使，"安史之乱"前，韦虚舟、源洧、宋鼎都曾任山南东道采访使。

随着方镇成为地方政权，节度使开始全面干预地方司法，实际上成为一

① 《唐六典》卷 2《尚书吏部》，陈仲夫点校，中华书局 1992 年版，第 35 页。
② 《通典》卷 32《职官十四·州郡上·总论州佐条》，中华书局 1988 年版，第 890 页。
③ 《资治通鉴》卷 216 "玄宗天宝六载"条，胡三省音注，中华书局 2011 年版，第 6888 页。
④ （清）董诰等编：《全唐文》卷 284《敕置十道使》，中华书局 1983 年版，第 2879 页。

级司法机构。《折狱龟鉴》卷 3 载有"杜亚辨诬"案，卷 8 载有"王锷焚书"案。《旧唐书·杜亚传》载，杜亚在兴元初年（784 年）"出为扬州长史、兼御史大夫、淮南节度观察使"。贞元五年（789 年）离任。王锷曾出任淮南道节度使。《折狱龟鉴》所载案例发生于杜亚、王锷任淮南节度使任内，节度使开始亲自审理刑事案件，全面介入地方司法。

州刺史的属官中有司户参军事和司法参军事。《唐六典》载，司户参军事的职责是"剖断人之诉竞。凡男女婚姻之合，必辨其族姓，以举其违。凡井田利害之宜，必止其争讼，以从其顺。凡官人不得于部内请射田地及造碾硙，与人争利"。司法参军事的职责是"掌律、令、格、式，鞫狱定刑，督捕盗贼，纠逖奸非之事，以纠其情伪而治其文法。赦从中而罚从轻。使人知所避而迁善远罪"[1]。州刺史及其属官是主持地方司法审判的最高机关。杜牧任黄州刺史两年半，审理案件是其重要工作之一，杜牧《祭城隍神祈雨 第二文》载："小大之狱，面尽其词，弃于市者，必守定令。人户非多，风俗不杂，刺史年少，事得躬亲，疽抉其根矣，苗去其莠矣，不侵不蠹，生活自如。"会昌二年（842 年）夏六月十八日，唐武宗加封"仁圣文武至神大孝"尊号，大赦天下，"减论有罪"，杜牧遵守诏令释放了黄州监狱的囚犯，并作《黄州准赦祭百神文》记其事。

县级政权的核心职责是处理各类案件，维持社会秩序，引导社会风气。"京畿及天下诸县令之职，皆掌导扬风化，抚字黎甿，敦四民之业，崇五土之利，养鳏寡，恤孤穷。审察冤屈，躬亲狱讼，务知百姓之疾苦。"[2] 县令属官中有司法、典狱等，都属于专门的司法官员。《唐律疏议·斗讼》篇规定："诸监临主司知所部有犯法，不举劾者，减罪人罪三等。纠弹之官，减二等。"疏议在解释"主司"时指出："主司，谓掌领之事及里正、村正、坊正以上。"[3] 按照这一解释，里正、村正、坊正等基层官吏也承担着司法机关的责任。

唐代法律对基层政府的司法管辖权有明确规定。唐律"应言上待报而辄自决断"条规定："诸断罪应言上而不言上，应待报而不待报，辄自决断者，各减故失三等。"依据疏议的解释，笞刑、杖刑由县级司法机关判决；

---

① 《唐六典》卷 30《三府督护州县官吏》，中华书局 2013 年版，第 749 页。
② 《旧唐书》卷 44《职官志三》，中华书局 1975 年版，第 1921 页。
③ 《唐律疏议》，刘俊文点校，法律出版社 1999 年版，第 484 页。

徒刑以上，县定罪量刑之后送州复审；流刑以上上报大理寺复审。① 违反此
一规定，地方司法官员要受到处罚。

案件审理需要由司法官员亲自进行，"诸问囚，皆判官亲问，辞定令自
书款，若不解书，主典依口写讫，对判官读示"②。答刑、杖刑案件由县级
司法官员判决执行，徒刑以上案件则要经过州级长官复审裁定，"诸狱结
竟，徒以上，各呼囚及其家属，具告罪名，仍取囚服辩。若不服者，听其自
理，更为审详。违者，答五十；死罪，杖一百"③。所谓"狱结竟"，即案件
审理结束后，向罪犯及其家属宣告判决结果。徒刑以上案件，在报经上级批
准后，县级基层司法官员要对案犯及其家属宣布判决结果，并取得案犯认罪
书。如果宣判后案犯不认罪伏法，则听由案犯上诉，再行审理，若不许案犯
上诉，要答五十。"长官同断案"即司法官员联署意见，共同负责。④

司法官员需要依据律令格式判罪。"诸断罪皆须具引律、令、格、式正
文，违者答三十。若数事共条，止引所犯罪者，听。"⑤ "违者"即脱离律令
格式判决案件，是犯罪行为，要受到处罚。"诸断罪而无正条，其应出罪
者，则举重以明轻；其应入罪者，则举轻以明重。"⑥ 即是说律令格式中都
找不到判决依据时，可以通过类推来作出判决，当然，类推要符合法律的
规定。

地方司法机关在认为必要时，可以执行死刑。唐肃宗时期，"帝尝不
豫，太卜建言祟在山川。玙遣女巫乘传分祷天下名山大川，巫皆盛服，中人
护领，所至干托州县，赂遗狼藉。时有一巫美而蛊，以恶少年数十自随，尤
憸狡不法。驰入黄州，刺史左震晨至馆请事，门鐍不启。震怒，破鐍入，取
巫斩廷下，悉诛所从少年，籍其赃得十余万，因遣还中人。既以闻，玙不能
诘，帝亦不加罪。"⑦ 汉代以后，地方司法机关判处的死刑，要上报朝廷、
由皇帝核准，秋冬行刑。隋唐法律延续了这一规定，但从黄州刺史左震诛杀
女巫，并未受到处罚来看，地方司法机关一旦认为有必要，可以处死罪犯，

---

① 《唐律疏议》，刘俊文点校，法律出版社 1999 年版，第 602 页。
② ［日］仁井田陞：《唐令拾遗》，霍存福等编译，长春出版社 1989 年版，第 715 页。
③ 《唐律疏议》，刘俊文点校，法律出版社 1999 年版，第 609 页。
④ 《唐律疏议》卷 5《名例》"同职犯公坐"条，刘俊文点校，法律出版社 1999 年版。
⑤ 《唐律疏议》，刘俊文点校，法律出版社 1999 年版，第 602 页。
⑥ 《唐律疏议》，刘俊文点校，法律出版社 1999 年版，第 145 页。
⑦ 《新唐书》卷 109《王玙传》，中华书局 1975 年版，第 4106 页。

而不必上报朝廷，等待核准。当然，一定要赃证俱全，符合法定程序，否则得宠的王玙断然不会就此罢休。

遇到重大案件，一般由朝廷派员到地方会同审理。《旧唐书》载："臣闻开元中张九龄为五岭按察使，有录事参军告龄非法，朝廷止令大理评事往按。大历中，鄂岳观察使吴仲孺与转运使判官刘长卿纷竞，仲孺奏长卿犯赃二十万贯，时止差监察御史苗伾就推。"① "大历"（766—779 年）为唐代宗的年号，转运使判官为主持地方财赋的官员。刘长卿犯赃，属于典型的监守自盗，由朝廷派出监察御史审查，"就推"即到鄂州刺史任所审理。

二、官吏犯罪惩治

官吏犯罪的犯罪主体为政府官员，包括官员履职过程中的犯罪，也包含官员的其他犯罪。《唐律疏议》中"职制律"的 59 个法条，"厩库律"的 28 个条目，"擅行律"中的 24 个法条，"断狱"篇的 33 个法条，都属于规范官吏履职行为的规定，共计 134 个法条，占《唐律疏议》法条总数的 1/4 还多，充分体现了"明主治吏不治民"这一原则。

（一）推荐贡举违法案

舒元舆"客江夏，节度使郗士美异其秀特，数延誉"②。"延誉"即向朝廷推荐人才。《唐律疏议·职制》"诸贡举非其人"条规定："贡举非其人及应贡举而不贡举者，一人徒一年，二人加一等，罪止徒三年。"要求地方官必须按规定数额推荐人才，否则要受到处罚；推荐的士人质量必须合格，如出现举"非其人"，即"德行乖辟，不如举状者"，也要受到处罚。地方官推举士人，需要填写"举状"，写明被举荐者的品德、才能，作为吏部选拔、考核的依据，若所举之人"即是不如举状，纵使试得及第，亦退而获罪。如其德行无亏，唯试策不及第"的情况下，举荐官员可以不用受罚。《文苑英华》卷 522 载有"取钱授官判"："得杨甲选，以钱十万，金三十斤求山乙，得官后被告。"大理寺判定甲不用解任，金钱也不用追回；刑部判定甲解现任，征收乙收的金钱。判词的作者认为，应该支持刑部的判决。

（二）官员父母丧匿不举哀案

西汉汉文帝以后，官员在父母去世后要去官服丧逐渐成为制度，"匿不

---

① 《旧唐书》卷 137《傅宣传》，中华书局 1975 年版，第 3761 页。
② 《新唐书》卷 179《舒元兴传》，中华书局 1975 年版，第 5318 页。

举哀"成为受到非议的行为。唐律对"匿不举哀"以及违反礼制的行为作了严格规定。《职制律》"匿父母夫丧"条："诸闻父母若夫之丧，匿不举哀者，流二千里；丧制未终，释服从吉，若忘哀作乐，自作、遣人等，徒三年；杂戏，徒一年；即遇乐而听及参预吉席者，各杖一百。闻期亲尊长丧，匿不举哀者，徒一年；丧制未终，释服从吉，杖一百。大功以下尊长，各递减二等。卑幼，各减一等。"父母丧要服丧二十七月，若丧期未满作乐、观看杂戏等，都要受到处罚。"期亲尊长"指祖父母，曾、高父母亦同；伯叔父母，姑、兄姊、夫之父母等其他各类尊长去世，匿不举哀或释服从吉，也要受到处罚。《新唐书·郗士美列传》载，郗士美"出为鄂岳观察使。时安黄节度使伊慎入朝，其子宥主后务，偃蹇，母死京师不发丧，欲固其权。士美知之，使府属过其境，宥出迎，因以母讣告之，即为办装，宥惶遽上道"。之所以要"惶遽上道"，是因为"母死京师不发丧"是犯罪行为。

（三）受所监临案

汉代法律就禁止官员接受任职地方的馈赠，唐律"六赃"中有"受所监临财物"的规定。《职制律》"受所监临财物"条："诸监临之官受所监临财物者，一尺笞四十，一匹加一等，八匹徒一年，八匹加一等，五十匹流二千里。与者，减五等，罪止杖一百。乞取者，加一等；强乞取者，准枉法论。""监临官"即"州、县、镇、戍折卫府等判官以上，总为监临"。"监临之官"是掌控地方行政权力的官员；"受所监临财物"即"监临官"收受下属、地方馈送的财物；"乞取"即索要；"强乞取"即强制索取。唐律规定，监临官家人，于其部内有受财、乞物、借贷、役使、买卖有射利之属者，各减官人身犯二等。若官人知情者，并与家人同罪。不知情者，各减家人罪五等，即相比监临官自身犯罪，减轻七等惩罚。"受所监临"规制的是监临官在辖区内利用自己的权势、地位，侵占索取财物、危害地方的行为。

李道古在元和十一年（816年）出任"鄂岳沔蕲安黄团练观察使"，"道古在鄂州日，以贪暴闻，惧终得罪，乃荐山人柳泌以媚于上"[①]。"贪暴"即肆意贪污、受贿。柳泌蛊惑唐宪宗服食丹药，深得皇帝宠爱，李道古由此暂时免于追究。直到唐穆宗即位，李道古的"贪暴"才得到处罚。

（四）受财请求案

唐律将监临官有事以财请求、监临主司受财枉法、事后受财等归入此类

① 《旧唐书》卷131《李皋传附子道古传》，中华书局1975年版，第1342页。

犯罪,不论受财之后枉法与否,均要受到处罚。《职制律》"有事以财行求"条规定:"诸有事以财行求,得枉法者,坐赃论;不枉法者,减二等。""受财枉法"与"受财不枉法"的处罚有所区别。"受财"又区分为事前受财与事后受财。《断狱律》"主守导令囚翻异"条规定,枉法处断,或在他人之间通传消息以至于有枉法处断,受财五匹"加役流",受三十匹处以绞刑。官员受财导致"赃轻及不受财者,减故出入罪一等;无所增减者,笞五十;受财者,以受所监临财物论。其非主守而犯者,各减主守一等"。

《新唐书·崔元略列传》载,崔元略曾任鄂岳观察使,"收贷钱万七千缗,为御史劾奏,诏刑部郎中赵元亮、大理正元从质、侍御史温造以三司杂治。元略素事宦人崔潭峻,颇左右之,狱具,削兼秩而已"。因为宦官的干预,崔元略的贪污罪没有受到应有的处罚。《旧唐书·僖宗纪》载,乾符三年(876年)诏书说:"黄州刺史计信卿等:'刺史亲人之官,苟不谙详,岂宜除授。比为朕养百姓,非独荣尔一身,每念疲羸,实所伤叹。李播等九人授官之时,众词不可。王回等三人到郡无政,惟务贪求。实污方州,并宜停任。'"依文意来看,黄州刺史计信卿因"郡无政,惟务贪求。实污方州,并宜停任"而被撤职。

(五)坐赃与监守自盗案

《杂律》"坐赃致罪"条规定:"诸坐赃致罪者,一尺笞二十,一匹加一等,十匹徒一年,十匹加一等,罪止徒三年(谓非监临、主司而因事受财者)。与者,减五等。"唐律中涉及财产的职务犯罪规定中,受财枉法、受财不枉法、受所监临财物的犯罪主体为"监临官";而"坐赃"与"监守自盗"的犯罪主体则是监临官以外的其他地方官员的贪腐行为。官员"坐赃"行为大多规定在其他律条之中,基本精神在于利用管理权限假公济私、谋取私利。韦丹出任江南西道观察使期间,"有吏主仓十年,丹覆其粮,亡三千斛,丹曰:'吏岂自费邪?'籍其家,尽得文记,乃权吏所夺,召诸吏曰:'若恃权取于仓,罪也。与若期一月还之。'皆顿首谢,及期无敢违"①。鄂州归江南西道管辖,群吏集体贪污官仓粮食,由一人承担罪责,属于典型的监守自盗。韦丹查明真相,追回了被贪污的官粮。

通过对违法行为处罚,将地方政府的"法治"行为严密限制在法律许

---

① 《旧唐书》卷197《循吏传·韦丹传》,中华书局1975年版,第5630页。

可的范围内，防止其越权行事，以权谋私。

三、其他犯罪的处置

对民间犯罪的惩治是地方司法的主要内容之一，也是地方法治的重心所在，受史料制约，无法作更细致的探讨，但从仅有的几个案例中，可以窥见唐代地方司法惩治犯罪之一斑。

（一）刑事犯罪的处置

"刑事犯罪"是按犯罪行为性质作出的区分，举凡杀人、盗窃、妖言惑众都属于刑事犯罪，是地方司法重点惩处的犯罪类型。

1. "投毒案"与杜亚断狱

唐肃宗时期，杜亚任淮南节度使时（黄州府归淮南节度使管辖），辖区"有富民，父亡未几，奉继母不以道。元日，上寿于母，因复赐馔于子。既受，将饮，乃疑有毒，覆于地而地坟，乃诉其母曰：'以酖杀人，上天何佑！'母拊膺曰：'天鉴在上，何当厚诬！'职者执诣公府。亚诘之曰：'尔上母寿酒从何来？'曰：'长妇执爵而致也。''母赐尔馔又从何来？'曰：'亦长妇所执之爵也。''长妇为谁？'曰：'此子之妇也。'亚诃之曰：'毒因妇起，奈何诬母！'遂分于厅厕劾之。乃是夫妇同谋，以诬其母也"①。这是一个发生于家庭内部的投毒杀人案，经过节度使杜亚的推敲，发现了其中的疑点，还原了案件真相，捕获了真凶，使无辜之人免受刑罚处罚。《唐律疏议·贼盗二》"以毒药药人"条："诸以毒药药人及卖者，绞；谓堪以杀人者。虽毒药，可以疗病，买者将毒人，卖者不知情，不坐。即买卖而未用者，流二千里。"夫妇同谋，毒杀母亲，属于"以毒药药人"，此案有涉及服制、尊卑关系，适用"谋杀期亲尊长"罪，要处以斩刑。案犯处斩刑是正常的判决。

2. 匿名告发案

唐德宗时期王锷出任淮南节度使，"尝听理，有遗匿名书于前者，左右取以授锷，锷内之靴中，靴中先有他书以杂之。及吏退，锷探取他书焚之，人信其以所匿名者焚也。既归省所告者，异日乃以他微事连其所告者，固穷按验之以谲众，下吏以为神明"②。《唐律疏议·斗讼》"投匿名书告人罪"

① （宋）郑克编撰：《折狱龟鉴译注》，刘俊文译注点校，上海古籍出版社1988年版，第133页。
② 《旧唐书》卷151《王锷传》，中华书局1975年版，4060页。

条:"诸投匿名书告人罪者,流二千里。谓绝匿姓名及假人姓名,以避己作者。弃置、悬之俱是。"案中行为人属于"弃置",故意将"匿名书"放置在易于被发现的地方,若告发成功,则达到陷害他人的目的;告发不成功,投书人也不会受到惩处。王锷接到匿名告发信,不动神色,佯装烧毁匿名信,再暗中查验,找到了投信人及其同党,处置了涉案人员。

3. 袄言惑众案

《唐律》有"袄书袄言"的规定,实即传统的妖书、妖言。陆游《南唐书》载,陈起"蕲春人,南唐举进士,为黄梅令。时有妖贼诸祐者,自言能使贫者富,富者贫。俚民效之,积众数百,夜行昼息,取资于盗。起到官数日,籍祐为里长,不服且嫚言曰:'吾取令头,杀竖子耳。'起闻,执祐斩之"[1]。"妖贼"实即利用所谓"法术"蛊惑百姓,盗取财物,本质上是盗窃罪。黄梅县归黄州府管辖,黄梅县令的所为,是对地方"造袄言罪"的处置。《唐律疏议·贼盗二》"造袄书袄言":"诸造袄书及袄言者,绞。造,谓自造休咎及鬼神之言,妄说吉凶,涉于不顺者。传用以惑众者,亦如之;传,谓传言。用,谓用书。其不满众者,流三千里。言理无害者,杖一百。即私有袄书,虽不行用,徒二年;言理无害者,杖六十。"诸祐袄言惑众已达数百人,处以死刑也是罪有应得。

地方司法机关审理犯罪案件,查清案情是基础,在此基础上才能准确适用法律,依法判决案件,发挥法律在维护社会秩序上的功能。从上述案件审理来看,武汉地区的司法官员体现出很强的法律素养和查案能力,地方司法的社会效果是比较理想的。

4. "故杀耕牛案"

耕牛是中国古代最重要的耕畜,牛皮、牛筋、牛角是制作弓弩、铠甲的战略物资。秦汉法律就有严禁宰杀耕牛的规定,历代相沿不改。但一遇到牛肉价值昂贵之时,总有贪利之人想尽各种办法,寻找各种理由,宰杀耕牛牟利,私自宰杀耕牛成为地方社会多发的犯罪,惩治此类犯罪,既是维护法律严肃性和司法公信力,也是保护耕牛资源的一种办法。

元稹《对父病杀牛判》案情:壬父病,壬杀牛为父祈祷,县府因行孝

---

① (宋)陆游:《南唐书》卷14《郭张林卢翩二陈列传》,载《五代史书汇编》第九册,杭州出版社2004年版,第5577页。

而不问其罪，州府却定罪科刑。《唐律疏议·杂律》"故杀官私牛马"条："诸故杀官私牛马者，徒一年半。赃重及杀余畜产，若伤者，计减价，准盗论，各偿所减价。价不减者，笞三十。"壬的行为符合"故杀官私牛马"的要件，所应承担的法律责任是"当徒一年半"。县官以"行孝"为由不追究其法律责任。县府所判，也不符合《唐律疏议·断狱》"断罪引律令"的要求，要承担"笞三十"的处罚。元稹判决重在说理，他指出，牛的价值在于耕田，擅自屠杀耕牛触犯刑律，而且屠牛祭祀也不能得到福佑；民间"私下祈祷"也与政府正常的祭祀活动不同，因而认为县官判决有误，应该对"屠牛私祷"者依律处刑。"法律的伦理化"在唐代已经完成，伦理精神已然渗透到法律设计和刑法制度之中，不存在西汉董仲舒"春秋决狱""原心定罪"的环境，司法官员"断罪引律令"，依法判决就是贯彻了伦理的法律化。

上述案件涉及杀人、匿名投书、妖言惑众等刑事犯罪，而"私自宰杀耕牛"也是重罪，比照盗窃罪处徒刑，也可以纳入刑事犯罪讨论。

（二）婚姻、侵权类案件的处置

婚姻关系是唐律维护的重点之一，也是地方社会常见的纠纷类型，对涉及婚姻案件的处置，是地方司法适用法律，维护婚姻法制的主要途径。侵权类案件也是地方社会多发的案件，妥善处置此类案件，有利于减少社会矛盾，维护地方社会秩序。

元稹（779—831年）是中唐著名的政治家、诗人，唐德宗贞元十年（794年）十五岁以明经擢第，贞元十九年（803年）中平判科，署秘书省校书郎；唐宪宗元和元年（806年）举制策第一，授左拾遗，唐穆宗长庆二年（822年）由工部侍郎拜相，后出为鄂州刺史、武昌军节度使，病卒于任所。元稹与白居易在文学史上并称"元白"，白居易撰有《百道判》（《甲乙判》），《白居易集》收101篇；元稹判词保存下来的仅18篇，见于《全唐文》《文苑英华》《元氏长庆集》。"元白"的判词被当时的考生引为范文，竞相模仿，盛行一时。判词是虚拟题目，虚构案情，撰写判决，为科举考试做准备。判词具有"准公文"性质，体现了作者对解决民事纠纷的基本认识，也是当时法律界推行的此类案件的判决结论，通过对元、白判词的分析，可以窥见唐代武汉地方民事纠纷的类型和政府判决的基本思路，以弥补史料不足导致的对唐代武汉地方民事纠纷解决难以再现的缺憾。元稹的判词收录在《全唐文》第652 卷，我们从中摘出与民事纠纷相关的内容，以再现基层民事纠纷的解决情况。

1. "悔婚案"

缔结婚姻是建立家庭的前提，"姻亲"关系更是社会关系的纽带之一，传统法律历来重视对婚姻的规范。《唐律疏议·户婚》就有 21 个法条专门规范婚姻关系，从"许嫁女报婚书"开始到"嫁娶违律"结束，涉及缔结婚姻的方方面面。婚姻关系是《唐律疏议》重点规范的社会关系之一，而规范功能的发挥，依赖于地方司法机关对各种违反规定的行为以及由此引发的纠纷作出裁决，对违法者予以惩处。

白居易的判词保留较多，其中涉及婚姻法治的判词也较多，征引分析如下。婚姻诉讼的审理，"得乙女将嫁于丁，既纳币，而乙悔。丁诉之，乙云：未立婚约"[1]。白居易判词说："婚书未立，徒引以为辞；聘财已交，亦悔而无及。"《唐律疏议·户婚》"许嫁女辄悔"条规定："诸许嫁女，已报婚书及有私约，而辄悔者，杖六十。虽无许婚之书，但受聘财，亦是。以财物为酒食者，亦同。"唐代法律将互报婚书、订立私约、接纳聘财作为婚姻关系成立的法律要件，符合三种情况之一，婚姻关系即受法律保护。案件中，双方已经完成了聘礼缴纳（纳币），婚姻关系即受法律保护，悔婚就要承担法律责任，白居易依法作出了判决"亦悔而无及"，即悔婚已经来不及了。当然，是否承担"杖六十"的法律责任则另说。

严肃婚姻缔结程序，是法律规制婚姻关系的开始，"纳币"是西周以来通行的缔结婚姻的程序之一，案《唐律疏议》的规定，经过"纳币"程序，婚姻关系即告成立，双方不得后悔，否则要受到处罚。

2. "冒婚和离索财案"

唐律对婚姻缔结有诸多限制，就身份而言，有良贱不得为婚，《唐律疏议·户婚》"奴娶良人为妻"条载："人各有耦，色类相同。良贱既殊，何宜配合？"这里的良贱属于法律身份。唐代制度，官奴、官户、杂户、工乐户、太常音声人属于官府贱民，私奴、部曲、部曲妻、客女等属于私人所有的贱民，非贱民的人户属于良人，贱民不得与良人通婚。"监临娶所监临女

---

① 《白居易集》，顾学颉校点，中华书局 1979 年版，第 1392 页。

为妻"则属于"官民不得通婚"的限制。此外，不得与在逃罪人为婚，姻亲不得为婚、血亲不得为婚等，都属于限制性规定。缔结婚姻之前如果一方故意隐瞒自己的身份，则构成"冒婚"，可以判决"和离"。

白居易判词中有"冒婚"案一则："得乙以庶男冒婚丁女，事发离之。丁理馈贺衣物，请以所下聘财折之。不伏。婚以匹成，谪庶宜别；讼由情察，曲直可知。将令人有所惩，必在弊之不及。相时庶孽，冒乃婚姻。情以矫诬，始闻好合。事欺彰露，旋见仳离。既生非偶之嫌，遂起纳征之讼。辞多执竞，理有适归。乙则隐欺，在法而聘财宜没；丁非罔冒，原情而馈礼可追。是非足明，取与斯在。"① 《唐律疏议·户婚》"为婚妄冒"条规定："诸为婚而女家妄冒者，徒一年。男家妄冒者，加一等。未成者，依本约；已成者，离之。""妄冒"是指对男女嫡庶、良贱等身份的欺瞒。案中是男方隐瞒庶出身份，以嫡子身份结婚，后被女方发现其庶出身份，要求离婚。和离之后，男方索要馈赠女方的衣物，女方要求退还婚姻存续期间馈赠男方的衣物，男方请求以聘财折算。白居易依据法律规定，剖析了案件的法理依据，认为丁追回馈赠衣物是可以得到法律支持的。

唐代嫁娶论财，贫女难嫁是长期存在的现象。嫁娶论财是婚姻讲究门第对称的体现，婚姻缔结过程中涉及数量不菲的财物输送，因而有"卖婚"一词出现于唐代文献中。一旦离婚，就会涉及财产问题。案例中的"冒婚"是男方故意所为，故而聘礼不得索回，女方馈赠的衣物也要退还。案情经过白居易的剖析，冒婚者的过错被一一呈现出来，法律规定在此案中获得了生命，判决也由此获得了塑造社会秩序的影响力。

3. "和离案"

唐律对离婚也有诸多规定，"七出""义绝""嫁娶违律"都是离婚的法定理由，"和离"也有判定标准，总结为"夫妻不相安谐"，这种概括性表述，需要在司法实践中加以具体化，解释合理，就会产生良好的社会影响，使社会成员自觉避免此类行为，维护婚姻的稳定。

"得乙在田，妻饷不至。路逢父告饥，以饷馈之。乙怒，遂出妻。妻不伏。"② 白居易认为法律规定的"七出"之律并不包含上述情节；况且女子

---

① 《白居易集》，顾学颉校点，中华书局1979年版，第1400页。
② 《白居易集》，顾学颉校点，中华书局1979年版，第1400页。

给父亲送饭因而耽误给丈夫送饭，于情于理均可以原谅，判定不能出妻。"得乙出妻，妻诉云：无失妇道。乙云：父母不悦则出，何必有过。（白居易判）孝养父母，有命必从；礼事舅姑，不悦则出。乙亲存为子，年壮有妻。兆启和鸣，授室之仪虽备；德非柔淑，宜家之道则乖。若非爽于听从，曷见尤于谴怒？信伤婉娩，理合仳离。"①《唐律疏议·户婚》"义绝离之"条规定："诸犯义绝者离之，违者，徒一年。若夫妻不相安谐而离者，不坐。"如果判定确实属于"夫妻不相安谐"，当然可以判决离婚。白居易分析，认为女方的"谴怒"即辱骂，有悖于"宜家宜室"的妇道，展示了其"德非柔淑"的一面，正是"妻不相安谐"的具体表现之一，据此判决其离婚。

4. "张绍弃妻案"

唐律规定的离婚条件有"七出"，即无子、淫佚、不事舅姑、口舌、盗窃、妒忌、恶疾，都是针对女性的规定；"三不出"是对"七出"的限制，即一经持舅姑之丧，二娶时贱后贵，三有所受无所归，满足任意一条，都不得离婚。"义绝"谓"殴妻之祖父母、父母及杀妻之外祖父母、伯叔父母、兄弟、姑、姊妹……自相杀，及妻殴、詈夫之祖父母、父母，杀伤夫外祖父母、伯叔父母、兄弟、姑、姊妹及与夫之缌麻以上亲若妻母奸，及欲害夫者，虽会赦，皆为义绝。妻虽未入门，亦从此令"②。具备"义绝"条件者，必须离婚。如果不具备上述条件中的一项，则不得以"出妻""义绝"方式离婚。无故"弃妻"是不被允许的。

牛僧孺任武昌军节度使时，曾撰有《奏黄州录事参军张绍弃妻状》："臣得张绍妻卢氏状，其张绍宠婢花子，每令无礼相陵，臣推问有实者。伏以张绍忝迹衣冠，幸陶德化，不敦二姓之好，敢渎三纲之经，嬖惑女奴，蔑侮妻室，非特衣服饮食，贵贱浑同，兼亦待遇等威，衽席颠倒，款招明白，愆尤至多。纵禀性庸愚，靡及于教义，而历官州县，合闻于宪章，逞其邪心，曾不惧法，顾兹丑行，恐玷大猷。臣职在观风，事先按俗，有关政理，敢不申闻？伏乞明示罪名，流窜远地，使人知家道，以诫士林。谨具奏闻，

---

① 《白居易集》，顾学颉校点，中华书局1979年版，第1406页。
② 《唐律疏议》卷14《户婚》"妻无七出而出之"条"疏议"，刘俊文点校，法律出版社1999年版。

伏听敕旨。"① 既是"弃妻"，则其妻卢氏已被抛弃。卢氏上告至武昌军节度使，牛僧孺依法作出判决。因为张绍身为"录事参军"，属于朝廷官员，故而履行上报程序，由皇帝最后裁决。《唐律疏议·户婚》中规定的离婚条件为"七出""义绝""夫妻不相安谐而和离"三种。"张绍弃妻案"不符合任何一项离婚条件，仅仅因为贪恋宠妾美色而弃妻，属于犯罪，要受到刑罚处罚。

5. "动物伤人索赔案"

中国人饲养马、牛、羊、狗的历史十分悠久，马会踢伤人，牛、羊会用犄角伤人，狗会咬人，家养动物伤人或致伤，或致死，后果十分严重。一旦发生动物伤人事件，就会引发矛盾冲突，出现损害赔偿问题，引发诉讼纠纷，这也是地方政府必须解决的问题。

《对狗伤人有牌判》案情：癸家养的狗咬伤乙，乙告官请求赔偿。癸辩称："狗有牌记，是行路人不小心。"乙希望得到养狗者的赔偿。《唐律疏议·厩库》"畜产抵踢啮人"条规定："诸畜产及噬犬有觚踢人，而标帜羁绊不如法，若狂犬不杀者，笞四十，以故杀伤人者，以过失论。若故放令杀伤人者，减斗杀伤一等。"元稹依据上述法条，认为若养狗看管不善而伤人，主人须论罪；若狗有"标识"而人故意触怒狗因而受伤，则不用赔偿，狗有警示凶猛的"标识"，路人遇到就应当警醒防备。癸并非利用狗伤人，乙实属怪罪于人：既疏于防范被咬，又贪图金钱索赔。"有牌记而莫慎，则欲请庚；无标识而或伤，若为加等。"癸养狗标识如法，依律不应问罪，也不需承担赔偿责任。

这是一件典型的动物伤人的民事纠纷，元稹依法作了判决。地方司法的目标在于通过案件审理，维护法律的公信力，"定纷止争"，维持社会秩序，规范社会成员的行为，"动物伤人索赔案"的审理，就具有这种功能。

6. "杀伤畜产索赔案"

动物之间也会互相伤害，如马踢伤牛，牛顶伤马，狗咬死羊，羊抵死狗，此类案件调解不成，就会诉至官府，形成侵权债务诉讼。

债务纠纷的案件："得甲牛抵乙马死，乙请偿马价。甲云：在放牧处相

---

① （清）董诰等编：《全唐文》卷682《牛僧孺：奏黄州录事参军张绍弃妻状》，中华书局1983年版，第6969页。

抵，请赔半价。乙不伏。"① 《唐律疏议·厩库》"犬杀伤畜产"条规定："诸犬自杀伤他人畜产者，犬主偿其减价；余畜自相杀伤者，偿减价之半。即故放令杀伤他人畜产者，各以故杀伤论。"

白居易依据这一规定，认为马牛在放牧处相斗，牛抵死马，给马的主人造成损失，依律由牛的主人赔偿马价的一半，不应该再起争讼。

从元稹和白居易涉及民事纠纷的判词中，可以看到唐代基层官员处理民事纠纷的基本情况。依据法律作出判决是一致要求，在判词中对案情作出合情合理的解析，务必使诉讼双方认可判决，并达到"定纷止争"的目的，维护地方社会秩序的稳定。

隋唐时期，武汉地方司法运行正常，地方政府依法解决民间纠纷、审理刑事犯罪，发挥了法律在惩治犯罪、维护社会秩序的功能。地方官吏犯罪以贪污、渎职最为多发，符合官吏犯罪的一般规律，与魏晋南朝时期官吏"叛乱""谋叛"为主不同。

---

① 《白居易集》，顾学颉校点，中华书局 1979 年版，第 1411 页。

>>后　记<<

　　《武汉地方法治发展史》从动议、酝酿、论证、立项、编纂到出版，历时八年。该丛书的面世，凝聚了武汉乃至全国部分法学法律界、历史学界和出版界人士的共同心血。

　　本课题的确立得到了武汉市委、市政府及市委政法委主要领导的大力支持，得到了武汉市依法治市（普法）领导小组、武汉市委政法委、武汉市委宣传部、武汉市社会科学领导小组、武汉市财政局等部门和单位的鼎力帮助。

　　本课题的研究得到了中国社会科学院法学研究所、中共中央党校法学研究部、党的建设部以及杭州师范大学等国内高校和科研机构的大力支持。中国法律史学会会长张生、杭州师范大学法治中国化研究中心范忠信等同志，为本课题聘请专家学者咨询论证及修改定稿做了大量的工作。

　　本课题在研究过程中，还得到北京大学、中国政法大学等高校和研究机构知名法学、历史学、中共党史等专业学者的悉心指导（名单见扉页）。他们在主题确定、资料搜集、大纲拟定、初稿写作、修改定稿等方面，提出了诸多宝贵意见和建议。

　　本课题编纂过程中，华中师范大学、湖北经济学院、中南财经政法大学、江汉大学、武汉市委党校，以及武汉市中级人民法院、武汉市人民检察院、武汉市公安局、武汉市司法局、武汉仲裁委员会办公室、武汉律师协会等课题承担单位，为课题顺利开展提供了全力支持。倪子林、龚维城、陈芳国等给予了具体指导。湖北省档案馆、武汉市委党史研究室、武汉地方志办公室、武汉市档案馆、武汉市图书馆、《长江日报》社等单位，为资料收集提供了帮助。

对以上领导、专家学者和单位的大力支持，在此一并表示衷心的感谢！

本课题研究头绪复杂，内容繁多，为推进课题研究顺利开展，武汉市法学会与江汉大学城市治理研究中心成立了专项课题组，课题组设置了以武汉市法学会周玉、万洪源、唐巍、孙剑华、张雪莲、熊音、李敏、彭轩等为主要成员的编务组，以江汉大学李卫东、王耀、王肇磊、童旭、储著斌、余超、谢宙、欧阳思萌等为主要成员的学术联络组。两组同仁在编委会领导下，相互协作、相互配合，组织开展了大量工作。

《武汉地方法治发展史·秦汉至隋唐卷》涵盖公元前 278 年至公元 960 年之间，历代政权在武汉地区的法治活动。

本卷写作历经五稿，每一稿经过武汉市法学会领导、编务组、学术联络组同仁的审阅，都提出了大量的建议与意见，本书的撰成，汇聚了他们的智慧和心血。两次外聘专家评审都提出了宝贵的建设性意见，在此一并表示诚挚的谢意。

本卷写作过程中，张敏、夏增民、周兴生诸位教授参与了分析框架设计、史料整理、研究文献收集等工作，助益良多。赵国华、尤学工、贾丽英、曹旅宁、袁延胜诸位教授和叶秋菊博士，解答了本书撰写过程中遇到的诸多疑惑。湖北经济学院法学院领导和办公室同事也为本卷编纂工作提供了诸多方便。

本书的写作参考运用了诸多学者的研究成果，在此一并致谢！

编　者

2021 年 10 月

策　　划:李春生　鲁　静

责任编辑:刘松彧　彭代琪格

图书在版编目(CIP)数据

武汉地方法治发展史.秦汉至隋唐卷/胡绪鸥 主编;张功 著.—北京:人民
　出版社,2022.9
(武汉地方法治发展史)
ISBN 978-7-01-022729-0

Ⅰ.①武… Ⅱ.①胡…②张… Ⅲ.①法制史-武汉-秦汉时代-隋唐时代
　Ⅳ.①D927.631

中国版本图书馆 CIP 数据核字(2022)第 075790 号

武汉地方法治发展史

WUHAN DIFANG FAZHI FAZHANSHI

(秦汉至隋唐卷)

胡绪鸥　主编　张功　著

人民出版社 出版发行

(100706　北京市东城区隆福寺街 99 号)

中煤(北京)印务有限公司印刷　新华书店经销

2022 年 9 月第 1 版　2022 年 9 月北京第 1 次印刷
开本:710 毫米×1000 毫米 1/16　印张:23.5
字数:382 千字

ISBN 978-7-01-022729-0　定价:120.00 元

邮购地址 100706　北京市东城区隆福寺街 99 号
人民东方图书销售中心　电话 (010)65250042　65289539